露天煤矿绿色低碳发展研究与探索

中国煤炭工业协会
国能准能集团有限责任公司 　组织编写

中国矿业大学出版社
· 徐州 ·

内 容 简 介

　　党的十八大以来，在习近平生态文明思想的科学指导下，煤炭行业牢固树立"绿水青山就是金山银山"的理念，大力发展绿色产业、循环经济，持续加强矿区生态修复和环境治理，向绿色低碳转型和生态文明建设迈出坚实步伐，涌现出一大批绿色发展典范和生态建设标杆，为行业的高质量发展注入新动能。为总结成绩，推广经验，探索思路，中国煤炭工业协会组织开展了"露天煤矿绿色开采"论文征集活动，共收到煤炭企业和科研院所撰写的论文 90 篇，经专家审查，遴选出优秀论文 48篇，汇编成本论文集。

　　该论文集展示了露天煤矿在绿色低碳高质量发展实践中所取得的新成果、新技术、新进展，发布了近十年中国煤炭工业协会组织开展的现场会主旨报告，提出了许多具有指导性的建议和意见，对建设安全高效、绿色低碳的现代化露天煤矿提供了借鉴和启示，可供煤炭行业的科研人员、管理人员、工程技术人员等学习参考。

图书在版编目(ＣＩＰ)数据

　　露天煤矿绿色低碳发展研究与探索 / 中国煤炭工业

协会，国能准能集团有限责任公司组织编写. —徐州：中国

矿业大学出版社，2023.7

　　ISBN 978 - 7 - 5646 - 5903 - 5

　　Ⅰ. ①露… 　Ⅱ. ①中… ②国… 　Ⅲ. ①露天矿—煤矿

工业—绿色经济—低碳经济—经济发展—研究—中国

Ⅳ. ①F426.21

　　中国国家版本馆 CIP 数据核字(2023)第 134436 号

书　　　名	露天煤矿绿色低碳发展研究与探索
组织编写	中国煤炭工业协会　国能准能集团有限责任公司
责任编辑	马晓彦　吴学兵　陈　慧
出版发行	中国矿业大学出版社有限责任公司
	（江苏省徐州市解放南路　邮编 221008）
营销热线	(0516)83884103　83885105
出版服务	(0516)83995789　83884920
网　　　址	http://www.cumtp.com　E-mail：cumtpvip@cumtp.com
印　　　刷	江苏凤凰数码印务有限公司
开　　　本	889 mm×1194 mm　1/16　印张 24　字数 694 千字
版次印次	2023 年 7 月第 1 版　2023 年 7 月第 1 次印刷
定　　　价	108.00 元

　　（图书出现印装质量问题，本社负责调换）

《露天煤矿绿色低碳发展研究与探索》
编委会

前　言

　　煤炭行业一直是绿色低碳发展的重要推动者和践行者。20世纪90年代，煤炭行业率先启动洁净煤技术发展计划，有力促进了煤炭的清洁高效低碳利用。近年来，特别是党的十八大以来，煤炭行业深入贯彻习近平生态文明思想，以新发展理念为引领，坚持目标牵引、创新驱动、重点突破、示范带动，从煤炭洗选加工、资源综合利用，到矿区生态修复治理；从煤炭绿色开采、节能减排，到煤炭清洁转化、建设循环经济产业园区；不断丰富和发展煤炭绿色低碳发展内涵，初步走出了一条矿区资源开发与生态环境保护相协调、经济社会发展与生态文明建设相统一的发展路子。煤炭生产、利用和矿区环境质量等逐步实现了由"量大"向"质优"、由"传统"向"智能"、由"粗放"向"绿色"、由"局部好转"向"整体好转"的转变。

　　露天煤矿作为我国煤炭工业的重要组成部分，为保障国家能源安全供应、支撑行业绿色低碳发展发挥了重要作用，涌现出国能准能集团有限责任公司黑岱沟露天煤矿、中煤平朔集团安太堡露天矿、华能伊敏煤电有限责任公司伊敏露天矿等一批安全高效、绿色低碳、创新智能、管理一流的现代化露天煤矿。这些煤矿坚持绿色开发与清洁利用相结合，坚持产业升级与转型发展相结合，在煤炭绿色安全智能开发与低碳清洁高效利用方面取得了丰硕的成果。为系统总结绿色发展理念在露天煤矿落地生根、开花结果的生动实践，全面展现煤炭行业转型发展的创新举措，中国煤炭工业协会组织开展了"露天煤矿绿色开采"论文征集活动，共收到煤炭企业和科研院所撰写的论文90篇，经专家审查，遴选出优秀论文48篇，汇编成本论文集。

　　这些优秀论文展示了露天煤矿在绿色低碳高质量发展实践中所取得的新成果、新技术、新进展，并提出了许多具有指导性的建议和意见，对建设安全高效、绿色低碳的一流现代化露天煤矿具有重要的参考价值和现实意义。近十年，中国煤炭工业协会组织召开了一系列行业大型现场会，会议发布的主旨报告，是煤炭行业改革发展的历史缩影，更是煤炭人凝心聚力谋发展的智慧结晶，现将其与优秀论文共同编入《露天煤矿绿色低碳发展研究与探索》论文集，供煤炭行业的科研人员、管理人员、工程技术人员等学习参考。

　　本书的论文征集和编辑工作，得到了煤炭行业管理部门、协会、煤炭企业、科研机构、院校和有关专家的大力支持和帮助，在此，谨向所有为本书编写工作给予热情支持和帮助的有关单位和专家表示衷心感谢！囿于视野和能力的局限,书中难免有疏漏、错误之处,敬请各位读者给予批评指正。

编 者

2023 年 7 月

目　录

"双碳"目标下国能准能集团绿色转型
高质量发展的成功实践

杜善周

(国能准能集团有限责任公司,内蒙古 鄂尔多斯　010300)

摘　要　实现"双碳"目标是一场广泛而深刻的经济社会系统性变革。本文介绍了在"双碳"目标下,国能准能集团有限责任公司提出的"再造新时代绿色转型高质量发展新准能,加快建设世界一流煤炭清洁开发利用能源企业"战略目标,论述了该公司绿色低碳发展的总体定位、产业路径、主要内涵和成功实践,为我国煤炭行业推进绿色低碳发展、煤炭资源型城市经济转型升级探索新道路、提供新模式,具有重要的借鉴价值和指导意义。

关键词　绿色转型;智能矿山;绿色生态经济;低碳循环经济

0　引言

实现"碳达峰""碳中和"是推动高质量发展的内在要求,是一场广泛而深刻的经济社会系统性变革。煤炭作为我国的主体能源,会受到多大影响? 煤炭行业面临着什么样的制约? 煤炭企业又该如何应对挑战? 因煤而兴、依煤而盛的资源型城市又该如何破解"资源陷阱"?

对于上述考题,国能准能集团有限责任公司(以下称国能准能集团或公司)交出的答卷是:聚焦"再造新时代绿色转型高质量发展新准能,加快建设世界一流煤炭清洁开发利用能源企业"这一战略目标,统筹产业生态化和生态产业化,协同推进降碳、减污、扩绿、增长,公司发展实现了增量提质的有机统一,生产经营捷报频传、屡创新高。2021 年以来,自产商品煤 14 254 万 t,累计增产近 1 000 万 t,营业收入 587.84 亿元;科研项目多个首创、国际领先;矿区生态山清水秀、景美物丰,荣获多项殊荣,备受各界赞誉。

1　分析研判形势任务,扭住绿色低碳发展的战略基点

国能准能集团深入学习贯彻习近平新时代中国特色社会主义思想,坚决落实党中央、国务院关于能源工作的决策部署,立足新发展阶段,贯彻新发展理念,融入新发展格局,结合区域规划、产业优势、发展定位,找准并坚守公司绿色转型高质量发展的出发点和落脚点。

1.1　是胸怀"国之大者"、扛牢能源保供重任的实干担当

习近平总书记在党的二十大会议上发出全面建成社会主义现代化强国、全面推进中华民

作者简介:杜善周(1968—),陕西米脂县人,中共党员,高级工程师,博士研究生。任国能准能集团有限责任公司党委书记、董事长,在公司产业、产品、服务等方面打造了一系列精品力作。

族伟大复兴的时代号召,作出"分两步走"总的战略安排。这对保障国家能源安全、推动企业高质量发展提出新的更高要求。公司恪守"为社会赋能,为经济助力"的企业宗旨,勇担"能源供应压舱石,能源革命排头兵"的企业使命,坚决扛牢能源保供重任,为推进中国式现代化赋能,为中华民族伟大复兴助力。

1.2 是聚焦"双碳"目标、做好煤炭这篇大文章的必由之路

实现"双碳"目标的重点是降低化石能源消费。煤炭短期有增量、有空间,长期是减量、是收缩,向支撑性能源、应急调峰与储备能源的方向发展。公司积极顺应行业发展大势,全面贯彻"四个革命、一个合作"能源安全新战略,切实做好煤炭清洁高效利用工作,以绿色煤炭服务能源安全,以清洁煤电服务电力安全。

1.3 是服务区域规划、融入地方发展格局的主动作为

内蒙古"十四五规划和2035远景目标"提出,能源发展要推进绿色、数字、创新"三个转型",打造风能、光伏、氢能、储能"四大产业集群",实施新能源倍增、灵活电网、控煤减碳等"十大工程",推进国家重要能源和战略资源基地升级。公司作为驻地央企,自觉发展低碳循环经济和绿色生态经济,以能源结构调整带动产业结构转型,以创新引领带动产业升级。

1.4 是执行集团战略、不断提升创新能力的内在要求

国家能源集团党组深入学习贯彻党的十八大以来习近平总书记三次视察集团公司重要讲话精神,旗帜鲜明地提出:力争在"十四五"末建成具有全球竞争力的世界一流清洁低碳能源领军企业。公司是执行集团党组决策的核心成员单位,不断提升战略落实、组织领导、机遇把控、资源整合和变革创新"五项能力",牢牢把握未来能源市场需求和发展方式,通过绿色转型创造新业态、激发新动能。

1.5 是坚持问题导向、构建转型倒逼机制的战略抉择

在新发展阶段,公司与新能源企业同场竞技中,先发优势并不明显,主要表现为:长期过分倚重煤炭,未能跳出"挖煤—运煤—卖煤"的传统路子,对煤炭高值化利用不够,存在"船大难调头"的问题;发展新能源的体制机制尚未健全,新能源指标获取进展迟滞,高层次人才储备较少。公司党委对此高度警惕,强调坚决摒弃"守摊子、吃老本"的守旧心理,部署推进公司发展质量变革、效率变革、动力变革。

2 以新发展理念为统领,书写绿色低碳发展的新篇章

2021年以来,随着高层研讨、专题调研和工作实践的不断深入,国能准能集团新一届领导班子制定实施"一个主体、两翼一网、七个准能"发展规划,确立"再造新时代绿色转型高质量发展新准能,加快建设世界一流煤炭清洁开发利用能源企业"战略目标,公司当前和今后一个时期的总体定位更加聚焦,产业路径更加优化,发展内涵更加丰富,工作成效更加凸显。

2.1 锚定总体定位,建设世界一流煤炭清洁开发利用能源企业

把握煤炭绿色智能开采和清洁高效利用这两个着力点,确立世界一流煤炭清洁开发利用能源企业这一总体定位,既有其时代价值,也有充分的历史依据和现实基础。

2.1.1 时代价值:为构建新型能源体系提供煤炭产业试点

公司不驰于空想,不骛于虚声,立足自身"以煤为主"的最大实际,结合产业结构和竞争优势,持续巩固在露天采矿行业的领先优势,做强做精煤炭清洁高效利用工作,为我国基于煤炭

主体能源地位构建新型能源体系提供“准能试点”。

2.1.2 历史依据：勇于变革、不断突破是公司的先天基因

准格尔项目一期工程是国家“八五”“九五”计划重点建设项目，首开煤炭行业的产业机构调整之先河，建成国家首个煤电路一体化项目，造就区域一体化的“准格尔模式”。进入21世纪，成功打造“准煤”绿色煤炭品牌，完成债转股及公司制改革，大力实施扩能改造工程，所辖年生产能力6 900万t的黑岱沟露天煤矿和哈尔乌素露天煤矿的规模位居世界前列，连续多年获得“国家级安全高效矿井”称号。

2.1.3 现实基础：追求卓越、行业领先积聚了强劲动能

当前的国能准能集团，已成长为集煤炭开采、坑口发电及煤炭循环经济产业为一体的大型综合能源企业，在露天采矿的人才、设备、技术、管理和运营等各个方面都拥有一定的“头部优势”，特别是煤炭开采洗选工艺行业领先、煤炭产品品质优良、露天矿复垦土地辽阔、区域日照资源充足，煤基纳米碳氢燃料、粉煤灰综合利用等多项科技成果世界首创、国际领先，为发展“源网荷储”一体化项目、延伸循环经济产业链、推进煤炭清洁开发利用、建设世界一流企业奠定了坚实基础。

2.2 优化产业路径，建设智能矿山、开发金山银山、再造绿水青山

公司坚持以习近平生态文明思想为指引，认真落实国家能源集团发展战略和总体工作方针，遵循传统能源企业转型发展的内在规律，走出一条以“建设智能矿山、开发金山银山、再造绿水青山”为主要内容的产业高质量发展新路径。

2.2.1 建设智能矿山，赋能安全高效生产，提升能源供给质量

智能化建设被视为我国煤炭工业的第四次技术革命。公司积极拥抱物联网、大数据、5G通信、人工智能等新一代信息技术，推进智能化技术在基础设施和矿山开采、洗选装车、灾害预警、辅助生产等全环节的综合应用，实现生产智能化、运营数字化、创新自主化、管理智慧化。

（1）打造国家示范建设标杆。建成国内第一个核心网下沉本地的企业级5G网，实现煤矿生产作业区、办公区等关键区域的5G网络全覆盖。黑岱沟露天煤矿及配套选煤厂通过国家首批智能化示范建设煤矿验收，达到中级水平。哈尔乌素露天煤矿及配套选煤厂达到国家能源集团中级标准。2022年，公司“5G＋无人驾驶”智能化矿山项目成功在世界电信与信息社会日大会现场演示，在全国矿山智能化建设和安全发展推进视频会上作专题展示。下一步，规划建设包含25台远控电铲、200台无人卡车、1 000余台智能辅助设备的多设备集群智能系统，打造以“单机装备智能控制、多机装备智能协同”为核心的国家智能矿山建设示范标杆。

（2）提升核心工艺协同水平。建立煤矿地、测、采信息管理系统，应用爆破数字化综合处理系统、国产智能牙轮钻机、孔深测量机器人、智能混装炸药车，大幅提升穿爆作业效率和安全系数。搭建地面、车载双向控制平台，应用4D光场、惯导等先进感知技术，以及数字孪生、协同作业等多元系统，首批国内载重最大的42台300 t级无人驾驶矿卡，实现多编组“装、运、卸”全程智能协作运行。“智能大倾角轨道式矿车运输系统项目”列入国家能源集团2023年度十大攻关工程。在国内首次实现千万吨级跳汰机单机全流程智能控制，特大型动力煤选煤全生产流程、全生产系统智能化运营，开启原煤清洁高效智能分选新模式。

（3）发挥绿色低碳开采效能。纵观公司两矿发展历程，通过采购大型化、高效能矿用设备，建设智能矿山，应用定制化生产的效益最大化智能决策系统等一系列举措，实现生产方案最优，有效降低能耗，资源综合利用率等主要指标处于行业领先水平。采用国内独有的高台阶

抛掷爆破与吊斗铲倒堆工艺技术,减少运输剥离物超过 1 500 万 m³,每年可节能 2 万多吨标准煤;资源回采率长期保持在 98% 以上,高于国家标准 3 个百分点。每吨原煤生产综合能耗控制在 3.2 kg 标准煤以内,远低于大型煤企平均水平 10.4 kg 标准煤。

2.2.2 开发金山银山,发展低碳循环经济,推动产业生态化

准格尔矿区煤炭探明储量为 265 亿 t,远景储量近 1 000 亿 t,具有"高铝、富镓、富锂"特性,粉煤灰中氧化铝平均含量高达 50%,镓平均含量为 85 g/t,锂平均含量为 375 g/t,是我国重要战略金属的补充资源。国能准能集团立足资源禀赋,大力发展低碳循环经济。

(1) 研发新型煤基特种燃料,实现源头减碳。世界首次研制出煤基纳米碳氢燃料,该燃料是由煤、水和少量添加剂经纳米化高科技处理工艺制成,是一种新型高效清洁的煤基特种液态燃料,具有储氢赋能特性及原料热值低、燃料固含低、燃烧温度低、燃料热值高等"三低一高"特点,可广泛应用于火力发电、硝铵炸药制备等多个领域。已完成 150 MW 循环流化床锅炉 72 h 工业化试运行,燃料热值较同浓度水煤浆提升了 10%～30%,可降低发电煤耗 50 g/(kW·h),降低二氧化碳排放 128 g/(kW·h),有望成为传统火电锅炉灵活性改造颠覆性技术。"煤基纳米碳氢燃料工业化制备技术""煤基纳米碳氢燃料火力发电技术""煤基纳米碳氢硝铵炸药研制与工程应用"三大关键技术成果,均通过由中国煤炭工业协会组织、多名院士和行业专家参加的鉴定,技术属国内外首创,达到国际领先水平。当前,公司持续优化技术工艺,组织开展该燃料在燃油替代、煤化工、纳米级粉煤灰制备吸附剂、军用炸药制备等领域的应用研究,计划在 2023 年内分步完成在 2×150 MW 燃煤机组的煤基纳米碳氢燃料 168 h 试验运行,及在 2×330 MW 燃煤机组的工业化应用。

(2) 打造煤炭高值化利用技术策源地,实现过程减碳。历时 18 年,研发出"一步酸溶法"粉煤灰提取氧化铝、镓和锂工艺技术,打造出"煤—电—粉煤灰—绿色电解铝—高端铝产品、金属镓、锂—白泥综合利用产品"的循环经济产业链。初步测算,该产业链的经济价值较原煤提升 18 倍。依托该技术,2010 年建成并投产运行 4 000 t/a 氧化铝工业化中试工厂,所生产氧化铝纯度优于国标冶金级一级品标准,金属镓高于 4N 级标准,碳酸锂达到电池级标准。2023 年上半年,示范项目 6.5 万 t 电解铝产能指标获内蒙古工信厅批复,低碳有色冶金国家工程研究中心——粉煤灰综合利用联合研究基地挂牌。下一步,加快打造低碳循环经济"一个中心、一个孵化基地、一个产业园":以顶尖专业人才组建团队,成立引领型、智慧型科创中心;促进产业链、创新链深度融合,建成服务型、创新型孵化基地;规划建设高端、多元、绿色、低碳万亿元级循环经济产业园区,推动成套技术产业化,为我国粉煤灰大宗固废综合利用提供可行方案,为解决我国铝土矿资源不足和替代进口等战略需求提供选择路径。

(3) 构建绿色智能微电网,实现终端减碳。按照"存量煤电项目改造升级,结合受端电解铝消纳,就近打捆光伏新能源"的思路,重点推进"源网荷储"一体化工程,煤基纳米碳氢燃料机组和光伏新能源作为电源侧,矿区用电和电解铝用电作为负荷侧,构建由煤基纳米碳氢燃料机组发电—光伏发电—矿区及电解铝用电组成的局域网,充分发挥电解铝"虚拟电池"的储能优势,解决"电解铝的电从哪里来,光伏新能源电用到哪里去"的问题,实现资源禀赋、绿色产业、循环经济的耦合发展。

2.2.3 再造绿水青山,发展绿色生态经济,推进生态产业化

国能准能集团所处地区生态脆弱,重度缺水,水土流失严重。多年来,公司坚持生态优先、绿色发展,推动实现从"排土场"向"生态园区"向"主题公园"向"绿色生态经济产业园"的依次嬗变,为采煤矿山走出开发与保护困局,实现矿山绿色开发、生态环境高质量保护、生态成果高

效益开发一体推进提供了可贵样本。

（1）同步推进煤炭开采与生态保护，实现采复一体化。四十年如一日，严格按照规范进行排土作业、土地重构、水土保持和生态重建，有效解决水土流失问题，形成特大型露天煤矿绿色开采经济发展的专业理论和技术，建构黄土高原生态建设技术体系，发布5项地方标准，成功将"鸡爪子"山改造为万亩良田、森林草原。截至2023年6月，累计投入资金27.85亿元，完成复垦绿化及生态环境整治土地9.8万亩(1亩≈666.7 m^2)，植被覆盖率由原始地表的25%提高到了80%以上。矿区生态系统实现正向演替、良性循环，植被种群由单一趋向多样化发展，野生动物数量逐年递增，呈现人与自然和谐共生的美好画卷。"矿区生态修复案例"入选世界经济论坛报告，所属两个露天煤矿双双入选"国家级绿色矿山"名录。

（2）创新形成"一基三山五重多园"发展模式①，助力企地共赢。与地方政府联合成立矿区生态建设发展公司，建成集现代农业、生态养殖、生态景观防护林、农业观光于一体的生态农业产业化示范基地。建立"农牧业平台＋合作社＋党支部＋农户"模式，通过产业帮扶、就业帮扶、消费帮扶等渠道，回馈当地农牧民，助力乡村振兴。截至2023年6月，存栏优质肉牛2 000余头，开发饲料及杂粮种植基地3 000余亩、牧草基地1万余亩，建成采摘日光温室20栋、野营观光蒙古包20座，种植观赏花卉100多亩，正在建设"1万头牧牛、2万亩良田"生态牧场。生态产业目前每年创效2 000万元，预计"十四五"期间可实现利税上亿元。

（3）建成"红色＋生态＋工业"文旅产业园，点亮"红色旅游"品牌。在2017年获批国家矿山公园的基础上，近年高标准建成党员教育实践(爱国主义教育)基地、矿山博物馆、生物多样性公园、林果生产采摘园、婚庆文化园、实学林等诸多特色场馆和景观群，正在规划建设"建军百年献礼"国防教育基地、航天主题公园，致力打造集红色教育、工业遗迹保护、煤炭科普文化、休闲产业观光、生态文明展示于一体的"现象级"工业旅游景区。国家AAA级旅游景区、工业旅游示范基地创建通过初审，党员教育实践基地获评"鄂尔多斯市爱国主义教育示范基地""国防教育基地""全国煤炭行业红色教育示范基地""科普教育基地"。2023年3月以来，100 d累计接待来访人员突破3万人次。预计全年接待参观人员突破10万人次，"十四五"末吸引游客100万人，新增就业岗位6万个，旅游收入达10亿元。

2.3 把握发展内涵，将"六新"作为战略实施的重要抓手

"再造新时代绿色转型高质量发展新准能，加快建设世界一流煤炭清洁开发利用能源企业"是一项全局性、战略性、引领性的重大任务，需要党的建设、生产经营、战略管理、企业文化、人力资源等各方面工作支撑保障、协同发力。为此，公司提出"六新"内涵，并将其作为战略实施的重要组成和主要抓手。

2.3.1 实施新规划，塑世界一流之体

确立"一个主体、两翼一网、七个准能"发展规划，划定基本盘，即持续坚持以做精煤炭产业为主体，以低碳循环经济和绿色生态经济为两翼，以打造智能微电网为纽带，打造红色、安全、生态、智慧、精益、法治、和谐准能，明确绿色低碳发展、创建世界一流的总体布局和未来方向。

2.3.2 聚焦新目标，举世界一流之旗

提出"推进两个融合、打造四个示范、走好两条新路"发展目标，即：推进党的建设与企业生

---

① "一基三山五重多园"发展模式："一基"是目标，打造生态准能，筑牢兴企之基；"三山"是生态准能的实现路径，即采矿愚公移山、永葆绿水青山、准能金山银山；"五重"是生态准能的技术保障，即地貌重塑、土壤重构、植被重建、景观重现、生物多样性重组与保护；"多园"是生态准能的成果展示，即以"生态＋"方式贯通工业、新能源、农牧业、文旅产业链，重点打造准能绿色产业集中展示园区，做活绿色高质量发展文章。

产经营深度融合、德和文化与企业管理实践深度融合；打造国家化石能源基地转型示范区、内蒙古低碳循环经济生态产业示范园、准格尔地区绿色创新示范基地、国家智能矿山建设示范标杆；走好新时代的赶考之路、新准能的转型之路，明确阶段定位、实践要求。

2.3.3 弘扬新文化，凝世界一流之魂

大力弘扬中华优秀传统文化，厚植"以德为美，以和为贵"的德和文化，不断丰富文化载体、打造文化精品工程，持续开展民生工程、提升员工幸福感，积极履行社会责任、彰显企业使命担当，为绿色低碳发展、创建世界一流提供丰富的思想涵养和强大的精神力量。

2.3.4 培养新队伍，聚世界一流之智

坚持党管干部、党管人才原则，弘扬企业家精神，强化实干实绩担当导向，统筹用好各领域、各年龄段干部，加大竞争上岗比例，健全轮岗交流和能上能下机制，深入实施人才强企战略，努力培养造就更多的一流科技领军人才和创新团队、卓越工程师、高技能人才。

2.3.5 激发新动能，汇世界一流之力

实施创新驱动发展战略，开展科研项目、高端开发的核心技术攻坚。开展世界一流创建示范、管理提升、价值创造和品牌引领等"四个专项行动"，确保稳健合规经营、持续健康发展。编制实施公司"BRIGHTS"品牌规划[①]，在公司产业、产品、服务等方面打造一系列精品力作。

2.3.6 创造新业绩，答世界一流之卷

"十四五"期间，规划商品煤产量达 2.7 亿 t，发电 150 亿 kW·h，力争营业收入突破千亿元大关，利润总额为 300 亿元，资产负债率、净资产收益率、研发经费投入强度、全员劳动生产率、营业现金比率、品牌享誉度以及碳排放强度等评价指标达到全球同行业领先水平，示范引领作用更加突出。

3 坚持战略坚定性和策略灵活性相结合，做好全局谋划和整体推进

推进绿色低碳发展、建设世界一流企业，是国能准能集团发展历程中经营理念与发展方式的一次深刻变革。公司领导班子坚持做好前瞻性思考、全局性谋划和整体性推进，重点关注并妥善处理以下五组关系。

一是政治原则与经济规律的关系。一方面，将"坚持和完善中国特色现代企业制度，全面落实'两个一以贯之'"作为必须坚持的政治原则。另一方面，建设世界一流企业本质上是一种市场行为，一切优秀企业无不是从市场激烈竞争中打拼出来的，需要严格遵循市场经济规律和企业发展规律。公司坚持党的领导和坚持市场化改革有机结合，实现党的领导政治优势和现代企业市场优势深度融合。

二是绿色转型与协同发展的关系。推进绿色转型高质量发展，以之前的坚实工作为依托，以取得的优势业绩为根基，先立后破，有序开展，杜绝出现叠床架屋、另起炉灶等问题。在保障能源稳定供应的前提下，统筹发展煤与非煤能源，促进煤与新能源优势互补。推动煤炭绿色智能开采和清洁高效利用，增强矿区生态功能，发展低碳循环经济。加快实现高水平科技自立自强，拓展煤炭全产业链发展空间。

三是重点突破与系统推进的关系。对公司各产业、内部各单位进行全面评估，优化配置资源要素，发挥产业协同优势。既坚持分层分类创建路线，又提升带动联动能力，已经基本具备

---

① "准能 BRIGHTS"品牌规划："BRIGHTS"对应着 Balance、Red、Intelligence、Governance、Harmony、Technology、Safety 七个英文单词的首字母，契合公司发展规划中的七个准能，与国家能源集团"RISE"品牌战略形成一致性。

世界一流水平的两个露天煤矿,巩固强化标杆优势;接近或有潜力达到世界一流水平的单位,尽快达标一流;战略性新兴产业,如循环经济科创中心、循环经济产业孵化基地作为后起之秀,尽快"弯道超车"或"换道领跑"。

四是企业发展与共享普惠的关系。坚持人民立场,深刻认识到国家利益、企业利益、地方利益与员工利益是有机统一的,积极推动企地共建共享,建立更深层、更紧密的合作关系,实现合作共赢、共享发展,公司"朋友圈"更大更开放。常态化开展"我为群众办实事"实践活动,使企业成为员工得到关爱、不断成长、实现价值的平台。

五是久久为功与只争朝夕的关系。绿色低碳发展、创建世界一流既是攻坚战,也是持久战,既需强行军,也得急行军。公司主要领导亲自挂帅,班子成员分工负责,机关部门、直属机构是专项领域的创建主体,直属单位是实施主体,细化阶段任务,做实三年实施方案和任务分解表,确保职责分工明晰、措施有力有序。强调限时完成,加强协调督导、考核评价和总结宣传等工作,避免久拖不进、错失良机。

征途如虹,行则将至。国能准能集团坚持以习近平新时代中国特色社会主义思想为指导,深入贯彻落实国家能源集团党组决策部署,坚定不移推进绿色转型,交出一份有准能特色的现代煤炭产业绿色低碳高质量发展答卷,为国家能源集团全面打造"煤电运化——世界一流专业领军企业"贡献"准能"力量,在以中国式现代化全面推进中华民族伟大复兴的新征程上贡献"准能"力量。

智能矿用电缆信息识别及管理系统的研究

范中华

(国能准能集团有限责任公司哈尔乌素露天煤矿,内蒙古 准格尔旗 017100)

摘 要 随着哈尔乌素露天煤矿开采规模的不断扩大,供用电设备不断增加,采场供电电缆增多。为了提高露天煤矿电缆管理的工作水平和业务人员的工作效率,以及全面实现智能化矿山建设,提出了一种露天煤矿智能矿用电缆信息识别及管理系统。该系统包括电缆信息自动识别系统硬件、电缆信息自动识别系统软件、电缆信息管理系统服务器软件、电缆信息管理系统数据库软件等,可实现电缆信息智能识别、电缆精准定位,自动生成采场供电系统图和电缆统计报表。该系统的应用可替代传统的人工标记电缆、挂线路标识牌等工作,可实现电缆台账实时自动更新,对露天电缆管理意义重大。本文主要针对目前行业内电缆管理存在问题以及该智能矿用电缆信息识别及管理系统结构、功能、使用效果进行分析论证。

关键词 智能化矿山建设;矿用电缆;自动识别;管理系统;精准定位

0 引言

目前,海工企业针对产品建造中存在的电缆设计、采购、仓储及敷设过程中大量手工统计工作、纸质单据流转存在的信息传递效率低、信息无法及时共享等问题,研发了基于物联网技术的电缆管理业务模型和电缆信息管理系统。铁路电务段针对人工管理为主的管理模式导致的各部门沟通困难、电缆数据信息不同步、工作效率低下等问题,研发了铁路电务段电缆管理系统。国网浙江省电力公司将传统电缆管理模式提升为数字化、可视化、信息化的现代管理模式,有效提高了电力电缆的运行管理水平。以上固定位置的电缆信息管理系统居多,尚无每日随动的电缆信息管理系统,未见针对露天煤矿特殊环境、电缆工作线路信息每日大量随动变更的实际情况而专门设计的电缆信息识别及管理系统。

矿用电缆信息识别及管理系统是一项能够在煤矿特殊工作环境下保障人员安全、提高作业效率、降低生产成本、节约人力的项目,能够为工作人员提供每根运维电缆的连接信息,当前随动信息在系统中能够准确变更;能够协助操作人员从多根同时存在的电缆中准确找到在控制柜处人工断电的电缆线路;能够简化工作人员每日烦琐的台账管理工作。

面对我国露天矿电缆信息识别与管理的落后状况,结合目前各大露天矿山的电缆信息识别及管理情况,以哈尔乌素露天煤矿为例,研发智能矿用电缆信息识别及管理系统,将来在伊敏、霍林河、元宝山和平朔地区大型露天煤矿均可推广使用,进而覆盖全国的其他中小型露天

作者简介:范中华(1988—),内蒙古托克托县人,中共党员,大学本科学历,工程师、经济师。现就职于哈尔乌素露天煤矿机电管理部,主要从事露天煤矿机电设备管理工作。

煤矿。未来煤矿会向基于物联网技术的设备管理智能化趋势发展,因此本项目有十分广阔的应用前景。

露天煤矿的安全生产与我国各相关地区的经济发展息息相关,露天煤矿企业中电气设备的安全稳定运行会影响到整个露天煤矿生产的安全性,电气设备的安全保证是露天煤矿生产顺利的关键因素,而线缆是供电设备和用电设备之间的桥梁,具有非常重要的作用。电缆信息管理系统的研发,可以对露天煤矿生产中的线缆进行资源化管理,提升矿山智能化建设水平,同时可以简化现场工人繁杂的操作流程,提高电缆管理的工作效率。

1 现状

露天矿供配电系统作为开采工作的重要支撑环节,目前在供电电缆的运维工作过程中存在下述问题:① 工作人员维修时容易误开带电耦合器,尤其是夜间作业时,工人难以区分停电电缆与 6.3 kV 带电电缆,存在触电风险,直接危及工作人员的生命安全;② 目前哈尔乌素露天煤矿使用人工挂牌区分电缆的连接状态,操作过程冗杂、烦琐,每日都需重复此项工作,不仅增加工作人员的负担,而且极易出错,以致造成事故;③ 为防止国有资产流失,供电队每日必须进行现场记录及手动输入的电缆台账管理,操作烦琐且极易出错。为了保证工作人员的人身安全,减轻负担,提高效率,急需开发完备的矿用电缆信息识别及管理系统。

2 系统结构

本文从硬件、软件两方面对系统进行合理化和专业化设计。硬件方面,选取基于 RFID(射频识别)技术的型号为 AD-PCBU10 的抗金属标签作为电缆信息的载体,通过型号为 AU-TOID9U 的手持机进行电缆信息识别。软件方面,将电缆的信息储存到 MySQL 数据库中,指挥中心服务器负责调用数据库中的电缆信息,实现增、删、改、查等操作,同时将数据库上传至本地自建的服务器中,手持机向服务器发送请求允许后,可通过登录自建服务器直接获取电缆信息以及对电缆信息进行智能化管理,工作人员可登录终端设备或者手持机查看实时电缆信息,生成报表,提高工作效率。该系统主要包括天线、RFID 芯片、读写器、数据中心等,如图 1 所示。

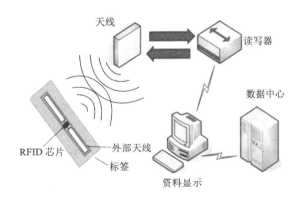

图 1 系统结构

2.1 电缆信息自动识别系统硬件

硬件装置采用基于 RFID 技术的型号为 AD-PCBU10 的抗金属标签作为电缆信息的载

体,使用 UHF Sled 手持式读写器进行电缆信息的识别读取并通过蓝牙完成与 EP821 主机的通信,实现人机交互。硬件设计支持 4G 无线通信功能,并且达到 IP65 工业级三防等级;硬件设计支持当前电缆状态信息的读取功能,以及实现与服务器终端通信等功能。

每一个电缆两端用固定装置将 RFID 标签固定,两端的 RFID 标签携带同一根电缆的信息,当需要对电缆信息进行读取时用手持机(自动识别背夹和自动识别主机的统称)扫描 RFID 标签,扫描到信息后通过向矿用服务器发送请求指令而从数据库中获取相应信息。后台终端信息管理系统获取或修改信息也需要向矿用服务器发送请求,再通过数据库得到相应信息或作出相应操作。

2.2 电缆信息自动识别系统软件

射频手持机搭载安卓系统,电缆信息自动识别系统软件为运行在射频手持机之上的安卓 App 软件,该 App 软件基于 Java 语言编写。App 软件整体架构分为两层:逻辑功能层和上层交互用户界面。App 软件功能包括:扫描电缆标签查询、修改电缆信息、电缆连接管理、供电设备管理、电缆信息管理、用户信息管理、电缆路径示意图管理,以及手持机设置;实现矿用电缆身份标签信息输入软件,设计完成固定信息的写入与更改,包括电缆长度、电缆型号、电缆编号等;便于电缆信息的增删维护管理;设计识别电缆长度、电缆型号、电缆序号等基本信息功能;设计识别电缆电压等级、电缆截面积、电缆长度、来方向、去方向等运维状态信息功能。

2.3 电缆信息管理系统服务器软件

电缆信息管理系统服务器软件功能包括:实现多个电缆信息自动识别子系统的数据信息交互功能;实现当前接入电铲或钻机设备信息变更时,串联电缆信息自动变更功能;研发管理电缆信息数据库功能。

2.4 电缆信息管理系统数据库软件

服务器操作日志会对每日的用户操作情况进行记录,记录内容包括用户名、操作内容、操作时间、登录 IP 等。操作日志可以用于溯源,当现场出现问题,便可通过该页面追溯找寻问题的所在。同时,操作日志页面也可以实现查询、删除、导出操作表以及打印该表的功能。电缆信息管理系统数据库软件功能包括:实现电缆实时路径示意图功能;研发有关电缆履历、每日使用情况等电缆信息日常维护的台账管理功能。

3 系统功能

通过在电缆识别钢环内植入电缆信息芯片,利用专用射频手持机扫描芯片即可显示电缆详细信息,将射频手持机与对讲机通过蓝牙连接,电缆详细信息可直接显示在安装有电缆信息识别及管理系统的对讲机上,方便现场操作人员根据实际情况随时调整和变更电缆信息。该系统能够智能、高效、准确地实现对线路电缆信息的监控管理。依据现有露天矿电缆管理方法中存在的问题,该系统基于物联网的露天矿电缆监控管理方法,设计并制作出一套完整的系统。设计的台账部分能够实时显示线路电缆的信息状况,使管理人员第一时间掌握现场电缆情况。同时,该电缆信息也将同步在电缆信息管理系统后台终端的台账管理系统中,通过大屏显示器实时更新电缆路径示意图,工作人员可以非常直观地掌握现场每一根电缆实时动态工作状况,提高设备供电安全系数和电缆维护管理水平,进一步实现电缆动态和精益化管理。此外,通过数据库对电缆信息进行合理化管理,提高了电缆数据的准确性和完整性。系统具体功能如下:

（1）配备了电缆监控管理系统 App，能够查看所有电缆信息的概况，扫描查询电缆信息，管理电缆信息和用户信息。具有识别电缆长度、电缆型号、电缆序号、电缆电压等级、电缆截面积、电缆长度等基本信息功能，以及识别电缆来方向、去方向等运维状态信息功能。

（2）配备了电缆监控管理系统后台软件，能够实现对有关电缆履历、每日使用情况等电缆信息进行日常维护的台账管理功能。采用浏览器/服务器模式（B/S）架构，以数据库为基础，能够对应用程序所发出的请求进行接收。可以远程监控电缆的各种信息，实现对电缆基本信息的录入、删除、修改等操作。提高了工作人员的工作效率，有利于减轻劳动强度和降低生产成本。

（3）配备了自动变更功能，能够根据现场情况进行电缆运维信息的实时更新。具有当前接入电铲或钻机设备信息变更时，串联电缆信息自动变更特色功能；具备辅助预防耦合器带电误操作等特色功能。操作人员能在第一时刻掌握电缆的工作状况。该系统大大降低了工作过程中的失误率，避免了因带电误操作导致的安全问题。

（4）具有实时更新电缆路径示意图的特色功能，实现了电缆连接信息的可视化。将电缆连接信息表中的每一个数据都用一个图案进行代替，编程实现点击示意图即可查看电缆连接状态和电缆数据功能。示意图可以更清晰地反映电缆的连接情况，工人也能很好地寻找到所需的信息。

（5）具有很高的安全性。针对 App 的安全性问题，采用账户信息管理功能模块；针对后台软件的安全性问题，采用了 Shiro 对密码加密并强制设置密码为数字、字符、字母混合形式；针对服务器的安全性问题，采用了矿山专用服务器，并增加了 SSL（安全套接层）对网络连接和网站传输内容进行加密。该安全设计保护了电缆监控管理系统的多个方面，减小了网站被攻击的风险，大大提高了系统的安全性。

4 结论

（1）电缆信息识别及管理系统对我国煤炭经济的发展起到了推动作用，将促进整个煤矿的管理智能化进程，提高工作效率，保障员工的生命安全；改进了矿山资产管理模式，对降低成本、提高效率起到了积极的作用；解决了现场工作人员维修电缆时容易误开带电耦合器的问题，避免了误操作带来的隐患；尤其是在夜间作业时，操作人员难以区分停电电缆与 6.3 kV 带电电缆，存在触电风险，可通过扫描仪了解带电线路，避免带电操作；替代了现有操作过程冗杂、烦琐的人工挂牌区分电缆的连接方式，避免信息误传递情况发生；可自动生成每日报表，有效地解决了工人每日必须进行的现场记录及手动输入电缆台账管理的烦琐操作，通过系统自动生成的台账及供用电系统示意图，可直观地了解坑下现状。在智能化矿山建设的大背景下，矿用电缆信息识别及管理系统对提升我国煤炭行业装备技术水平具有重要意义。

（2）电缆信息识别及管理系统满足我国现有大型露天煤矿生产需求。目前露天煤矿存在人工记录操作过程冗杂、烦琐等问题。采用工业三防手持机和 RFID 电子标签，实现对电缆信息的识别与状态记录，更好地满足矿区生产需求。同时，可大大减少人工作业量，实现减少用工量、降低出错率、提高安全系数的目标，对提升我国煤炭行业装备技术水平具有重要意义。采用电缆信息识别及管理系统，有利于对电缆的台账管理进行优化，减少人工建账的工作量，台账管理仅需现场操作人员就可进行。该系统应用后，将会极大地节约人力成本。另外，以每米电缆 500～700 元、每根电缆 300 m 计算，每根电缆价值为 20 万元左右，全矿区有 320 根电缆，固定资产为 6 400 万元。电缆信息识别管理系统对资产管理具有重要意义。

参考文献

[1] 孙晓斐.矿用高压电缆绝缘特性在线评估系统的开发[D].太原:太原理工大学,2013.

[2] 项建勇.10 kV电缆线路运行监控现代化管理技术探究[J].电子世界,2017(12):169.

[3] 钱磊.10 kV电缆运行管理系统软件在配电电缆运行现代化管理技术中的应用[C]//2010年全国电力系统配电技术协作网第三届年会论文集.成都,2010.

[4] 贾祎轲,谢景海,肖巍,等.高压电缆全寿命管理技术在输电线路设计中的应用[J].科技创业月刊,2016,29(24):113-115.

[5] 孙建新.浅析10 kV电力电缆的运行管理及维护[J].科技与企业,2013(8):65.

[6] 王耿.浅谈数字矿山和矿山信息化建设的现状与发展对策[J].有色矿冶,2014,30(1):62-64.

[7] 罗红.电力电缆电子信息标识系统的建立和应用[J].广东输电与变电技术,2007,9(5):52-55.

露天煤矿智能化建设关键技术研究与发展

杜　潇,栗　飞

(国能准能集团有限责任公司,内蒙古 鄂尔多斯　010300)

摘　要　为了提高露天煤矿智能化建设水平,不断推进智能化技术优化升级,提升露天煤矿工作的效率和安全性,本文通过探讨物联网、云计算、大数据、移动互联等新一代信息技术在露天煤矿的应用研究,同时对露天煤矿智能开采技术的意义和前景进行展望,最终得出:智能化建设可以极大提高露天煤矿的生产效率和安全性,有效减少人力资源浪费和作业风险,通过引进智能化设备和信息化技术手段,可以提高生产过程的自动化和远程操作水平。

关键词　露天煤矿;智能化建设;关键技术研究

0　引言

智能化是新一代信息技术与制造业深度融合的产物,是现代制造业发展的高级阶段,是人与机器共同组成的生产系统,人在其中发挥着不可替代的作用。工业4.0时代,智能制造是未来发展的必然趋势,也是实现传统产业转型升级的有效途径,智能化发展已成为一种新趋势。露天煤矿是我国重要的能源生产基地,露天煤矿自动化、智能化发展水平不仅关系到煤炭产业的安全、高效、绿色和可持续发展,还关系到我国能源安全战略。近年来,我国大力推进露天煤矿自动化、智能化建设,已建成了一批智能矿山示范工程,为我国煤炭行业向智能化方向发展奠定了基础。

1　露天煤矿智能化建设技术研究

露天煤矿的智能化建设是以物联网为基础,融合大数据、云计算、人工智能、移动互联等新一代信息技术,实现矿山设备运行状态监测与控制、生产作业调度、设备远程监控与管理、远程巡检与故障诊断等方面功能,从而实现露天煤矿的高效开采和安全生产[1]。在信息化技术方面,以无线局域网和互联网为基础,实现了矿山生产信息、设备运行状态和工作环境的实时监测,满足了矿区的综合管理需求。在智能化建设方面,研究了露天煤矿安全生产运营一体化系统设计、安全生产管理信息系统架构设计和集成应用技术体系设计,面向服务架构,实现智能化矿山设备运行状态监测与控制系统的标准化[2]。

1.1　安全生产运营一体化系统设计

安全生产运营一体化系统主要包含安全监控、人员定位、车辆定位、设备状态监测、视频监

作者简介:杜潇(1981—),内蒙古达拉特旗人,研究生,高级工程师,国能准能集团有限责任公司设备维修中心副经理,主要从事采矿设备机电管理工作。

控和通信系统等模块。

在露天煤矿生产过程中,人员定位是整个系统最关键的部分,通过无线传输的方式将人员位置信息传输到地面并进行实时定位,可以实时获取工作人员的位置和工作状态,从而减少事故的发生,是煤矿安全生产的基础[3]。

车辆定位技术通过对车辆进行实时的监控和管理,将车辆上安装的 GPS 天线接收到的信号转换为电信号,经过数字信号处理器发送到数据中心进行集中处理[4]。数据中心根据设定的路径规划算法实时计算出最优行驶路径,并将计算结果通过无线传输方式发送到基站进行反馈。基站对车辆位置数据进行接收、存储和解析后发送给车辆控制系统,根据车载控制器的指令对车辆进行控制[5]。

1.2 矿山设备运行状态监测与控制系统标准化设计

矿山设备运行状态监测与控制系统是实现露天煤矿自动化、无人化开采的基础,是露天煤矿智能化建设的重要组成部分,主要由传感器、数据传输模块、数据采集模块、控制模块、远程监控模块和视频监控模块等组成。该系统主要完成露天煤矿生产过程中的设备监测和控制工作,为露天煤矿的自动化、无人化开采提供基础保障[6]。

矿山设备运行状态监测与控制系统的标准化设计采用面向服务架构,可以实现不同设备之间的互联互通,从而构建系统的整体架构。服务架构作为一种松耦合的开放体系结构,其服务由标准接口进行封装,并通过标准化协议进行通信[7]。

2 推进智能化露天煤矿开采技术的意义

我国露天煤矿开采存在着高投入、高风险、高能耗等壁垒,要更好地实现转型升级和可持续发展,必须依靠科学技术。目前,我国露天煤矿开采技术已经取得了长足发展,但仍存在着诸多问题亟待解决,比如矿山环境复杂且脆弱、资源综合利用率低、矿山生产效率低、生产设备与技术相对落后等,这些问题的存在制约着露天煤矿的健康发展,因此,迫切需要突破技术瓶颈,提升装备水平和生产效率,进一步推进智能化露天煤矿建设。

2.1 满足我国露天煤矿未来发展的需求

我国的能源结构中,煤炭占比仍然较大,是最主要的能源供给资源。发展绿色能源是我国可持续发展战略的重要组成部分,而煤炭清洁高效利用是实现我国能源转型的重要途径。目前,我国煤炭资源赋存条件复杂、生态环境脆弱,露天煤矿生产环节中存在着高投入、高风险、高能耗等问题,制约了我国绿色矿业发展。推进露天煤矿智能化建设可以有效解决目前存在的问题,提高生产效率和管理水平,促进露天煤矿绿色、安全、高效发展[8]。露天煤矿结合自身的特点,持续加大科技投入力度,通过智能化开采将生产环节自动化与信息化技术协同融合,实现露天煤矿的高效、安全生产;通过对露天煤矿的采矿工艺与开采设备进行优化设计,提高矿产资源利用率;通过实施智能调度系统,实现露天煤矿开采各环节智能协调控制与管理。此外,还可以通过智能化开采技术实现矿山生产过程中的环境保护,促进生态文明建设[9]。因此,智能化建设是推动我国露天煤矿绿色、可持续发展的重要途径。

2.2 保障国家能源安全,提高资源综合利用率

我国是煤炭生产大国,根据《中国能源统计年鉴》数据,我国 2016 年煤炭产量达到316 274 万 t,占一次能源总产量的 77.1%,由此可见,我国的煤炭供应能力已经接近上限[10]。在当前世界能源供给形势下,我国未来的煤炭需求仍将持续增长,如果不能实现能源生产和消

费的动态平衡,必将影响到我国能源安全。因此,要保证能源供应稳定持续发展,就必须积极推进露天煤矿的智能化建设和发展,通过智能装备和技术的应用,提高资源综合利用水平和开采效率,实现开采效益最大化[11]。

2.3 满足我国工业和信息化建设的需求

推进露天煤矿智能化,可以有效推动我国工业信息化建设,满足我国工业发展的需求,促进我国经济可持续发展,同时也是实现智能开采、数字化管理、信息化支撑的重要途径,推动煤炭行业向数字化转型升级。

3 露天煤矿智能化建设前景展望

随着我国露天煤矿智能化建设的不断深入,必将实现由单点应用向全面集成、由局部优化向全局优化、由被动响应向主动调控、由粗放型管理向精细化管理等多维度转变。随着露天煤矿智能化建设逐步进入成熟期,其核心内容是构建矿山智能感知、智能决策、智能执行和智能管控的一体化智能制造体系,以提升矿山生产效率和安全保障为目标,积极开展智能技术与装备的研究与应用,促进智能制造技术与煤矿生产深度融合,持续推动露天煤矿建设从数字化到智能化跨越[12]。

3.1 开展露天煤矿智能感知、决策、执行技术研究

在感知技术方面,通过建立露天煤矿环境、地质、灾害等多源信息融合感知平台,研究基于边缘计算的多传感器融合数据处理方法,形成露天煤矿智能化感知技术体系。

在决策技术方面,研究基于大数据和云计算的智能决策方法与技术,形成露天煤矿生产管理的大数据决策模型,建立基于大数据、云计算和人工智能等新一代信息技术的智能决策系统,实现生产管理决策的智能化[13]。

在执行技术方面,研究基于智能装备和远程控制技术的露天煤矿执行系统,研发以矿卡、电铲、钻机等为代表的移动作业平台。研究移动作业平台远程及分布式控制系统,开发基于现场总线、无线通信等方式的控制与执行系统,实现移动作业平台现场设备的集中管理和远程控制[14]。

今后,露天煤矿智能化建设将围绕上述三大核心技术展开深入研究,建立以露天煤矿为核心的矿山感知与智能决策系统、以移动作业平台为核心的移动执行系统、以无人驾驶为核心的智能远程控制系统。

3.2 推动露天煤矿生产工艺自动化、半自动化向智能化发展

目前,我国部分大型露天煤矿陆续开展采场自动化连续开采技术的研究工作,采剥环节的主要设备逐步实现自动控制。今后,应进一步开展采场自动连续开采关键技术的研究与应用工作,将采场的地质勘探、测量、开采、排土等环节均实现智能化,推动采场从半机械化向自动化、无人化发展[15]。此外,还应开展采场动态优化设计与动态模拟研究,优化采矿设计参数,提高露天矿生产效率和矿山安全保障能力[16]。

3.3 加强露天煤矿采矿方法和生产工艺的研究

露天煤矿智能开采的核心技术是采矿方法和生产工艺,当前,我国露天煤矿采煤工艺、剥岩工艺、运输工艺、破碎工艺等均采用露天开采方法,但不同矿山采用不同的采剥方案,导致采场规模、排土方案、剥离方案等均有差异[17]。

目前,我国露天煤矿采剥工程和运输工程逐步实现自动化生产,但生产效率与世界先进水平相比差距较大,主要表现为:① 采剥作业分散独立,生产计划由人工编制;② 采场系统和运输系统缺乏实时联动控制;③ 无人驾驶设备在露天矿应用尚未普及。因此,应重点加强露天煤矿采剥工程与运输工程的一体化设计,从以下几个方面着手开展工作:① 研究面向高效智能化开采的采剥工艺、排土工艺与运输工艺;② 加快推进采场系统和运输系统的智能化改造,提升智能制造水平;③ 加强对半自动化智能采矿装备、无人驾驶设备在露天矿生产中应用的研究;④ 加快推进露天矿智能化建设进程。

3.4 大力发展数字孪生技术

数字孪生是一种虚拟现实技术,在数字化世界中重现物理实体的状态和功能,从而对物理实体进行仿真、诊断、预测和控制,可广泛应用于装备制造、能源化工、城市建设等领域。露天煤矿数字孪生系统是数字化虚拟矿山的基础,数字孪生露天煤矿将通过 5G 通信网络实现矿山开采的远程实时控制、可视化监控及状态感知,并通过各种传感器采集矿山各工况下的环境数据、设备运行数据等,实现露天煤矿开采的远程实时监测。数字孪生技术将与云计算、大数据、物联网、人工智能等技术融合发展,实现露天煤矿全生命周期的实时数据采集和动态仿真分析,构建矿山数字孪生体,为露天煤矿智能化发展提供技术支撑[18]。

4 结束语

综上所述,目前露天煤矿的智能化建设总体处于探索阶段,仍面临着设备研发能力弱、系统集成水平低、智能化程度不高等问题。露天煤矿在发展过程中,应加快推进设备研发和升级、加大系统集成力度、强化信息化建设,实现生产经营全过程数据可视化管理;加快露天煤矿数字化建设步伐,以及露天煤矿各系统之间的互联互通,逐步实现数据资源共享;推进露天煤矿向智能化方向发展,并在技术研究和应用中不断总结经验教训,使露天煤矿智能化建设工作进一步科学化、规范化、标准化。随着新一代信息技术在露天煤矿的进一步应用与推广,我国露天煤矿的智能化建设将迎来更大的发展空间。

参考文献

[1] 昌正林.露天煤矿智能化建设关键技术研究与发展[J].能源与节能,2023(1):95-97.

[2] 孟峰,徐煦,薛国庆,等.5G+无人驾驶技术在国能宝日希勒露天煤矿智能化建设中的应用研究[J].中国煤炭,2021(增刊1):172-182.

[3] 付恩三,刘光伟,王新会,等.基于"互联网+"智慧露天煤矿建设发展新构想[J].中国煤炭,2020,46(2):35-41.

[4] 赵明磊.智慧矿山框架与发展前景研究[J].科学技术创新,2019(23):180-181.

[5] 陈龙,王晓,杨健健,等.平行矿山:迈向智能化矿山的技术路径[J].自动化学报,2021,47:1-13.

[6] 蒋峰.煤矿采煤机智能化关键技术探讨[J].工程建设(维泽科技),2020(3):136-138.

[7] 柳彦波.煤矿智能化开采技术的创新与管理措施研究[J].经济与社会发展研究,2020(16):243.

[8] 南晖.露天煤矿智能化建设关键技术及智慧管控理念分析[J].中国科技投资,2020(33):54,66.

[9] 于海旭,何适,辛昊天,等.露天煤矿电铲智能化技术应用及其发展趋势[J].工矿自动化,2021,47(增刊1):103-105.

[10] 张波,袁金祥,赵耀忠,等.伊敏露天煤矿智能化建设关键技术与发展前景研究[J].中国煤炭,2021(增刊1):183-187.

[11] 王国法,富佳兴,孟令宇.煤矿智能化创新团队建设与关键技术研发进展[J].工矿自动化,2022,48(12):1-15.

[12] 苏新宇.露天煤矿智能化建设关键技术及智能管控理念[J].工程技术,2021(9):275.

[13] 王忠鑫,田凤亮,辛凤阳,等.露天煤矿智能化建设 构建场景生态是关键[J].智能矿山,2022(6):93-100.

[14] 徐全耀.准东露天煤矿智能化建设探讨[J].工矿自动化,2022,48(增刊1):24-26,44.

[15] 袁广忠,徐长友,平彦军,等.国家电投集团内蒙古能源有限公司智能化建设探索与实践[J].中国煤炭,2021(增刊1):45-49.

[16] 丁震,赵永峰,尤文顺,等.国家能源集团煤矿智能化建设路径研究[J].中国煤炭,2020(10):35-39.

[17] 张扬,孙宽,郝继峰.平朔东露天煤矿智能化建设[J].露天采矿技术,2023,38(1):64-67.

[18] 张文宏,张鸿基.基于GPS的露天煤矿智能化系统研究[J].内蒙古煤炭经济,2021(15):44-45.

露天采矿中新型乳化炸药抗冻剂的研究

郭　星

（国能准能集团有限责任公司，内蒙古 鄂尔多斯　010300）

摘　要　露天采矿在冬季使用的乳化炸药抗冻剂主要成分是乙二醇，生产工艺要求能够在气温−40～0 ℃范围内不结冰。乙二醇是一种溶解性好、物理化学性质稳定的抗冻剂，但乙二醇型乳化炸药抗冻剂价格昂贵。对比乙二醇，氯化钙溶液价格低、冰点低，广泛应用在各类需要降低冰点的场合。本文提出基于氯化钙溶液加缓蚀剂，开展新型乳化炸药抗冻剂应用于乳化炸药的密度、黏度、存储期限、爆速爆破效果等研究，结果表明，该乳化炸药对水环起到抗冻润滑的作用，爆破效果良好，达到预期目标。在北方冬季，氯化钙水溶液加特定缓蚀剂，无不锈钢腐蚀现象。同时氯化钙水溶液具有清洁、无毒、无环境危害等特点，适用于露天采矿在冬季等低温环境下推广使用。

关键词　氯化钙；乙二醇；乳化炸药抗冻剂；缓蚀剂；低温环境

0　引言

由于氯化钙溶液具有价格低廉、对环境零污染、冰点低等优点，氯化钙溶液作为防冻液或者抗冻剂已被广泛应用于露天采矿、石油、化工等工业生产中。然而，与乙二醇溶液相比，氯化钙溶液对金属具有一定的腐蚀性，会腐蚀管道、设备，甚至引起泄漏，即使是不锈钢也很难完全避免氯化钙溶液的侵蚀。这就要求在使用氯化钙溶液的过程中能有效解决其腐蚀性问题，这时降低成本和安全稳定两者之间需要在特定条件下才能达到共赢。在众多研发成果中，添加盐水缓蚀剂是一种直接有效且成本较低的方法。当前市场上出售的盐水缓蚀剂种类繁多，按化学组成可以分为聚合物盐水缓蚀剂、有机盐水缓蚀剂、无机盐水缓蚀剂[1]。抗冻剂是露天采矿现场混装多功能炸药车冬季制造乳化炸药的必需品，通常是用乙二醇和水按比例混合配制而成的溶液，起到乳化炸药对水环抗冻润滑的作用。而氯化钙水溶液加缓蚀剂具有与乙二醇水溶液相同的功效，通过调整可以使氯化钙水溶液满足冰点在−40～0 ℃范围的要求。氯化钙水溶液加上缓蚀剂时，在北方冬季环境下，会使 Cl^- 活性降低，腐蚀性得到有效抑制，这是露天采矿中新型乳化炸药抗冻剂值得研究的一个方向。氯化钙替代乙二醇的应用减少了工业生产有机物过程的能量损耗，同时减少了露天采矿中乙二醇的爆炸产物 CO_2 进入大气中，可为实现"双碳"目标做贡献。

在露天采矿中，抛掷爆破和松动爆破会破坏原本结构稳定的地面并产生大量尘土，从环保

作者简介：郭星（1990—），工程师，现任国能准能集团有限责任公司炸药厂生产技术部副经理，2014 年毕业于英国斯特拉思克莱德大学，硕士，主要从事露天煤矿炸药生产技术及管理方面的工作。

角度考虑需要洒水抑制扬尘,但单纯进行洒水抑尘不能有效地使细微的粉尘重新结合在一起,具有局限性。有研究发现化学抑尘方式可以避免上述问题,美国、南非、英国等世界矿业发达国家采用化学抑尘剂治理路面扬尘,取得了较大的经济、社会和环境效益。南非康耐(Con-aid)抑尘剂不但对路面起到抑尘效果,而且还使路面固化,有效抵抗雨水冲刷破坏,四季通用。美国、日本、德国等国家应用不同的地面抑尘剂产品[2]。氯化钙溶液同时可以作为抑尘剂在露天矿山中发挥作用。氯化钙能够改变土壤结构,促进尘土黏合,同时具有一定的吸湿保水特性,能提高尘土的含水率,从而抑制尘土飞扬,在地面吸湿、抑尘和防风固沙等方面有广泛的应用[3],可保持水土稳定,改善露天矿山空气质量,对露天爆破抑尘具有良好效果。

氯化钙替代乙二醇流入土壤中,能够提高土壤中钙的含量,促进绿色矿山建设中植物对钙的吸收、运输及利用。植物生长发育所必需的矿物质元素主要从土壤中吸收,而土壤中矿物质元素的变化常常会影响作物对养分的吸收。在北方碱性土壤环境中,氯化钙可使土壤pH值降低,有利于缓解碱性土壤对锌的吸附和固定,且对于小麦等植物根系发育以及锌的吸收具有促进作用[4]。

1 盐水的腐蚀机理探究

北方冬季生产过程中乳化炸药抗冻剂水环使用的乙二醇水溶液价格昂贵,希望能够找到一种可以替代的防冻剂,要求能够在气温为$-40\sim0$ ℃范围内不结冰、溶解性好、物理化学性质稳定、表现优良。乙二醇具有良好的降低冰点的能力,配成的抗冻剂稳定,比无机盐强,不具有腐蚀性。通过乙二醇水溶液冰点测试表(表1)可以看出,在乙二醇含量低于68%时,乙二醇含量越高,冰点越低,但是超过68%这个顶点时,冰点不再继续降低,这时提高乙二醇百分比会使得成本更高而冰点却增高[5]。在满足低于当地气温的同时,灵活调整乙二醇溶液配比,减少价格高昂的乙二醇使用量,降低成本。在冬季温度较低的情况下,氯离子对金属的锈蚀能力显著降低。从降低冰点能力来说,氯化钙的冰点在众多无机盐中表现良好且价格低廉,所以我们更多地考虑氯化钙为主要抗冻剂来实现降低冰点的目的,从氯化钙水溶液的冰点测试表(表2)可看出,氯化钙溶液能够满足冰点在$-40\sim0$ ℃的要求,而且是含量在40%范围内效果最好。

<table>
<tr><th colspan="4">表1　乙二醇水溶液冰点测试表</th></tr>
<tr><th>乙二醇/%</th><th>冰点/℃</th><th>乙二醇/%</th><th>冰点/℃</th></tr>
<tr><td>10</td><td>-4.1</td><td>50</td><td>-33</td></tr>
<tr><td>20</td><td>-7.5</td><td>60</td><td>-50</td></tr>
<tr><td>30</td><td>-14.1</td><td>68</td><td>-60</td></tr>
<tr><td>40</td><td>-22.9</td><td>71</td><td>-55</td></tr>
</table>

<table>
<tr><th colspan="4">表2　氯化钙水溶液的冰点测试表</th></tr>
<tr><th>氯化钙/%</th><th>冰点/℃</th><th>氯化钙/%</th><th>冰点/℃</th></tr>
<tr><td>30</td><td>-22</td><td>45</td><td>-45</td></tr>
<tr><td>35</td><td>-31</td><td>47</td><td>-43</td></tr>
<tr><td>38</td><td>-35</td><td>50</td><td>-26</td></tr>
<tr><td>40</td><td>-50</td><td>55</td><td>-11</td></tr>
</table>

从实际使用要求来说,有机物合成需要经过复杂的化学反应,耗费大量的能量和人力,所以有机物如乙二醇抗冻剂的生产和使用会增加工业生产中的成本。从世界的乙二醇供需情形来看,主要生产输出地为北美和中东地区,但生产和消费地则是以中国大陆、中国台湾和韩国为主。中国需要乙二醇作为化工原料来生产聚酯类有机物,这就导致我国自产的乙二醇供不应求,依赖进口来满足全行业的生产需求。因此,从国家战略和成本控制方面考虑,我们主要以无机盐为主要抗冻剂来达到降低成本的目的。考虑到工业氯化钙水溶液作为抗冻剂对铜、

铝合金、铸铁等常用金属有一定的腐蚀性,可以在氯化钙水溶液中添加特定的缓蚀剂,从而达到对氯化钙水溶液的防腐蚀要求。

金属在盐水中的腐蚀是一系列复杂的电化学反应,氯离子可以穿透金属表面的氧化层吸附在金属表面,取代金属氧化层中原有的氧,将金属层中不溶性氧化物转变成可溶性氯化物,使金属表面钝化态变成活泼状态,破坏金属表面原有的保护层,导致出现氯化钙溶液对金属材质的腐蚀现象。

氯化钙溶液对碳钢管道的腐蚀主要有化学腐蚀和电化学腐蚀。由于输送系统以碳钢、铸铁等材质为主,因此氯化钙溶液的腐蚀性主要表现在对铁元素的腐蚀[6]。

(1)化学腐蚀。化学反应表示为:

阳极反应:$Fe - 2e \longrightarrow Fe^{2+}$

阴极反应:$2H^+ + 2e \longrightarrow H_2 \uparrow$

(2)电化学腐蚀。主要的电化学反应可表示为:

阳极反应:$Fe \longrightarrow Fe^{2+} + 2e$

阴极反应:$O_2 + H_2O + 2e \longrightarrow OH^-$

$$Fe^{2+} + OH^- \longrightarrow Fe(OH)_2 \downarrow$$

$$Fe(OH)_2 + H_2O + O_2 \longrightarrow Fe(OH)_3$$

总反应:$4Fe + 3O_2 + H_2O \longrightarrow Fe(OH)_3$

氯化钙溶液的电化学腐蚀会导致溶液溶氧量下降,抑制阴极还原反应,因而阳极反应产生的 Fe^{2+} 与溶液中的 Cl^- 形成强酸弱碱盐 $FeCl_2$,易水解导致部分区域溶液的 pH 值下降,从而发生化学腐蚀。其反应式为:

水解反应:$FeCl_2 + 2H_2O \longrightarrow Fe(OH)_2 + 2HCl$

阳极反应:$Fe - 2e \longrightarrow Fe^{2+}$

阴极反应:$2H^+ + 2e \longrightarrow H_2 \uparrow$

氯化钙溶液的腐蚀情况主要集中在接口处、铁素体和碳素体分布不均的区域,腐蚀大多表现为裂缝或蚀孔。

常用的氯化钙溶液的防腐措施主要有:① 采用内衬或内涂耐蚀材料的设备、管道[7]。② 采用涂富锌涂料的设备、管道。③ 控制溶液的 pH 值为 7.5~8.5。④ 采用合理的缓蚀剂。本文主要研究添加缓蚀剂来抑制腐蚀作用。加入缓蚀剂后,缓蚀剂可将铁的电化学电位极化成一个相对稳定电位,使生成的 Fe^{2+} 迅速氧化,在碳钢表面形成以不溶性 $r\text{-}Fe_2O_3$ 为主体的钝化膜,从而达到抑制腐蚀的作用[8]。

2 试验研究

试验材料及仪器包括无水氯化钙、湖南缓蚀剂、河南缓蚀剂、河北缓蚀剂、乙二醇水溶液、硝酸铵水溶液、多孔粒状硝酸铵、复合油相、不锈钢水杯。

黏度测试:美国博利飞 RVDV-Ⅱ＋Pro 型布氏黏度计,7 号转子,转速为 50 r/min。

密度测试:采用样品杯跟踪测试杯中炸药质量,计算敏化后乳化炸药密度。

爆速测试:采用实验室爆破试验样品混制。采用直径为 150 mm 的 PVC 管盛装炸药,以及一发 8 号工业雷管、一发起爆器、BSW-3A 五段智能爆速仪进行乳化炸药爆速性能测试。

2.1 氯化钙抗冻剂的抗腐蚀性能试验研究

2.1.1 试验方法

配制冰点为 $-30\ ℃$ 的氯化钙抗冻剂。通过采购湖南、河南、河北 3 个产地的缓蚀剂,对比乙二醇水溶液和自来水,形成 5 组对照试验。找出状态稳定且腐蚀性最小的缓蚀剂,进行小样试验和露天爆破试验。

称取氯化钙 1.2 kg,加水 3.6 kg,配制成冰点为 $-30\ ℃$ 的氯化钙水溶液。取 5 个相同品质的 304 不锈钢水杯,设置 5 组对照试验:① 加有湖南缓蚀剂的氯化钙水溶液,按照配方添加浓度为 0.1% 的缓蚀剂;② 加有河南缓蚀剂的氯化钙水溶液,按照配方添加浓度为 0.1% 的缓蚀剂;③ 加有河北缓蚀剂的氯化钙水溶液,按照配方添加浓度为 0.1% 的缓蚀剂;④ 乙二醇水溶液;⑤ 无缓蚀剂氯化钙水溶液。

将 5 个不锈钢水杯放置在冰箱冷冻,调节温度为 $-25\ ℃$,观察是否存在溶液分层、溶液结冰、不锈钢水杯腐蚀等现象。

2.1.2 试验结果

经过 6 个月的观察,对照试验结果如表 3 所列。

表 3 对照试验结果表

	① 湖南样	② 河南样	③ 河北样	④ 乙二醇样	⑤ 无缓蚀剂样
是否分层	无分层	无分层	无分层	无分层	无分层
是否结冰	无结冰	无结冰	无结冰	无结冰	无结冰
是否腐蚀	无腐蚀	轻微腐蚀	小面积腐蚀	无腐蚀	小面积腐蚀

加有湖南缓蚀剂氯化钙水溶液与传统乙二醇水溶液一样,溶液无分层、无结冰,且不锈钢水杯无锈蚀现象。

2.2 氯化钙抗冻剂在露天矿山的爆炸性能研究

2.2.1 试验方法

(1)从乳化工房接取配制好的硝酸铵水溶液。

(2)控制水相和油相配比(水相、油相质量比为 92:8)、温度、水相添加速度、乳化时间,制备乳胶基质,基质温度可控制在 $62\sim68\ ℃$。

(3)取样测试黏度,并跟踪黏度随温度变化。

(4)按照乳胶基质:多孔硝酸铵=69.8:30(质量比)添加多孔粒状硝酸铵,搅拌均匀。

(5)混合均匀后在 $45\sim50\ ℃$ 下,添加敏化剂溶液(亚硝酸钠与水的质量比为 1:2),添加量占混合"重乳化"炸药的 0.2%。搅拌均匀,在温度为 $40\ ℃$ 时装入 PVC 管中,取样跟踪测试 25 min 内密度变化。

2.2.2 试验结果

选取试验中表现最好的加有湖南缓蚀剂氯化钙水溶液进行爆速试验,将产品装入 3 个炮筒,分别观测乳化、黏度、发泡速率及爆速测试数据,结果如表 4 所列。

由表 4 可知,黏度、发泡速率及爆速测试数据均满足国家标准。

继续将加有湖南缓蚀剂氯化钙水溶液替代乙二醇水溶液进行露天煤矿爆破试验。露天采矿炮孔填装中乳胶基质性能基本无任何变化,储存良好。露天煤矿松动爆破中,爆堆隆起高度、边帮沉降高度、岩石拉伸块度等爆破指标良好,未发生哑炮、爆炸威力不足、拉底等情况,满足生产需求。

表4　黏度、发泡速率及爆速测试数据

编号	水相进入油相时间	共搅拌时间	基质黏度/cP		敏化温度/℃	发泡速率/(以密度变化表示)		爆速测试(PVC110mm)/(m/s)
①	1′45″	5′	初始	16 800/70	48	初始	1.31	4 091
			10 min	14 400/60		25 min	1.28	
②	1′45″	5′	初始	16 400/70	48	初始	1.29	4 138
			10 min	14 740/60		25 min	1.28	
③	1′45″	5′	初始	16 600/70	48	初始	1.31	4 102
			10 min	14 840/60		25 min	1.28	

3　结论

(1)氯化钙能够改变露天爆破后土壤结构,促进尘土黏合,保持水土稳定。同时氯化钙具有吸湿保水的功能,能提高土壤中的含水率,从而抑制尘土飞扬、改善露天矿山空气质量,对露天爆破抑尘具有良好效果。在北方碱性土壤环境中,氯化钙可使土壤的pH值降低,有利于缓解碱性土壤对锌的吸附和固定,且对于小麦等植物根系发育以及锌的吸收具有促进作用。

(2)以氯化钙溶液加缓蚀剂作为抗冻剂,以耐腐材料制作输送系统,符合北方冬季露天采矿作业中需要抗冻剂水环对乳化炸药润滑的需求,可以代替乙二醇水溶液用于管道水环境保护和管道清洗,无上冻现象。

(3)作为乳化炸药抗冻剂使用,氯化钙成本低廉,仅约为乙二醇水溶液成本的1/10。

(4)在北方冬季环境下,氯化钙水溶液加特定缓蚀剂,无不锈钢腐蚀现象。同时氯化钙水溶液加缓蚀剂作为无机盐,具有清洁、无毒、无环境危害等特点,适合露天采矿在冬季等低温环境下推广使用。

参考文献

[1] 白松泉,宋喆,陈锡良.盐水的腐蚀机理及缓蚀剂的研究[J].当代化工,2015,44(3):484-486.

[2] 刘霖.露天矿汽车运输路面扬尘防治技术的研究[D].武汉:武汉理工大学,2002.

[3] 李国东,尚悦,李万涛,等.氯化钙抑尘技术在司家营露天采场道路的研究与应用[J].现代矿业,2022,38(5):223-226.

[4] 高雅洁,王朝辉,王森,等.石灰性土壤施用氯化钙对冬小麦生长及钙锌吸收的影响[J].植物营养与肥料学报,2015,21(3):719-726.

[5] 郭海平.关于对冬季北方地区洗煤运输防冻的几点探讨[J].科技信息,2009(8):287-288.

[6] 张慧.探究氯化盐水系统的有效防腐措施[J].中国氯碱,2020(11):31-32,35.

[7] 廖朝钟,肖君武.氯化钙盐水的腐蚀与防护[J].腐蚀科学与防护技术,1991,3(1):27-31.

[8] 吴玉勇,姚俊,姜晨竟,等.冷冻盐水系统腐蚀研究进展[J].科技通报,2010,26(3):421-425.

"双碳"目标下国能准能集团
绿色低碳转型高质量发展路径研究

宋程鹏,陈志强,贾东学

(国能准能集团有限责任公司,内蒙古 鄂尔多斯 010300)

摘 要 "双碳"目标倒逼能源结构转型,为大型煤炭能源企业加快推动产业结构优化、能源结构转型升级提出了新的要求,为构建清洁低碳、安全高效的能源体系提出了明确的时间表,为能源行业企业提出了减碳、脱碳、转型的改革任务。为实现"双碳"目标下的能源结构转型升级,国能准能集团结合自身发展定位与产业优势,提出构建"一个主体、两翼一网、七个准能"企业发展战略体系,通过理清发展思路,科学确定发展目标,明确主要任务,制定保障措施,实现创绿色转型、创新驱动、提质增效来推进产业转型和升级,走上绿色、低碳、循环的发展路径,为国能准能集团"十四五"高质量发展奠定坚实基础,建设具有全球竞争力的世界一流能源企业。

关键词 碳中和;碳达峰;绿色低碳;世界一流能源企业

1 企业简介

国能准能集团有限责任公司(简称国能准能集团或公司)是国家能源集团二级管理单位,是集煤炭开采、坑口发电及煤炭循环经济产业为一体的大型综合能源企业。公司位于内蒙古自治区经济发展最具活力的呼包鄂经济圈,地处蒙、晋、陕交界处的鄂尔多斯市准格尔旗薛家湾镇。煤炭资源储量为 30.85 亿 t,具有"两高、两低、一稳定"(即灰熔点高、灰白度高、水分低、硫分低、产品质量稳定)的品质特点,是优质动力、气化及化工用煤,以清洁低污染而闻名,被誉为"绿色煤炭"。公司拥有年生产能力 3 400 万 t 的黑岱沟露天煤矿、3 500 万 t 的哈尔乌素露天煤矿及配套选煤厂,年生产能力 14.5 万 t 的炸药厂,装机容量为 960 MW 的煤矸石发电厂,年产 4 000 t 的粉煤灰提取氧化铝工业化中试工厂,以及与生产配套的供电、供水等生产辅助设施。截至 2022 年年底,公司资产总额 667.52 亿元;在册员工 9 000 余人;累计生产商品煤 8.85 亿 t,发电 692.55 亿 kW·h,累计实现利润 688.88 亿元,累计上缴税费 613.89 亿元。

2 实施背景

为深入贯彻习近平新时代中国特色社会主义思想,牢固树立新发展理念,实现"碳达峰""碳中和"目标下的能源结构转型升级,推动实现高质量发展,国能准能集团立足新发展阶段,

作者简介:宋程鹏(1977—),汉族,研究生学历,中共党员,高级经济师,现任国能准能集团企业管理部主任。历任国能准能集团组织人事部副主任、准池铁路公司组织人事部主任、国能准能集团公用事业公司经理、国能准能集团黑岱沟露天矿党委书记。在企业管理、人力资源管理方面有着丰富的管理经验。

贯彻新发展理念,融入新发展格局,结合公司发展定位与产业优势提出了"1217"发展规划,即"一个主体、两翼一网、七个准能"。"一个主体"是能源企业的立足根本,即继续坚持以发展煤炭产业为主体;"两翼一网"是新时期集团实现转型升级的发展追求,即以绿色生态经济和低碳循环经济为两翼,以打造一个微电网为纽带,将绿色生态经济和低碳循环经济有机连接,形成能源闭环;"七个准能"即"红色、和谐、安全、精益、法治、智慧、生态"的七个准能,是实现战略落地的细化要求,服务于"一个主体"的定位,助推"两翼一网"的落地,建设具有全球竞争力的世界一流能源企业。

2.1 落实"双碳"目标,引领能源结构转型的需要

2020 年 9 月,习近平总书记提出我国二氧化碳排放力争 2030 年前达到峰值、努力争取 2060 年前实现"碳中和"的目标。围绕"碳达峰""碳中和",习近平总书记提出到 2030 年中国非化石能源占一次能源消费比重将达 25% 左右,风电、太阳能发电总装机容量将达到 12 亿 kW 以上,作出了构建以新能源为主体的新型电力系统、严控煤电项目、建立健全绿色低碳循环发展经济体系和把"碳达峰""碳中和"纳入生态文明建设整体布局等系列重大部署。这为加快推动产业结构优化、能源结构转型升级提出了新的要求,为构建清洁低碳、安全高效的能源体系提出了明确的时间表,为能源行业企业提出了减碳、脱碳、转型的改革任务。

2.2 融入内蒙古自治区"三个转型""四大产业集群"发展格局的需要

内蒙古自治区提出了"十四五规划和 2035 远景目标"能源发展的基本思路,围绕现代产业体系建设,推进绿色转型、数字转型、创新转型,打造风能产业、光伏产业、氢能产业与储能产业四大新型能源产业;统筹布局煤炭清洁利用等领域技术创新,开展效能赶超行动、碳排放对标活动和全民节能行动,全面推进重点领域节能降碳;坚持生态保护,优化能源生产布局,推进光伏+生态治理建设,光伏发电重点在沙漠荒漠、采煤沉陷区、露天煤矿排土场布局建设;发挥区域协同优势,全力抢抓分布式光伏资源,推动屋顶光伏开发工作。

2.3 聚焦国家能源集团力争 2025 年实现"碳达峰"目标的需要

国家能源集团在未来五年,绿色低碳发展是最现实的课题,科技自立自强是最迫切的需要,守住安全红线是最基本的要求,高质稳定增长是最重要的任务,深化改革创新是最根本的动力,从严管党治党是最坚实的保障。国家能源集团坚定不移推进产业低碳化和清洁化,提升生态系统碳汇能力,明确了 2025 年碳排放达峰的目标,在我国做好"碳达峰""碳中和"工作中发挥示范与引领作用。

3 主要内涵和做法

3.1 依托"一个主体"

"一个主体",即持续坚持以做精煤炭产业为主体,旨在筑牢根本基石,解决"钱从哪里来"的问题,实现稳定发展,是公司可持续发展的立足之本。

煤炭是"工业的粮食",是支撑我国国民经济发展最重要的基础能源,在能源结构调整、"碳达峰""碳中和"的大背景下,我国当前处于高碳向低碳转化的过渡期,能源消费结构中煤炭占比为 57% 左右。公司煤炭资源储量为 30.85 亿 t,未来较长一段时间,煤炭作为主体能源的地位不会改变,煤炭在能源供给中的安全兜底作用不会改变,煤炭企业在国民经济运行中的重要支撑价值不会改变。在公司高质量发展中,煤炭产业将为多领域协同发展提供充足的资源支

持,充当"蓄水池"作用,是公司发展的基石。

按照国家能源集团建设具有全球竞争力的世界一流能源集团的要求,国能准能集团坚持做好煤炭这篇大文章,按照立足国情、控制总量、兜住底线的要求,巩固增强一体化运营优势,承担起煤炭供应安全保障的责任,坚定发展自信,聚焦主责主业,做精做专煤炭主业,为多领域协同发展筑牢基石、积蓄动力。在两座露天煤矿良好发展现状的基础上,不断优化生产工艺,合理更新使用先进设备,充分发挥设备效能,加速智能化发展进程,进一步提高资源回采率,加强绿化复垦力度,积极探索煤炭资源获取的股权合作模式,全面提升高质量发展水平,在安全、高效、绿色、智能、创新、品牌等方面争创一流,领跑国内露天煤矿行业,建设世界一流露天煤矿。

3.2 构架"两翼一网"

"两翼一网",即以低碳循环经济和绿色生态经济为两翼,以打造智能微电网为纽带,将低碳循环经济和绿色生态经济有机连接,形成能源闭环,助推两翼发展,旨在解决"人往哪里走"的问题,实现可持续发展,是新时期公司实现转型升级的发展之基。

3.2.1 低碳循环经济是未来公司的产业重心

准格尔矿区煤炭探明储量为 265 亿 t,远景储量近 1 000 亿 t。粉煤灰具有"高铝、富镓"特性,燃煤灰分中氧化铝平均含量高达 50%,煤中镓平均含量高达 85 g/t,矿区中丰富的铝、镓伴生资源为公司发展低碳循环经济提供了得天独厚的资源条件。公司遵循国家循环经济"减量化、再利用、资源化"发展原则,着力建设绿色低碳循环型产业体系,从煤炭资源中开辟铝产业是在多年科研的基础上,结合新时期产业发展特点分析研判后确定的转型发展重点方向。

(1)打造粉煤灰综合利用技术创新策源地

公司针对内蒙古准格尔矿区粉煤灰"高铝、富镓"特性,开发出"一步酸溶法粉煤灰提取氧化铝"和"水热除杂"工艺技术。该技术开创了高值化利用粉煤灰中有价元素协同提取先河,被中国有色金属协会与中国煤炭工业协会鉴定为"国内外首创,达到国际领先水平"。通过粉煤灰综合利用技术创新成果的产业化转化可有效解决我国铝土矿资源短缺和对外依存度高的战略安全问题,实现满足国民经济发展的铝从煤里来。

(2)培育新型经济增长点延长产业链

在前期探索的基础上,公司循环经济产业链将向高端化、纵深化发展,推动产业上、下游优势互补。将绿色生态基地建设与光伏发电有机结合,打造绿色能源产业生态圈;创新煤炭伴生资源综合利用模式,构建以"煤、电—粉煤灰—氧化铝、硅、镓—绿色电解铝及铝产品"为核心的煤电铝循环闭环;探索电解铝储能新模式,引领储能技术潮流。开发高端铝合金、铝基复合材料、白泥综合利用新技术,逐步形成硅肥、白炭黑、橡胶填料等应用技术体系。利用硅肥反哺绿色生态农业,实现工业发展成果与生态农业协同互补。

(3)构建"源网荷储"一体化"铁三角"

充分挖掘自有 18 万亩(1 亩≈666.67 m²)复垦土地资源的空间梯级效能,在开发绿色农牧业的基础上,建设光伏新能源,开启"生态＋光伏"土地资源赋能新模式。利用科技创新优化存量资源配置,通过对传统机组的升级改造,实现煤电机组降碳减排双升级。逐步构建出"纳米碳氢燃料发电—光伏新能源—绿色电解铝"产业体系,打造"低碳、绿色、安全、易储"的新型电解铝产业链。

"光伏新能源""火电三源装置""绿色电解铝"构建出公司低碳循环经济"源网荷储"一体化"铁三角",三项主体协同互补,智能联动,实现电源侧与消纳侧的自律有机分配,形成智能、安全、高效的能源互联网,推动公司新能源利用迈入新的阶段。

3.2.2 绿色生态经济是未来公司多元化发展的新动能

建设生态文明是中华民族永续发展的千年大计,公司始终坚持生态优先的政治导向和价值追求,深入贯彻落实黄河流域生态保护和高质量发展战略。按照"一基、三山、五重、多园"发展思路,公司将全力建设覆盖矿区总量18万亩的绿色生态经济产业示范园。做活绿色高质量发展文章,打造集畜牧养殖、林果生产采摘、光伏新能源、生态碳汇、红色教育、工业科普为一体的综合园区。以光、农、林、牧、游为核心,采用"上光下农""上光下牧"创新方案,将光伏发电与农业种植、畜牧养殖相结合,将企业发展与乡村振兴相结合,打造集农牧种养、生态体验、生产加工为一体的绿色农牧示范基地。落实"两山"理论,打造矿山公园,建设集科普教育、休闲观光为一体的呼包鄂科普观光体验式旅游目的地。逐步形成"造绿储金、点绿成金、守绿换金、添绿增金、以绿探金"的多元化绿色生态转化模式。

3.2.3 智能微电网将两翼有机连接

智能微电网是将可再生能源发电技术、能源管理系统与输配电基础设施高度集成的新型电网,是将公司资源禀赋、绿色产业、循环经济有机统一的桥梁。建设智能微电网,构建"源网荷储"一体化和多能互补发展模式,能够有效提高公司内部能源的利用与循环效率,显著提升可再生能源开发消纳水平。一方面,绿色光伏产业撬动准格尔地区自然条件优势,产生清洁能源接入智能微电网,让绿色赋能电力;另一方面,循环经济电解铝产业通过智能微电网充分消纳绿色光伏能源,既解决绿色光伏新能源消纳瓶颈,又把电解铝打造成"绿色、无碳、储能"材料,创造了"减耗就是减碳"的智能微电网使用新模式。

3.3 打造"七个准能"

"七个准能",即打造"红色、安全、生态、智慧、精益、法治、和谐"的七个准能,解决"事往哪里干"的问题,服务于"一个主体"的定位,助推"两翼一网"的落地。

3.3.1 推进从严治党,全面打造"红色准能"

坚持把党的领导全面融入公司治理,不折不扣贯彻上级重大决策部署,严格落实"三重一大"决策和"第一议题"制度,充分发挥党委领导作用,切实从政治上把握大局、谋划工作、推动落实,把贯彻落实习近平总书记重要指示批示精神落实到改革发展各方面。① 实施理论武装工程。建立学习贯彻落实习近平新时代中国特色社会主义思想的长效机制,完善党史教育常态化长效化机制,全面提高党员干部理论素养。② 实施强基固本工程。全面贯彻落实新时代党的组织路线和全国国有企业党的建设工作会议精神;严格落实"四同步""四对接",大力推进党建与生产经营深度融合;树立正确选人用人导向,实施"1515"优秀年轻干部培养工程,完善人才培养机制,改进人才评价机制,健全人才激励机制,让各类人才的创造活力充分迸发,聪明才智充分涌流。③ 实施清风助廉工程。推动"两个责任"协同贯通、同向发力,锲而不舍落实中央八项规定精神,加强政治监督,推动党内监督和其他各类监督有机贯通,相互协调,一体推进不敢腐、不能腐、不想腐体制机制。

3.3.2 推进本安建设,全面打造"安全准能"

① 业务保安筑牢安全防线。坚持"党政同责,一岗双责""管行业必须管安全,管业务必须管安全,管生产经营必须管安全",明确业务保安责任清单,明晰职责边界;全面推行安全生产标准化管理体系,持续推进风险分级管控和隐患排查治理双重预防机制,严格执行岗位标准作业流程,强化挂牌督办,强化精准治理,防范承包商安全风险,加强班组安全管理。② 科技保安破解安全难题。强化安全科技攻关成果在生产一线,特别是高危区域、高危岗位的推广运

用;加快研发应用露天矿矿卡无人驾驶、长距离胶带输送系统安全智能监测、智能机器人巡检,有序推进"机械化换人,自动化减人",全力打造智慧矿山;推进变电所无人值守,炸药生产智能化、无人化作业等,实现最大化的无人值守、远程控制、集中控制和自动控制。③ 制度保安夯实安全责任。不断完善安全生产责任制、隐患排查治理、职业病防治、应急救援管理、事故调查处理、安全奖罚等制度,建立科学、完备的安全制度管理体系,确保安全生产法规、规章、标准、制度得到有效执行;完善考核机制,加大监管力度,严格执纪问责,推动形成层层抓落实的责任传导机制和工作格局,把安全责任层层传递到班组的每一个岗位作业人员,确保责任落实不衰减,安全监督不弱化。

3.3.3 推进低碳发展,全面打造"生态准能"

"生态准能"是在深入贯彻习近平生态文明思想,并结合公司高质量发展实际要求提出的,其主要思路是聚焦黄河流域生态保护和高质量发展、"双碳"目标重大国家战略,通过科学规划、精准施策、久久为功实现"生态矿区、绿色矿山、清洁煤炭"目标。① 全面发展绿色经济。充分发挥露天煤矿复垦土地的资源优势,做优做强"产业生态化,生态产业化"模式,优化发展草食畜牧业和高附加值种植业,全力推动"国家矿山公园"和"国家能源生态林"建设,稳步推进矿区生态农牧业和矿山工业文化旅游业发展,努力建成"中国第一、世界一流"的绿色矿山示范区。② 加快企业绿色转型。制定"碳达峰""碳中和"规划,发展低碳、零碳经济;打造煤炭伴生资源综合利用循环经济产业基地,实现煤炭清洁、高值化综合利用;利用自有土地,发展光伏、储能等新能源产业;实施生态碳汇工程,推动零碳示范企业建设。③ 大力实施生态保护修复工程。再造重要生态系统,恢复生物多样性,实现生态良性循环发展;推动生态文化品牌工程建设,打造准能"塞罕坝"文化。

3.3.4 推进数字驱动,全面打造"智慧准能"

按照国家煤炭产业"全面建成安全绿色、高效智能矿山技术体系,实现煤炭安全绿色、高效智能生产"的要求,加快推进"生产智能化、运营数字化、创新自主化、管理智慧化"建设步伐,打造"智慧准能"。① 生产智能化。推动人工智能、云计算等前沿技术在煤炭行业的应用,实现矿山各系统的智能联动,重点依托 5G 网络大带宽、低时延、广连接的优势,积极探索构建"准航智星"矿山应用系统和"矿鸿"操作系统,开展智能开采、智能运输、智能洗选、智能辅助等应用建设,实现各生产环节智能联动。② 运营数字化。加快形成公司级数字技术赋能平台,提升核心架构自主研发水平,为业务数字化创新提供高效数据及一体化服务支持。运用新一代信息技术构建"平台底座、数据底座、云网底座"三个数字化底座,建成敏捷高效可复用的新一代数字技术体系,实现公司各板块各环节数据的自动采集、测量和监测,并与经营、管理数据相衔接,建立集中统一的"数据中心"。③ 创新自主化。依托国能准能集团已有科研力量,加强科技人才培养,与生产厂商和各大院校、科研机构建立长效合作机制,不断实现科技新突破,提升采矿装备国产化率,在攻克进口关键核心部件技术的同时,进一步推进露天采矿装备整机高端开发进程,推动国内露天采矿装备实现完全自主化、智能化。

3.3.5 推进培优增效,全面打造"精益准能"

① 坚持价值导向抓生产。统筹协调产运销体系,充分发挥区域一体化的运营优势;加强生产管理,科学制订生产计划,高效衔接穿、采、运、排各环节,提升生产效率;不断提高煤炭入选率、产出率及煤炭综合热值,充分发挥准能煤质特性,持续优化产品结构。② 坚持问题导向补短板。以全面预算管理为抓手,细化目标任务,压实经营业绩责任;坚持"一切成本皆可控"的原则,挖掘成本费用控制关键环节,重点降低柴油和轮胎等大宗材料消耗,构建全方位的成

本管控格局。③ 坚持目标导向促改革。深入推进国企改革三年行动,促进改革与发展深度融合、高效联动,持续优化法人治理结构,完善现代企业制度,全面提升企业治理效能。④ 坚持结果导向增效益。深入开展提质增效、降本增效活动,坚持开源与节流并重,增收与节支并举;抓顶层设计节支增效,做好采矿方案、生产剥离等方面的设计优化;抓安全管控降本增效,树立"抓安全就是降成本、抓安全就是增效益"的理念,采取有效措施保障安全生产。

3.3.6 推进依法合规,全面打造"法治准能"

① 坚持依法治理。把坚持和完善党的领导与建立现代企业制度统一起来,实施章程规范化工程,充分发挥章程在公司治理中的基础作用;加强董事会建设,更好发挥董事会"定战略、作决策、防风险"的重要作用。② 坚持合规经营。加快完善合规管理工作机制,加强合规管理制度建设,强化考核与评价,保障体系有效运行;将合规要求嵌入岗位职责和业务流程,抓好重点领域合规管理,预防经济领域的风险,杜绝经济安全事故的发生,保持经济领域"零案件"。③ 坚持规范管理。强化制度体系建设,推进制度"预、立、行、释、改、废"工作,加强制度审核、培训、执行和监督检查;提升规章制度、经济合同、重要决策法律审核质量,推动法律管理与生产经营深度融合;强化监督合力,把好项目"入口关""过程关""出口关";完善内控风险管理,着力构建审计、纪检、巡察、财务、法律大监督体系。④ 坚持人才强企。加强法治合规队伍建设,不断提高法务人员持证比例,健全法律人员成才机制,建立一支讲政治、懂企业、通专业的法治合规工作队伍。⑤ 坚持诚信守法。深入推进普法工作,严格落实普法责任制,创新普法工作载体,分类实施精准普法,形成全员学法、守法、用法的良好氛围。

3.3.7 推进共建共享,全面打造"和谐准能"

① 坚持民主治企打造和谐之家。积极构建和谐劳动关系,全面落实职代会各项职权,开展"公开解难题,民主促发展"主题活动,不断深化"四级"厂务公开,保障职工的知情权、参与权、表达权和监督权。② 坚持素质提升集聚和谐之力。积极践行"社会主义是干出来的"伟大号召,全面落实"产业工人队伍建设改革"部署要求,广泛开展主题劳动竞赛和技能大赛,打造知识型、技能型、创新型产业工人队伍。③ 坚持员工关爱培育和谐之本。坚持以员工为中心的工作导向,广泛开展"我为群众办实事"实践活动,深入推进"幸福员工"工程建设,做实做强"四季四送"品牌活动,大力开展员工普惠性服务,持续加强员工日常慰问、阳光心态和疗休养等工作,切实改善职工生产生活环境,不断提升职工群众获得感、幸福感、安全感。

4 实施效果

国能准能集团通过实施"一个主体、两翼一网、七个准能"发展战略,公司的发展思路更加清晰明确,发展战略更加完整,区域一体化经济新模式更加完善,明晰了"战略定位、文化引领、管理提升"的发展思路,凝练了以"你能,我能,大家能,准能"为核心内容的企业文化,并以企业文化为公司发展的切入点,陆续提出了一系列精益管理新思路,全面提升了公司的经济效益和社会效益。

4.1 生产运营效益持续提升,世界一流露天煤矿领先优势不断增强

公司补齐管理短板、巩固长板优势,经营效益持续向好,在落实"四个革命、一个合作"能源安全新战略中充分发挥"压舱石"和"稳定器"作用,成为国家能源集团实现高质量发展的生力军。公司 2022 年营业收入跃上 245.83 亿元新台阶,同比增加 10.23 亿元;利润总额 89.77 亿元,同比增加 24.19 亿元,为能源保供和社会经济发展做出突出贡献;应缴税费 67.81 亿元,同

比增加 6.45 亿元。提质增效再创新佳绩,围绕"增产增效、提质增效、节支降耗、创新创效"制定 4 个方面 84 条措施,全年完成提质增效、降本增效 12.31 亿元。全员劳动生产率达到 205.91 万元/人,研发经费投入强度达到 1.65%。在 2022 年全国煤矿智能化建设推进会上,代表国家能源集团展示露天煤矿绿色矿山、智能矿山建设成果;"5G＋无人驾驶"项目在 2022 世界电信日大会现场直播演示;建成国内第一个本地部署的全球规模最大企业级 5G 核心网络;两露天矿 6 个采剥工作面 36 台无人驾驶卡车实现编组运行,累计运输里程 4.9 万 km、剥离量 110 万 m³。

4.2 管理提升成效显著增强,世界一流露天煤矿领军作用不断夯实

公司紧盯国企改革三年行动任务目标,完成 56 项台账任务清单的 100%。三项制度改革破冰破局,全面推行任期制和契约化管理,实现公司经理层和各直属单位领导层全覆盖,完成各层级领导和管理人员 123 人的签约工作,契约签订率达 100%;实施"1515"优秀年轻干部培养工程,公司中层管理人员"80 后"占比达 24%;建立以岗位价值评估为基础,以绩效结果为导向的薪酬分配体系,坚持收入分配向业绩贡献大、生产一线、关键岗位倾斜,全员新活力进一步激发。将市场机制引入企业内部,建立与市场经济相适应的经营机制,结合生产实际编制了 2 557 项"工时定额标准"和 2 924 项"材料配件消耗定额标准",最大限度地将生产任务、管理服务、技术研发等生产经营要素全部纳入内部市场,形成了覆盖比较全面的内部市场化管理体系,实行自主经营、独立核算,内部市场化考核分配理念渗透到生产经营全过程,实现了职工和企业"共创价值、共担风险、共享成果"的良好局面。

4.3 社会贡献和品牌影响力更加突出,世界一流露天煤矿示范引领不断彰显

绿色低碳转型步伐加快,建成"红色＋生态＋工业"文旅产业园,带动多元产业协同发展;"绿色动能转换实践"项目获集团奖励基金特等奖,"矿区生态修复案例"入选 2022 年世界经济论坛报告。在世界上首次制备出煤基纳米碳氢燃料,成功通过煤基纳米碳氢燃料 72 h 工业化试烧验证考核,可大幅度改善燃煤锅炉碳耗指标;首次实现低热值煤低温点火并稳定燃烧,多项数据打破行业瓶颈;开发出"煤基纳米碳氢燃料工业化制备"和"煤基纳米碳氢燃料火力发电"两大技术体系,被中国煤炭工业协会鉴定为"国内外首创,达到国际领先水平",为煤电行业绿色低碳发展打通技术路径。企业形象更加靓丽夺目,党员教育实践基地被授予市级爱国主义教育基地和国防教育基地,累计接待 1.5 万人次,成为周边各级党政机关、企事业单位的红色打卡地。树立"RESE"品牌理念,强化"RESE"品牌意识,央企品牌的认同感和信任度不断提高,"准能"企业管理理念、管理文化更加先进,管理制度、管理流程更加完善,管理方法、管理手段更加有效,形成了系统完备、科学规范、运行高效的企业管理体系,为创建成为世界一流水平专业化煤炭公司奠定了坚实的基础。

以企业转型升级之路践行"E"维度发展理念

宋程鹏

(国能准能集团有限责任公司,内蒙古 鄂尔多斯 010300)

摘　要　国能准能集团有限责任公司(简称国能准能集团)地处黄河"几"字湾区的鄂尔多斯市准格尔旗,矿产资源丰富,生态环境脆弱。国能准能集团以党中央、国务院相关部署要求为指导,立足资源禀赋,有力践行央企责任,破解黄河流域生态保护难题,大力发展绿色生态经济,在推动生态效益、环境效益、社会效益和经济效益协同发展的同时,实现人与自然和谐共生,为黄河流域能源企业高质量发展提供可借鉴、可复制、可推广、可落地、可持续的新路子。国能准能集团聚焦煤炭生产和火力发电,立足能源资源禀赋,利用自身产业优势,通过科技创新,以煤炭清洁化燃料和高值化利用为方向,大力发展低碳循环经济,探索煤炭能源与资源高度融合发展的新路径,打造煤炭产业新的经济增长极,实现煤炭企业的内涵式发展。

关键词　生态保护;绿色生态经济;资源禀赋;低碳循环经济

0　引言

当前,我国正处于"碳达峰""碳中和"目标愿景引领煤炭工业进入转型变革的新时期,为响应国家新时代提出的"探索以生态优先、绿色发展为导向的高质量发展新路子"和习近平总书记"绿水青山就是金山银山"理论,国能准能集团透过能源行业转型加速期和发展窗口期,牢牢把准"企业是实现'双碳'目标的关键主体"这一定位,充分挖掘资源潜力,积极探索传统煤炭企业的转型升级新模式,旨在打破原有依靠"挖煤卖煤"盈利模式,按照"源头减碳、过程控碳、末端去碳"的指导思路,审时度势,于2021年确立了"一个主体、两翼一网、七个准能"[①]的发展规划,布局当下、赢取未来。国能准能集团以企业转型升级的"两翼"规划为指导,着力建设绿色低碳循环经济产业体系,推进煤炭资源综合开发利用,因地制宜、因势而为、因业施策,力求以绿色低碳发展为核心,加速能源电力革命,最大限度地减少能源开发利用对自然生态圈的影响;以能源电力革命促进解决生物多样性治理,做活绿色高质量发展文章,逐步形成"造绿储

作者简介:宋程鹏(1977—),汉族,研究生学历,中共党员,高级经济师,现任国能准能集团企业管理部主任。历任国能准能集团组织人事部副主任、准池铁路公司组织人事部主任、国能准能集团公用事业公司经理、国能准能集团黑岱沟露天矿党委书记。在企业管理、人力资源管理方面有着丰富的管理经验。

① "一个主体、两翼一网、七个准能"发展规划:"一个主体",即持续坚持以做精煤炭产业为主体,旨在筑牢根本基石,实现稳定发展,是公司可持续发展的立足之本。"两翼一网",即以低碳循环经济和绿色生态经济为两翼,以打造智能微电网为纽带,将低碳循环经济和绿色生态经济有机连接,形成能源闭环,助推两翼发展,旨在实现可持续发展,是新时期公司实现转型升级的发展之基。"七个准能",即打造"红色、安全、生态、智慧、精益、法治、和谐"的七个准能,服务于"一个主体"的定位,助推"两翼一网"的落地。

金、点绿成金、守绿换金、填绿增金、以绿探金"多元化绿色生态转化模式。

1 双碳背景下黄河流域生态保护和高质量发展"准能"实践

1.1 责任行动

国能准能集团深入贯彻落实习近平总书记生态文明思想和降碳减污扩绿增长协同推进指示精神，紧紧围绕黄河流域生态保护和高质量发展重大国家战略，大力发展绿色生态经济，统筹推进矿业开发与生态保护协同发展，实现能源革命与生物多样性治理共生共赢。

1.1.1 稳铸"绿色发展"之基——协同推进煤炭开采与生态保护，实现采复一体化

在水土流失严重的黄土高原开发大型露天煤矿，为实现煤田开发与生态建设协同发展，国能准能集团四十年如一日，严格按照规范进行排土作业、土地重构、水土保持和生态重建，有效解决水土流失，形成了特大型露天煤矿绿色开采经济发展的专业理论和技术，颠覆了煤炭粗放式开采的"剧本"，将滚滚乌金奉献于社会的同时，让黄土变沃土，将矿区原本沟壑纵横、植被稀疏的"鸡爪子山"变成如今瓜果飘香、草木繁茂的"绿色家园"，为露天煤矿复垦绿化及向现代生态农牧业产业延伸奠定了基础。

1.1.1.1 有序排土及精细化覆土模式

随着采矿进度分期制定生态建设规划，与生产工作协同推进，做到了边开采、边复垦。为降低开采作业对原始土体结构的影响，最大限度恢复生态系统，在排弃剥离物时，根据植被恢复要求，注重合理规范排土，形成"表土堆放—岩石剥离排弃—下层黄土覆盖—表土覆盖—土地平整—土地生态复垦"的科学作业流程，保证排土场的地质结构稳定，覆土厚度在 2 m 以上，为后续的生态重建创造了条件。

1.1.1.2 保证水土保持工程跟进

国能准能集团严格按照"预防为主、保护优先、全面规划、综合治理、因地制宜、突出重点、科学管理、注重效益"原则，首先根据矿区地形地貌及水文网络，构建以整体包围、分层拦阻泥沙为主的宏观防御体系，在矿区周边上游布设拦洪坝，在矿区周边下游布设拦渣坝，整个矿区共建拦洪、拦渣坝46座，切实发挥了保持水土功能。对于单体排土场，提出"以蓄代排"思路，将排土场平台整体形态排弃为中间低、四周高，向内反坡、向内汇水，最大限度地提高雨水资源利用效率，降低水蚀。同时采用综合防治技术，包括分散径流水蚀控制、坡面水土流失生态综合防护和人工防、排水系统构建等技术，有效控制水土流失。

1.1.1.3 探索形成黄土高原地区植被恢复生态治理模式

国能准能集团积极与内蒙古环境科学研究院开展技术合作，开展科技攻关，筛选适宜植物近百种，建立了灌草型、乔草型、乔灌型和乔灌草型四种较为科学的生态结构模式，形成不同种、不同组合类型的生物群落，增加矿区物种的多样性和生态的多样化。同时探索实践复垦土地快速熟化、改良的技术路线，采用先锋植物、粉煤灰和绿肥等措施进行土壤改良，提高土壤的保水、保肥能力。根据实践经验，形成了《露天煤矿生态恢复草灌乔模式建设技术规程》《露天煤矿生态恢复灌草型模式建设技术规程》《露天煤矿生态恢复灌木建设技术规程》《露天煤矿生态恢复牧草复垦技术规程》《露天煤矿生态恢复作物复垦技术规程》等成果，制定了《准能集团公司绿化复垦管理办法》《准能集团公司园林绿化标准化作业流程》，从技术到现场实现了规范管理，确保了生态建设质量。

1.1.2 开启"绿色产业"之门——全面发展绿色经济，实现生态资源产业化

探索创新发展模式是为建设行动保驾护航的有力保障，国能准能集团牢牢把握"改变矿区复

垦模式,加快促进农业增效"发展要求,投资2亿元,与准格尔旗人民政府联合成立了准格尔旗矿区生态建设发展有限责任公司,着力开始探索生态农牧业发展之路,开创了"采—复—农—牧—园"协同发展模式,运用"生态＋"的多元转化机制,大力推进矿区的光伏农业和现代果、林、菜、畜优质高效农业快速发展,打造集现代农业、生态养殖、生态景观防护林、农业观光于一体的生态农业产业化示范基地,综合灵活运用技术指导、科学管理,打造"绿水青山"直接转化成"金山银山"的一体式转化路径,着力提升区域发展质量。

国能准能集团在全面提升经济、社会、环境综合价值创造能力的同时,践行央企责任,积极反哺社会。通过开展"农户＋农牧业平台"精准扶贫模式,打造一面对接农牧民产出、一面通过深加工和整体包装推广市场的平台,既解决了农牧产品的销路问题,又打造了富有区域特色的地方农牧产品品牌,既造福了百姓,又促进了地方经济发展。采用肉牛托管代养方式,建立从家庭到工厂的联产模式,帮助农民脱贫致富,这样既守住了绿水青山,又实现了共同富裕,完成了复垦土地对农牧民的反哺,推动了地方经济的和谐绿色发展。

1.1.3 创新"绿色品牌"之路——着力建设国家矿山公园,打造矿区绿色工业旅游新高地

国能准能集团在"生态＋旅游业"方面,积极开展国家级绿色矿山公园建设,依托生态文明建设成果,深度挖掘矿山旅游资源,开发"科技＋工业"的旅游模式,探索转型发展的可持续道路,全力打造矿山工业旅游新名片。2017年年底,准格尔国家矿山公园成功获批,国能准能集团在推动区域绿色发展方面增加了一个"国字号"的品牌。国能准能集团累计投入2亿元对矿区进行完善和提标改造,现已基本具备"生态＋矿业遗迹＋科普旅游"等功能。国能准能集团筹建国家矿山公园、建造矿山博物馆、建设矿山文化教育基地,通过影像和场景还原,展示矿区建设发展中保存的矿业生产遗迹、地质遗迹与独具特色的自然与人文景观。国能准能集团以矿山博物馆为依托,建立最早开采区域地标,展示煤炭开采和复垦中用到的大型设备,打造露天印象,开发工业旅游,带动经济发展。国能准能集团深入落实"两山"理论,打造矿山公园,建设集科普教育、休闲观光为一体的科普观光体验式旅游目的地,走出了一条独具准能特色的绿色发展之路,也为"绿色矿山"建设再添新亮色。

1.2 履责成效

多年来,国能准能集团在保障黄河安澜、持续深化矿区生态修复治理、水资源高效利用、探索"两山"转换路径、"生态＋"多元产业集成发展、能源革命推动生物多样性修复、人与自然共生共赢等诸多方面实践成效显著。先后被国家能源局评为"中国最美矿山",被自然资源部命名为"国家级绿色矿山";2017年获批"准格尔国家矿山公园";2022年"矿区生态修复案例"入选世界经济论坛报告。

国能准能集团由"黑"到"绿",变换的是颜色,不变的是为促进地方经济高质量和可持续发展提供助力,为破解矿业开发与生态环境保护的矛盾贡献智慧,为全国能源绿色低碳转型做出典型示范的使命与担当,有着重要的现实意义和深远的战略意义。

1.2.1 破解了黄土高原半干旱荒漠地区大型煤炭基地开发与保护协同推进的重大技术难题

让沟壑纵横的鸡爪子山变成风光旖旎的万亩良田,实现了从"黑"到"绿"的蜕变,做到了排弃地复垦全覆盖、无死角,实现了"地貌重塑、土壤重构、植被重建、景观重现、生物多样性保护与重组"。脆弱的生态环境得到有效保护,资源优势得以转化为发展胜势,破解了在黄土高原半干旱荒漠地区大型煤炭基地开发建设中进行生态环境保护的世界性难题,推动了黄河流域的生态保护和高质量发展。

国能准能集团矿区植被盖度从25％提高至80％以上,从技术上保障了低成本生态建设,

最大限度地减少了人为干预,区域小气候基本形成,生态系统水源涵养能力大幅度提升,土壤吸纳自然降水水平显著增强,比对地方养护标准,目前 3 400 多公顷复垦绿化面积,每年可减少植被养护费用 0.73 亿元,低成本生态建设技术体系成效显著,养护成本大幅度下降。

1.2.2 找到了在产矿山绿色低碳发展的新方案

立足新阶段,国能准能集团提出"一个主体、两翼一网、七个准能"的发展规划,把"双碳"目标纳入生态文明建设整体布局,以"一基、三山、五重、多园"①绿色发展思路,推动绿色低碳、可持续发展。率先启动了零碳示范矿区建设工作,并与中国生态文明研究与促进会达成战略合作协议,开展碳排放核算普查和"碳达峰""碳中和"规划编制,系统评估露天矿区生态重建对"碳中和"目标的贡献度。大力发展光伏产业,实施生态碳汇工程,研究探索降碳技术路径。"两山"实践创新基地的创建实现了生态和经济双赢的良性循环。生态成果高效推动企业多元发展,形成"采—复—农—园"绿色协同发展格局,促进了新旧动能转换升级,加快构建清洁低碳安全高效能源体系,提升矿区发展的"含金量",为多元绿色产业良性联动提供方向和经验。

1.2.3 提升了企业生态品牌价值和核心竞争力

通过"生态＋光伏、生态＋农业、生态＋牧业、生态＋林果、生态＋旅游、生态＋棕地利用"等多元产业的集成发展,丰富产业结构、延伸产业链条,将生态优势转化为发展胜势。国能准能集团已经建成生物多样性公园、生态牧场、优质肉牛养殖园、林果生产采摘园、党员教育实践基地、婚庆文化园等为一体的综合园区,集成示范效应突出。国能准能集团绿色低碳发展成果得到各级政府及社会各界高度认可和广泛关注,绿色产业动能转换叠加效应显著,绿色品牌价值及核心竞争力大幅提升,初步形成露天开采与生态建设有机融合、人为活动与自然环境和谐共生的良好局面,为国内煤炭行业露天煤矿生态恢复与保护,黄河流域能源企业绿色低碳发展提供了"准能"方案。

2 双碳背景下煤炭企业转型升级"准能"探索

2.1 责任行动

为深入贯彻习近平新时代中国特色社会主义思想,认真贯彻落实"双碳"目标及国家能源安全新战略,推动实现高质量发展,国能准能集团立足"双碳"目标及国家大宗固废综合利用和铝土矿资源替代的多重需求,遵循"资源化、减量化、再利用"原则,大力推进循环经济项目建设,积极探索煤炭清洁高效利用的新出路。

2.1.1 久久为功研发粉煤灰提取氧化铝工艺技术

我国铝土矿资源严重短缺,探明可采储量仅为 5.77 亿 t,且品位低,加工困难。随着铝工业的发展,铝土矿对外依赖度超过 60%,接近世界公认的安全警戒线 70%,静态可采年限不足 8 年,存在严重资源安全隐患,寻找替代资源刻不容缓。镓是开发光伏新能源的重要基础材料。锂被誉为"21 世纪的能源金属"。经测算,准格尔煤田伴生的氧化铝储量高达 35 亿 t,是我国铝土矿可采储量的 6 倍;伴生镓储量 86 万 t,占世界总储量的 80%以上;伴生锂 380 万 t,占我国总储量的 47%,具有得天独厚的资源优势。

---

① 一基、三山、五重、多园:"一基"是目标,打造生态准能,筑牢兴企之基;"三山"是实现路径,即采煤愚公移山、打造绿水青山、缔造金山银山;"五重"是技术保障,即地貌重塑、土壤重构、植被重建、景观重现、生物多样性重组与保护;"多园"是成果展示,即以"生态＋"方式贯通工业、新能源、农牧业、文旅产业链,重点打造准能 18 万亩绿色生态经济产业示范园,高标准打造美丽中国"准能样板"和建设准格尔国家矿山公园。

　　国能准能集团胸怀"国之大者",以国家能源安全为导向,针对准格尔矿区粉煤灰"高铝、富镓、富锂"特性,自 2004 年起历经 19 年科研技术攻关,实施相关科技攻关项目 100 余项,开发出了具有自主知识产权的"一步酸溶法"粉煤灰提取氧化铝工艺技术,配套绿色电解铝、高端铝产品,稀有金属镓、锂提取和白泥综合利用等技术,打造出"煤—电—粉煤灰—绿色电解铝—高端铝产品,金属镓、锂—白泥综合利用产品"的循环经济产业链,实现粉煤灰的资源化利用和近零排放。其中,高端铝合金可用于航空航天、微电子、通信等技术领域。初步估算,该产业链的经济效益是原煤的 18 倍,为实现"双碳"目标提供了可行方案,为解决我国粉煤灰大宗固废综合利用问题和实现铝土矿资源替代战略提供了全新路径。

2.1.2　井然有序推进煤基纳米碳氢燃料工业化制备及火力发电技术

　　为实现源头减碳,以煤炭清洁化燃料和高值化利用为方向,国能准能集团于 2021 年成立专业化领导小组,利用产业及科研优势,联合国内多家科研院所及专业化公司,全力开展煤基纳米碳氢燃料的研发制备工作,先后攻克 17 项专有技术,形成了完备的纳米碳氢燃料制备技术体系,采用自产低热值煤成功制备出高效清洁的煤基特种液态燃料——煤基纳米碳氢燃料。该技术具有加工成本低、煤种适用面广、成浆稳定性高、浓度选择范围宽、燃料热值高等特性,可低成本实现煤炭的储氢赋能。

　　同时,国能准能集团进一步强化煤电一体化协同优势,研发了适用于煤基纳米碳氢燃料的火力发电技术,使发电煤耗降低 $50~g/(kW \cdot h)$,污染物超低排放。通过煤基纳米碳氢燃料工业化制备及火力发电技术可将传统火电锅炉灵活性改造成为循环经济的原料源、蒸汽源、动力源,基于原创技术实现商业模式创新,为煤炭企业"碳达峰""碳中和"的实施提供技术方案,助力国家实现"双碳"目标。

　　煤基纳米碳氢燃料是一种全新的煤基液态燃料,固体颗粒中位粒径为 454 nm,最小粒径为 50 nm,表面活性高,经热值测试和气相组分分析,结果表明,煤基纳米碳氢燃料中含有氢气,热值较同浓度水煤浆提升了 10%~30%,实现储氢赋能。煤基纳米碳氢燃料具有燃烧效率高、燃尽率高、热值高等优势,但同时也提出了燃料储存输送、雾化控制、飞灰分离等新的研究课题。为此,国能准能集团从煤基纳米碳氢燃料的物化特性入手,在充分了解其燃烧性能的基础上,设计搭建煤基纳米碳氢燃料燃烧试验平台,掌握了炉前储存输送、雾化控制、低温点火及燃烧调整等关键技术,实现了在 180~200 ℃低温下,4 000 kcal/kg 煤制备的 50%浓度纳米碳氢燃料点火及稳定燃烧;利用 3 MW 半工业化燃烧试验台进行试验,获取燃烧相关技术参数;开发高效分离器、布风系统、智能喷嘴等关键部件,建立了物料循环系统,完成首台套锅炉的工业化应用。

2.2　履责成效

　　国能准能集团依托"原料丰地",利用"能源洼地",结合"技术策源地",构建"纳米碳氢发电/光伏发电—粉煤灰—氧化铝(锂、镓、硅等)—绿色电解铝及铝产品"的完整循环经济产业链,实现煤炭清洁高效利用转型发展。国能准能集团构建的循环经济产业链经济效益预计较原煤提高 18 倍,实现煤炭由"乌金"到"国家重要战略资源"的价值跃迁,由此打造"低碳、高端、多元化"循环经济产业园,促使经济阔步迈入绿色低碳发展的康庄大道。

2.2.1　粉煤灰提取氧化铝工艺技术大有可为

　　国能准能集团研发的"一步酸溶法"粉煤灰提取氧化铝工艺技术被中国有色金属工业协会和中国煤炭工业协会联合组织的科技成果鉴定认为:工艺属国内首创,达到了国际领先水平,建议开展工业化示范线建设。

截至 2023 年 5 月,粉煤灰提取氧化铝项目累计投入资金超 25 亿元,获得授权专利 229 件,其中发明专利 125 件、PCT 国际专利 4 件,开发工艺包 1 套,出版专著 2 部,发表论文 252 篇,发布企业标准 5 项,参与制定国家标准 1 项,获得 2014 年神华集团第四届科技进步一等奖、2019 年内蒙古自治区科技进步一等奖、2022 年中国煤炭工业协会科学技术二等奖。

2.2.2 煤基纳米碳氢燃料工业化制备及火力发电技术前景广阔

国能准能集团研发的煤基纳米碳氢燃料工业化制备技术和火力发电技术通过了中国煤炭工业协会组织的成果鉴定,由 3 位院士和 6 位知名专家组成的鉴定委员会鉴定认为两项技术成果均属国内外首创,达到国际领先水平。煤基纳米碳氢燃料工业化制备及火力发电技术属于煤炭高效利用、清洁发电技术,该技术的推广应用可推进火电机组的煤炭清洁低碳高效利用,实现降碳降耗,为火电机组灵活性改造提供技术方案。

煤基纳米碳氢燃料较同浓度水煤浆热值提升了 10%～30%,煤基纳米碳氢燃料工业化制备及火力发电技术,经 150 MW 机组 72 h 工业化试验验证,可降低发电煤耗 50 g/(kW·h),降低 CO_2 排放 128 g/(kW·h)。按照 2022 年全国燃煤发电量 5.42 万亿 kW·h 计算,每年可节约标煤 2.71 亿 t,节约燃料费用 4 336 亿元,减少二氧化碳排放量 6.76 亿 t,产生碳排放效益 392 亿元。煤基纳米碳氢燃料火力发电技术可使 300 MW 以下燃煤发电机组的供电煤耗降至 300 g/(kW·h)以下,满足国家"十四五"末全国火电平均供电煤耗的要求。按全国装机容量 300 MW 以下循环流化床机组 391 台计算,纳米碳氢燃料火力发电技术的推广应用可盘活资产约 1 636.4 亿元。

铵油炸药作为工业炸药中使用量最大、应用范围最广的炸药品种之一,由多孔粒状硝酸铵(94%)和柴油(6%)组成。煤基纳米碳氢燃料储氢赋能的特点及"三低一高"[①]的燃烧特性,可完全替代柴油用于铵油炸药生产。按工业铵油炸药年用量 45 万 t 计算,可节约柴油 2.7 万 t,节约成本 1.62 亿元。铵油炸药密度为 0.87 kg/m³,煤基纳米碳氢硝酸铵炸药密度为 0.78 kg/m³,相同爆破容积下节约炸药用量 10%,可节约成本 900 元/t(按铵油炸药 9 000 元/t 计),45 万 t 炸药最高可节约成本 4.05 亿元。

---

① 三低一高:原料热值低,即煤基纳米碳氢燃料选用 4 000 kcal/kg 低热值原料煤,而常规水煤浆使用煤的热值为 6 500 kcal/kg 以上;燃料固含低,即煤基纳米碳氢燃料固含量为 40%～50%,而常规水煤浆的固含量为 65%～70%;点火温度低,即煤基纳米碳氢燃料在 180～200 ℃即可实现点火,并可维持自主稳定燃烧,而常规水煤浆点火温度为 550～600 ℃,自主稳定燃烧温度为 750 ℃。燃料热值高:通过专有的纳米化加工处理技术,使煤炭低成本实现纳米化(中位粒径达到 454 nm,最小粒径为 50 nm),同时,在纳米化的过程中燃料中的水转变为氢气和氧气,氢气被煤粉颗粒吸附,实现燃料的储氢赋能,燃料热值大幅提升。检测结果显示,煤基纳米碳氢燃料热值较同浓度水煤浆提升了 10%～30%。

煤炭行业绿色低碳转型发展路径与战略研究

马建忠

（国能准能集团有限责任公司,内蒙古 鄂尔多斯　010300）

摘　要　煤炭本身就是能源开发和利用的重中之重,在世界总能源消耗中的占比极为突出,直接影响经济效益和环境效益。近年来,在"碳中和""碳达峰"政策影响下,环境效益也逐渐提高了自身的地位,成为煤炭行业发展的核心议题。对此,本文结合绿色低碳这一主要理念,从煤炭行业的发展趋势出发,探讨其在新时期面临的机遇和挑战,并列举出实际生产中存在的主要问题,阐述解决的路径和方法,给相关从业人员提供必要的经验。

关键词　煤炭产业;绿色低碳转型;现存挑战;解决方法

0　引言

近年来,全球温室效应愈发突出,主要原因是化石燃料的燃烧产生大量的二氧化碳。在这种情况下,要想有效控制二氧化碳的排放,首先就要把着力点放在煤炭消费上,而且甲烷逃逸排放问题也需要重视起来。习近平总书记在全国性的能源会议上重点强调,能源产业是需要继续发展下去的,但必须要通过转型升级来维持自身的可持续道路,走绿色低碳的发展道路。这也足以说明,煤炭作为中国能源结构的重要主体,其开发和利用本身就会影响整个社会的稳定性,所以更需要肩负起责任,明确自身绿色低碳且多元化的发展方向,进一步推动生态文明建设,促进"碳达峰"和"碳中和"的顺利实施。

1　"双碳"目标给煤炭行业带来的机遇和挑战

煤炭企业的绿色低碳转型发展是对"双碳"目标的有力回应。实现"碳达峰"和"碳中和"目标,正是推动我国社会步入碳经济时代的有力抓手,可为煤炭行业带来更多的机遇。

1.1　发展机遇

煤炭作为国家能源的压舱石,可以稳定经济社会发展的秩序,需要进一步在开采和利用方面逐步走向绿色低碳的道路,坚持"清洁高效"的原则,从而推动煤炭企业加快能源革命的步伐。在"双碳"目标影响下,煤炭行业的发展路径和方向更加清晰,能够借助大环境带来的优势,进一步培育新的商业模式,并实现煤炭资源的高效利用,真正从传统粗放的开发模式中走出来,向着集约型和智能型方向迈进,实现产业结构的良性调整与升级。新能源和低碳技术组

作者简介:马建忠(1978—),内蒙古和林格尔县人,本科,高级工程师,国能准能集团有限责任公司设备维修中心副经理,主要从事采矿设备机电管理工作。

合而成的价值链也会成为煤炭企业追求的重点,为后期再生能源的融合奠定坚实基础。

1.2 现实挑战

尽管新的战略目标清晰,但在实施过程中,煤炭企业也会遇到一些问题。例如,煤炭企业的开采方式受大环境影响,需要进一步思考自身转换和升级的问题,而且在前期会加大资金的投入力度,由于资源环境的约束和限制,承担的投资风险也会变大。绿色低碳发展离不开先进技术的支撑,而技术升级也在考验企业本身的创新能力和可持续发展能力。再加上大多数煤炭企业都已经习惯了粗放的开发模式,因此在面对新的机遇时,也需要更多时间去适应新环境。

1.3 发展趋势

主动去做绿色低碳开采的促成者和实践者,本身就是当下煤炭行业和煤炭企业必须承担的使命,也是转型的必经之路。双碳战略本身就要求煤炭企业要主动地去约束自身的行为,提高资源的利用率,努力构建完善的科技发展结构,并构筑经济效益佳、环境污染小、和谐发展优的新格局,助力高效、清洁能源体系的搭建。因此,绿色低碳开发和绿色低碳消费也将成为煤炭行业发展的最新趋势[1]。

2 煤炭行业绿色低碳转型发展面临的问题

2.1 产业布局并不均衡

当下,煤炭行业的结构发展存在不合理之处,综观现阶段全国的开发状况,依旧有将近2 000座30万 t 级以下的小煤矿,这些煤矿并未配备先进的技术和装备,因此,整体的开发速度并不突出,生产效率也极为有限。与此同时,煤炭行业的区域差异也比较突出,那些安全且高效的煤矿主要集中在山东省、内蒙古自治区和山西省,这些地区煤矿达标总数占据了全国煤矿达标总数的80%;新疆维吾尔自治区、云南省和贵州省这些产煤大省,其安全高效煤矿的达标数量却相对有限,占比也只达到全国煤矿达标总数的10%左右。就煤炭行业自身的产业链开发来讲,未与风电、光伏等低碳产业有效衔接到一起,因此,在一定程度上限制了煤炭企业未来的转型与升级[2]。

2.2 生态环境面临的压力突出

煤炭开采本身就需要对自然环境做出一定的改动,因此也伴随着生态环境被破坏这一现实问题。例如,选煤废水就是污染环境的重要因素,不仅会污染周边的地表水体,还会污染地下水体,进而影响周边动植物的生长。除此之外,煤炭开采过程中会产生大量的煤矸石,当石块聚积在地表上后,就会占用大量的土地,损害地表植被,同时也会产生大量的烟尘、废气,污染大气环境。当前,煤炭行业并没有完全实现煤电废水的零排放,面临高耗水、废水难处理、回收利用难等问题,部分煤化工企业未配备专业的污水处理设备,这就导致废水的水质不稳定,整体的波动幅度较大。与此同时,部分煤化工企业除了排放二氧化硫和氮氧化物气体之外,还会排放硫化氢气体,这些有毒有害物质直接影响生物的基本生存安全[3]。

2.3 能源利用效率不突出

当新能源和传统能源开发互相碰撞,就会使能源保供和能耗双控的矛盾变得更加激烈。自2021年以来,国家就已经从宏观上强调了高耗能、高排放建设项目调控的重要性,并针对这一领域出台了专业的指导意见,根据能源消费的强度和总量,提出了控制的目标和规则,为煤炭行业和煤炭企业指明了道路。而且,从"碳达峰"行动方案中也可以看出,煤炭消费替代和煤炭转型升级需要进一步加速推进。与此同时,新增煤电项目的申报也面临着更高的门槛,落后的煤电产能逐步淘汰。受到上述条件的制约,煤化工项目建设脚步有所放缓,那些存量落后的煤电项目要做出调整和升级,必然会面临更加严峻的形势。此外,煤机产业的节能减排本身就存在一定的漏洞,很多煤电企业的发电机组容量不够突出,从而会消耗更多的能源和资源。煤化工行业也面临着产能过剩、资源利用率不高等问题,大部分煤化工企业甚至都没有配备专业的节能减排设备,也没有安装能源计算工具,因此,无法有效跟进绿色低碳工作的落实,严重影响能源转型升级。

2.4 低碳技术创新力度有限

当下,国内低碳技术的战略储备是需要进一步跟进的,特别是对一些关键的高新技术来讲,煤炭行业整体的自给率较低,对于那些被开发出来正处于示范阶段的低碳技术来讲,将会面临资源不足、转移通用困难等问题。如果低碳技术处于市场应用和推广的早期,那么整体的市场需求规模相对较小,必然会面临评估体系不完善、应用跟进反馈机制存在漏洞等问题;如果技术的开发已经相对成熟,那么创新能力提升以及配套体系建设又将成为一个新的问题。就煤炭化工行业的开发来讲,其自身的减碳和零碳技术推广依旧存在瓶颈,主要表现在成本投入较大、技术应用不成熟等方面。目前,国内已经在开发碳捕集技术,不仅前期的投资大,而且耗能和风险都很高。总的来看,低碳技术的创新和开发工作任重而道远[4]。

3 煤炭行业绿色低碳转型发展的方法

3.1 做好产业的整体布局

煤炭行业的发展必须要充分结合国情,从底线和总量这两个角度出发,认真落实煤机产业减量替代这一关键任务,构建更为完善的发展结构,推动供给侧的升级,这样才可以激发出优质产能的潜力,夯实阶梯产能的基础,让那些低效的产能可以获得良性的改造,无效产能也可以及时退出市场。除此之外,必须要更为有效地发挥出主体能源的价值,煤电要坚持自身的原则,无论是行业还是企业,都要根据煤炭资源的区域分布以及环境容量,构建更为完善的产业发展局势,从而保证基础设施建设与产业布局有效衔接,提高煤炭资源开发的安全性、有效性;同时,提高煤炭发电的支撑地位,更新煤电机组的开发技术,将其与新型电力系统有效结合到一起,推动外送电基地规模的进一步扩大,为社会上的能源使用提供有效支撑,不断推进能源清洁高效建设。煤炭行业要积极与风电、光伏等能源结合到一起,坚持协同发展的原则,谋求多方共赢的路径,不断拓展自身的产业链,强化协同创新的效能。

3.2 通过集约经营,优化营销能力

煤炭行业发展离不开煤炭企业的支撑,在"双碳"背景下,通过更为高效节约的经营,提升自身的营销能力以及核心竞争力。煤炭企业要开发更为精深的产业链,联合上游产业与下游产业,进一步打通开发、运输和利用转化之间的通路,实现生产的有效衔接,盘活资金链,提高资源与资本的运作能力,有效解决自身开发水平低、能耗高的现实问题。

3.3 突出生态环保的价值

煤炭行业的发展必须要守住环境这一核心底线,提高自身资源利用的上限,为守护生态保护红线注入更多的生机与活力。具体来讲,结合长江和黄河流域的生态保护需求,参

考国家重大战略,逐步实现生态环保欠账清零目标。煤炭行业还要把握好矿区资源开发与生态环境保护之间的平衡,结合矿区所在的地理位置,推广使用更为先进的生态技术,例如充填开采、保水开采等技术手段,减少资源的消耗,真正把绿色矿山建设落到实处。利用煤矿伴生能源排查矿区内的一些闲置资源,实现废物的二次利用或无害化排放。以往,矿区的开发已经给水资源、土地资源和大气资源带来了一定的负面影响,在新的绿色低碳发展时期,也要全方位推进废气、废水等资源的循环化利用,建立专业的研究示范基地,及时更新煤电机组的技术,加速实现废弃物超低排放目标,推动煤电厂废水、废气零排放,提高产业链本身的等级[5]。

3.4 进一步推进节能改造

对煤炭行业的发展来讲,节能、减排、降碳是企业优先考虑的问题,而这三个指标在落实的时候会遇到一些问题,因此,根据主要矛盾去构建完善的体系和机制,推动企业积极开展节水、节电等综合利用项目,针对矿区、生产区进行绿色改造,从而推进节能环保的全方位覆盖。除此之外,煤炭行业还要有序推进煤电机组的节能建设,提高其改造的灵活性,让煤电机组发挥出自身的服务功能,保证电网本身的稳定和安全。深入推进火电以及其他综合能源产业的发展,电厂的建设要具有更强的柔性和弹性,可以与不同产业结合到一起,实现微电网的多元化延伸,进一步向综合能源企业发展迈进。另外,煤化工企业作为煤炭行业的重要力量,积极推进自身的保温改造、循环水系统改造等多方面工作,从局部到全部,通过局部单元设备优化推动整体效率提升。

3.5 创新与应用突出技术

必须加快关键核心技术的攻关,掌握煤炭行业发展的主动权和话语权,特别是绿色开发、液化这些关键领域,更是要通过核心技术应用来延长产品加工链,强化新能源补充链以及新材料供给链。另外,煤炭行业的开发也可以进一步去拓展原材料的渠道,创新原材料开发的工艺路线,推出更为多元化的终端产品,提高市场营销的质量。企业积极地去研发煤基新材料,发展煤基生物可降解材料,提高特种材料的使用率,保证自身的绿色可持续发展。此外,企业还要进一步发展新技术,推动生态碳汇工程的落实,通过使用负碳能源颠覆性技术,实现污染的良性处理。同时,煤炭企业还可以用绿色电力、绿色氧气、绿色储能和绿色储热等多种思路去代替煤基原材料,降低资源的消耗,推动新能源和现代煤化工的耦合发展,减少后期的成本投资与维护。

4 结束语

综上所述,煤炭行业的绿色低碳转型发展并不是一蹴而就的,必须要经历一个循序渐进的过程,所以行业和企业也要保持足够的耐心与热情。本文从产业布局的优化调整、经营能力的进一步升级、生态环保力度的加大、节能改造工作的强化以及生产技术的创新与升级等维度,论述了绿色低碳转型发展的方法,充分结合煤炭行业的现状,探索理论上的合理性与实践上的可行性,为相关从业人员处理现实问题提供了必要的经验。

参考文献

[1] 吴树畅,于群生."双碳"目标下煤炭企业绿色低碳转型探讨[J].中国集体经济,2023(4):42-45.

［2］朱稳樑.绿色低碳转型助力能源强国建设的央企实践[J].中国煤炭工业,2023(1):44-45.

［3］井然.全面加快能源绿色转型助力"双碳"目标高质量实现:专访中国大唐集团有限公司党组书记、董事长邹磊[J].中国电力企业管理,2023(1):10-14.

［4］雷贵生."双碳"目标下,黄陵矿业的绿色低碳转型之路[J].中国煤炭工业,2022(6):15-17.

［5］刘晓康."双碳"目标下,煤炭企业绿色低碳转型的实践与思考[J].中国煤炭工业,2022(6):23-25.

推进矿区生态文明建设，促进矿区绿色发展战略研究

栗　飞，高　磊，郭　飞

（国能准能集团有限责任公司，内蒙古 鄂尔多斯　010300）

摘　要　矿区资源作为促进人类生存与发展的重要资源，随着时代的发展进步，矿区也是破坏最为严重的区域之一。为了推动人与自然的协调发展，需要重视绿色矿区发展，积极推进矿区的生态文明建设。本文结合实际情况探索促进矿区绿色发展的相关策略，针对现阶段存在的问题提出合理的优化解决措施，进而推动我国矿产行业的健康持续发展。

关键字　生态环境；矿区发展；绿色发展；战略研究

0　引言

近年来，随着"绿水青山就是金山银山"发展理念的不断推进，矿区也将生态文明建设放在了全区工作的突出位置，坚定不移地走绿色可持续发展道路，着力于解决工作中存在的生态环境问题，加强矿山环境保护与综合治理力度，进而推动绿色矿区的发展，促进矿产资源开发与生态环境相协调。

1　绿色矿山概述

1.1　绿色矿山建设的实际内涵

绿色矿山是维持生态环境、全过程信息数字化、高效利用矿产资源、科学开采以及矿区和谐化的重要载体，相关企业在实际工作过程中，为了减少对生态环境的影响，需要将矿区以及周边生态环境的扰动维持在可控范围内，保证开采工作科学、有序进行，进而实现经济效益、资源效益、生态效益以及社会效益的协调发展[1]。这种全新的矿山经营、管理模式在实际应用过程中取得了不错的成效，在很大程度上促进了绿色矿山建设的高效、健康发展。因此，相关企业需要彻底改变原本的粗放式资源利用开发模式，逐渐向着绿色矿山的方向发展，在矿产资源勘察利用以及开发过程中全面贯彻绿色发展理念。

1.2　绿色矿山建设的相关原则

在"绿水青山就是金山银山"的时代背景下，开拓绿色矿山建设新格局成为当前矿业发展的必由之路，为了更好地推动矿区生态文明建设应该遵循以下基本原则：第一，与时俱进开拓创新。为了推动绿色矿区的发展建设，相关矿产企业应该因地制宜地开启绿色矿区建设新征

作者简介：栗飞（1987—），研究生学历，高级工程师，国能准能集团有限责任公司设备维修中心智能化建设管理中心技术员，主要从事采矿设备机电管理工作。

程,汲取先进理念,引入新的技术手段、体制。与此同时,政府部门也应该采取多种措施、渠道激发矿山企业的潜能,让其参与到绿色矿山的建设过程中。第二,注重生态为先,绿色开发。在可持续发展的时代背景下,矿山企业的经营管理过程应该积极响应习近平总书记提出的"绿水青山就是金山银山"的新时代发展理念,展开综合的生态治理工作,进一步加强对矿产资源的节约利用以及对矿山自然环境的保护工作。第三,做好源头管理,和谐共进。为了推动绿色矿山建设新格局,相关企业应该对现有的资源进行整合,积极推进"多链条融合"的经济发展思路,有机整合矿山资源的开采以及勘测等多条经济发展链条,促进各环节的和谐共进。

2 矿区生态文明建设发展的目标

2.1 实现矿区土地资源的节约利用

在矿区开发建设过程中,不可避免地会对当地的土地资源造成破坏,针对这一问题提出了节约利用土地资源这一概念,做好该项工程对促进矿区生态文明建设、经济社会与资源环境的和谐发展有着重要意义[2]。在具体的实践过程中,相关管理部门加大对土地资源的重视程度,深入分析矿区土地资源利用的结构、规模,并对土地的破坏与开发规律进行探索分析。除此之外,随着矿区生产规模的不断扩大,矿区土地资源面临着破坏面积过大问题,为了实现矿区土地资源的集约与节约利用,需要以矿区的生态文明评价指标作为决策依据,对矿区土地利用的相关政策进行优化完善,进而加快矿区生态建设步伐。

2.2 促进经济社会与矿区资源的和谐发展

矿区作为资源开发利用的重要区域,应该注重生态文明建设,从而促进该产业的健康持续发展。在实践过程中为了能够实现矿区生态文明建设,应结合实际情况建立一套完整、科学的评价以及理论体系,正确把握矿区资源环境与社会发展过程中涉及的各个要素,合理地认识矿区生态系统的承载能力,并科学地认识到外界环境和矿区自然生态系统内部之间的作用程度、机制。与此同时,为了进一步完善矿区经济发展规划,应该进行科学布局、定量考核,采取多元化的方式激励矿山企业、居民发展环保、绿色、低碳的生产方式,结合现阶段遇到的问题提出针对性的建设措施,进而实现经济社会与矿区资源的和谐发展[3]。

2.3 促进矿区生产、生活的节能减排

矿山生产、生活中的污染排放作为影响矿区生态环境的重要因素之一,应该引起高度重视。为了推动矿区生态文明的建设,需要转变原本的生产生活方式,使其向着节能减排的方向发展,进而减少矿区污染物的排放,提高当地居民的生活质量。

与此同时,应该将矿区生态文明评价的重点放在考核矿区生活、生产排放物数量以及规模等方面,进一步提高监管水平,引导矿区生产、生活管理部门完善减排规划,增强执法力度,不断推动矿区生态文明建设,实现矿区生产、生活的节能减排[4]。

2.4 促进矿产资源的综合利用

矿产资源的综合利用是生态文明建设的核心要求,与此同时,矿产资源也是国家能源安全的重要保障,在推动矿区生态文明建设的过程中,首要任务是基于现有的资源开发水平,对已经实施的开发行为进行评估,判断其行为能否实现矿区资源与社会经济的和谐发展,是否符合生态文明发展的内在要求,通过矿区生态建设的考评结果,对矿产资源的开发与管理等方面政策进行优化完善,进一步提高矿区环保以及开发的科技水平,促进资源的循环利用,保证矿区

及其周围的生态平衡。

3 推动矿区生态文明建设过程中存在的问题

随着社会的发展,环境问题引起越来越多人的重视,基于这样的背景,绿色可持续成为发展的必然趋势,就矿区发展来说,生态文明建设在其中发挥着重要作用,但是就现阶段的发展情况来看,绿色矿山的建设速度较为缓慢且需采取相关措施进行优化调整[5]。

在建设绿色矿区的过程中,存在着反向约束不强、正向激励不够等问题,为了进一步提高相关企业的积极性,政府部门结合实际情况,从用矿、金融信贷、用地以及财税等方面提出了一系列的激励政策,加大对绿色矿山建设的政策支持,但是由于缺乏配套的文件资料,使得地方部门在实践过程中很难精准落实,进而在一定程度上影响了矿山企业的工作积极性,特别是一些中小型矿山企业绿色矿山建设热情不高。例如,绿色矿山在建设过程中,用地方面存在问题,缺乏完善的制度措施,使得用地得不到优先保障,而企业在复垦盘活工矿用地后如何更好地对用地加以利用,由于缺乏相应的实施政策也影响了绿色矿区的建设。而在推动矿区生态文明建设的过程中,矿业权向绿色矿山方向倾斜,违背了政策的相关要求,导致矿业权的公平竞争受到了影响。

与此同时,在约束机制层面,部分省份与时俱进自发出台了相关政策,对达不到绿色矿山标准的矿区采取了一定的处罚措施,要求其限期整改或者进行政策性关闭,但是由于现阶段《矿产资源法》的修订尚未完善,导致在执行过程中缺乏依据,相关政策很容易引发行政诉讼。各部门之间的权责不对等、协同程度不高以及效率低下等问题,也在一定程度上制约了绿色矿山建设。绿色矿山建设作为一项需要多个部门协同推进的工作,由于在实施工作中部分部门未做出实质性贡献,只是参与了会议以及文件的出台等工作,再加上部分矿山企业在经营管理过程中存在扬尘、噪声、超载以及污水排放等方面的问题,进一步增大了自然资源部门的工作压力。

除此之外,由于矿山的建设相对比较复杂,涉及大量资金的投入,很多企业在建设绿色矿山的过程中经常会遇到资金短缺的问题,再加上智能矿山以及矿山环境治理等多方面的工作均需要投入大量的资金,而矿产开发短时间内并不能赢利,因此,很多企业在绿色矿山建设过程中捉襟见肘。部分中小型矿山企业自身对绿色矿区的认识不够,并没有充分了解其中的内涵,只是简简单单地"搞搞绿化",缺乏建设的积极性,在一定程度上也阻碍了绿色矿山的建设发展进程。比如,一部分企业在获得了绿色矿山称号之后就会选择"躺平",不利于后期工作的推进,进而导致绿色成果很难维持,甚至会出现"返灰"现象。

4 推动矿区生态文明建设的相关措施

4.1 做好矿区生态环境的治理工作

在对矿山进行勘测开采的过程中,为了减少对矿山以及周围生态环境、土地资源的破坏,相关企业应该结合地方的经济优势以及矿区的具体情况,制定详细、合理的规划设计方案对破坏的植被进行修复,在确保与周边环境相互协调一致的前提下,尽可能获得良好的社会效益,给居民一个青山绿水的居住环境。

除此之外,新建的矿山企业为了保证矿区生态文明建设,应该采用边开采边治理的方式,而对一些成立比较早的矿山企业来说,需要在完成对老矿区的治理基础之上,才能进行边开采边治理工作。为了推动绿色矿山的建设发展进程,在开展矿山验收工作的过程中,需要结合具体的情况制定严格的土地复垦治理方案以及矿山环境保护方案,通过相应的评审,按照制定的方案对历史遗留的老采坑、尾矿库、损坏土地以及废石场等进行闭坑覆绿工作,切实落实矿山的生态文明建设,确保矿山的土地复垦率以及环境治理率达到规定的标准。

4.2 加强矿山治理培训以及宣传力度

矿山生态文明建设作为一项系统且复杂的工程,随着时代的发展进步,在矿区生产、生活过程中,必须树立起可持续发展以及生态文明的理念,加强矿山治理的培训以及宣传力度,增强人与生态和谐共处的意识,将生态文明观念普及到每个家庭、每个矿企,切实营造良好的矿山地质环境恢复治理工作氛围。比如,可以在"世界环境日"等主题日通过散发彩册、悬挂横幅向群众宣传地质环境保护的责任。除此之外,地区政府部门还可以为当地的矿山企业搭建相应的交流平台,不定期组织矿山企业开展交流培训大会,邀请专业人员对地质环境恢复治理、矿山的开发和利用等方面进行集中指导培训,进而增强矿山的安全生产。与此同时,随着时代的发展进步,还可以借助互联网平台向广大群众传送矿山恢复治理工作的动态信息,让生态文明建设理念深入人心,在群众的监督下,促进矿山企业有序开采、利用矿产资源。

4.3 引入先进技术手段推动矿山绿色发展

为了推动绿色矿山的建设,相关部门应该重视矿区环境的治理工作,采取相应的措施对矿区布局进行调整,保证环境的整洁,坚持"少投入、多产出、少排放"原则,推动现代化能源经济与生态环境保护的协同发展,利用先进的科技手段建设数字化矿山,对矿区以及周围的动植物、水、气、微生物、土壤等方面数据进行实时收集,通过大数据平台对其进行全面分析,进而准确掌握矿区生态治理中存在的问题,确保其得到合适的解决措施。以露天煤矿排土场、工业场区为建设重点,推动煤矿的智能开采,坚持"高利用、低开采、低排放"原则,建立科学的管理体系,提高煤矿的机械化程度,降低对生态环境的负面影响。除此之外,还可以通过复垦绿化技术以及绿色采矿工艺应用,促进水、灰、煤、土以及电的高效循环利用。

4.4 加强对治理工作的监督力度

为了推动矿山的生态文明建设,政府部门应该承担起相应的责任,加强对矿山企业的监督管理力度,组织工信、环保、自然资源以及水利等部门对相关企业展开督察,一旦发现问题督促其整改,严厉打击偷采盗挖的不良行为,确保生态环境恢复治理取得明显成效。

5 结束语

综上所述,矿业作为我国社会发展过程中的一个传统产业,对促进国家的经济发展有着积极作用。随着可持续发展理念的推广与应用,矿山企业应该引起高度重视并且不断更新自身的管理理念,结合现阶段的发展情况,引入先进的技术手段以及治理策略,推动绿色矿山的发展建设,对矿产资源的勘察、开采、选冶等多个环节进行严格把控,进而促进矿区的生态文明建设,提高矿产资源的利用率,实现矿山建设绿色可持续发展。

参考文献

[1] 何振嘉,罗林涛,杜宜春,等.碳中和背景下矿区生态修复减排增汇实现对策[J].矿产综合利用,2022(2):9-14,56.

［2］孙文洁,任顺利,武强,等.新常态下我国煤矿废弃矿井水污染防治与资源化综合利用［J］.煤炭学报,2022,47(6):2161-2169.

［3］于长福,包洪生.坚持绿色发展之路建设生态文明矿区［J］.当代矿工,2022(3):36-37.

［4］宋亮,王俊勇.新时代西南老工矿区生态治理探析［J］.西南林业大学学报(社会科学),2022(2):98-103.

［5］王鹏.绿色矿山生态修复与景观设计探讨［J］.内蒙古煤炭经济,2022(7):142-144.

推进露天煤矿智能化绿色化发展管理研究

张建国

(国家能源集团准能集团有限责任公司,内蒙古 鄂尔多斯 010300)

摘 要 煤炭是我国的主体能源和重要原料,为了保障国家经济建设在煤炭资源方面的需求,在开发、利用煤炭资源方面我们采取了大规模、高强度开采模式,形成了大面积的采煤沉陷区,这给生态环境造成极大破坏,也使得矿区居民生产生活受到很大影响。当前,科技水平不断提高,特别是计算机技术、通信技术、物联网等高新技术广泛应用于矿业领域后,推动了传统产业向中高端迈进,促进了产业结构优化升级,带动了相关行业快速发展,并且取得显著成效。本文从分析国内外露天矿山现状入手,总结归纳其特点及存在的不足之处;通过对实地调研并结合相关理论知识,深入剖析了露天煤矿当前面临的形势任务及制约因素,并制定相应的实施方案及措施建议,旨在为促进露天煤矿实现高效、安全、环保目标提供理论支撑与实践指导。

关键词 露天煤矿;智能化;绿色化;策略

0 引言

煤炭工业是我国的主体能源产业和重要基础性能源产业,长期以来,在保障国家能源安全、推动经济社会发展等方面发挥了不可替代的作用。但与此同时,煤炭工业也面临着资源环境约束趋紧、产能过剩严重、科技创新能力不强、高质量发展要求紧迫等问题和挑战。为贯彻落实中共中央、国务院关于加快建设世界一流企业和实现可持续发展的决策部署,进一步提高我国煤炭行业整体素质和核心竞争力,促进煤炭工业转型升级和高质量发展,亟须加强对煤炭开发利用与保护的科学研究,建立健全科学合理、技术先进、切实可行的现代煤炭开采体系,全面提升煤炭生产效率、安全水平、经营效益和生态环保水平。

近年来,随着人工智能、物联网、大数据等新一代信息技术的快速发展及其在矿业领域的广泛应用,智慧矿山、无人工作面、5G+远程操控、机器人采煤、云端调度指挥等新模式、新业态不断涌现,有力地支撑了煤炭工业向智能化、绿色化方向加速迈进。本文旨在通过深入分析国内外露天矿区智能化绿色化发展现状及趋势,总结梳理当前存在的主要矛盾和问题,提出相应的政策建议和措施,为加快推进露天煤矿智能化绿色化提供理论依据和实践指导[1]。

作者简介:张建国(1987—),内蒙古土默特左旗人,工程师,本科学历,2014年毕业于内蒙古科技大学电气工程与自动化专业,主要从事露天矿机电设备管理工作。

1 露天煤矿智能化绿色化发展管理理论基础

1.1 露天煤矿智能化绿色化发展管理的目标

在当前全球环保意识日益增强和可持续发展理念深入人心的背景下,煤炭企业必须树立"绿水青山就是金山银山"的强烈意识,走生态优先、绿色低碳的高质量发展道路。因此,露天煤矿要实现绿色化发展就需要明确以下几个方面:① 资源节约型。通过采用先进适用技术和工艺,提高原煤回收率,减少水耗、矸石等固体废弃物排放量,降低能耗、物耗,达到节能降本增效的目的。② 环境友好型。加强对矿区及周边地区的环境保护工作,最大限度地减轻矿区环境污染,保障职工身心健康,促进矿业与社会和谐稳定发展。③ 安全高效型。建立健全各项规章制度并严格执行,强化现场管控和隐患排查治理,确保生产过程中人、机、环、管协调统一,防范各类事故发生,提升本质安全水平。④ 科技创新型。加大科研投入力度,积极引进国内外领先的科学技术成果,推动技术创新和管理创新,不断提高核心竞争力,为企业长远发展提供有力支撑。

1.2 露天煤矿智能化绿色化发展管理的内容

(1)构建科学合理的生态系统。在开采过程中,要注重对自然环境的保护和修复,通过采取一系列措施来减少环境污染、恢复植被等,使得矿区及周边地区能够形成一个完整的生态系统,实现人与自然和谐共生。

(2)加强固体废弃物处理。煤炭生产会产生大量的煤矸石、粉煤灰等固体废物,如果不加处理直接排放到周围环境中,将会严重污染土壤和水体,破坏当地的生态平衡。因此需要建立完善的固体废弃物处理体系,将其转化为有用的资源进行再利用或进行无害化处理,从而减轻对环境造成的危害。

(3)提高能源利用效率。在保证安全生产的前提下,尽可能地降低能源消耗量,采用高效节能技术和设备,如选用低油耗、高功率的发动机及优化运输路线等方式,以达到节约成本、提升效益的目的[2]。

(4)建设智慧矿山。随着信息技术的不断进步,可以借助大数据、云计算、人工智能等先进技术手段,打造"数字化、可视化、智能化"的智慧矿山,实现采矿、排土、装车全流程无人操作或少人干预,进一步提升工作效率和安全性。智慧露天煤矿的体系结构如图1所示。

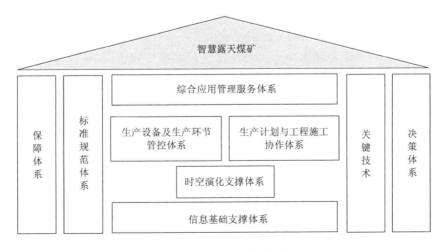

图1 智慧露天煤矿的体系结构

1.3 露天煤矿智能化绿色化发展管理的特点

（1）系统性。露天矿生产过程中涉及多个环节、多种设备和人员，需要对其进行综合考虑并加以协调。因此，在实现露天煤矿智能化绿色化发展时必须充分发挥各子系统之间相互依存、相互制约的关系，从而形成一个完整的系统工程。

（2）复杂性。露天煤矿开采是一项高风险、高投入、高技术含量的活动，同时也面临着诸多不确定因素的影响。这就要求我们在实践中不断总结经验教训，加强科学研究，提高技术水平，以确保露天煤矿能够安全高效地运行。

（3）动态性。随着科技的进步以及人类社会的快速发展，各种新材料、新工艺、新装备层出不穷，这些都将极大地促进露天煤矿向更高层次迈进。因此，要想使露天煤矿始终保持领先地位，就必须与时俱进，积极引进先进技术，不断创新管理模式，走可持续发展之路[3]。

2 国内外露天煤矿智能化绿色化发展现状及趋势

随着科技的不断进步和社会经济的快速发展，全球矿业进入了新时代。当前，世界各国都在积极探索矿山可持续发展之路，加强生态环境保护、提高资源利用效率成为国际共识和共同行动。我国作为世界上最大的煤炭生产国家，也面临着严峻的环保形势和能源安全挑战。因此，加快推动露天煤矿向智能化绿色化方向转型升级已经势在必行。目前，国外先进露天煤矿企业主要采用物联网技术实现对采煤作业现场的实时监测与控制，同时通过建立数字模型进行仿真分析，优化开采方案并辅助决策制定。此外，部分企业还将人工智能等前沿技术应用于采矿工艺中，如无人驾驶运输车、自动割煤机器人等，大幅度提升了生产效率和工作质量。而国内露天煤矿虽然近年来取得了一定进展，但整体水平仍处于初级阶段，存在信息孤岛、数据分散、自动化程度低以及各体系兼容性差等问题，需要加大研发投入力度，引进先进技术装备，逐步实现由传统模式向数字化、网络化、智能化转变。未来，随着新一代信息技术的广泛应用以及"碳达峰""碳中和"目标的确立，露天煤矿必将迎来更加严格的环境约束和更加高效的运营方式。只有坚持高效、低碳、绿色、环保、可持续发展思想，充分发挥市场机制作用，加强政策引导和创新驱动，才能够实现从源头减少污染排放、降低资源消耗强度，促进产业结构调整和新旧动能转换，最终达到经济效益、社会效益和环境效益相统一的目的[4]。

3 露天煤矿智能化绿色化发展管理存在的问题

3.1 管理制度不健全

当前，我国在露天煤矿领域出台了多项法律法规和标准规范，但是这些规定大多比较宏观、笼统，缺乏具体可操作性。同时，由于各矿区地质条件不同，生产工艺也有所差别，导致现有的各项规章制度难以满足实际需要。此外，一些企业对于环保工作重要性认识不足，没有将其纳入企业整体规划中来，造成环境保护责任不明确，环境风险得不到有效管控等问题。因此，建立完善的露天煤矿智能化绿色化管理制度势在必行。① 加强顶层设计。要从国家层面出发，制定露天煤矿智能化绿色化建设相关政策文件及技术指南，明确目标任务和时间节点，为矿山企业提供指导意见和行动方向。各级政府部门应加大监管力度，督促落实各项要求，确保取得实效。② 强化过程控制。要针对露天煤矿特点和生态环境状况，制定相应的技术标准和管理办法，严格按照规程进行开采、排土、选煤等作业活动；通过视频监控系统、扬尘监测仪等手段，实时掌握现场情况，及时发现并处理违规行为。③ 注重效果评估。要采用科学合理的方法,对露天煤矿智能化绿色化建设成果进行评价,包括资源利用效率、环境污染程度、安全保障水平等方面指标,以便及时调整优化方案,不断提升管理质量和效益。

3.2 技术创新体系不完善

当前,我国在煤炭领域已经取得了一定的成果,但是与发达国家相比还有很大差距,主要表现在科技投入不足、人才缺乏等方面。同时,一些企业仍然习惯于传统的生产方式和管理模式,对新技术新设备持怀疑态度,不愿意主动引进先进适用的技术装备。此外,受制于人的局面并没有得到根本改变,核心技术对外依存度较高。这些因素都制约着煤炭行业向高端迈进,影响了整个产业链现代化水平的提升。

3.3 人才培养体系不健全

当前,我国煤炭行业高技能、高层次技术工人严重匮乏。据统计,全国仅有10所高校设立了与煤化工相关的专业,每年毕业生不足2万人;同时,现有从业人员中具有大专以上学历者占比不到5%。此外,在岗职工培训也相对滞后,由于存在培训走过场的现象,很多人没有经过系统性、针对性的学习和实践操作就直接上岗工作,导致行业整体素质偏低。因此,建立完善的人才培养体系是实现露天煤矿智能化绿色化转型升级的重要保障。目前,国内一些大型露天矿已经开始注重员工的职业教育和岗位培训,但由于缺乏统一规划和有效落实,效果并不理想。一方面,企业对员工的培训投入不够,往往只停留在表面,如组织新员工参观展览、举办讲座等,而忽视了对其进行深入细致的知识传授和实际操作能力的提升;另一方面,受传统观念影响,部分员工认为接受再多的教育也不如到现场实地操作来得实在,这种想法无疑会制约员工个人成长和企业长远发展。

3.4 露天开采对水土破坏严重

在露天煤矿开采过程中,外排土场的选择是一项非常重要的工作。然而,由于缺乏有效的监管和管理措施,大量的泥沙和废水被排放到周边环境中,导致土地质量下降和生态环境遭到严重的损害。首先,露天煤矿的采剥开挖往往会采用传统的挖掘方式进行采矿工作,这种方法会导致大量土壤和岩石被倒运,从而形成巨大的坑洼和沟壑。此外,由于挖出的排弃物通常会被直接堆放在附近区域内,这也会对周围的植被和水源产生负面的影响。其次,露天煤矿的外排土场常常会在雨季放出大量的废水和泥砂,这些废水和泥砂中含有大量的有害物质,如重金属离子和有机物等,如果不能得到有效处理和控制,将会对周边环境和生态系统产生极大的危害。同时,由于废水和泥砂的排放量较大,也会加剧地表水体的污染程度,进一步恶化了当地的水质状况。

3.5 安全生产管理不到位

在煤炭开采过程中,受地下作业空间狭小、工作环境恶劣等因素影响,事故发生率较高。因此,加强对矿山安全生产的管控显得尤为重要。然而目前部分露天煤矿企业仍然采用传统的人工巡检方式进行隐患排查和治理,不仅效率低下,且容易出现漏报、误报等情况,无法满足现代化矿山高效、精准、科学的安全监管要求。同时,当前国内外针对露天煤矿自动化技术与设备的研发还处于初级阶段,相关技术手段较为落后,难以实现真正意义上的无人化操作。此外,受制于资金短缺、人才流失等原因,一些大型露天煤矿企业未能建立完善的应急救援体系,一旦遇到突发事件很难及时有效地采取措施加以应对,极易引发严重后果[5]。

4 推进露天煤矿智能化绿色化发展管理的对策建议

4.1 强化智能化绿色化发展意识

树立科学合理、适度超前的理念,充分认识到"无人则安"和"少人则安"的辩证关系。坚持科技创新与生态环保并重,以数字化、网络化、智能化为核心,推动生产运营、安全管控、资源利用等全方位变革,实现减员增效、降本提质、节能环保目标。加强宣传引导,营造浓厚氛围,凝聚全员共识,形成加快推进露天矿智能化绿色化转型升级强大合力。① 加大宣传力度,提高思想认识。充分利用各种媒体平台,采取多种形式广泛深入地开展宣传活动,大力普及先进适用技术知识,增强广大干部职工的责任感、使命感、紧迫感。通过举办培训班、研讨会、现场观摩等方式,不断提升各级领导干部和员工队伍素质能力水平,为露天矿山高质量可持续发展提供有力支撑。② 健全完善制度机制,规范工作流程。建立健全各项规章制度和标准体系,明确岗位职责和操作规程,确保各环节顺畅衔接、协同配合。制定实施方案和时间表,定期组织评估检查,及时发现问题解决困难,促进各项工作有序高效运转。煤矿专用的生产管理系统如图 2 所示。该平台应具备以下主要功能:一是实现采矿工艺仿真模拟与优化决策分析;二是实现设备运行状态监测及故障诊断预警;三是实现能源消耗计量统计与能耗定额制定;四是实现环境因素在线监测与异常情况自动报警;五是实现人员定位与绩效考核等。通过以上功能建设,可有效提高矿山企业的精细化管理水平,促进煤炭工业高质量发展;同时,也为后续开展数字化、自动化、智能化升级改造奠定了良好基础。③ 注重人才培养引进,优化人力资源配置。牢固确立人才是第一资源的观念,把人力资本开发放在首要位置,积极培育引进一批高层次专业技术人才和复合型管理人才。探索推行市场化薪酬激励约束机制,激发员工内生动力和创造活力,打造一支高素质专业化的人才队伍,为露天矿山智能化绿色化发展提供强有力的人才保障[6]。

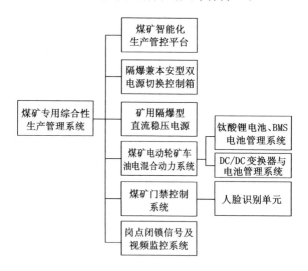

图 2 煤矿专用的生产管理系统

4.2 构建智能化绿色化发展体系

在露天矿生产运营中,通过建立科学合理、高效实用的指标评价体系和监控预警机制,实现企业经济效益最大化。具体措施如下:

(1)优化设计开采工艺流程。采用先进适用的技术手段,加强地质勘探与测量工作,精准掌握煤层赋存条件及变化规律；结合矿山实际情况，制订可行的采剥计划，提高煤炭回采率和选煤效率。同时，推广应用大型自动化设备，减少人力投入，降低作业成本。

（2）建设智慧矿山信息平台。以物联网、云计算等新一代信息技术为支撑，将各类数据进行集成整合，形成全面感知、可靠传输、智能处理、深度挖掘的"智"系统，实现露天煤矿安全、环保、节能等方面的精细化管控。智慧煤矿综合管理平台如图3所示。

（3）强化科技创新驱动作用。加大科研经费投入力度，积极开展新材料、新装备、新技术的研发攻关，推动数字化、网络化、智能化工作面建设，提升露天煤矿本质安全水平。

（4）完善人才队伍保障体系。注重引进高层次专业技术人才，培养具有实践经验的操作技能型人才，打造一支高素质、专业化的人才团队，为露天煤矿可持续发展提供有力支持。

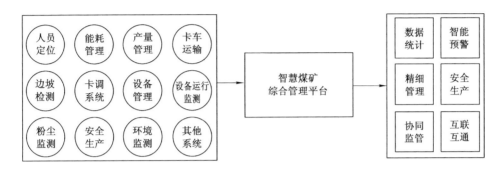

图3　智慧煤矿综合管理平台

4.3　健全智能化绿色化发展机制

建立科学合理、运行高效的组织机构和工作体系，是实现露天矿区智能化绿色化转型升级的重要保障。一是要成立由企业主要领导挂帅的推动智能化绿色化发展的领导小组，统筹协调各部门及相关单位开展工作；二是要制定详细具体的实施方案和时间表，明确各项任务目标和责任分工；三是要加强内部协同配合，形成合力共同推进工作落实落地。此外，还应注重完善激励约束机制，激发广大干部职工的积极性和创造性，促进各项措施有效落实。在技术创新方面，加大科技研发投入力度，加快新材料、新工艺、新装备等领域的科研攻关，提高自主创新能力，同时也要充分借鉴国内外企业先进经验，引进适用于我国矿山特点的高新技术，逐步提升行业整体水平。另外，还需重视人才培养和队伍建设，通过多种方式吸引优秀专业人才加入技术团队，并为其提供广阔的成长空间和良好的待遇条件，不断壮大技术力量。

4.4　创新智能化绿色化发展模式

（1）坚持"以人民为中心"的理念。把满足广大职工群众日益增长的优美生态环境需要作为出发点和落脚点，推动露天矿区建设与生产、生活深度融合，让职工群众在露天矿山开发中获得更多的幸福感、安全感。

（2）推广应用新技术、新装备。加大先进适用技术的研发力度，加快淘汰落后产能设备设施，提高资源利用效率和企业核心竞争力。

（3）探索建立市场导向型经营机制。积极引进社会资本参与露天矿山的投资运营，推行多元化投融资方式，鼓励各类投资主体共同开发、合作经营，实现互利共赢。

（4）加强科技人才队伍培养。实施高端引领、技能提升等工程，健全完善人才评价激励制度体系，营造"拴心留人"良好氛围，不断增强露天煤矿工业文化软实力。

4.5 制定煤矿绿色设计的评价机制

在煤炭开采过程中,要实现"零排放""少破坏"目标,就需要从源头抓起,加强矿山生态环境保护。因此,应该建立科学合理、切实可行的煤矿绿色设计评价标准及指标体系,将其纳入煤矿企业准入条件中。同时,通过加大执法力度等方式来推动煤矿企业严格执行相关法律法规要求,确保各项环保措施落实到位。煤矿生产绿色设计的评价体系如图4所示。综上所述,为了促进露天煤矿向着更加安全高效、环境友好型方向转型升级,必须加快推进露天煤矿智能化绿色化发展管理工作,只有这样才能够从真正意义上将资源优势转化为经济效益,实现可持续发展。

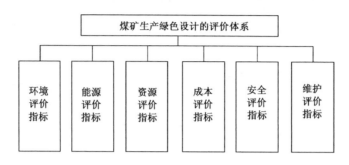

图4 煤矿生产绿色设计的评价体系

5 结语

本文通过对露天矿区生产、设备、人员等方面进行分析,提出了在当前环保形势下,实现矿山企业的可持续发展需要加强技术创新和管理提升,同时指出了目前我国露天煤矿智能化、绿色化建设存在的问题及未来发展方向,为推动露天煤矿高质量发展提供参考依据。① 要坚持"安全第一、预防为主"方针,从源头上控制事故发生率。② 采用先进适用的新工艺、新装备,提高资源利用效率,降低能耗、物耗水平。③ 推广使用节能减排新材料、新产品,促进矿业领域"碳达峰""碳中和"目标如期实现。④ 建立健全数字化、信息化、智能化系统,全面提升企业本质安全水平。⑤ 强化生态环境保护意识,积极开展污染防治工作,打造青山绿水蓝天白云的美丽矿山。

参考文献

[1] 韩义朝,向迪,刘宇,等.露天煤矿绿色开采理论体系研究[J].露天采矿技术,2016,31(1):81-83.

[2] 刘小杰.黑岱沟露天煤矿一体化管理研究[J].露天采矿技术,2017,32(4):93-96.

[3] 李三川,白润才,刘光伟,等.露天煤矿排土场建设发展程序优化研究[J].煤炭科学技术,2017,45(3):49-55.

[4] 李向仲.露天煤矿机电设备管理及维修一体化策略研究[J].技术与市场,2017,24(12):273-274.

[5] 成志锋.关于可持续发展理念的煤矿机械绿色设计研究[J].中国设备工程,2018(16):200-202.

[6] 吕建军.强化基础管理 推进露天煤矿科学有序发展[J].中国煤炭工业,2010,36(8):32-33.

绿水青山就是金山银山
——煤炭经济的"绿色"发展研究

包苏和

(国能准能集团有限责任公司,内蒙古 鄂尔多斯 010300)

摘 要 "绿水青山就是金山银山"很好地诠释了经济发展与环境保护兼顾的战略政策。习近平总书记强调,"绿水青山就是金山银山"是增值的,是推动绿色发展的"新发展理念"。新时期煤炭企业要想获得可持续发展,就必须坚持可持续发展战略和生态化发展战略,要突出绿色向度,走绿色发展道路。本文结合个人工作经验,立足于"新发展理念",简要分析当前煤炭经济绿色发展的必要性,重点探讨煤炭经济"绿色"发展的重要策略。

关键词 绿色发展;可持续发展;煤炭经济

0 引言

煤炭乃是我国三大化石能源之一,历来有"工业的粮食""黑色的金子"的美誉。但煤炭又是短期不可再生资源,我国作为煤炭资源消耗大国,每年几乎要消耗 40 多亿吨煤炭。从当前煤炭应用范围来看,主要应用于火力发电厂、煤炭焦化行业、煤炭液化行业等。能源消耗量巨大、污染十分严重是煤炭行业的共性。因此,如何解决不可再生与持续高消耗这一矛盾也是我们煤炭企业工作人员应该认真研究的问题。在"绿水青山就是金山银山"这一"新发展理念"指导下,广大煤炭行业工作人员应当重塑绿色发展理念、可持续发展理念,利用新媒体时代优势,加快媒体经济模式改革,推进煤炭经济可持续发展,确保经济发展的同时落实生态建设。

1 煤炭经济"绿色"发展的必要性

1.1 煤炭企业经济建设的外部环境呼吁"绿色"发展

在世界范围内,我国是煤炭生产国和消耗国,煤炭资源开采量在我国一次能源中占比远超其他国家,但煤炭消耗量占比也远超其他国家。煤炭作为一种短期内不可再生的化石能源,从开采到消费全过程都存在能源消耗以及环境污染,有调查显示,煤炭消耗过程会产生 70% 的烟尘、60% 的氮氧化物、52% 的二氧化硫。这些数据表明,煤炭生产和消耗严重制约煤炭经济可持续发展,同时也加大了我国生态环境建设工作难度。在"新经济发展"理念指导下,2015—2016 年我国煤炭企业受到严重的绿色发展舆论以及生态环境建设压力制约,经济发展速度缓

作者简介:包苏和(1989—),蒙古族,中共党员,2012 年毕业于内蒙古机电职业技术学院机电一体化专业,2012 年 8 月参加工作,一直从事矿用重型卡车的机械维修工作。

慢,持续处于低迷状态,煤炭行业严重亏损。正是在这样的外部环境下,我国煤炭企业必须实行绿色转向,煤炭经济发展必须向绿色、环保、可持续看齐[1]。

1.2 国内煤炭去产能结构化调整要求"绿色"发展

"十二五"期间,我国就已经开始了煤炭去产能结构调整,在结构优化下,我国煤炭集约化产能有所提升,在宏观政策调控和影响下,我国煤炭产量小幅收窄。但伴随的生态问题依然非常严峻,清洁能源建设任务依然很重,比如矿区生态恢复、清洁能源开采、环保节能开采设备的使用依然需要广大工作者进一步深入探索。对于煤炭企业来讲,只有自身掌握了绿色产品研发、生产技术,打造出绿色产品,才能顺应行业发展大趋势,加上煤炭的绿色使用也倒逼煤炭企业进行绿色转型,调整行业经济发展取向,促使煤炭行业不断朝"绿色"环保发展[2]。因此,"绿色"发展是煤炭企业提高自身经济效益、社会效益的必由之路。

1.3 解决煤炭企业自身发展问题必须选择"绿色"道路

煤炭企业自身发展需要是煤炭经济"绿色"发展的主要原因。在"新发展理念"指导下,煤炭企业要想获得可持续发展,必然要选择与时代发展同步的经济发展理念,坚持"绿色""环保",加快产业结构调整的同时持续推进煤炭企业生态开采,为生态建设奠定基础。具体而言,煤炭企业自身发展存在如下问题:一是煤炭供需矛盾十分严峻。受传统发展模式限制,在新经济常态背景下,与煤炭相关的电力、钢铁等行业发展速度明显放缓,煤炭需求量逐渐减少,国际煤炭市场需求量也在逐步下滑。二是煤炭企业面临的环保压力越来越大。传统的煤炭开采方式粗暴简单、安全性较低、产能受限,且对环境污染和破坏严重,不仅破坏了地表结构,同时也对大气造成严重污染。在生态环境建设理念倡导下,煤炭企业必须从传统开发和发展模式中走出来,开采煤炭的同时也要加强环境保护,做好生态恢复。这也导致煤炭开采和使用限制越来越多,煤炭企业必须寻求新的发展路向。三是煤炭是一种不可再生能源,大量开采导致我国煤炭总体储量减少,可采储量有限,煤炭企业要想获得可持续发展,势必要推行绿色发展理念,开发新的业务,寻求多元发展渠道[3]。

受国内外环境及煤炭企业自身影响,煤炭企业必须优化供给侧改革,逐步淘汰落后产能,加快产业结构升级改造,寻求"绿色""环保"发展路向。

2 煤炭经济"绿色"发展策略

那么,如何推进煤炭经济"绿色"发展呢?结合个人多年工作经验,我认为煤炭企业应重点从如下方面切入。

2.1 理念引导行动:树立绿色可持续发展的理念

习近平总书记指出:"我们既要绿水青山,也要金山银山。宁要绿水青山,不要金山银山,而且绿山青山就是金山银山。"可见生态环境建设的重要性,尤其是在经济快速发展向经济稳定可持续、高质量发展过渡时期,各行各业工作人员都应该牢固树立绿色可持续发展理念,煤炭行业亦是如此。要一改旧日"以经济效益为中心"的粗放型产业发展理念,结合企业自身实际情况,从企业生产的经济效益、环保效益、社会效益等多个角度进行综合考虑,重新树立绿色发展现代化企业经营管理理念。具体而言,可重点把握如下几点措施:

一是煤炭企业必须从提高能源利用率入手,关注煤炭开采、加工等全过程能源消耗问题,开发研究煤炭资源利用过程中产生的副产品、副产能回收利用方式,同时也要引进一批先进的煤炭开采、生产设备,更新煤炭生产方式,减少不必要的能源消耗以及环境污染,逐步提升煤炭经济的环保性[4]。

二是企业要运用先进的处理技术。相关工作人员要始终以可持续发展理念为导向,在生产加工过程中运用绿色、节能、环保处理技术,以最大限度地减少工业"三废"排放,减少其他污染物排放,从技术源头实现"绿色"生产,降低煤炭企业对生态环境的负面影响。

三是企业要建立完善的节能减排考核机制。正所谓"无规矩不成方圆",健全的机制才能确保理念和政策落实、落细。因此,煤炭企业要想走绿色发展之路,就必须结合企业的实际情况,制定科学的奖惩机制。

2.2 产业结构带动经济发展:加快产业结构调整与转型

产业结构调整有利于促进煤炭经济发展和社会发展,间接提高和改善人民的物质、文化、生活水平。为加快煤炭经济"绿色"可持续发展,煤炭企业也必须加快产业结构调整,促使煤炭产业结构更加合理化和高级化,确保煤炭产业间相互协调,能够快速适应市场需求变化,加快煤炭企业结构升级,不断整合多方面资源,确保煤炭企业稳定可持续发展。

2.2.1 以科技创新推动产业结构调整

持续推进煤炭企业产业结构优化升级,凭借煤炭产业循环经济产业链,实现煤炭产业横向、纵向多元发展。例如,加大矿山科技创新投入,积极开展科技项目研发、专利申请、科技论文研究等工作,积极征集"小发明、小创造、小设计"等研究成果。依托地理位置、交通优势、人才优势,有机结合黑岱沟露天煤矿煤炭资源优势,坚持煤炭绿色高效开采基础的同时积极探索产业结构转型升级,延伸煤电路产业链,着力打破产业壁垒,以科技创新推动产业结构调整。

2.2.2 抓住机遇加快资源整合

在"一带一路"倡议建设计划指导下,煤炭企业也应当充分抓住国家能源结构和区域经济发展机遇,充分发挥华北地区优势,发挥黑岱沟露天煤矿独特的地理和资源优势,走大基地、大集团发展之路,大力整合多方资源。一方面,要继续深化煤炭资源整合,以国家煤炭资源整合政策为导向,严格按照《煤炭深加工示范工程标定管理办法》《关于促进煤炭工业科学发展的指导意见》《关于严格治理煤矿超能力生产的通知》《煤炭清洁高效利用行动计划(2015—2020年)》等标准推进煤炭开采、加工等工作,坚持以政府为主导,以企业为主体,提高煤炭企业管理质量,创新煤炭企业经营管理模式,通过内部结构优化、经营管理模式创新来提高煤炭企业的产能规模、产业集中度以及生产集约化水平。另一方面,要继续发扬大型煤炭企业"带头示范"作用,坚持探索节能减排煤炭开采和管理措施,坚持生态环境建设与煤炭开采同步管理理念,真正将国能准能集团有限责任公司建设成符合新经济发展要求,符合生态环境建设要求的高标准、高水平特大型煤炭企业。

2.3 科学管理提高经济效益:让"绿色"贯穿企业生产经营全过程

煤炭企业要走绿色发展道路,就必须要建立与之相匹配的管理模式,要加强企业内部全过程管理,才能从根源上提高产能,提高企业知名度,提高企业经济效益、社会效益,促使企业绿色、稳定、可持续发展[5]。

2.3.1 制订科学合理的绿色生产计划

计划指导行动,绿色计划才能确保企业走绿色发展之路。对于煤炭企业而言,企业需要结合自身产业特点来制订科学合理的生产计划。在煤炭开采、加工等过程中,对水资源、电能资源消耗量大,而且会产生二氧化硫、萘等有毒有害物质,影响周边生态环境。这也是企业必须制订科学合理的绿色生产计划的主要原因。

首先,在实施绿色营销之前,市场部工作人员应当对市场进行充分调研,抓准当下市场中的绿色产品优势和盲点,再结合煤炭企业自身生产特点,以市场需求为导向,制订出合理的生产计划,比如制订"节能减排"计划,研发煤炭利用的新方法,提高煤炭利用率,减少能源消耗,生产加工出污染物排放量更小的新型绿色环保煤炭。

其次,在煤炭生产前,工作人员必须做好环评工作,严格按照《关于促进煤炭安全绿色开发和清洁高效利用的意见》调研煤炭开采项目施工过程中可能对环境造成的破坏,从而制定科学合理的预防措施,引进先进的生产设备,采用先进的煤炭生产工艺,以降低煤炭生产对环境的污染,确保煤炭生产过程中的排放物符合环境监测部门要求。

2.3.2 严格按照标准进行绿色加工

煤炭加工是影响煤炭经济效益的重要环节,也是对生态环境造成严重破坏的主要环节。将原煤加工成产品,这一过程本身会产生能源消耗,也会排放有毒有害物质,制约生态环境建设。煤炭企业走绿色发展之路,必然需要对加工过程进行管理创新。因此,煤炭企业应当大力开发和应用洁净煤技术,对各种煤炭进行洁净燃烧,提高煤炭资源转化和利用率,借此降低加工过程中产生的环境污染。

2.3.3 打造绿色煤炭产品

产品是决定企业经济效益的关键元素,产品质量的好坏直接影响其销售量、销售额。因此,煤炭企业在绿色发展的道路上,还需要关注产品设计,推进绿色煤炭产品计划,不断打造出符合市场、时代发展需要的绿色产品。这也就需要企业从选材、加工制作、包装、运输、销售整个营销过程着手。

在选材方面,一定要结合不同原料煤的理化特性,采取分层利用计划,以此提高原料煤的利用率。在生产过程中,要注重废弃物和污染物的回收利用治理。工作人员仅树立"可持续""循环"发展理念还不够,还需要采取切实可行的能源加工技术,运用绿色化学技术和工艺,从源头上消除污染。走绿色环保销售渠道,真正做到预防和治理有效结合,确保煤炭产业链绿色化发展,真正打造绿色煤炭产品,实现企业与煤炭经济的绿色发展。

2.3.4 推广绿色发展企业文化

我们矿区要想发展成为行业"标杆",企业文化是关键。在绿色发展进程中,企业也必须建立与之相适应的企业文化,以文化彰显企业魅力,以文化凝聚企业内核、员工智慧,确保企业拥有持续推进绿色发展的内动力。

3 结束语

总而言之,在经济新常态下,国家高度重视企业生产经营过程中的环保问题,提出了绿色可持续发展战略。煤炭企业作为我国经济支柱企业之一,也是当前我国高污染、高消耗的主要企业,在经济发展协同生态建设的时代背景下,自然需要选择绿色发展之路;作为特大型煤炭开采和生产企业,更要起到行业模范作用,坚持以国家政策为导向,坚持走"绿色"发展之路,通过引导企业工作人员树立绿色可持续发展理念,加快企业产业结构调整和转型,加强企业管理创新等多种策略,全面推进煤炭经济绿色发展。当然,以上关于煤炭经济"绿色"发展的建议仅为个人经验之谈,希望能够有抛砖引玉之用,最后借用一句习近平总书记的话"人不负青山,青山定不负人"。

参考文献

[1] 吴刚,谢和平,刘虹.煤炭生产的制约瓶颈及变革的方向[J].西南民族大学学报(人文社科版),2017,38(3):164-167.

[2] 邢鹤,唐定芬.我国绿色营销的现状、困境及发展对策[J].改革与战略,2015,31(10):41-44,104.

[3] 郑宇花,李百吉.我国煤炭行业供给侧改革的必要性及路径选择[J].煤炭技术,2017,36(1):320-323.

[4] 张磊,李倩琪.中国煤炭消费与经济增长的解耦关系分析[J].生态经济,2019(4):53-57.

[5] 舟丽君,梁鹏,罗霖,等.我国现代煤化工面临的环保困境及对策建议[J].环境保护,2017,45(1):39-41.

智能矿山"5G＋工业互联网"网络安全分析与解决方案

丁瑞元

（国能准能集团有限责任公司,内蒙古 鄂尔多斯 010399）

摘 要 国能准能集团有限责任公司（简称国能准能集团）露天矿已建设完成核心网下沉式的企业5G通信专网,该网络承载卡车无人驾驶、设备故障诊断、工业视频监控、基于无人驾驶调度指挥系统等矿山智能化应用业务。本文介绍了5G网络总体架构,从终端接入、数据传输、应用系统访问等方面对"5G＋工业互联网"的网络安全进行了风险分析,按照"安全分区、网络专用、边界隔离、综合防护"的防御思路,提出网络安全对策措施建议,有效做到了"5G＋工业互联网"网络安全的全方位主动防御、动态防御、整体防控和精准防护,全面保证"5G＋工业互联网"网络安全可防、可控、可管。

关键词 5G;网络安全;工业互联网;露天矿

0 引言

随着5G和物联网、大数据、人工智能等技术的发展,"5G＋工业互联网"的应用也越来越广泛,特别是5G的"时延低、带宽大、连接广、网络切片"的优点为"智能矿山"建设提供了有效的通信网络服务保障。目前,运营商已在国能准能集团露天矿建成了核心网下沉式的企业5G通信专网,承载了无人驾驶、设备故障诊断、工业视频监控、基于无人驾驶调度指挥系统等矿山智能化应用业务。

为保障基于"5G"的工业互联网安全、高效运行,根据《网络安全法》《信息安全技术 网络安全等级保护基本要求》《工业控制系统信息安全防护指南》等相关标准规定,通过对5G专网前端设备接入、数据传输以及应用系统访问等进行安全风险分析、评估,制定了有效的安全防护策略,有效做到了"5G＋工业互联网"网络安全的全方位主动防御、动态防御、整体防控和精准防护。

1 露天矿"5G to B"专网网络架构

露天矿"5G to B"专网采用5GSA独立组网方案,在露天煤矿部署全下沉式的企业专用5GC核心网、UPF及基站,信号覆盖了露天矿工业生产园区及办公区,同时配套建设了5G融

作者简介:丁瑞元(1986—),蒙古族,电子与通信工程专业在职研究生,高级工程师,现任职于国能准能集团智能信息中心,主要从事计算机网络、网络安全、通信等相关工作。

合网管、5G专网管理平台，实现5G专网的自运营、自运维。整体5G网络，通过部署专用基站及独立的PLMN(公共陆地移动网络)，实现无线资源与公网的隔离，保障空口资源不受公网业务影响。

露天矿5G专网由接入层、汇聚层STN-B、核心层5GC组成，边缘计算MEC网元通过汇聚STN-B设备接入，基站业务通过STN-A设备接入。根据无线覆盖需求，汇聚层设备采用"口"字形组网直连核心层5GC设备，接入层采用1＋1光传输通道环形组网方式通过双路由汇聚到STN-B设备。网络结构上，5GC核心网基于全IP结构，每个网元均可分配静态私网IP，支持IPV6协议栈；采用高性能硬件处理和模块化大容量软件设计构建运营商大网级别的核心网，各网元间接口开放，既支持专业集群，同时又支持公网专用。"5G to B"专网一体化集成服务如图1所示。

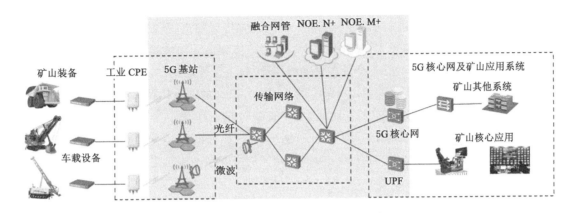

图1 "5G to B"专用一体化集成服务

2 网络安全风险分析

运营商将5G公网部署方式下沉，在露天矿计算中心部署核心网5GC、边缘计算、云平台等，采用单独的物理链路与运营商5G公网互联互通。因办公网、集团广域网上部署的管理类系统需采集、利用5G专网上部署的工控系统数据时，5G网与办公网、集团广域网之间也互联互通。因此，基于5G的工业互联网存在极大的网络安全风险，病毒、木马等可从终端设备、传输链路等进入5G专网，导致数据泄露、网络瘫痪等安全事件。同时，5G网络的泛在化、开放性为工业互联网的安全带来了新的挑战。下面从终端设备接入、数据传输、应用系统访问三方面对"5G＋工业互联网"网络安全进行风险分析。

2.1 终端设备接入风险分析

接入5G网的终端设备是威胁进入、攻击攻入的突破口，一旦终端携带病毒或者被黑客控制，很大可能会将病毒携带到5G网络，进一步影响各应用系统，导致业务中断、数据丢失。从终端自身安全、接入访问、行为管控、审计留存等方面进行考虑，常见的终端安全问题有恶意软件(病毒、特洛伊木马、蠕虫等)、非授权访问、安全漏洞、社会工程学攻击(如欺骗、伪装等)、无线接入风险(被窃听或被非法接入)等。

2.2 数据传输风险分析

数据传输过程中，数据从客户端到服务端涉及很多风险因素，比如使用虚假用户身份访问、数据在网络传输过程中被篡改、伪造以及数据明文传输、存储等。如果数据传输层面没有做好安全加密、安全检测、安全防护等手段,那么在数据传输过程中将会发生数据截获、数据篡改、中间人攻击、拒绝服务攻击(DoS)、跨站脚本攻击(XSS)和跨站请求伪造(CSRF)等安全风险。

2.3 应用系统访问风险分析

应用系统在被访问的过程中,权限开放大、端口暴露,当业务自身存在漏洞、缺陷时就很容易被攻击。

3 "5G+工业互联网"网络安全应对策略

3.1 传统解决思路与本方案对比分析

传统解决方案一般采用网闸或者传统防火墙的形式进行隔离、控制访问。解决方案相对单一,不成体系,只看重单点能力,没有从多个维度做好方案设计和功能联动,存在安全运维复杂、数据日志量大、看不全问题、安全设备联动响应差、处置慢等问题。

本方案结合网络安全等级保护2.0标准以及国内外最新的安全防护体系模型,按照"安全分区、边界隔离、综合防护"的"5G+工业互联网"安全防御思路,通过部署一系列安全防护设备及平台,完善的网络防御体系,建立"5G+工业互联网"纵深防御和精细防御体系,实现"5G+工业互联网"管理信息区、生产执行区、生产控制区网络安全一体化建设,实现整体的网络安全可防、可控、可管。

3.2 网络安全防护应对策略

3.2.1 安全分区

安全分区即将"5G+工业互联网"垂直方向划分为生产控制区、生产执行区(安全管理中心)、信息管理区(办公网络、互联网、集团广域网)三个区域,在生产执行区和信息管理区中间设置DMZ区(隔离区)。

生产控制区、生产执行区、信息管理区内业务系统的通信,在各自安全区内采用专网专用方式,跨安全区的通信应采用网闸、防火墙等访问控制类设备进行安全隔离。"5G+工业互联网"内各系统之间按最高安全防护级别对各系统进行分区分域,使整个系统在信息安全防护建设过程中做到纵向多层、横向从点到面的防御体系。

3.2.2 边界隔离

"5G+工业互联网"的网络边界为:5G网(生产控制区)和安全管理中心(生产执行区)之间的网络边界,安全管理中心与办公网、集团广域网、互联网(信息管理区)之间的边界。

边界隔离即对"5G+工业互联网"边界连接处进行边界安全防护、行为审计、准入控制等。

3.2.2.1 边界隔离措施

在安全管理中心(生产执行区)设置DMZ区,阻断生产控制区与办公网、集团广域网、互联网(信息管理区)之间直接的网络连接和数据访问,将对外发布数据的服务器划分到DMZ区;5G网与安全管理中心之间部署工业网闸、防火墙,提供安全隔离防护、区域边界隔离防护功能;部署日志审计、数据库审计、流量审计设备,对网络中存在的安全事件和活动提供行为审计、内容审计、协议审计、流量审计;在安全管理中心核心网络交换机处部署入侵检测,以检测来自内外部网络的入侵攻击行为。

3.2.2.2 区域边界防护

为防止"5G＋工业互联网"内各系统之间安全风险横向扩散,在完成安全区边界防护的基础上,应做好内部边界的安全防护、隔离措施,最大限度地降低区域间的安全风险。

3.2.3 综合防护

3.2.3.1 主机防护

服务器、个人计算机(PC)等及时升级操作系统补丁和应用软件补丁。部署杀毒软件、恶意代码防护软件,实现终端安全合规自查,当终端出现安全问题,比如病毒、网络攻击等,可以快速进行病毒查杀和终端隔离,防止风险进一步蔓延到其他终端和区域。各主机关闭、拆除不必要的光盘驱动、USB接口、串行口等,确需保留的须通过安全管理及技术措施实施严格监控;使用移动存储介质时应在接入前采取病毒查杀等安全预防措施。

3.2.3.2 入侵检测

安全管理中心部署网络入侵检测系统,收集流经生产执行区边界的信息,分析有无违反安全策略的行为和遭到袭击的迹象,进而实时告警保护。

3.2.3.3 内部远程访问

部署运维审计系统(堡垒机),集中进行认证管理、账号管理、权限管理、操作审计等,实现远程运维过程的"事前预防、事中控制、事后审计"。

3.2.3.4 安全审计

5G网内部署工业级网络审计设备,对该区域的网络流量实时进行审计,实时检测网络中的非法接入、违规操作、攻击等异常行为,及时发现异常数据包。部署日志审计设备,对数据库、业务、操作系统应用的操作进行记录、分析,及时发现违规行为、病毒、黑客攻击。

3.2.3.5 防火墙

针对网络边界提出的安全控制要求,通过部署下一代防火墙,首先实现办公网、广域网和5G网络的逻辑隔离,进一步分区分域,减少相互之间的影响,保障跨网络访问的安全。其次全方面、精细化设置访问控制策略,规避无授权用户访问,同时构建L2~L7层威胁防御体系,通过自动化运维及一体化策略配置保障安全能力的有效落地,对恶意IP进行联动封锁,精准阻断威胁。

3.2.3.6 零信任安全网关

防火墙旁路部署零信任安全网关,以流量身份化、动态访问控制等关键技术,为内网访问重塑内网安全边界。零信任安全网关能够收缩5G网内业务暴露面,隐藏不必要的端口,针对接入系统的终端实现基线检查、入网准入、安全服务隐身、终端数据沙箱、动态细粒度授权、动态自适应认证、传输技术增强、多维度审计等。

3.2.4 安全管理中心

(1)部署安全态势感知平台进行网络安全的统一管理。统一管理和维护防火墙,审计监测设备;集中分析下联生产网管理系统的日志和事件,集中监测管理网络链路、安全设备、网络设备和服务器等的运行状况、安全告警、安全日志信息;集中管理安全策略、恶意代码、补丁升级等安全相关事项;识别、分析网络中发生的各类安全事件。通过可视化技术,将工业环境中的网络安全现状如综合安全态势、工业威胁态势、异常行为态势、网络监控态势、资产漏洞态势等以组态化的形式进行集中展示。

(2)在服务器区加设网络防火墙、WEB应用防火墙、数据库审计系统、动态防御系统和运维审计系统,实施监测、审计、诱捕、阻断、追踪溯源,同时,服务器安装防病毒软件、云垒软件和启用主机本地安全策略,阻断区域内病毒的传播,实现了计算中心全方位安全防护。

4 网络运维管理

5G专网承载了露天矿无人驾驶、调度指挥等重要生产、控制系统的矿山智能化应用业务,对运维工作提出了更高的安全要求。根据网络运维管理工作规范,建立健全规章制度,明确运维管理组织机构及职责,细化操作维护权限,定期开展漏洞扫描、配置核查、操作日志审计等工作。网络安全运维管理主要工作如下:

(1)建立完善制度:建立网络安全、设备管理及系统运行维护方面的管理办法和实施细则,对5G网内基站、交换机、服务器、网闸等设备的存放、运行环境,维护保养和报废等方面做出规定;指定专人负责网络安全工作,定期开展网络设备设施及应用系统巡检、安全审计、系统清理、密码更换等工作。

(2)账户安全管理:根据网络操作维护工作实际需要为各级维护人员分配相应最小化权限,分权分域,责任到人,通行字符合不少于8个字符、包含大小写字母及数字和特殊符号的要求;严格按流程申请,每月执行一次账号梳理工作,对于权限不符、密码不符等情况进行整改;严格通过运维堡垒机登录网络、设备,基于4A(身份认证、授权管理、账号管理、审计管理)级别的系统通过登录账户才可以操作网络。

(3)配置安全管理:每半年开展一次配置核查,每季度开展一次漏洞扫描,根据网络信息安全检查结果实施相应的配置整改和补丁安装,严格依照国能准能集团安全运营、网络运维相关规定,落实网络安全漏洞扫描、配置核查以及加固整改工作,确保网络安全。

(4)网信安全监控:利用态势感知系统实时监控网络的访问情况,对于突发大量访问、访问失败、异常源地址访问进行实时预警,通过上报流程(电话和短信)发送通知到相应安全事件处置团队进行相应处置。

(5)操作日志安全审计:每月对操作日志和信息安全事件进行审查,对异常情况一查到底,对发现隐患立行立改,做到"网络运行无隐患、网络安全无死角"。

(6)数据不出园区:加强对移动存储设备、重要文档的安全管理;对终端计算机、工作站、便携机等设备的操作和使用进行规范化管理;对于涉及数据的硬盘或服务器等故障件,保留在园区内时应先进行数据擦除处理,确保5G专网数据的安全性。

5 结束语

国能准能集团露天矿"5G+工业互联网"通过部署一系列安全防护设备及平台,完善的网络防御体系,实现"5G+工业互联网"管理信息区、生产执行区、生产控制区网络安全一体化建设,实现了不同网络之间的安全隔离、访问、控制、准入、联动、响应等,达到了"分区分域、纵深防御、统一监控"的建设目标,提高了网络安全风险防控能力。

参考文献

[1] 熊金,王晨.5G网络安全风险与应对策略[J].通讯世界,2020,27(6):127-129.

[2] 孟峰,徐煦,薛国庆,等.5G+无人驾驶技术在国能宝日希勒露天煤矿智能化建设中的应用研究[J].中国煤炭,2021(增刊1):172-182.

［3］刘枝峰,赵雷,袁治君.5G 移动通信技术应用及网络安全研究［J］.中国新通信,2019,21 (18):44.

［4］解朦朦.5G 技术与网络安全探讨［J］.数字通信世界,2023(1):157-159.

［5］孙凌波.5G 网络安全发展趋势及创新进展探讨［J］.网络安全技术与应用,2022(9):80-82.

［6］王晓阳.基于 5G 网络无线接入安全技术措施研究［J］.网络空间安全,2022,13(1):62-67.

东部草原区大型煤电基地生态修复与综合整治技术及示范

刘　勇,鞠兴军,李晓东,郭海桥,王常建

(国能宝日希勒能源有限公司,内蒙古 呼伦贝尔　021000)

摘　要　为实现东部草原区大型露天开采与生态环境保护相协调,针对酷寒、半干旱、土壤瘠薄条件下煤炭开发生态影响机理不清,生态修复技术缺乏的问题,提出了"系统减损与系统修复"理念,创建了多层次、多要素、多尺度、长时序大型露天开采生态系统监测体系,研究揭示了大型露天开采生态影响规律与累积效应,研发了生态减损型采排复一体化、水资源保护一体化和生态多要素修复一体化的系统性生态减损与修复技术体系,并在宝日希勒能源有限公司露天矿区应用示范。结果表明:该技术体系可量化确定露天开采生态影响范围,极大地提高了酷寒草原区露天煤矿生态修复与绿色开采水平,有效提高了研究区植被覆盖度和水资源利用率,实现了大型露天开采源头减损与生态高效修复。

关键词　东部草原区;露天开采;生态影响;生态减损与修复;采排复一体化

0　引言

东部草原区地处北方防沙带内的内蒙古东部,位于国家"两屏三带"生态格局的北部区域,在国家生态安全战略格局中具有重要作用,是"东北森林屏障带"和"北方防沙带"的主要组成部分,也是北方地区的"水塔"和"林网",以及"三北"地区乃至全国的"挡沙墙"和"碳汇库"。但该区属半干旱、酷寒气候,生态环境脆弱,同时该区是我国东北部重要的煤炭生产基地,煤炭产能超过 4 亿 t,占东北区煤炭总产能的 57%。近年来,随着资源开采、畜牧业迅猛发展和城市扩张,草地面积减少、质量下降,植被被破坏,水土流失和地下水位下降,严重影响了东部草原区能源保障和生态屏障功能的发挥,是我国生态文明建设的重大科技与工程技术难题[1-3]。

矿区生态修复起源于 20 世纪初美国、德国等发达国家,主要是从露天煤矿生态修复开始。经过长期研究与实践,在生态修复规划、土壤重构、地貌重塑、植被恢复、采复一体化工艺、修复设备与材料、复垦区环境管理等方面取得一系列成果,并已形成法规和技术规范[4-19]。目前的研究重点是矿区生态扰动影响、生态修复效果、土壤和生态系统长期演变机理、近自然地貌重塑技术等。

我国自 20 世纪 80 年代开始重视矿区生态修复及技术研发,鉴于当时我国井工煤炭产

作者简介:刘勇,国能宝日希勒能源有限公司副总经理,分管公司生产技术、科技创新、绿色矿山建设、矿产资源等业务。

量占煤炭总产量的90%以上,煤矿区生态修复研究与实践集中在井工矿。我国在"十一五"和"十二五"期间相继开展了"矿区复垦关键技术开发与示范应用""晋陕蒙接壤区大型能源基地生态恢复技术与示范""大型煤炭基地采煤沉陷区黄河泥沙充填修复技术及示范"科技支撑计划项目,初步形成了适用于华北、华东煤矿区及晋陕蒙接壤区采煤沉陷地、煤矸石山的生态修复技术。21世纪以来,随着我国露天矿煤炭产量增加,露天矿区生态修复工作得到加强,重点在平朔、准格尔等露天矿区开展了生态修复技术研发和工程实践。近年来,我国露天矿已从单纯排土场复垦转变为采复一体化,但还未从整体上统筹水、土、植被等生态要素对生态修复技术进行系统研发,尤其缺乏针对酷寒、半干旱、生态脆弱的东部草原区大型露天开采生态修复的系统研究。

针对东部草原区酷寒、半干旱、土壤瘠薄条件下煤炭开发生态影响机理不清,生态修复技术缺乏的问题,本文以大型露天开采生态系统减损与系统修复为目标,量化揭示了煤炭开发对水、土、植被的影响机理与累积效应,研发了大型露天开发系统性生态减损与修复技术体系,实现了酷寒区煤炭规模开发与生态修复相协调的技术突破,为国家能源安全保障、生态屏障构筑提供了科技支撑。

1 依托工程概况

东部草原区呼伦贝尔煤炭基地宝日希勒能源有限公司露天矿位于内蒙古自治区呼伦贝尔市陈巴尔虎旗境内,东南距宝日希勒镇10.5 km,南距呼伦贝尔市海拉尔区20 km,煤炭产能为3 500万t/a。矿区属亚寒带大陆性季风气候,降水量为315 mm/a,蒸发量为1 344.8 mm/a,最低气温为−48 ℃,最大冻土厚度为5.7 m;矿区地势东北高西南低,地形起伏平缓,海拔标高在667~684 m之间;矿区地带性土壤为栗钙土,土壤细沙、粉沙含量高,上覆植被一旦破坏,极易造成土壤风蚀,难以恢复;区域自然植被为呼伦贝尔高平原典型草原,植被盖度为50%~70%。截至2016年底,矿区内因煤炭开采占用和破坏的土地总面积为2 243.36 hm²,排放矿坑水超过2 617.75万t/a,固体废弃物19 011.1万t,连续高强度的资源开采对周围的生态环境造成了严重破坏。

2 东部草原区大型露天开发生态影响规律与累积效应

2.1 多层次、多要素、多尺度、长时序大型露天开采生态系统监测体系

创建了多层次(宏观、中观、微观)、多要素(大气、水、土壤、植被)、多尺度(空天、航空、地面、地下)、长时序(采前、采中、采后)的大型露天开采生态系统监测体系(图1),实现了煤炭开采生态演变信息精准识别、动态监测和智能分析,主要包括如下3个方面:

(1)构建了国内首个煤炭基地露天矿群地下水多参数自动监测网,监测网由43个水文孔组成,监测范围达702 km²,可以实现酷寒(−48 ℃)露天矿区潜水和承压水分层多参数(水位、水温和水压)自动监测,连续获得20.1万个地下水监测数据。

(2)构建了基于环境物联网的首个大型露天开采生态参数(气象、空气质量、土壤物理)实时远程监测平台,获取土壤连续监测数据130多万组、气象数据20余万组。

(3)研发了基于多源传感的大型露天开采关键生态参数时空变化监测技术,首次实现了矿区尺度400 km²的航空高光谱监测。

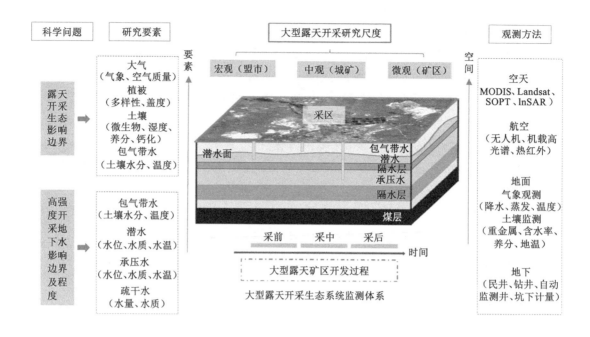

图 1   大型露天开采生态系统监测体系

2.2   大型露天开采生态累积效应定量化分析和评价方法

（1）提出了矿区长时序、高频次、多要素生态参数定量遥感反演方法，实现了追溯 30 年、逐月的水土气植生态参数定量反演。建立了包含七大类要素的矿区生态环境演变数据立方体，实现任意位置、各时期、各要素信息的快速检索与查询。

（2）发明了矿区生态扰动时序遥感数据滤波方法，精确提取了扰动时间、扰动边界、扰动轨迹类型并辨识了关键扰动因子，开采扰动监测精度提高 8%～12%。

（3）提出了基于场地类型与孪生网络的矿区开采扰动边界识别方法，得出宝日希勒矿区开采扰动敏感区范围在 2 km 之内。

（4）发明了基于土壤-植被变化拟合的生态累积效应影响边界识别方法，得出宝日希勒露天开采土壤养分影响范围在 1 km 以内，土壤湿度指数及植被指数的影响范围在 2 km 以内，揭示了露天开采生态影响随距离呈对数衰减的空间累积效应特征。

2.3   大型露天开采生态影响规律与累积效应

以呼伦贝尔大型煤炭基地宝日希勒能源有限公司露天矿为生态累积效应研究示范区，分别对水、土、植被 3 类生态要素进行累积效应研究，结果表明：

（1）宏观尺度上揭示了东部草原区植被生产力变化以气候驱动为主，降水因子贡献率为 85%。

（2）首次量化揭示了东部草原区大型露天开采地下水变化特征，宝日希勒露天矿地下水位降幅 5 m 的影响半径为 4～12 km，降幅 20 m 的影响半径为 3～9 km，见图 2。

（3）首次量化揭示了东部草原区大型露天开采地下水变化的生态影响，如 3 图所示。研究表明：典型草本生态临界水位埋深远小于采前地下水位埋深（15～60 m），植被修复重点是保护土壤水分。

（4）揭示了牧矿活动对植物群落和土壤微生物多样性的影响范围。3 年连续监测表明牧矿

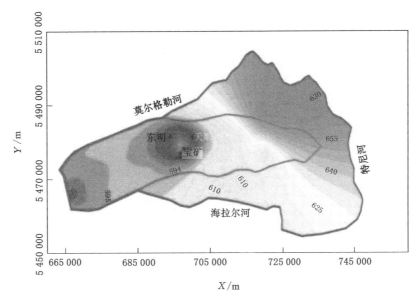

图 2　宝日希勒矿区开采影响下的水流场

活动对植物群落多样性的复合影响范围为 2 km,对土壤微生物多样性的影响范围不超过 1 km。

3　大型露天开采系统性生态减损与修复技术体系

3.1　生态减损型采排复一体化技术

（1）基于生态环境保护与修复的目标,从露天开采工艺选择、设备选型、边坡角度、开采参数、开采程序、开拓运输系统、总平面布置、产业链衔接等方面开展集成优化研究,构建了生态减损型采排复一体化技术体系(图 4)。

（2）研发了基于排土场生态修复窗口期的物料流调配技术(图 5),确定了生态修复窗口期为 5～7 个月,缩短矿区生态系统破坏-修复周期 1 年以上。

（3）发明了基于采场中间搭桥的原煤破碎站布置与移设技术,宝日希勒能源有限公司露天矿地面生产系统占地减少 92 亩/a;提出了多次不等量露煤的工作帮组合台阶开采方法和剥采排复协同作业方法,宝日希勒能源有限公司露天矿缩小 500 亩(1 亩≈666.67 m²)。

（4）研发了露天开采节地增时减损技术,宝日希勒露天矿端帮帮坡角由 22°提高到 26°,减少土地占用 56 亩/a。

（5）研发了稀缺土壤跨时空调配储用技术,增加后期生态修复表土供应量逾 90 万 m³,生态化资源化利用黏土 130 万 m³,协调利用储存表土-熟化黏土复垦到界排土场 2 700 亩。

3.2　水资源一体化保护技术

（1）建立了基于地表水力联系分布式模型的大型排土场地表径流过程精细控制方法,研发了以"潜流湿地—植物塘—植物沟"为核心的大型排土场分布式保水控蚀技术,形成了导水、集水、用水多目标综合的排土场景观生态功能提升新模式,修复后边坡土壤侵蚀率降低 60%、土壤含水率提升 10%,植被盖度提高 30%。

（2）创建了"地面水库—近地表含水层—地下水库"立体储水技术体系(图 6)。研发了采矿废弃地和排土场地表储水技术,在宝日希勒露天矿区建成 4 座地面水库,总库容为 30 万 m³;研发了泥岩剥离物制备隔水层的近地表生态型含水层再造技术,土壤含水率提高 52%,植物株高提

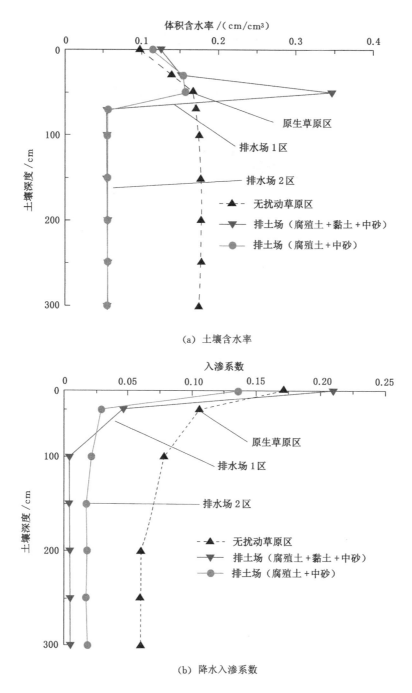

(a) 土壤含水率

(b) 降水入渗系数

图 3　宝日希勒原生草原与排土场土壤含水率实测

高 20%以上；研发了涵盖选址、库底防渗、坝体构筑和安全监控的露天煤矿地下水库技术，建成宝日希勒能源有限公司露天煤矿地下水库，储水容量为 122 万 m³，实现了大型露天矿区矿井水"冬储夏用"。

3.3　生态多要素一体化修复技术

（1）研发了集贫瘠土壤提质增容、表土替代与土壤改良等为一体的土壤修复技术。研发了基于煤系伴生黏土（黏土与沙土质量比为 1∶1）与优选菌根真菌组合的土壤提质增容技术，有效改善黏土物理结构替代表土，土壤有效磷最大释放能力为表土的 1.5 倍，植物生物量可提

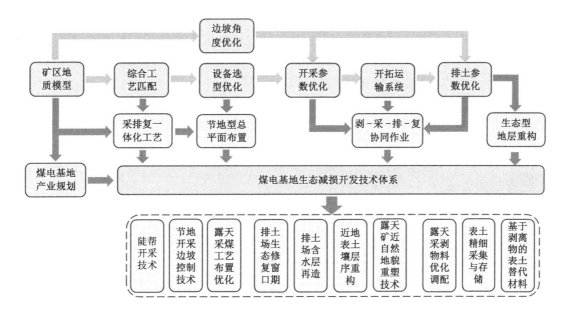

图 4　生态减损型采排复一体化技术体系

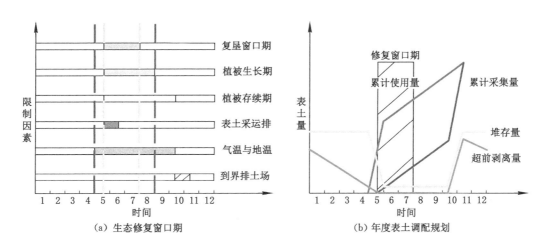

（a）生态修复窗口期　　　　　　　　（b）年度表土调配规划

图 5　基于排土场生态修复窗口期的物料流调配技术

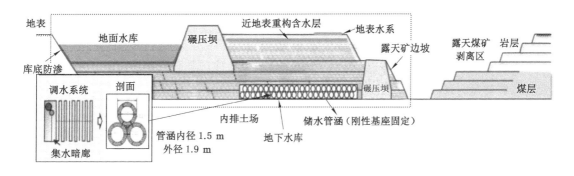

图 6　露天矿排土场立体储水技术体系

高 1.35 倍;应用该技术使土壤有机质含量和全氮含量分别提高了 10.54％、14.39％。研制了新型表土替代与土壤改良材料(表土、煤矸石、岩土剥离物质量比为 3∶3∶4),植物生物量提高了 15.23％,土壤有机质含量提高了 117.72％,有效磷含量提高了 77.08％。

(2)研发了东部草原区适生植物优选保育技术和微生物-植物联合修复技术。提出了适用于酷寒、干旱矿区生态恢复的本土优势植物及微生物筛选方法,研发了促进植被稳定恢复的生物配置优化模式与保育技术。优选得到适应东部草原区的 7 种灌木和 14 种草本植物;获取解磷菌、解钾菌、丛枝菌根真菌等 12 种微生物;试验示范区植被盖度提高到 50％,使土壤有效养分含量提高了 4％～16％,示范区新生物种从 6 种增加到 29 种,较自然恢复区增加了12 种。

4 经济社会效益

应用该研究成果建设了酷寒草原区宝日希勒露天开采示范区,面积为 10 394 亩,植被盖度提高了 37.96％,直接经济效益为 2.42 亿元,生态、经济效益显著。宝日希勒矿区生态修复效果见图 7。

图 7 宝日希勒矿区生态修复效果

同时,研究成果还具有重大的社会效益和应用推广价值,提出的大型露天开采生态源头减损与系统修复理念及模式,为我国煤炭行业安全高效绿色发展提供了理念引领;揭示的大型露天开采生态影响机理,为东部草原区煤炭基地高效开发与生态保护、修复相协调提供了理论基础;研发的生态减损型露天开采技术、生态型地层立体重构技术和水土植被多要素系统修复技术,为我国露天煤矿绿色开采和东北区能源保供提供了科技支撑。

5 结论与建议

以东部草原区酷寒、半干旱、土壤瘠薄条件下宝日希勒能源有限公司露天矿开采生态系统减损与系统修复为目标,构建了多层次多尺度、多要素、长时序的大型露天开采生态系统监测体系,揭示了煤炭开采生态影响机理和累积效应,研发了露天矿区生态减损型采排复一体化系统减损与系统修复技术体系,创建了露天开采生态系统减损与系统修复模式,为我国露天矿区生态建设提供了科技支撑。

(1)创建了多层次、多要素、多尺度、长时序的大型露天开采生态系统监测体系,揭示了煤炭开发生态影响规律,发明了生态累积效应量化方法,表明露天开采生态影响范围。

(2)首创了生态减损型采排复一体化技术体系。发明了基于"生态修复窗口期"采排复优化方法,研发了露天开采节地增时减损技术,减少占用土地 56 亩/a。

（3）首创了水资源一体化保护技术体系。研发了"潜流湿地—植物塘—植物沟"分布式保水控蚀技术，年侵蚀率降低 60%；首创了"地面水库—近地表含水层—地下水库"立体储水技术体系，建成 30 万 m³ 地面水库和 122 万 m³ 露天矿地下水库，实现了大型露天矿区矿井水"冬储夏用"。

（4）首创了生态多要素一体化修复技术体系。研发了土壤提质和表土替代技术，优选培育了 7 种灌木、14 种草本植物和 12 种微生物。

建议下一步按照国家"山水林田湖草沙"生态建设的总体指导思想和绿色矿山建设模式，在东部草原区 13 个煤田的 20 余个大型露天矿区推广研究成果，稳步推动我国生态约束下大型煤炭基地持续开发。

参考文献

[1] 李全生.东部草原区煤电基地开发生态修复技术研究[J].生态学报,2016,36(22)：7049-7053.

[2] 范立民.保水采煤的科学内涵[J].煤炭学报,2017,42(1):27-35.

[3] FAN L M,MA X D.A review on investigation of water-preserved coal mining in Western China[J].International journal of coal science & technology,2018,5(4):411-416.

[4] LEI K,PAN H Y,LIN C Y.A landscape approach towards ecological restoration and sustainable development of mining areas[J].Ecological engineering,2016,90:320-325.

[5] TOKTAR M, PAPA G L, KOZYBAYEVA F E, et al.Ecological restoration in contaminated soils of Kokdzhon phosphate mining area (Zhambyl region, Kazakhstan)[J].Ecological engineering,2016,86:1-4.

[6] BROWN S L,CHANEY R L.Use of amendments to restore ecosystem function to metal mining-impacted sites:tools to evaluate efficacy[J].Current pollution reports,2016(2):91-102.

[7] SRIVASTAVA N K,RAM L C,MASTO R E.Reclamation of overburden and lowland in coal mining area with fly ash and selective plantation:a sustainable ecological approach [J].Ecological engineering,2014,71:479-489.

[8] MA C A,CAI Q X,WANG H,et al.Modeling of water flow in reclaimed mine spoil with embedded lignitic fragments using hydrus-1D[J].Mine water and the environment,2015,34(2):197-203.

[9] 马从安,才庆祥,韩可琦.露天矿生产与生态重建适宜性评价专家系统[J].中国矿业大学学报,2006,35(2):231-235.

[10] 才庆祥,高更君,尚涛.露天矿剥离与土地复垦一体化作业优化研究[J].煤炭学报,2002,27(3):276-280.

[11] 毕银丽.丛枝菌根培养新技术及其对土地复垦生态效应[M].北京:地质出版社,2007.

[12] MIAO Z,MARRS R.Ecological restoration and land reclamation in open-cast mines in Shanxi Province,China[J].Journal of environmental management,2000,59(3):205-215.

[13] PALLAVICINI Y, ALDAY J G, MARTÍNEZ-RUIZ C.Factors affecting herbaceous richness and biomass accumulation patterns of reclaimed coal mines [J]. Land degradation & development,2015,26(3):211-217.

［14］ HÁNĚL L.Development of soil nematode communities on coal-mining dumps in two different landscapes and reclamation practices［J］.European journal of soil biology，2002，38(2)：167-171.

［15］ GHOSE M.Management of topsoil for geo-environmental reclamation of coal mining areas［J］.Environmental geology，2001，40(11/12)：1405-1410.

［16］ FEAGIN R A，LOZADA-BERNARD S M，RAVENS T M，et al.Does vegetation prevent wave erosion of salt marsh edges？［J］.Proceedings of the National Academy of Sciences of the United States of America，2009，106(25)：10109-10113.

［17］ LINDBERG T T，BERNHARDT E S，BIER R，et al.Cumulative impacts of mountaintop mining on an Appalachian watershed［J］.Proceedings of the National Academy of Sciences of the United States of America，2011，108(52)：20929-20934.

［18］ GREMER J R，BRADFORD J B，MUNSON S M，et al.Desert grassland responses to climate and soil moisture suggest divergent vulnerabilities across the southwestern United States［J］.Global change biology，2015，21(11)：4049-4062.

［19］ VERSCHOOR B C，PRONK T E，DE GOEDE R G M，et al.Could plant-feeding nematodes affect the competition between grass species during succession in grasslands under restoration management？［J］.Journal of ecology，2002，90(5)：753-761.

基于大数据的带式输送机速度状态评估模型设计

戴　博

（国能宝日希勒能源有限公司，内蒙古 呼伦贝尔　021000）

摘　要　煤炭行业是我国的基础产业之一，多数行业的良好运转都离不开煤矿行业的大力支持。然而，受大环境的影响，我国的经济增长虽然依旧保持正增长状态，但是经济增长速度变缓直接影响煤矿行业的发展。另外，煤炭行业作为我国传统生产行业历史悠久，老旧的生产和管理模式已经无法适应现代煤炭行业的发展和生产需要，因此利用大数据技术和互联网等现代科技对煤炭行业进行改造和升级已经刻不容缓。智能化生产已经不单纯是口号，更是实际行动的标杆。推进大数据技术和煤炭行业的生产与管理有效结合不仅可以提高煤炭的开采效率，更有利于煤炭行业的安全生产。目前判断煤矿带式输送机是否发生故障的方法即将投入实际应用中，该方法通过运用信息融合、灰色关联法和其他科学技术手段对胶带故障进行判断，进而防止因为胶带问题而导致的一系列经济损失，对于煤炭行业具有重要意义。

关键词　大数据；信息融合；灰色关联分析；带式输送机

0　引言

带式输送机正朝着长距离、高带速、大运量的方向发展，已成为公认的用于散装物料输送的设备中应用最广泛、效率最高的运输设备[1]。但带式输送机运用的场景条件要求非常严格，运输距离较大，除此之外，带式输送机的维护费用高昂。另外，带式输送机发生故障非常迅速并且会带来严重的后果；某些煤矿企业为了经济效益而不重视带式输送机的维护工作，导致其持续工作最终引发机电事故，从而给设备、人员安全带来隐患。煤矿井下作业也具有一定的危险性和复杂性，操作不当会导致严重安全事故的发生。因此，确保带式输送机具备良好的工作状态，是维护煤炭行业平稳发展的重要内容。本文运用信息融合、灰色关联法和其他科学技术手段开展了一系列针对胶带速度状态的判断，为防止因胶带问题而导致的一系列经济损失提供了相应的保障，对于煤炭行业具有重要意义。

1　研究综述

20 世纪中后期，国外科学家 Harrison 已经针对带式输送机进行研究，特别是其中的

作者简介：戴博（1988—），汉族，中共党员，机械专业工程师，2011 年本科毕业于内蒙古工业大学，同年 7 月参加工作，2019 年获得哈尔滨工业大学机械工程专业硕士学位，现任国能宝日希勒能源有限公司储装中心生产技术部副科长。

传感器监测部分[2-3]，该研究为机器故障的检测诊断奠定了相关的基础。在此之后，Aport 等对带式输送机的胶带接头故障进行了详细检查和分析[4]，进一步填补了相关研究领域的空白。而与此同时，我国对带式输送机的胶带故障检测起步较晚，但是也取得了一定成果：

（1）对胶带故障诊断，我国学者有不同的思路。例如，黄民等针对带式输送机的纵向撕带损伤和接头断裂损伤有一些心得[5]；李士戎等针对带式输送机的摩擦起火危险点进行了分析[6]；胡伟等将胶带故障诊断与模糊信息融合结合起来[7]；田鹤将信息融合方法与带式输送机故障诊断联系起来，并在实际故障分析中取得了良好的效果[8]。

（2）胶带系统的研究：雷志鹏等将 PLC 的综采工作面输送设备工况监测和故障判别自主系统结合起来[9]；宋伟研发的带式输送机的监测系统可在无人值班的情况下对带式输送机进行实时监测[10]；刘江辉基于带式输送机的运行状态和数据参数的关系，研究出故障判别方法[11]。

（3）胶带系统安全运维评价：王广丰等监测了带式输送机使用状态；刘树新等在研究故障原因后对带式输送机的安全可靠性进行了评价。由以上学者的研究成果可知，带式输送机的相关研究侧重点为故障诊断、安全性能评价以及保护和监测机构方面，而大数据技术和煤炭行业的结合还需要进一步的研究。总之，带式输送机的运行速度可以反映带式输送机的多个运行状态参数是否正常，从而为判断胶带故障提供支持。

2　信息融合状态评估模型

为确保带式输送机的速度参数可靠，采用大数据技术并融合传感器对各类数据进行检测，以信息融合-灰色关联分析法为基础，确立了带式输送机速度状态评估模型。通过该模型可以详细了解胶带运行速度的相关参数，并可以进一步确认故障类型和原因，另外，大数据技术可以为带式输送机的智能化提供数据库支持。

灰色系统理论是灰色关联度的理论依据，也为判断各个参数的内在联系提供基础理论依据。在实际生活中，灰色系统理论在各个领域应用非常广泛。以煤矿工作为例，煤炭行业受工作地点和工作性质的影响，其工作环境不利于人员长时间作业。同时，煤矿工作人员操作的设备器械较为复杂，相应的设备数据采集和操作维护都具有一定的难度，一旦设备出现故障，工作人员除了注意设备的工作状态，还需要考虑现场环境对设备的影响。工作人员需要综合现场因素考虑，以免影响测量结果的准确性。本文以传感器数据互补为引，结合信息融合-灰色关联分析法以及加权平均法，以速度传感器为研究对象，利用大数据平台对传感器测量中得到的数据进行分析。

由图 1 可知，利用加权平均法将煤矿大数据平台的实测数据和历史数据进行统计后，识别胶带速度的特性，在与传感器的实际数据比对后，建立胶带速度状态评估体系，从而将胶带速度控制在最优范围内。

3　灰色关联分析算法

3.1　定义

灰色关联分析算法是一种研究不确定性关联的方法，根据数据序列的微观或宏观几何接近，分析事物之间的不确定性关联，或确定事物内部因子间的影响程度或因子对主行为的贡献

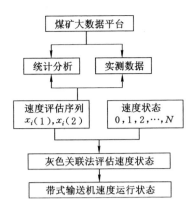

图 1　信息融合-灰色关联的速度状态评估模型

程度。其实质是分析因素之间发展态势的相似或相异程度,是一种曲线间几何形状的比较分析,由几何形状的接近程度决定相互间的关联程度,越接近则关联度越大,越远离则关联度越小。该算法常与其他理论搭配,从而用于模型的搭建。

确定反映系统行为特征的参考数列和影响系统行为的比较数列。

反映系统行为特征的数据序列,称为参考数列。参考数列 x_{0j} 如下所示:

$$X_{0j} = \begin{cases} x_{0j} \mid x_{0j}(1), x_{0j}(2), \cdots, x_{0j}(n), j = 1, 2, \cdots, J \\ x_{0j}(k) \in x_{0j}, k \in K, K = 1, 2, \cdots, n, n \geqslant 2 \end{cases} \tag{1}$$

影响系统行为的因素组成的数据序列,称为比较数列,又称为系统相关因素数列,简记为 x_{0i},表达式如下:

$$X_{0i} = \begin{cases} x_i \mid i \in M, M = 1, 2, \cdots, m, m \geqslant 1 \\ x_i = x_{0i}(1), x_{0i}(2), \cdots, x_{0i}(n) \\ x_i(k) \in x_i, k \in K, K = 1, 2, \cdots, n, n \geqslant 2 \end{cases} \tag{2}$$

3.2　计算灰色关联度

根据邓聚龙教授的灰色关联度计算理论,设参考数列和比较数列如下:

$$\begin{cases} x_0 = \{x_0(k) \mid k = 1, 2, \cdots, n\} \\ x_i = \{x_i(k) \mid k = 1, 2, \cdots, n\} \end{cases} \tag{3}$$

n 为因素个数,则在 k 点 x_0 和 x_i 的关联系数如下:

$$\gamma(x(k), x_i(k)) = \frac{\min_i \min_k \mid x(k) - x_i(k) \mid + \rho \max_i \max_k \mid x(k) - x_i(k) \mid}{\mid x(k) - x_i(k) \mid + \rho \max_i \max_k \mid x(k) - x_i(k) \mid} \tag{4}$$

在式(4)中,$\mid x(k) - x_i(k) \mid$ 为第 k 点 x_0 和 x_i 的距离,$\max_i \max_k \mid x(k) - x_i(k) \mid$ 为两级最大差,$\min_i \min_k \mid x(k) - x_i(k) \mid$ 为两级最小差。ρ 是分辨系数,是用来调节两级最大差 $\max_i \max_k \mid x(k) - x_i(k) \mid$ 对结果的影响程度。其选取准则如下:设 Δ 为 $\mid x_0(k) - x_i(k) \mid$ 的均值,$\varepsilon = \dfrac{\Delta}{\max \mid x_0(k) - x_i(k) \mid}$,且满足以下条件:$\varepsilon \leqslant \Delta \leqslant 2\varepsilon$,$\varepsilon < 1/3$ 时,$(\Delta / \max \mid x_0(k) - x_i(k) \mid) > 3\Delta$,$\varepsilon \leqslant \rho \leqslant 0.5$;$\varepsilon \leqslant \Delta \leqslant 1.5\varepsilon$,$\varepsilon \geqslant 1/3$ 时,$(\Delta / \max \mid x_0(k) - x_i(k) \mid) \leqslant 3\Delta$,$0.5 \leqslant \rho \leqslant 2\varepsilon$。

灰色关联度由对应点及其权值系数加权求和,方程如下:

$$\gamma(x, x_i) = \sum_{k=1}^{n} \lambda(k) \cdot \gamma(x(k), x_i(k)) \tag{5}$$

$\lambda(k)$是权值因子,其和为1。

3.3 关联度排序

关联度排序的重点为次序。关联序是重要性的体现,由两部分组成:参考数列和 n 个比较数列,将两者的关联度按顺序排列。灰色关联度分析法是根据序列的几何曲线的相互关系,比较二者之间的贴近度,并予以量化,从而计算出影响因素和研究对象的关联度。通过比较各关联度的大小来判断待识别对象对研究对象的影响程度。该方法相对于传统的数理统计方法,需要的样本数据更少,计算量也相对较小。

4 多源信息融合评估与超限诊断

4.1 评估标准

设平均值为 x_1,传感器返回数据为 x_2,共同作为评估参数组成评估向量 $x=\{x(1),x(2)\}$。在速度 0~6 m/s 范围内,以 0.3 m/s 为单位长度进行划分,分为 20 个速度状态,设 $x_0,x_1,x_2,\cdots,x_{19}$ 为速度状态的标准模式向量,建立状态标准评估矩阵。

$$\boldsymbol{X}=\begin{bmatrix} x_0 \\ x_1 \\ x_2 \\ \vdots \\ x_{19} \end{bmatrix}=\begin{bmatrix} x_0(1) & x_0(2) \\ x_1(1) & x_1(2) \\ x_2(1) & x_2(2) \\ \vdots & \vdots \\ x_{19}(1) & x_{19}(2) \end{bmatrix}=\begin{bmatrix} 0 & 0 \\ 0.3 & 0.3 \\ 0.6 & 0.6 \\ \vdots & \vdots \\ 6 & 6 \end{bmatrix} \tag{6}$$

4.2 灰色关联模型

对评估向量 $x=\{x(1),x(2)\}$ 和评估标准矩阵 $\boldsymbol{X}$ 进行灰色关联分析,通过关联度排序确定速度状态级别。设速度评估序列 i 级状态的标准参考序列为:

$$\begin{cases} x=\{x(k) \mid k=1,2\} \\ x_i=\{x_i(k) \mid k=1,2\} \end{cases} \tag{7}$$

设 $\gamma(x(k),x_i(k))$ 为点 $x(k)$ 和 $x_i(k)$ 的关联系数,$\gamma(x,x_i)$ 是速度和第 i 级速度标准的参考数列的关联度,建立关联度模型如下:

$$\begin{cases} \gamma(x(k),x_i(k))=\dfrac{\min\limits_i \min\limits_k \mid x(k)-x_i(k)\mid +\rho \max\limits_i \max\limits_k \mid x(k)-x_i(k)\mid}{\mid x(k)-x_i(k)\mid +\rho \max\limits_i \max\limits_k \mid x(k)-x_i(k)\mid} \\ \gamma(x,x_i)=\sum\limits_{k=1}^{n}\lambda(k)\cdot\gamma(x(k),x_i(k)) \end{cases} \tag{8}$$

其中:ρ 为分辨系数;$\lambda(k)$ 为标准向量因子权重系数,其和为1,根据其重要程度分配权重。得到速度评估序列和标准状态的关联度 $\gamma(x,x_i)$,再由关联度排序进行速度状态评估。具体使用中,生产厂家选定的参数数值为:速度传感器额定速度为 3.30 m/s;报警上阈值为 2.31 m/s,下阈值为 3.96 m/s;两者的速度状态可见状态 8 和 14;停机的下限为额定速度的 30%,上限为额定速度的 1.4 倍。

5 应用案例

根据信息融合-灰色关联度模型和胶带安全保护系统数据库,进行实例分析。工作人员将某 20304 平巷带式输送机的速度数据进行分析,在对历史数据记录挖掘的基础上,将胶带正常运行的数据剔除,选取胶带降速停机的部分数据用于分析,结合某次的实测值得到数据见表1。

表1　不同时刻下的测量值和加权平均值

项目	时刻			
	T_0	T_1	T_2	T_3
实测值/(m/s)	3.33	2.96	1.52	0.18
加权平均值/(m/s)	3.17	2.37	1.38	0.11

利用公式(2)对 T_0、T_1、T_2、T_3 时刻的速度进行分析,取权重系数 $\lambda=0.5$,评估结果如图2所示。

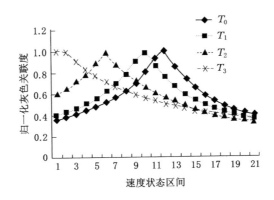

图2　各时刻速度灰色关联度曲线

T_0 时刻速度状态为11,其速度范围为 3.00~3.30 m/s;

T_1 时刻为状态9,其速度范围为 2.40~2.70 m/s;

T_2 时刻为状态6,其速度范围为 1.50~1.80 m/s;

T_3 时刻为状态1,其速度范围为 0~0.30 m/s,与实际情况相符。

根据生产方提供的欠速报警状态为8和14号状态。欠速停车状态为4和15号状态。

由图2和表2分析可知,T_0~T_3 分别为安全状态、低速状态、欠速报警状态和欠速停车状态。

鉴于胶带系统非常复杂,长期使用后,部分部件的精度需要进一步调整,另外,其他因素(如环境因素和仿真的数据波动)同样会对试验结果造成影响。因此,加入 ±0.05 m/s 的误差项与正常情况进行比较。

表2　速度状态评估结果

时刻	测试项目	测试结果/(m/s)	速度状态(单特征评估方法)	速度状态(融合评估方法)
T_0	S	3.33	12	12
	$S+0.05$	3.37	12	12
	$S-0.05$	3.28	11	12
T_1	S	2.96	10	10
	$S+0.05$	3.02	11	10
	$S-0.05$	2.91	10	10

表 2(续)

时刻	测试项目	测试结果/(m/s)	速度状态(单特征评估方法)	速度状态(融合评估方法)
T_2	S	1.52	6	6
	$S+0.05$	1.58	6	6
	$S-0.05$	1.46	5	5
T_3	S	0.18	1	1
	$S+0.05$	0.23	1	1
	$S-0.05$	0.13	1	1

由表 2 可知,加入±0.05 m/s 的扰动时,8 次扰动评估结果中,采用单特征评估方法,有 3 次评估结果发生了变化,而采用融合评估方法时,评估结果改变的次数为 1 次。由此可见,采用大数据平台的多参数融合评估方法在一定程度上能够提高状态识别结果的可靠性和准确性。

6 结论

我国带式输送机的故障诊断起步较晚,因此,以往诊断故障原因和故障位置的依据为相关专家学者的研究分析和工作人员对输送机的检查及故障发生后的表现。通过人工方法判定故障具有诸多弊端:不仅浪费了人力成本,还给生产效率造成了不利的影响,传统的人工检测严重影响了我国带式输送机故障诊断的发展。大数据技术、煤矿安全监测等技术的不断更新和发展为我国智能诊断带式输送机故障原因和部位提供了可能。本文依托大数据技术建立煤矿带式输送机信息融合-灰色关联分析的速度状态评估模型,将相关理论融入胶带速度故障诊断中,并以某煤矿带式输送机的使用状态为例,做出如下总结:

(1)相对比于单特征评估方法,大数据技术和实际使用一致的模型让信息融合-灰色关联速度状态评估模型测量的数据更加精确、可靠。

(2)信息融合可以有效减少试验中的故障干扰,有助于开展精准调度和预防性维护,为进一步研究带式输送机提供了思路。

(3)该模型依托大数据技术,并利用数据融合和灰色关联分析法,有效就故障诊断和精准维护提供了技术支持,从而为煤矿运输安全提供支持。

参考文献

[1] 中华人民共和国国务院.国务院关于积极推进"互联网 + "行动的指导意见[M].北京:人民出版社,2015.

[2] HARRISON A.A new technique for measuring loss of adhesion in conveyor-belt splices[J].Australia's journal of coal mining technology & research,1983(4):27-34.

[3] Lowe T.The application of the nondestructive test of conveyor belt-apractical experience at Welbeck Colliery, British Coal, Midlands Group[J].Mining technology,1994(1):77-81.

[4] APORT M,GOVINDER P,PLUM S,et al.Identification of conveyor belt splices and damages using neural networks[J].Bulk solids handling,2001(6):612-616.

［5］黄民,魏任之.矿用钢绳芯带式输送机实时工况监测与故障诊断技术［J］.煤炭学报,2005,
　　30(2):245-250.

［6］李士戎,邓军,陈晓坤,等.煤矿井下输送带摩擦起火危险点分布规律［J］.西安科技大学学
　　报,2011,31(6):679-683.

［7］胡伟,李欧.模糊信息融合在带式输送机故障诊断中的应用［J］.工矿自动化,2013,39(6):
　　48-51.

［8］田鹤,韩刚.信息融合技术在带式输送机故障诊断中的应用［J］.矿山机械,2011(3):47-50.

［9］雷志鹏,宋建成.综采工作面输送设备工况实时监测及故障诊断系统的设计［J］.工矿自动
　　化,2010,36(7):1-5.

［10］宋伟.井下皮带输送机运行状态在线监测系统［D］.青岛:青岛科技大学,2014.

［11］刘江辉.基于PLC的皮带机运行状态监测与综合保护系统开发［D］.北京:北京工业大
　　　学,2014.

露天矿山工程同步顶升装置研究

赵　鹏,刘千山,刘　钊,侯金成

(国能宝日希勒能源有限公司,内蒙古 呼伦贝尔　021000)

摘　要　在国内一些露天矿山维修大型工程设备时,由于没有适用的顶升装置,造成维修效率低、人工成本高,且存在安全隐患。为解决上述问题,设计研发一套广泛适用于各种矿用工程设备的同步举升系统,由自锁顶升油缸、液压同步顶升系统、监测传感系统、控制台和手持控制器组成。该装置能够安全实现大型工程设备检修操作时的水平上升与下降,同时可在任何位置停止顶升操作并进行安全锁定,适应各种工作情况下的检修作业。应用表明,该装置工作稳定且安全可靠,极大地提高了维修效率、降低了维修成本。

关键词　顶升装置;同步举升;负载;安全锁定

0　引言

目前,我国作为世界能源消费大国,对矿产资源开采量需求较大,因此需要不断增加新的技术装备来提升煤炭生产效率。重型装备在露天矿山中应用广泛,随着经济发展程度和技术水平不断提高,逐渐趋向高效率、自动化、智能控制及多用途方向发展[1]。

在国内一些露天矿,常用设备型号主要有卡特 D11T/D10T 推土机、TR100 卡车、L1150 装载机、日立 870 液压铲等,由于没有顶升装置,造成日常维修工作效率低、成本高。针对此问题,现设计研发一套适用于国产、进口各种矿用工程设备机型的液压同步举升系统,能够同时满足主要工程设备及矿卡的检修工作,减少设备检修时间,提高设备的出动率,简化操作者的工作,从而快速完成顶升作业,同时能够保证操作者及设备的安全性。

1　方案概述

该装置由自锁顶升油缸、液压同步顶升系统、监测传感系统、控制台和手持控制器组成。液压同步顶升系统包括 1 台 4 点容积同步顶升泵站;自锁顶升油缸包括 4 台分级自锁顶升油缸;监测传感系统包括 4 个位移传感器、若干钢制结构顶升模块;手持控制器包含 1 个 9 孔的线控按钮盒、配套相应管路及信号控制电缆。

在实际施工中,为了避免大型重物在顶升过程中由一个千斤顶顶升导致倾斜的危险,以及起重物可能损坏的情况发生,多点同步顶升装置的同步性[2]显得尤为重要。因此选用包含显

作者简介:赵鹏(1982—),满族,黑龙江尚志人,副高级职称,本科学历,毕业于内蒙古农业大学机械工程及自动化专业,主要从事机电设备检修、管理和智能化研究等工作。

示屏的 4 点容积同步顶升泵站,在同步驱动 4 个分级自锁顶升油缸实现精确同步顶升的同时,监测 4 个升降位移数值。另外,提供一个无线控制器作为手持控制器的扩展方案。然后对其每一部分的主要参数、技术特点进行选择,根据项目具体技术要求,采用模块化的解决方案。最终方案选用 SL5 型 VP 系列 SEPR 容积同步多点高精度同步泵站,SSL 系列分级同步油缸,钢制结构顶升模块完成矿用工程设备的同步顶升和调整。图 1 为整机系统。

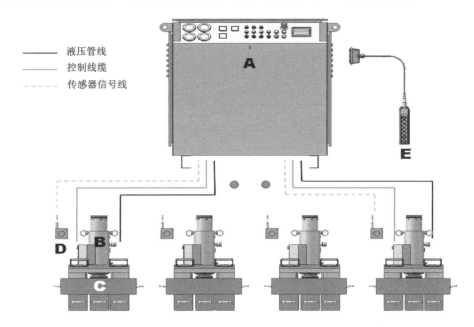

A—4 点容积同步顶升泵站;B—分级自锁顶升油缸;C—钢制结构顶升模块;D—位移传感器;E—手持控制器。

图 1　整机系统

根据项目工况要求,液压同步顶升系统配置由 1 台包含显示屏及 PLC 的 4 点容积同步顶升泵站 A,通过液压软管和控制电缆连接到分级自锁顶升油缸 B;分级自锁顶升油缸 B 包含电机驱动的机械锁紧装置;分级自锁顶升油缸每顶升一个工作行程,垫入钢制结构顶升模块 C;顶升过程即可通过 4 点容积同步顶升泵站 A 上的按钮操作,也可通过手持控制器 E 上的按钮盒操作。

2　设备子系统

2.1　4 点容积同步顶升泵站

液压系统现已广泛应用于工业、建筑业等行业,由于其功率密度大、承载能力强,在重工业领域有着无可替代的优势。面对工作环境恶劣、负载不平衡等因素,采用四缸同步泵更能提高其稳定性与可行性[3]。本装置采用的 4 点容积同步顶升泵站最多可控制 4 台油缸的同步伸缩,集成有 PLC 及嵌入式工业电脑,触摸屏人机交互界面可显示接入点位移,可根据作业要求进行相应参数设置。操作面板配置二位开关选择 1# ～4# 油缸接入进行控制和操作,同时操作面板指示灯和人机界面内也会有接入油缸的相应指示。同步顶升泵站与油缸油路通过液压软管相连,同步顶升泵站电控箱信号采集口通过信号线与位移传感器连接,控制端口通过控制电缆与油缸上集成信号接口相连。同步顶升泵站电控箱内 PLC 系统负责采集处理油缸压力位移数据,并可根据指令控制电磁阀通断从而实现对油缸伸缩动作的控制。同步顶升泵站配置有本地/遥控切换开关,可在操作面板和手持控制器之间切换控制方式。4 点容积同步顶升泵站主要参数如表 1 所示。

表 1　4 点容积同步顶升泵站主要参数

主要参数	具体数值
型号	SEPR2480W-4AT
额定工作压力/MPa	70
同步控制点数	4 点
额定流量/(L/min)	4×0.9
输出流量同步精度/%	1
工作电压	三相 380 V/50 Hz
电机功率/kW	5.5
油箱容积/L	80
进、出油口	4 组
控制方式	PLC 控制
操作方式	工业触控屏＋按钮开关
电缆长度/m	30
工作环境温度/℃	－50～40

设备优势分析如下:

在安全性方面:高压泵站的框架采用外框防护,适合在工程复杂的场合使用,提高了运输的稳定性;带有电机过载欠压保护的预警功能;在油箱外表喷塑涂面,提高了防腐蚀耐污的能力。

在智能化方面:泵站带有工业触控屏,能够实时显示油缸位移高度;泵站可脱离总控台实现本地同步闭环控制和手动控制,具备一键找零功能,完成顶升前调平的操作。

在便利性方面:泵站可同时控制 4 个同步控制点;可以控制启停、同步油口选择、同步升降等操作;在泵站内置集成 PLC 处理器以及高灵敏度通断式电磁阀,提高同步性能的同时确保同步精度;可接入手持控制器接受指令统一操作。

2.2　分级自锁顶升油缸

分级自锁顶升油缸采用双作用机械锁紧结构,倒置顶升。活塞杆端为平鞍座,缸体尾端安装有可调节高度的可倾斜鞍座。油缸无杆腔油口配置有升降阀组,起到工作腔压力锁定和压力平稳释放作用。活塞杆配置机械锁紧螺母,通过齿轮机构实现螺母的正旋和倒旋,通过接近开关限位。齿轮驱动电机和接近开关的控制信号通过集线盒信号接口与容积同步泵连接。分级自锁顶升油缸主要参数如表 2 所示。

表 2　分级自锁顶升油缸主要参数

主要参数	具体数值
型号	SSL506-EL
额定工作压力/MPa	70
额定承载力/kN	499

表2(续)

主要参数	具体数值
工作面积/cm²	71.25
液压油容积/L	1.1
有效工作行程/mm	150
顶部可调支座行程/mm	50
顶部可倾斜鞍座偏转角度/(°)	5
本体高度/mm	485
质量/kg	135

2.2.1 自动机械锁紧装置

在工业生产中,尤其是在机械加工方面,锁紧机构应用较为普遍,常用于夹紧定位[4]。在分级自锁顶升油缸中安装自动机械锁紧装置更有利于提高工作时的安全性。油缸底座如图2所示。

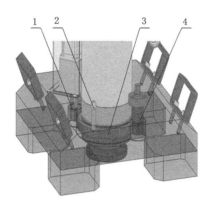

1—电驱锁紧齿轮;2—接近开关;3—锁紧螺母齿圈;4—手动锁紧齿轮。

图2 油缸底座

顶升跟随:顶升时活塞杆伸出,同时活塞杆上的锁紧螺母跟着伸出,接近开关2信号断开,在电机驱动下电驱锁紧齿轮1带动锁紧螺母齿圈3向拧紧方向旋转,直至接近开关2信号接通。

下降跟随:下降时活塞杆回缩,同时活塞杆上的锁紧螺母跟着回缩,在电机驱动下电驱锁紧齿轮1带动锁紧螺母齿圈3向拧松方向,直至接近开关2信号断开。

任意位置锁紧:油缸停止工作时,按下"锁紧"按钮,在电机驱动下电驱锁紧齿轮1带动锁紧螺母齿圈3向拧紧方向旋转,直至电机扭矩最大。

任意位置松开:油缸伸出约1 mm后,按下"松开"按钮,在电机驱动下电驱锁紧齿轮1带动锁紧螺母齿圈3向拧松方向旋转,直至接近开关2信号断开。

手动锁紧或松开:使用扳手转动手动锁紧齿轮4带动锁紧螺母齿圈3向拧紧或拧松方向旋转。

2.2.2 设备优势

分级自锁顶升油缸单次顶升行程为150 mm,通过垫块分级顶升后总顶升高度不小于2 000 mm;配套SEPR系列同步泵站及位移传感器使用,可实现使用便利的高精度分级同步顶升,同步精度可达 1 mm;双作用机械锁紧油缸通过升降阀组可使油缸在短时间内高度不变化,通过锁紧螺母可实现油缸机械性的任意高度位置锁定;油缸标配 5°球型鞍座以适应载荷表面不平整工况;可提供劳氏工业认证机构(LRQA)按 ASEM B30.1 标准的 125%满载认证。

2.3 液压同步顶升系统

2.3.1 同步顶升步骤

液压同步顶升系统是同步顶升技术装备的核心执行机构,通过控制台或手持控制器控制同步分流系统进行顶升操作。在作业中,模块上升到最大顶升行程的同时,顶升垫块达到锁紧位置,收缩千斤顶回到初始位置,同时插入一个新的钢制垫块,重复这个过程,直到达到所需的顶升高度。钢制顶升模块可直接对设备进行长时间支撑。同步顶升步骤如图 3 所示:首先确定好需要顶升的高度,将分级自锁顶升油缸水平置于地面;操作活塞杆伸出顶升一个行程;此时在油缸承载板下垫入标准垫块;当活塞杆回缩在活塞杆鞍座下时,再垫入标准垫块;然后在第一层标准垫块的高度上,再次重复顶升一个行程垫入标准垫块,重复上述操作,直至达到要求的顶升高度(2 000 mm)。

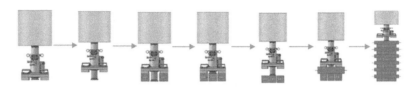

图 3 同步顶升步骤

2.3.2 钢制结构顶升模块

钢制结构顶升模块主要应用在同步顶升工作时。每个模块都是钢制结构,每套独立顶升模块单个质量不超过 110 kg,本体高度小于 500 mm。单个模块顶升能力≥50 t,4 套顶升模块同时工作时顶升能力≥200 t。每套独立顶升模块顶升行程≥150 mm,在顶升、降低过程中可在任何点暂停。配合钢制垫块最大顶升高度可达 2 000 mm(含本体),钢制垫块高度应与顶升行程相匹配,并配合进行作业。

2.4 监测传感系统与控制器

2.4.1 位移传感器

位移传感器采用拉绳式位移传感器,通过重型插头将信号线连接到 4 点容积同步顶升泵站电箱。现场作业时将其主体连接到固定支点上,测量钢丝连接到需要顶升的车架上,按照油缸的编号连接泵站上相应信号接口。传感器的布置便于顶升精度的控制,可以更好地监测顶升姿态[5]。

2.4.2 手持控制器

在当前许多工业生产和医疗设备应用中,都采用了结构紧凑且便捷性、安全性和可靠性高的手持控制器,能够最大限度地避免操作人员的误操作等问题。手持控制器包含 1 个 9 孔的线控按钮盒、配套相应管路及信号控制电缆。安装手持控制器能够通过手动的方式来控制设备的工作状态,使设备工作时的效率极大地提高。

2.4.3 传感器信号线

传感器信号线专用于高精度位移传感器和电气控制箱之间的信号连接,线缆外带信号屏蔽层和橡胶耐磨层,耐压等级为 24 V,线缆一端为航空插头,另一端为重型插头。控制线缆用于分级顶升油缸锁紧驱动电机、接近开关和同步顶升泵站电控接口之间的连接,线缆外带信号屏蔽层和橡胶耐磨层,耐压等级为 24 V,线缆两端为重型插头。

3 同步顶升信息化

工程机械产品的信息化和智能化已经成为世界工程机械的重要发展方向之一[6]。工程机械和智能信息是指在工程机械中应用信息集成和智能控制技术,并使其具有一定的自我感知、独立决策和自动控制功能。随着科学技术的进步和现代大型工程的需求,新一代的工程机械不仅需要实现一体化操作和智能控制,还需要由基于网络的协调控制系统组成的智能体系,使项目建设达到高效低能,并在最短的时间内完成工程施工任务。

本装置的液压同步顶升系统可以通过如图 4 所示的无线方式进行组网。采集的位移量和操作的数据通过 GPRS 传输到云服务中心,用户可通过 WEB/WAP 方式接入服务中心进行数据调取,实现了信息互通,实时监测操作数据变化,将信息化与机械化合为一体。

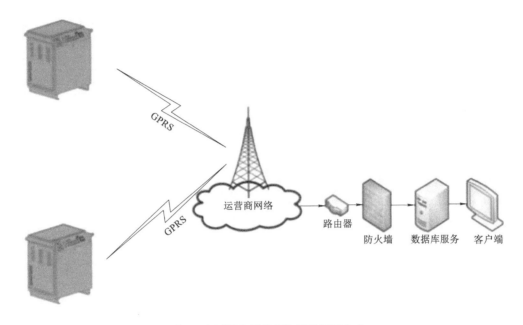

图 4   液压同步顶升系统无线组网方式

4 结论

本文根据研究需求,设计出同步顶升装置,解决了在维修大型工程设备时,设备检修时间长、操作者工作效率低、顶升作业困难等问题。同时,该装置还具备网络化、信息化、便利化等优点,确保在任何位置的负载安全,极大程度上保护了操作者及设备的安全。实践应用表明,此装置能够适应各种工作情况下的检修作业,提高了工程设备的维修效率。

参考文献

[1] 谢志勇.移动式液压顶升装卸装置[J].工程机械,2022,53(11):18-22.

[2] 张虎,郭海霞,许晓燕,等.多点同步顶升装置电液系统的集成设计[J].机械制造,2020,58(4):64-66.

［3］魏列江,顾青青,辛钰林,等.顶模体系中多缸同步顶升液压控制系统设计［J］.机床与液压,2021,49(11):65-69.

［4］李颜平.一种尾架套筒自动机械锁紧机构［J］.制造技术与机床,2017(10):132-134.

［5］安宏飞.浅谈同步顶升技术桥梁支座更换中的研究与应用［J］.中国建材科技,2021,30(5):138-140.

［6］李尚松.工程机械智能化与信息化发展概况的研究［J］.中国设备工程,2018(10):193-194.

"双碳"目标下高寒地区
露天煤矿碳中和路径探究

李潇宇　张润廷　于志永

(国能宝日希勒能源有限公司,内蒙古 呼伦贝尔　021000)

摘　要　能源是经济社会发展的重要物质基础。在经济高速发展的过程中,我国已成为全球最大的能源生产国和消费国,同时也是碳排放量最大的国家,在"碳达峰、碳中和"目标下,能源清洁低碳转型迫在眉睫。目前,我国能源结构中煤炭的主体地位没有改变,绿色低碳开发利用煤炭资源将是煤炭企业当前的发展方向,积极实现自身"双碳"目标是企业生存发展的必由之路。本文以国能宝日希勒能源有限公司为例,通过2018—2022年温室气体排放量的统计以及产能达峰时碳排放量预计测算,分析露天煤矿企业碳排放结构和碳中和方向,并针对性地提出解决思路和碳中和路径。

关键词　碳达峰;碳中和;路径;新能源

1 背景

1.1 国内发展环境

　　党的十八大以来,以习近平同志为核心的党中央将生态文明建设纳入中国特色社会主义"五位一体"总体布局和"四个全面"战略布局,推动中国绿色发展道路越走越宽。同时,中国相继参与一系列国际环境治理行动,并确定碳达峰、碳中和"3060"目标。进入"十四五",全国都在努力探索一条有别于西方工业文明、超越中国传统模式的绿色发展道路,生态文明建设正在广泛而深刻地改变着中国经济社会发展面貌。2021 年,中共中央、国务院印发了《关于完整准确全面贯彻新发展理念做好碳达峰碳中和工作的意见》,国务院印发了《2030 年前碳达峰行动方案》,提出了一系列支撑保障措施,努力构建起碳达峰碳中和"1+N"政策体系。习近平总书记在二十大报告中指出我们要加快发展方式绿色转型,实施全面节约战略,发展绿色低碳产业,倡导绿色消费,推动形成绿色低碳的生产方式和生活方式。积极稳妥推进碳达峰碳中和,立足我国能源资源禀赋,坚持先立后破,有计划分步骤实施碳达峰行动,深入推进能源革命,加强煤炭清洁高效利用,加快规划建设新型能源体系,积极参与应对气候变化全球治理。

　　实现碳达峰、碳中和,是贯彻新发展理念、构建新发展格局、推动高质量发展的内在要求,

作者简介:李潇宇(1989—),中共党员,中级工程师、一级建造师,毕业于沈阳建筑大学土木工程系,就职于国能宝日希勒能源有限公司计划工程部,主要从事低碳管理工作。

是党中央统筹国内国际两个大局作出的重大战略决策。"十四五"时期是推进我国碳达峰、碳中和目标实施的第一个五年,是构建以国内大循环为主体、国内国际双循环相互促进新发展格局的关键起步期。

1.2　行业发展环境

能源是经济社会发展的重要物质基础。改革开放以来,我国能源行业快速发展,已成为全球最大的能源生产国、消费国,有力支撑了经济社会发展。但是,我国能源结构长期以煤炭为主,油气对外依存度高,是全球最大的碳排放国家,能源清洁低碳转型要求迫在眉睫。能源安全新战略,为我国能源发展指明了方向,开辟了特色能源发展新道路。我们应遵循生态文明思想,积极应对碳排放带来的全球气候变化问题,坚定不移推进绿色发展,加快构建清洁低碳、安全高效能源体系,持续推进碳减排,引领全球化治理行动。煤炭是我国的基础能源,占一次能源生产和消费总量的 56.8% 左右。"十四五"时期,煤炭仍将是我国的主体能源,在推动实现碳达峰、碳中和目标背景下,煤炭消费将逐步减量替代,煤炭工业的发展重点在于提升发展质量、保障能源供应安全。走好以生态优先、绿色发展为导向的高质量发展路子,对煤炭绿色低碳转型提出更高要求。

国能宝日希勒能源有限公司作为国家能源集团驻呼伦贝尔地区主要煤炭生产企业及蒙东地区的重要煤炭企业,充分发挥煤炭基础能源保障作用和能源供应"稳定器"作用。公司在保障能源供应充足、温暖过冬的同时,在生产原煤过程中产生了大量的二氧化碳、甲烷等温室气体,国能宝日希勒能源有限公司作为实施双碳目标的企业主体,在坚守主责主业的同时,正积极开展高寒地区露天煤矿碳中和路径探究。

2　指导思想

国能宝日希勒能源有限公司认真贯彻习近平总书记重要讲话精神,完整、准确、全面贯彻新发展理念,坚决服务国家战略和国家能源集团战略规划,始终围绕"生态优先、绿色发展"这条主线,聚焦煤炭能源主战场,把握能源变革主基调,抓住"降碳、减污、扩绿、增长"主路径,把"绿水青山就是金山银山"的生态文明思想根植到企业的生产经营和改革发展当中,积极构建与自然、与社会、与政府和谐共生、合作共赢的发展格局,大力推进煤炭生产清洁化、智能化发展,加大新能源项目建设,坚持用系统的观念,准确把握国家重大战略安排和阶段性目标,主动顺应能源变革的历史进程和发展规律,加快企业低碳转型,努力实现碳达峰目标和碳中和愿景。

3　预期目标

"双碳"目标的达成是一个系统性工程,关键路径是能源结构调整与节能降耗。为贯彻习近平总书记生态文明建设思想,落实中共中央、国务院、国资委、集团公司有关"双碳"目标的决策部署,把"双碳"目标与雁宝能源转型发展统筹起来,规划国能宝日希勒能源有限公司于2025 年实现碳达峰,2050 年实现碳中和。部署碳达峰、碳中和路线图,开展碳盘查,建立碳资产管理体系,加大技改和科技创新投入,深挖企业节能减排潜力,确立"碳汇林、新能源、电能替代、节能减排"的实施路径,建立完善配套的管理工作机制,动态完善碳交易指标,推动新能源光伏项目建设,储备大型集中式光伏项目;提升空闲土地的战略资源价值,制定生态林建设方案;加快推进公司经营活动中的电能替代,实现以电代油、以电代气、以电代柴等新型发展模式;大力推广应用新技术、新工艺,最大化减少生产活动中的碳排放;积极探索碳捕捉等前瞻性减排措施,加快企业低碳转型,实现健康可持续发展;力争在国家能源集团露天煤炭企业中率先实现碳达峰、碳中和目标。

4 碳排放源识别与碳排放量计算

4.1 排放边界识别

根据《中国煤炭生产企业温室气体排放核算方法与报告指南(试行)》(下文简称《指南》),报告主体应以独立法人企业或视同法人的独立核算单位为企业边界,核算和报告在运营上受其控制的所有生产设施产生的温室气体排放。国能宝日希勒能源有限公司核算和报告范围为全公司所有单位,包括宝日希勒露天煤矿、扎尼河露天矿、雁南煤矿、铁路运输中心。设施范围包括基本生产系统、辅助生产系统,以及直接为生产服务的附属生产系统,其中辅助生产系统包括通风、抽采、运输、装车、提升、排水系统等,附属生产系统包括生产指挥管理系统以及为生产服务的部门和单位(如职工食堂、车间浴室等)。

国能宝日希勒能源有限公司温室气体排放包括化石燃料燃烧 CO_2 排放、CH_4 和 CO_2 逃逸排放、净购入使用的电力和热力对应的排放。

4.2 排放源识别

根据《指南》的规定,对企业设施边界内排放源进行识别。

(1)化石燃料燃烧产生的二氧化碳排放。企业所涉及的燃料燃烧排放包括锅炉燃煤、生产、辅助及通勤车辆柴油、公务车辆汽油、厨房灶具天然气燃料燃烧过程中产生的二氧化碳排放。

(2)CH_4 和 CO_2 逃逸排放。露天煤矿不涉及井工开采的 CH_4 和 CO_2 逃逸排放,所涉及的 CH_4 和 CO_2 逃逸排放只包括露天开采的 CH_4 逃逸排放和露天矿矿后活动 CH_4 逃逸排放。

(3)企业净购入的电力隐含的二氧化碳排放。企业从蒙东电网购入电力带来的二氧化碳排放。

(4)企业净购入热力隐含的二氧化碳排放。

5 碳达峰、碳中和路径探究

国能宝日希勒能源有限公司在 2018—2022 年委托专业碳盘查核查单位对公司进行全面"碳"摸底,为今后公司绿色低碳转型发展、实现碳中和愿景奠定了坚实的数据基础。

经统计,国能宝日希勒能源有限公司历年碳排放源中 CH_4 和 CO_2 逃逸排放占比最高约为 82%;其次为净购入电力隐含的碳排放量,占比约为 8%;燃料燃烧过程的碳排放量占比约为 7%,净购入热力隐含的碳排放量占比约为 3%。公司围绕碳汇林、新能源、电能替代、节能减排四个方面,对不同的碳排放源采取不同的应对措施及规划(见表1),助力公司如期实现碳中和目标。

表1　不同碳排放源及其对应的减排措施

碳排放源	对应的减排措施	2025年规划	2030年规划	2050年规划
CH_4 和 CO_2 逃逸排放	碳汇林	累计13 636.3亩	累计20 454.5亩	累计47 727.2亩
净购入电力隐含的碳排放量	新能源	累计装机772.5 MW	累计装机950 MW	累计装机2 078 MW
	节能减排	节约电能975万 kW·h	节约电能975万 kW·h	节约电能975万 kW·h
燃料燃烧的碳排放量	电能替代	年节约7 000 t燃油	年节约7 000 t燃油	年节约7 000 t燃油
净购入热力隐含的碳排放量	节能减排	年节约热量10万 GJ	年节约热量10万 GJ	年节约热量10万 GJ

注:1亩≈666.67 m^2。

5.1　碳汇林

5.1.1　林地基本情况简述

截至2022年底,公司累计植树造林面积为35 001.01亩,碳汇优势树种包括樟子松、云杉、落叶松、榆树、杨树等,约477.1万棵。

"十四五"期间,雁宝能源共计划完成造林任务1 500亩,培育优质乔木25万株。其中,集团生态林建设任务1 250亩,地企共建林建设任务250亩。

5.1.2　碳储量、碳汇量测算

目前,林木生物量因子只有树种、树高、树龄等基本信息,无相关设备开展立地条件因子(土壤厚度、地形、枯落物厚度)、气象因子(降水、气温、湿度、日照)调查监测,并通过SOPS、QA/QC程序建模获取数据。因此,本文通过查询国家温室气体清单及木材积表等林业数据,采用相关公式对地上、地下生物量进行碳储量计算,不考虑枯死木、枯落物、土壤有机碳的碳储量。同时,因灌木林的碳储量极低,国家暂无灌木造林碳汇项目审批及公示,所以本文测算暂不考虑灌木林。

根据国家规定,碳汇造林项目应选择2005年2月16日以来的无林地或少量的次生林;森林经营碳汇项目应选择2005年2月16日之后实施的森林经营的人工中、幼龄林。

公司现有林地33 646.57亩,多为针叶林、针阔混交林,优势树种为榆树、樟子松、落叶松,且大部分为2005年前种植,属于近熟林、中龄林,故采用森林经营碳汇项目方法学中林业生物量方程法公式计算。以2005年数据作为基线碳层数据,计入期为20年计算,2005—2025年累计碳储量为3 900万t,碳汇量为36万t,可吸收二氧化碳132万t;以计入期为45年计算,预计2005—2050年累计碳储量为9 200万t,碳汇量为96万t,可吸收二氧化碳352万t。

5.2　新能源

国家生态环境部2021年1月5日发布的《碳排放权交易管理办法(试行)》中明确,纳入碳排放权交易管理的主体为年度温室气体排放量达到2.6万t二氧化碳当量的单位,以及属于全国碳排放权交易市场覆盖的行业。其中,重点排放单位每年可以使用国家核证自愿减排量抵消碳排放配额的清缴,抵消比例不得超过应清缴碳排放配额的5%。假设国能宝日希勒能源有限公司的年碳配额为190万t,经计算每年可通过自愿减排项目抵消碳排放约9.514万t。参考东北区域(含内蒙)电网平均二氧化碳排放因子为0.776 9 t/(MW·h),预估77 MW光伏装机容量可减排二氧化碳约9.514万t(77 MW光伏电站年利用小时数为1 600,发电量为1.232亿 kW·h),满足上述碳抵消要求。

在碳抵消的基础上,国能宝日希勒能源有限公司规划的光伏电站还可提供电力,通过减少外购电量从而减少碳排放。规划到 2025 年累计光伏装机容量实现 772.5 MW,其中 77 MW 光伏用于国家核证自愿减排项目(CCER 项目)中的碳抵消,其余 695.5 MW 用于自供电, 772.5 MW 光伏电站年发电量为 14.85 亿 kW·h,可减少外购电力 14.85 亿 kW·h,对应降低 碳排放 98.5 万 t;规划到 2030 年累计光伏装机 950 MW,其中 77 MW 光伏用于 CCER 项目中 的碳抵消,其余 873 MW 用于自供电,873 MW 光伏电站年发电量为 16.8 亿 kW·h,可减少 外购电力 16.8 亿 kW·h,对应降低碳排放 111 万 t;规划到 2050 年累计光伏装机 2 078 MW, 其中 77 MW 光伏用于 CCER 项目中的碳抵消,其余 2 001 MW 用于自供电,2 001 MW 光伏 电站年发电量为 38.5 亿 kW·h,可减少外购电力 38.5 亿 kW·h,对应降低碳排放 264 万 t。

2022 年,公司加快高质量绿色低碳转型步伐,在新能源项目开发建设过程中迈出了探 索性的第一步。其中,开发建设的国能宝日希勒露天矿 6MWp 分布式光伏项目总投资 2 390.59 万元,设计运营期为 25 年,每年可提供 893 万 kW·h 清洁电能,减排烟尘约 16 t、 二氧化硫约 59 t,二氧化碳约 9 104 t,灰渣约 1 091 t,截至目前该项目已完成全部施工任 务,且顺利接入宝日希勒露天矿变电站,源源不断为矿区供给绿色电能,该项目的实施有效 助力生态环境和绿色经济协同发展,此次"光伏＋工业"项目的建设进一步优化了能源结构 和产业结构,为企业发展注入绿色、持久的能量。

2023 年拟实施的 74.5 MW 自发自用光伏项目已完成投资决策批复,项目总投资约 4 亿元, 设计运营期为 25 年,每年可提供 1.3 亿 kW·h 自行消纳清洁电能,本项目建成后,每年可节约 3.7 万 t 标准煤,减少二氧化硫排放量约 14.9 t,氮氧化物排放量 21.2 t、烟尘排放量 4.3 t、二氧化 碳排放量约 9.5 万 t。

5.3 电能替代

5.3.1 电动卡车替代柴油卡车

将逐步采用电动卡车替换为柴油卡车,计划 2023 年改造 2 台,2025 年规划改造数量累计 达到 20 台,实现部分以电代油,降低柴油消耗。随着电动卡车的应用,运输煤炭的卡车燃油消 耗量预计减少 60%以上,年节约 16 800 t 燃油,减少二氧化碳排放量 52 840 t。

5.3.2 一级破碎机下坑胶带替代卡车连续运输工艺改造

将煤炭采运工艺由卡车运输工艺改为胶带连续运输工艺,将一级破碎机移设坑下。

柴油燃烧的碳排放因子为 0.300 6 kg/(kW·h),而柴油发动机的能量转化效率为 30% 左右,因此,卡车有效能量输出的碳排放因子为 1.002 kg/(kW·h)。半连续工艺通过驱动 电动机将电能转化成机械能,能量的转化效率为 80%左右,平朔矿区所在的我国华北电网 2012 年的碳排放因子为 1.002 1 kg/(kW·h),因此,带式输送机的有效能量输出的碳排放 因子为 1.252 6 kg/(kW·h)。

带式输送机二氧化碳排放量为 0.407 7 kg/(t·km),卡车二氧化碳排放量为 1.435 kg/(t·km),首 套移设坑下破碎机破碎能力为 1 400 万 t/a,年减少二氧化碳排放量约 40 413 t。2025 年计划 将 4# 破碎机移设至采场,4# 破碎机实际生产能力为 1 500 万 t/a,年减少二氧化碳排放量约 57 157 t,合计 97 570 t。

5.3.3 轮斗连续采煤工艺改造

轮斗连续采煤工艺将采掘、运输、排土三个环节集于一体,具有生产过程连续、生产效率 高、系统自动化程度高、操作人员少、安全性好、绿色环保、生产成本低等优点,轮斗连续采煤工 艺系统投入运行后,将实现作业现场无人化运行,减少了一次破碎环节和爆破环节,降低了破 碎、爆破成本和碳排放量。轮斗连续采煤工艺系统采用全电力驱动,无燃油消耗,不仅节省了燃油成本,也是实现绿色矿山的必要途径。

轮斗连续采煤工艺通过电动机将电能转化成机械能,能量转化效率目前可达到90%左右,依据国能宝日希勒露天煤矿所在内蒙古自治区生态环境厅2021年工作总结,以及国家生态环境部《企业温室气体排放核算方法与报告指南发电设施(2021年修订版)》中碳排放量计算方法,目前全国电网平均碳排放因子为0.583 9 kg/(kW·h),核算出轮斗式挖掘机的二氧化碳排放量为1.401 4 kg/(kW·h),转载机的二氧化碳排放量为0.467 1 kg/(kW·h),卸料小车的二氧化碳排放量为0.116 8 kg/(kW·h),工作面胶带的二氧化碳排放量为0.875 9 kg/(kW·h),即轮斗连续采煤工艺的工作面装备总碳排放量约为2.861 2 kg/(kW·h)。计划轮斗生产能力为500万t/a,计划年用电量为21 000 kW·h,较卡车二氧化碳排放量1.435 kg/(t·km),年减少二氧化碳排放量约32 227.41 t。

5.4 节能减排

基于国能宝日希勒能源有限公司数据,实现2023年地面生产系统扩能改造工程及新建地销煤系统投运,优化地面胶带运输系统,减少12条带式输送机运行,提高胶带运输系统效率,减少电能消耗,预计每年可减少175万kW·h电能消耗,减少二氧化碳排放量1 359.5 t;通过优化生产组织、改进地面胶带运输系统、应用新型节能电及变压器设备等举措,预计年节约用电量800万kW·h,减少二氧化碳排放量6 215.2 t。因此,共减少碳排放量7 574.7 t。

公司通过对闲置的21处房产进行整合、调整、处置后,可节省直接取暖费用约79.24万元/a、人工成本868万元/a、维修维护费用约48万元/a,总计可节约费用约995.24万元/a。经此整合,每年可减少碳排放量4 681.6 t。

6 碳中和预测情况

按照碳达峰、碳中和发展规划顺利实施节能降碳项目,在不考虑CH_4逃逸因素的情况下,以年温室气体排放总量20%考虑碳中和工作,2024年末即可实现现阶段碳中和。若以年温室气体排放总量100%考虑碳中和工作,2025年末可抵消碳排放总量的40%计算,预计2050年可完全实现碳中和(含CH_4逃逸)。

7 保障措施

(1)组织保障。国能宝日希勒能源有限公司深入贯彻落实党中央、国务院决策部署,根据集团公司下发的《国家能源集团碳排放管理制度》相关要求,结合公司低碳发展业务需求,建立了以董事长为组长的低碳领导小组,明确了牵头部门、责任部门和管理岗位,形成了各部门紧密配合,公司与各基层单位积极互动的联动机制,推进了公司低碳发展业务的开展,确保碳排放各项工作落到实处。

(2)机制保障。建立健全碳达峰、碳中和工作监督考核机制,将"双碳"目标落实纳入基层单位经营绩效考核体系;加强碳排放相关知识的理论学习,制定公司碳排放管理制度;每年组织咨询单位盘查温室气体排放量,摸清碳排放底数。

(3)技术保障。在基于光伏发电能够满足正常生产生活的基础上,实现以电代油、以电代气、以电代柴等绿色用电方式降低碳排放量;大力推广应用新技术、新工艺,降低生产活动中的碳排放量;积极布局碳捕捉等前瞻性碳中和技术,挖掘碳捕捉对矿井作业减排的功效;提高管理人员的业务能力和生产人员的技能水平,加强人才引进,强化管理力量,逐步建立起一支专业的碳管理队伍。

(4)资金保障。加强资金支持和保障,碳排放管理关系到公司的生存和发展,要按照绿色矿山、智能化建设、节能技改以及新能源项目等计划时间节点,积极筹措项目资金,确保项目按期投入使用,如期实现公司"双碳"目标。

参考文献

[1] 中国气象局气候变化中心.中国气候变化蓝皮书 2020[M].北京:科学出版社,2020.

极寒工况5G+露天矿无人驾驶卡车
编组安全示范项目

包玮玮,杜志勇,海素峰,于景斌

(国能宝日希勒能源有限公司,内蒙古 呼伦贝尔　021000)

摘　要　宝日希勒露天煤矿地处高寒地区,最低气温为—50 ℃,属大陆性亚寒带气候,冬季时间长且寒冷。矿用自卸卡车用于露天煤矿岩石和煤炭的运输,每天3班24 h连续运行,每台设备至少需4名司机倒班工作,作业条件艰苦,工作环境恶劣。针对极寒型复杂气候环境下露天矿山作业特点,结合国内外无人驾驶卡车技术现状,宝日希勒露天煤矿于2020年5月正式开展极寒型复杂气候环境露天矿5G+无人驾驶卡车编组安全示范工程项目的建设工作,明确了项目实施的难点及关键点,克服困难,创新攻关,完成5台MT4400矿卡线控及无人驾驶改造、调试,实现5台无人驾驶矿卡与电铲等辅助作业设备协同运行的全天24 h持续稳定生产。

关键词　露天煤矿;智能矿山;无人驾驶;5G;宝日希勒

1　企业简介

国能宝日希勒能源有限公司隶属于国家能源集团雁宝能源,于2020年10月份按照国家能源集团党组部署,与同处呼伦贝尔的内蒙古大雁矿业集团有限责任公司实施管理整合,共设14个机关部门、3个直属中心、16个基层单位(国能宝日希勒能源有限公司8家、大雁矿业集团有限公司8家)。企业运作实施“一套人马,两块牌子”的管理模式,日常生产经营作为两个法人单位,财务进行独立核算,截至2021年8月末,国能宝日希勒能源有限公司资产总额为107.02亿元,资产负债率为52.95%。

国能宝日希勒能源有限公司拥有宝日希勒一号露天煤矿,始建于1980年,位于呼伦贝尔市陈巴尔虎旗煤田东部,资源储量为16.26亿 t,可采储量为13.28亿 t,核定生产能力为3 500万 t/a,2006—2020年,累计生产煤炭3.29亿 t,实现营业收入461.83亿元,实现利润131.66亿元,缴纳税费148.69亿元。矿田共划分为五个采区,现已推进至二采区。煤层构造简单,煤质为灰分低、挥发分高、特低磷、低硫、有害成分少、发热量较高的优质褐煤,平均发热量为3 700~3 800 kcal/kg(1 kcal=4.186 8 kJ),属于优质的工业用煤。生产的煤炭主要销往呼伦贝尔地区和黑龙江省、吉林省、辽宁省等地区。

作者简介:包玮玮(1985—),鄂温克族,内蒙古兴安盟人,2010年毕业于长春理工大学,研究方向为智能化矿山建设及信息化与自动化。

2 项目建设背景

2.1 国家政策导向

当今时代,新一轮科技革命和产业变革正在加速拓展,智能化已经成为我国经济社会创新发展的不竭动力,成为构建以国内大循环为主体、国内国际双循环相互促进新发展格局的重要支撑,成为推动各行业高质量发展的根本路径。推进煤炭产业与智能化技术深度融合,加快煤矿智能化建设是防范化解煤矿安全风险的治本之策,是实现煤炭行业高质量发展的重要途径,是煤矿可持续发展的必由之路,是矿工对美好生活向往的迫切需求。

高质量发展已经成为新时代中国发展的主题,习近平总书记从保障国家能源安全的全局高度,提出"四个革命、一个合作"能源安全新战略,能源安全新战略科学论述是习近平新时代中国特色社会主义思想的重要组成部分,是保障国家能源安全、促进人与自然和谐共生的治本之策,为推动新时代能源发展提供了战略指引、根本遵循和行动指南。在国家《能源技术革命创新行动计划(2016—2030 年)》中,明确要求开发智能化工作面等技术,重点矿区基本实现工作面无人化。本项目的开展是贯彻"四个革命、一个合作"能源安全新战略,构建"清洁低碳、安全高效"能源体系,实现碳达峰和碳中和目标的重要行动。

近年来,针对矿山行业无人驾驶系统的应用,国家出台了一系列政策支持。2019 年 1 月,国家煤矿安全监察局制定公布了《煤矿机器人重点研发目录》,将露天矿卡车无人驾驶系统列为重点实施项目。2020 年 3 月,国家发展改革委、国家能源局、应急部、国家煤矿安监局、工业和信息化部、财政部、科技部、教育部研究制定了《关于加快煤矿智能化发展的指导意见》。该意见指出,到 2021 年,基本实现露天煤矿固定岗位的无人值守与远程监控。到 2025 年,露天煤矿实现智能连续作业和无人化运输。到 2035 年,各类煤矿基本实现智能化,构建多产业链、多系统集成的煤矿智能化系统,建成智能感知、智能决策、自动执行的煤矿智能化体系。

本项目既是国家宏观战略的要求,也是行业发展的必然,是国能宝日希勒能源有限公司落实"四个革命、一个合作"能源安全新战略,立足新发展阶段,贯彻新发展理念,服务新发展格局,推进国家能源集团"一个目标、三型五化、七个一流"新发展战略落地的重要举措,将为创建安全、高效、绿色、智能的智慧矿山提供有力支撑。

2.2 行业发展的必然趋势

我国是资源大国,已探明储量的矿产达 159 种,矿山十万多处,其中煤炭露天开采比例为16％,目前露天开采主要依靠人工劳动力,成本、安全、效率等问题一直是制约露天开采持续发展的重要难题,重复性劳动成本的高昂、机械工作的单一、矿山工作环境的恶劣已经远远不能满足新一代年轻人对于工作的基本要求,推进煤炭行业高质量发展是必然趋势。煤炭产业作为行业领军,必须站在新的起点,谋划高质量发展举措,继续引领示范,"机械化换人、自动化减人、智能化无人"必然降低人工成本,能有效提高企业的效益。再有就是 90％以上煤矿安全事故都是人为因素产生的,"智能矿山"将通过少人或无人化作业,有效减少甚至避免煤矿安全事故的发生。

但在煤矿智能化建设和发展方面,矿区基础相对薄弱,距离"生产智能化,管理智能化,少人无人化"作业尚有较大差距,一些生产环节还未实现集中控制和远程控制等,独立建设、分散运行、集成共享度低(信息孤岛),缺乏一体化智能生产管理系统的支持。同时,矿区复杂地质条件且工作环境恶劣,不仅严重摧残着矿区在职司机,也使年轻人望而却步。无人驾驶具有工作效率更高、人力成本更低、安全性更高、运输管理更科学等一系列优势,是解决现有问题、实现煤炭工业高质量发展的重要手段。

本项目以安全、高效为目标,研制开发露天矿无人运输作业相关的关键系统,包括智慧矿山云数据平台、露天矿山智能作业管理与监控系统、矿卡无人驾驶系统、基于 5G 无线网络的数据通信系统、协同作业管理系统、远程应急接管系统、健康管理系统。本项目的开展将创造采矿行业新的技术高度,对促使我国采矿行业由大变强,实现两化融合,具有重大意义。

2.3 国家能源集团实现建成世界一流能源集团目标的重要举措

作为全球最大的煤炭生产、火力发电、风力发电和煤制油煤化工公司,国家能源集团肩负着保障能源安全稳定供应的重大职责使命,发挥着能源安全稳定器和压舱石的作用。集团从抢抓能源技术革命新机遇、打造高质量发展新引擎的战略高度,把加快数字化、智能化发展作为全产业提质增效的重要推动,作为全要素效能提升的重要手段,作为全链条价值重塑的重要支撑,正在努力走出一条数字经济和能源经济融合发展之路。

国家能源集团坚决贯彻落实党中央重大决策部署,牢固树立新发展理念,践行"四个革命、一个合作"能源安全新战略,实施"一个目标、三型五化、七个一流"发展战略,努力建设具有全球竞争力的世界一流能源集团。国家能源集团编制实施了各产业智能化建设的专项规划,以提升全要素生产率为核心,积极推动能源生产与先进信息技术深度融合,大力探索 5G、云计算、大数据、区块链、人工智能、北斗通信等新一代信息技术创新应用,全方位推进智能矿山、智能电站、智能运输和智能化工建设,努力占领"智慧+能源"生产的技术制高点。国家能源集团印发了《国家能源集团关于建设安全高效绿色智能煤矿推动煤炭产业高质量发展的实施意见》《国家能源集团关于加快煤矿智能化建设的实施意见》,对推动智能化技术与煤炭产业融合发展,提升煤矿智能化水平,加快推进煤炭产业高质量发展作出了部署和要求。

本项目通过全方位建设智能矿山,用数字化实现无人化、少人化,有效提升矿山安全生产水平,提高矿山整体运行效率,是国家能源集团践行能源安全新战略,推动高质量发展的重要行动,是国家能源集团实现建成世界一流能源集团目标的重要举措。

2.4 国能宝日希勒能源有限公司高质量发展的迫切需求

开展本项目的研究与应用是国能宝日希勒能源有限公司立足新发展阶段、贯彻新发展理念、构建新发展格局,实现煤炭绿色开采、安全高效利用,推动高质量发展的需要,也是国能宝日希勒能源有限公司推进国家能源集团"一个目标、三型五化、七个一流"新发展战略落地,落实《国家能源集团关于建设安全高效绿色智能煤矿推动煤炭产业高质量发展的实施意见》《国家能源集团关于加快煤矿智能化建设的实施意见》的重要措施。

3 建设的内容和主要技术

3.1 建设内容

本项目对 5 台 MT4400 型电动轮矿用自卸卡车进行无人驾驶改造,与配套的 1 台 WK-35 电铲和 1 台推土机、洒水车、平路机、指挥车等辅助作业车辆形成一个完整的露天矿无人运输作业系统,在−50 ℃的极端低温环境下正常运行作业,通过智能化安全调度、极端工况仿真模拟测试、全方位技术方案冗余、多层次多级别故障监测与安全处理机制、全方位的安全防护体系等多个方面采取相应安全措施,从而避免因无人驾驶系统导致的安全事故。为应对极端气候环境,技术方案选用了市场上具备最强环境适应能力的高性能激光雷达和毫米波雷达产品,并针对工业级产品最低温度只能达到−40 ℃的问题,采取了在传感器外部加装恒温隔热保护装置确保满足在极端低温(−50 ℃)环境下正常使用的要求。

3.2 主要技术

3.2.1 针对露天矿场景的定制化 5G 专网

宝日希勒露天煤矿为首个采用了 5GSA+MEC 组网方式的矿区,并研发了一套 5G 专网运营平台,提供设备状态监控、网络参数配置、对外接口开放等功能,满足"自运维、自服务、自开发"需求。

3.2.2 先进的双控双驾线控改造技术

双控双驾线控改造技术能够对现有不同厂家、不同品牌的矿用自卸车进行无人化升级改造,完整保留原车的操作和维护不受任何影响,并解决了不同矿卡自身响应差异对无人驾驶运行精准度和稳定性的影响问题。

3.2.3 多源多任务深度融合感知技术实现障碍物的准确感知

针对矿区多尘、多雨雪、多碎石及路面颠簸等特殊环境对障碍物检测的挑战,利用激光雷达多回波技术,融合激光雷达、毫米波雷达、4D 光场相机,通过多传感器深度融合网络技术,实现车辆颠簸行驶过程中的高鲁棒性多目标的检测和跟踪。

3.2.4 适应矿山道路环境的智能避障技术

无人驾驶矿卡具备在现场道路宽度范围内根据障碍物类型、运动状态、道路宽度等状态自动进行避障的功能,包括对动态的假人、油桶、车辆等随机障碍物的绕障和多个障碍物的连续绕障。

3.2.5 首创货箱卸载残留检测与智能提车二次卸载技术

针对露天煤矿地质松软、排土挡墙畸形带来的单次卸载不干净的难题,通过加装传感器、结合车身姿态变化、卸载流程连续性判断等融合智能检测算法,对货箱内的卸载残留和货箱压挡墙等情况进行精准检测,并在必要时进行智能提车二次卸载确保货箱内彻底干净。

3.2.6 首创针对露天煤矿松软道路的均衡碾压技术

露天煤矿地质条件较差,为避免无人驾驶矿卡在连续作业运行中行驶路线过于单一,轮胎反复碾压造成的车辙问题,为每台无人驾驶矿卡配备了防车辙均衡碾压管理程序,可自动进行道路偏置均匀碾压,可减少对于道路养护的需求,减少道路平整周期,间接提升作业效率。

3.2.7 首创作业区路径规划技术

在作业区路径规划方面累计有超过 50 余种规划路径模式,能够在任意可行驶区域内规划出合理的无人驾驶路线。

3.2.8 原创研发无人驾驶矿卡鲁棒自适应控制算法

原创研发无人驾驶矿卡鲁棒自适应控制算法,适配车型快、控制精度高、稳定性强,停车位横向误差小于 10 cm,确保无人矿卡运行速度达 40 km/h 时仍可平稳运行。

3.2.9 矿区高精地图自动采集与一键更新技术

通过装/卸载区轨迹推算、路线自动提取、车载雷达扫描融合,实现了在无人驾驶运行过程中矿区高精地图的自动采集,有效解决了露天煤矿装载区域和卸载区域变化频繁带来的地图更新不及时和精度不足等问题。

3.2.10 国际领先的矿区无人运输仿真技术

以世界首创基于虚实互动的矿区无人运输仿真测试技术,提供了照片级的矿区环境三维模型、与实车响应一致的矿卡多自由度耦合动力学模型、连接真实的调度平台与自动驾驶控制器,具备海量的并发仿真测试能力,可实现对上百台无人矿卡调度系统进行验证。

4 项目建设效果

4.1 社会效益

在极寒矿区开展矿卡无人驾驶技术研究与应用,能够很好地解决从业人员的健康安全问题,可以有效地削减人力成本,提高生产效益,降低矿卡油耗,减少轮胎损耗,有效地保护了环境,减少了资源的浪费。本项目的完成将成为集团在深入贯彻落实习近平总书记"四个革命、一个合作"能源安全新战略的重要举措,为集团在矿山无人化和矿山安全生产领域形成国内先发优势;有利于加快旧动能转换进程,推进煤炭行业供给侧结构性改革;进而推动智能化技术与煤炭产业融合发展,提升煤矿智能化水平,有效推动露天矿高效、安全、绿色与可持续发展;更是我国采矿行业由大变强、实现两化融合的重要标志,具有深远的影响。

4.2 安全效益

据不完全统计,在2006—2015年间,我国共发生煤矿死亡事故1 097起,造成6 696人死亡,无人驾驶的普及将从根本上解决这一系列危险问题的同时,带来矿区经济效益的全面提升。通过在宝日希勒露天煤矿实施矿卡无人驾驶编组技术研究,可形成国内首个极寒工况无人驾驶系统测试标准体系,填补当前极寒地区矿山设备无人化测试规程的空白,为极寒地区矿山设备无人化测试提供指导依据,实现科技保安,并将宝日希勒矿区打造成为我国首个极寒环境矿山设备无人化测试基地。

4.3 经济效益

项目实施前,5台有人矿卡采用4班3倒制,共需驾驶人员20人,人均年工资29.24万元,共计584.8万元。5台有人矿卡年运煤总量383.2万t,每吨煤的运输成本为6.50元,其中人工成本为0.82元。

项目实施后,只需4名矿卡驾驶员即可担任5台矿卡无人化运行的工作。由于节省了交接班、休息、就餐等时间,在大雾、扬尘等极端天气下可不间断作业,同时受到集中优化调度提效的影响,5台无人驾驶矿卡预计每年运煤总量433.2万t,相较有人驾驶增加50万t的运输能力,如果以有人驾驶去完成50万t运输量,每年将增加人员成本41.09万元。以煤炭106元/t的净盈利额计算,累计增加经济效益5 808.93万元,其中增加50万t煤炭产量经济效益5 300万元,节省16名矿卡司机人工成增加效益467.84万元,50万t运量人工成本增加41.09万元。

4.4 形成标准

根据项目的先进建设经验,联合国内知名校企联合起草编制了无人驾驶运输系统11项企业标准,其中5项已被列入中国煤炭工业协会团体标准制定计划。

参考文献

[1] 荣宝,魏德志,于海成,等.露天煤矿安全生产大数据存储与流式计算技术[J].工矿自动化,2021,47(增刊1):101-102,109.

[2] 盂峰,张磊,赵子未,等.基于物联网的智能传感器技术及其应用[J].工矿自动化,2021,47(增刊1):48-50.

［3］于海旭,何适,辛昊天,等.露天煤矿电铲智能化技术应用及其发展趋势[J].工矿自动化,
 2021,47(增刊 1):103-105.

［4］徐煦,包玮玮,王晗,等.大型电动轮矿用卡车电传动系统控制方案[J].工矿自动化,2021,
 47(4):30-38.

［5］杨光耀,毛开江,胡而已,等.过煤量激光图像智能监测技术研究[J].中国煤炭,2021(10):
 49-55.

［6］徐煦,海素峰.矿山排水系统自动化研究与应用[J].科学与信息化,2019(35):106.

［7］杜勇志,缪卫峰.智慧矿山特征及其实现途径研究[J].电子技术与软件工程,2020(22):
 87-88.

露天煤矿土地复垦经济效益与可行性分析

李新鹏

(国能宝日希勒能源有限公司,内蒙古 呼伦贝尔 021000)

摘 要 在确定了露天煤矿进行复垦工作原则的情况下,从复垦可行性角度对国能宝日希勒能源有限公司露天煤矿(简称宝日希勒露天煤矿)复垦区的土壤和水条件展开调查分析,使用土壤养分速测仪检测各种类型土壤中养分的含量,并调查矿区水系的分布情况,确定复垦工作的可实施性,最后进行了生态恢复设计。经过复垦经济效益分析,估算得到林地的年均收益为 109.89 万元。复垦工作结束时能够恢复林草植被面积 1 318.69 hm²。该复垦工作的完成有效地实现了土地利用结构的优化。

关键词 露天煤矿;土地复垦;生态恢复;环境设计;效益分析

0 引言

煤炭工业是我国重要的支柱产业,是电力、钢铁、化工等多个产业的工业基础,丰富的煤炭资源使我国形成了以煤炭资源为主体的能源结构[1-2]。露天煤矿以其高产高效的优势,在煤炭产能中占有的比例达到了 15% 以上,但是露天矿日常生产作业对土壤表层的剥离也随之带来愈加严重的土地破坏问题,因此露天煤矿土地复垦问题亟须解决[3]。根据以往统计数据发现,露天煤矿在开采过程中对土地的破坏面积达到 22 hm²/Mt[4]。

露天煤矿土地复垦能够带来巨大的生态环境效益,有效减少土地资源的浪费[5]。因此,国内外学者均对露天矿土地复垦问题做了大量的研究工作,并取得了众多的研究成果[6]。以往粗放型的复垦工作对土壤结构和水条件的调查不够完善,使得复垦植被在后期的成活率很低,在环境保护和经济收益上均不能取得预想的效果。因此,本文把经济效益与可行性分析作为土地复垦的重要前提工作,并确定土地复垦与生态恢复的实施方案[7]。本文将以宝日希勒露天煤矿为例展开分析。

1 土地复垦的原则

在设计土地复垦方案时,要充分考虑到矿区所处地理位置的气候环境和当地的经济条件,达到环境融合性、技术可行性、经济合理性、效益最大化的标准。在贯彻"十分珍惜、合理利用土地和切实保护耕地"的基本国策前提下[8],总结分析现有露天矿复垦工程案例的实施过程,

---

作者简介:李新鹏,河南洛阳人,采矿工程专业,硕士研究生学历,现在国能宝日希勒能源有限公司露天煤矿从事生产技术工作。

结合煤矿施工条件和矿区环境特点应遵循下列原则[9]:

（1）保护与利用相结合的原则。根据矿区的土地分布和利用情况,制定与矿区环境相适应的土地生态恢复方案,针对草原矿区生态系统的脆弱性,在恢复原始植被系统的基础上,可以规划出种植适应能力更强,且有后期利用价值树木的林地。

（2）生产与复垦相结合的原则。露天矿土地复垦方案的设计要与生产过程相适应,将多个工艺配合进行,实现采排复工程一体化,充分发挥矿山设备的利用率。

（3）生态恢复与矿区经济发展相结合的原则。将矿区环境保护与经济发展进行综合考量,在保障生态环境优化的前提下尽可能选择经济价值较高的物种,在实现生态恢复的基础上,尽可能地促进当地经济发展。

（4）可操作性原则。土地复垦工作既要在理论上具有指导意义,更重要的是在实践上能够与矿山的条件相适应,具有较强的可操作性。

2　矿区复垦适宜性分析

宝日希勒露天矿所处地区属于海拔较高的平原地带,在矿区周围有少量的山地和丘陵。由于受到我国东北部山脉的阻碍作用,使得海洋暖流较难到达矿区位置,因此多半年都受西伯利亚高压寒流控制,形成了典型的大陆性亚寒带气候。气候表现为春季的降水量很少,雨季为夏季,主要降雨期为7、8月份,秋季气温低,有较为明显的霜冻现象,冬季时间长达4~5个月。光照资源较为丰富,年日照时数平均为2 807 h,年日照百分率为63%,年总辐射量为5 161 kJ/m²,作物生长期为4月至9月。

2.1　矿区土壤调查

经过对矿区土壤采样分析,矿区内土壤主要由栗钙土、草甸土、草甸栗钙土等组成,总体以栗钙土为主,土壤的主要分层情况如图1所示。

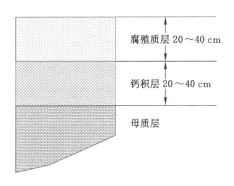

腐殖质层20~40 cm

钙积层20~40 cm

母质层

图1　栗钙土土层示意图

为保证土地复垦后植被的正常生长,需要明确土壤肥力的情况,所以使用牛特NT系列土壤养分速测仪对土壤所含养分进行了检测。由检测结果发现,土壤有机质含量较低,这与当地气候条件有关,对植被生产产生不利影响,但土壤无机质含量丰富,土壤肥力好,能够提供植物生长所需的各种养分,矿区内主要类型土壤养分见表1。

表 1　矿区内主要类型土壤养分

土类	pH 值	有机质含量 /%	全氮 /%	全磷 /%	全钾 /%	速效钾 /%	速效磷 /%
黑钙土	7.85	2.23	0.26	0.96	2.85	0.232 7	0.003 6
栗钙土	8.22	1.47	0.15	0.07	2.86	0.197 1	0.002 1
草甸土	8.78	2.77	0.22	0.13	2.59	0.155 2	0.002 1
沼泽土	8.89	3.81	0.24	0.13	2.294	0.525 4	0.004 8

2.2　矿区水环境条件调查

本项目勘探区内没有河流、湖泊等水补给源头。在矿区西北部的湿地,由于面积在逐渐缩小,所以对地下水基本不会产生影响;距勘探区南部 7 km 有海拉尔河,西北方向 3 km 为莫勒格尔河,它们对矿区的地下水位有一定的补给作用。根据地下储水岩层内的结构类型及储水量差异,将储水岩层分为第四系孔隙含水岩组和白垩纪下统大磨拐河组裂隙-孔隙含水岩组。经过岩层钻探分析发现能够起到储水作用的岩层岩性为煤层、中砂岩、沙砾岩及粗砂岩,起到隔水作用的岩层岩性为泥岩、细砂岩和粉砂岩。

3　生态恢复设计

从宝日希勒露天煤矿东外排土场物料的粒级组成(见表 2)可以看出,排土场粒径小于 0.5 mm 的砂粒占 46.36%,细微颗粒极易导致排土场发生风蚀,对矿区环境影响极大。

表 2　宝日希勒露天煤矿东外排土场物料的粒级组成

粒径/mm	≥20	10~<20	5~<10	2~<5	0.5~<2	<0.5
所占比例/%	4.89	13.51	14.34	12.99	7.91	46.36

宝日希勒露天煤矿周边为草原地貌,地势宽阔平坦,排土场排弃标高高于地表约 70 m,加之矿区风力强劲,风力在造成侵蚀的同时,也给平台人工牧草地带来危害,所以能够对风沙起到阻拦作用的防护林是实现生态复垦的关键。由于当地春季多大风少雨,所以要选择耐寒、耐旱、耐瘠薄、生存能力强的树种。结合平台道路设计,纵向与横向防护林带交织组成完整网格林带。主林带东西向布置,副林带南北向布置。树种选择柠条,一方面可以防止大风、雪暴、寒冻、日灼对牧草造成伤害,另一方面柠条枝叶可以直接作为牲畜的饲料。排土场反坡与防护林设计如图 2 所示。

4　露天煤矿复垦经济效益分析

露天煤矿土地复垦后所能带来的效益是多方面的,可以分为经济、生态和社会效益[10]。经济效益是复垦工作能够得到的最直观、最真实的效益,通过土地复垦使土地实现再利用并带来农牧业产值。而且将复垦工作与矿山生产相结合,对矿区废水加以净化利用,能够大大降低复垦初期水的调运费用,而且减少了污水对环境产生的污染,避免了水资源的流失和浪费,在一定程度上补偿了生态破坏造成的影响。

为计算土地的年经济价值首先要推算土地的废弃面积,土壤表土平均厚度 D 取 0.3 m,根

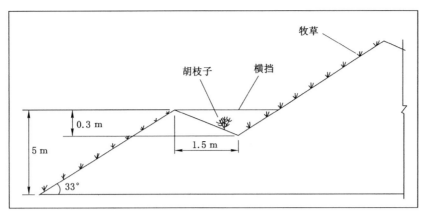

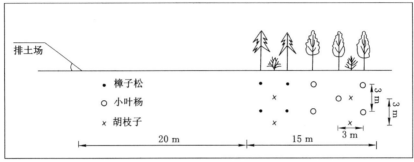

图 2 排土场反坡与防护林设计

据废弃地区内生态建设项目完成后，增加的林地每年可减少土壤流失量 7 836.41 t 来计算，根据统计资料并以成本估价法估算林地的年均收益约为 51.62 元/m³。用式(1)计算得出减少土地废弃的价值约为 9.99 万元/a。

$$E_s = \frac{LA_cB}{pD} \tag{1}$$

式中 E_s——减少土地废弃的经济效益；

L——系数，就中国现阶段的发展水平而言，$L \approx 0.1$；

A_c——土壤保持量；

B——林业的年均收益；

D——土壤表土平均厚度；

p——土壤密度。

根据式(2)计算出总效用的现值为 109.89 万元。

$$PVB = \lim \frac{(1+r)^{t+1}-1}{r \cdot (1+r)^t} \cdot B_t = \frac{1+r}{r} \cdot B_t \tag{2}$$

式中 PVB——总效用的现值；

B_t——第 t 年的效益；

r——贴现率，社会贴现率定为 10%；

t——时间(假设每年发生等量的效益)。

复垦工作的完成能够带来良好的效益，避免了土地荒废和水土流失，显著提高了土地生产率和生产力，对当地经济发展起到了一定的推动作用。

5　结语

　　土地复垦工作是一项涉及区域社会、经济、环境等多方面发展的重要工程,项目区农牧民对于此项工程的开展抱有积极的态度,并从不同角度对项目建设的环境影响表示了关注,并提出了自己对于土地复垦方向与生态环境建设的建议和要求。公众对于复垦方案编制以及实施的积极配合为工作的进行奠定了坚实的基础。

　　按照本文中的生态恢复设计,在本工程土地复垦项目实施后,通过植被的人工种植,恢复林草植被面积 1 318.69 hm²,使受到露天矿生产影响的区域实现了土地利用结构的有效优化。首先是减少了复垦区的水土流失和土地沙化问题;其次是恢复了土地的生态修复能力,提高了生态系统的完整度,使采矿工程的建设对草原生态系统的损害最小化,而且遭到破坏的环境功能得到了恢复,保证了矿区内林业、牧业的协调发展。

参考文献

[1] 王倩.我国能源消费现状及其优化策略[J].商业经济研究,2018(17):40-42.

[2] 王娟,苗韧,周伏秋."十三五"能源与煤炭市场化改革与发展[J].煤炭经济研究,2015,35(1):9-13.

[3] 付佳.胜利矿区某露天矿排土场土地复垦技术研究[J].露天采矿技术,2017,32(2):84-87,90.

[4] 原野.典型露天煤矿复垦生态系统碳固存研究:机理与效应——以平朔露天矿为例[D].北京:中国地质大学(北京),2018.

[5] 闫浩,孙世国,金松丽,等.布沼坝露天矿生态复垦工程[J].煤矿安全,2013,44(1):150-152.

[6] 荣颖,胡振琪,付艳华,等.中美草原区露天煤矿土地复垦技术对比案例研究[J].中国矿业,2017,26(1):55-59.

[7] 桑李红,付梅臣,冯洋欢.煤矿区土地复垦规划设计研究进展及展望[J].煤炭科学技术,2018,46(2):243-249.

[8] 刘国臻.论我国设置土地发展权的必要性和可行性[J].河北法学,2008,26(8):113-116.

[9] 王莉,张和生.国内外矿区土地复垦研究进展[J].水土保持研究,2013,20(1):294-300.

[10] 魏金发.露天矿开采后土地复垦方式探讨[J].煤炭科学技术,2013,41(增刊2):384-385.

露天煤矿智能化建设路径研究
——以宝日希勒露天煤矿为例

魏志丹

(国能宝日希勒能源有限公司,内蒙古 呼伦贝尔 021000)

摘　要　本文采用具体问题具体分析方法,按照"一矿一策,因矿施策"原则,依据项目规划设计理论对宝日希勒露天煤矿智能化建设路径进行研究,以推进煤炭企业智能化发展,构建成熟的智慧资源系统,实现资源数字化转型为目标,首先对智能矿山建设的背景进行梳理,提出建设智能矿山的意义,通过系统分析煤炭企业智能矿山建设现状,总结出生产装备智能化发展不均衡、信息系统集成化不充分、数据资源基础弱等问题,并提出宝日希勒露天煤矿智能化建设路径,包括建设要求、建设定位、总体目标、建设思路以及具体的架构设计。

关键词　智能矿山;建设路径;数字化转型

0　引言

党的二十大报告中强调,必须坚持科技是第一生产力、人才是第一资源、创新是第一动力,深入实施科教兴国战略、人才强国战略、创新驱动发展战略,开辟发展新领域、新赛道,不断塑造发展新动能、新优势。2020 年 3 月,国家发展改革委等八部门发布《关于加快煤矿智能化发展的指导意见》,伴随新旧动能转换和供给侧结构改革的不断推进,为了实现我国从矿业大国转变到矿业强国,塑造新时代中国矿业新形象,矿山建设也必须走创新之路。随着智能技术的发展,依靠科技创新推进高质量发展,加强智能化建设成为矿业发展的新趋势[1]。内蒙古自治区和国家能源集团也相继发布了《关于推进煤矿智能化建设三年行动实施方案》《关于进一步加快煤矿智能化建设的通知》等纲领性文件。煤炭企业智能矿山建设已刻不容缓。

1　煤矿智能化建设意义

智能矿山的成功建设将是深入贯彻落实习近平总书记"四个革命、一个合作"能源安全新战略的重要举措,随着煤炭行业供给侧结构性改革的不断深入、高质量发展的不断推进和能源安全新战略的不断实施,发展智慧煤矿已成为煤炭工业发展的必由之路,是煤炭工业高质量发展的核心技术支撑[2]。

《中国矿业报》指出:我国对煤炭智能化开采技术及装备的研究起步较晚,但是发展速度很快。近 10 年来,我国加大了投入力度,国家、重点产煤省区和企业纷纷出台相关政策支持煤矿智能化建设。相关资料显示,2019 年至今,国家矿山安全监察局、国家能源局,山西、河南、山

作者简介:魏志丹(1982—),汉族,工程师,东北林业大学硕士研究生,研究方向为智能矿山、项目管理。

东、贵州等省区,以及重点企业纷纷出台了相关政策,大力推进煤矿智能化建设,智能矿山建设已进入高速发展期。

2 国内露天煤矿产能及智能化建设简析

目前,全国共有产能 4 Mt/a 及以上的大型露天煤矿 53 处,占全国露天煤矿总数量的 14.10%,合计产能 637 Mt/a,占全国露天煤矿总产能的 67.05%。千万吨级特大型露天煤矿 26 处,占全国露天煤矿总数量的 6.90%,合计产能 493 Mt/a,占全国露天煤矿总产能的 51.90%[3]。

当前煤炭行业正处于全面建成智能矿山的关键时期[4-5]。针对煤矿智能化建设现状及关键技术,国内外学者进行了大量研究与探索[6]。目前,国内露天煤矿智能化建设以实现安全、高效、智能、无人、绿色生产及低碳环保等为目标,由此衍生出的智能化场景包括无人化场景、安全生产场景、智能管控场景、智能设计场景、智能决策场景。场景分布在露天煤矿信息基础设施、矿山设计、智能穿爆、矿山工程、智能辅助、管理与决策和智能化园区等方面[7]。

3 宝日希勒露天煤矿现状分析

本文所研究对象宝日希勒露天煤矿所属公司雁宝能源是由内蒙古大雁矿业集团有限责任公司与国能宝日希勒能源有限公司于 2020 年 10 月经国家能源集团党组批准实施管理整合,企业运作实施"一套人马,两块牌子"的管理模式,日常生产经营中作为两个法人单位,财务进行独立核算。雁宝能源现有生产矿井 3 座,其中宝日希勒露天煤矿位于呼伦贝尔市陈巴尔虎旗煤田东部,资源储量为 16.26 亿 t,可采储量为 13.28 亿 t,矿田共划分为五个采区,现已推进至二采区。煤层构造简单,煤质为灰分低、挥发分高、特低磷、低硫、有害成分少、发热量较高的优质褐煤,平均发热量为 3 700~3 800 kcal/kg(1 kcal≈4.186 8 kJ),属于优质的工业用煤。煤矿拥有 3 500 万 t/a 的核定生产能力、配套地面生产系统,以及 23 km 自备铁路专用线,日最大装车运输能力为 10 万 t。

3.1 煤矿应用系统现状分析

通过近年以来的有关智能化项目建设,截至目前,宝日希勒露天煤矿已建成智能运输安全生产监控系统、疏干水远程集控系统、污水处理自动控制系统、边坡自动监测系统等,推进生产区域(自动驾驶试验区域)5G 网络覆盖工程、无人驾驶编组示范工程、筛分栈桥无人值守系统等项目的实施。通过大力推动宝日希勒露天煤矿信息化、智能化建设和集团一体化集中管控等统建信息系统推广实施,陆续建成各类生产和经营管理信息化、自动化应用,有效支撑了煤矿生产经营高效运行。

3.1.1 日常办公和经营管理

主要依托办公自动化(OA)、企业资源计划(ERP)人力资源管理(HRM)、财务管理(FI/CO)、物资管理(MM)、设备管理(PM)、项目管理(PS)]、供应商管理(SRM)、电子档案、协同办公等集团统建系统,满足基本日常办公、经营业务及其与雁宝能源业务对接的需求。

3.1.2 生产执行管理

推广实施了国家能源集团统建的智能矿山一体化生产执行系统调度与作业、机电管理模块,实现煤炭生产计划管理、调度指挥、机电管理等的业务信息化管理需求。

3.1.3 安全生产监测监控

宝日希勒露天煤矿已建设运行全球导航卫星系统(GNSS)边坡监测与滑坡预警、煤层发热自动检测、分布式光纤温感探测、电铲视频监控与状态监控；上线试运行露天矿运输安全管控系统，实现车辆胎压、盲区、防碰撞、超速、驾驶员行为等监测监控。

3.2 煤炭生产主要工艺及装备智能化

宝日希勒露天煤矿开采与开拓运输系统采用露天综合开采工艺，上部土岩采用单斗挖掘机—自卸卡车—推土机间断开采工艺；下部煤层采用单斗挖掘机—自卸卡车—坑口半固定破碎站—带式输送机半连续工艺。主采设备为 WK-35 电铲配套 220 t 级卡车(部分已完成无人驾驶改造与工业化试运行)，WK-10 电铲配套 100 t 级卡车。选采设备为液压挖掘机配套 100 t 级卡车，完成顶、底板煤炭选采工作。采场地下水采用坑内积水仓进行抽排。开拓运输采用工作帮移动坑线开拓，实行煤岩分流的采场运输方式，剥离物内排。

目前已建成主采电铲视频监控和状态监控、水泵房自动控制。已上线试运行智能运输安全管控系统，包括工业化试运行 5G＋220 t 矿卡编组自动驾驶、智能车辆调度、车辆智能安防等。在新一轮智能化建设中，露天煤矿将重点建设电铲远程操控、车铲智能匹配、自动驾驶编组工业化运行及推广、推土机远程操控作业等，以实现露天生产作业无人化和智能调度。

3.3 IT 基础设施建设

经过前几年与数字矿山配套建设，宝日希勒露天煤矿在网络、数据中心、机房等基础设施得到明显改善，基本满足当前煤矿安全生产和运营管理的需要。

3.3.1 网络建设方面

集团广域网接入带宽扩容，租用运营商光纤构建传输网络，升级并归并互联网出口，部署办公区域上网行为管理，优化办公网络与生产网络结构，加强了网络安全隔离与工控安全，矿区光纤环网、无线接入点(AP)、4G 网络覆盖和露天矿无人驾驶试验区域 5G 建设等，为各类信息系统、终端设备等提供安全、稳定、通畅的网络通信基础。

3.3.2 数据中心建设方面

完成数据中心机房环境监测建设、计算与存储资源虚拟化改造，完善了网络监控、值班管理，计划中的矿区核心数据中心将结合本矿智能化建设需求进一步开展优化设计与建设，并在此基础做好灾备体系的建立与完善。

3.3.3 其他方面

各生产、安防现场工业视频监控完成了由模拟化向数字化改造，生产现场实现了人员定位、移动通信，并将关键生产及定位信息按要求上传至地方主管部门。为适应矿区生产集中监控和集中调度指挥，即将按计划新建矿区集中调度指挥中心，构建先进的生产运营管控和智能高效的新生产调度指挥模式。

4 宝日希勒露天煤矿智能化建设存在问题

煤矿智能化是我国煤炭工业高质量发展的核心技术支撑已成为行业广泛共识，这与技术发展、政策顶层设计及全行业协同推进密不可分[8]。根据宝日希勒露天煤矿智能化建设进展，结合当前国家、集团煤矿智能化建设目标与要求，分析总结目前存在的主要问题如下：

4.1 生产装备智能化发展不均衡，智能化水平待提升

极寒地区 5G＋220 t 矿卡无人驾驶示范项目和智能运输安全管控项目建设，极大地提高

了矿卡等露天矿车辆装备智能化水平。随着智能化建设深入推进,电铲与推土机等工程车装备智能化也将提上建设日程,公司露天矿采、运、排等主要生产装备整体智能化水平处于行业前列。储装中心运营的筛选厂有较好的自动化基础,相对行业、集团智能选煤厂建设要求还有一定差距。供配电、水处理等生产辅助领域较远程集中监控、现场无人化等智能化要求差距较大。需要对公司煤炭生产运营全价值链、全环节进行智能化准确定位、总体设计、统筹建设、协同推进,实现协同高效的煤炭生产整体智能化、少人无人化。

4.2 信息系统集成化建设不充分,信息孤岛仍明显

在生产运营管理层面,已推广实施集团一体化集中管控系统,实现设备资产、运行维护、项目维修的一体化管理。实施上线智能一体化生产执行系统调度模块,实现露天与储装、铁路运输再生产计划、协同调度、生产统计分析等生产计划与调度的一体化管理。

在控制层面,正在建设露天智能运输安全管控平台,集成管理露天矿从事采装、运输、排土生产及工程辅助的各类车辆的调度、安防及运行监控,协同控制露天矿生产安全、协同、高效运行。地面生产缺乏集中控制平台对筛选厂破碎、筛分、储运、装车等生产过程进行协调控制,以及对矿区供配电与水处理进行集中远程监控。

在整个公司层面,企业内各部门职能条块分割、信息资源缺乏有效整合和共享也导致"信息孤岛"的存在[9],缺乏数据平台支撑跨系统、跨层次、跨业务领域的数据共享和深度数据分析,影响生产作业、过程控制、运营管控、经营决策各层面的智能化、智慧化应用建设。

4.3 数据资源基础弱,大数据应用需求满足缺支撑

目前尚未建立企业数据资源管理体系,没有数据平台支撑企业运营管理与生产过程数据的统一采集、标准化处理、集中存储与共享使用,缺乏支撑大数据人工智能深度应用的基础。目前,公司在生产运行、安全监控、环保监测、能源监控、经营管理、绩效优化等多领域的点、线、面各层次上,应用大数据分析、人工智能等先进数字化手段进行过程优化控制、运营优化、风险防控、绩效改善等需求明显,迫切需要建设智能数据平台,加强数据管理和深度开发利用。

5 宝日希勒露天煤矿智能化建设路径

我国煤层赋存条件复杂多样,不同煤矿的开采技术与装备水平、工程基础、技术路径、建设目标等均存在较大差异,且受制于智能化开采技术与装备发展水平,使得不同煤层赋存条件矿井进行智能化建设的难易程度与最终效果也存在一定差异[10]。

根据国家、自治区、集团有关加快推进煤矿智能化建设要求,结合宝日希勒露天煤矿现状分析及关键问题总结分析,为全面推进宝日希勒露天煤矿智能化建设,需通过持续探索、深入推广,加强顶层设计,并明确建设定位、总体目标及建设思路,全面提高宝日希勒露天煤矿在环境感知、无人驾驶、远程监控、无人值守、智能运营等方面的智能化水平,促进煤矿安全、质量、效率与效益的稳步提升,发挥行业示范引领作用。

5.1 建设定位

以价值引领、创新驱动为指引,把握企业数字化转型与新技术发展趋势,坚持技术创新、管理创新和机制创新,基于当前智能化建设成果,立足当下,着眼长远,规划本质安全、高产高效、智能无人的矿山发展蓝图,设计科学合理、规范有序的实施路线图和保障有力、推进有效的管理支持体系,切实保证战略落地,做智能矿山领先战略规划者。

新技术为工艺装备、过程控制、安全防护赋能,是矿山智能化的显著特征,结合穿、采、运、

排、筛选、装车发运以及供配电、给排水等安全生产场景,基于安全、高效、绿色、少人无人化目标,深入研究物联网、云计算、大数据、移动应用、人工智能、机器人、无人机等新技术应用可行性与引进方案,持续推动应用探索,做智能化矿山新技术应用引领者。

统筹组织、有序推动领先战略落地,按实施路径将先进架构规划逐一建设实现、持续引入新技术新应用提升智能化生产、智慧化运营能力,做智能矿山建设实践领军者。

5.2 总体目标

以习近平新时代中国特色社会主义思想为指导,以落实国家和集团公司煤矿智能化建设要求为目标,结合雁宝能源实际,通过技术创新、管理创新和体制机制创新全面推进智能化建设,实现"采剥运输无人化、地面生产无人值守、矿区集中控制与协同调度"新的露天煤矿生产新模式,不断提升煤矿安全生产水平和生产效益。智能矿山建设总体结构如图1所示。

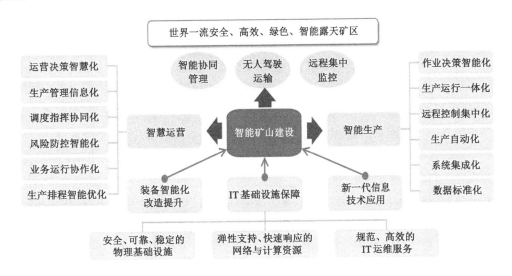

图1 智能矿山建设总体结构

具体目标如下:

(1)推进装备智能化改造,实现煤炭生产现场的固定岗位无人值守。借鉴行业先进经验,加强自主创新和外部合作,持续改造和优化采剥、筛选、装车发运、供配电、供排水等系统,全面提升装备的可靠性和智能化水平,通过技术变革推进生产组织变革,替代生产现场固定岗位,实现少人无人化生产。

(2)加强技术创新应用,完善地质和环境监测能力,保障煤炭生产安全。充分利用大数据、物联网、精确定位等新技术,完善边坡稳定性监测、煤层防火、运输安全等智能化监测手段,提升全面感知与态势分析能力,全面提升煤矿安全事故综合防控能力。

(3)优化生产管理与作业流程,打造管控一体的智能化生产新模式。在生产装备智能化基础上创新生产管理模式和业务流程,构建多业务融合的生产管控体系,实现全矿区智能一体化集中调度与控制,依托集团公司统建系统和数据资源,不断深化煤矿生产经营数据的分析应用,全面提升安全生产管理效率与水平。

(4)完善IT基础设施,保障智能矿山业务应用的安全可靠运行。结合雁宝能源智能化建设应用需求,优化和完善现有网络、机房、生产指挥中心(智能化中心)等IT基础设施,构建煤矿信息安全保障体系,为智能矿山各项业务应用提供安全可靠的运行环境。

5.3 建设思路

结合雁宝能源信息化、智能化建设现状,借鉴行业先进实践,采取"1131"建设模式(图2),加快推进宝日希勒露天煤矿智能化建设,即依托一张网、基于一张图、构建三大平台、打造一个中心,建设行业一流的智能化煤矿。

一张网:宝日希勒露天煤矿以万兆工业环网为基础,融合多种通信网络,全面支撑智能化煤矿业务应用需求。采用先进的5G独立组网方式,并根据5G的现场实际应用规划了"一矿三网"建设("三网"分别为5G网络、4G网络、Wi-Fi/AP网络),构建了覆盖生产中心全区域的无线网络。通过无线网络的全覆盖,实现矿区监控视频的无线上传、移动装备的实时监测、人员定位的智能管理、自动化设备的远程操控以及大规模无人驾驶等网络支撑。

一张图:利用二/三维地理信息系统(GIS),实现地测、采矿设计、机电等多专业在线协同作业和矿图集中管理,并以一张图作为底图为运行监测、智能调度、应急管理等提供支撑。进一步基于GIS与BIM融合形成GIM矿山时空"一张图",建立基于矿山虚拟现实的矿山综合地理信息系统,实现一张图集成融合、协同设计、协同管理、决策分析。结合露天矿生产工艺流程,应用自动控制、智能感知等技术对电铲、挖掘机、自卸卡车、排土机、推土机、破碎机、带式输送机等设备设施进行智能化改造,完善工业网络及空间数字化建设,融合大数据分析,建设矿山数字孪生。通过生产设备的自动化、集成化、智能化改造逐步替代人工操作,从而提高生产率和资源综合利用率。

三大平台:以业务深度融合、系统高效集成为目标,建设生产集中控制平台、生产执行管理平台、智能数据平台,实现煤矿安全生产管理的全面数字化和智能化。

一个中心:打造集生产调度、应急指挥、集中远程监控为一体的矿区智能化中心,实现对露天矿、储装中心、铁运公司、水电中心核心生产及生产辅助业务的远程集中控制与生产调度指挥双中心的智能融合、协同运行。建设支持全面数据采集、高效集成、全局监视、智能决策、协同运营的"两司三矿"一体化生产管控体系,推动煤炭生产模式变革,建设区域一体化特色智慧矿区。

五类设备无人驾驶:开发矿卡、电铲、推土机、平路机、洒水车五类主要设备的无人化研发及应用。通过构建"自主开采+多机协同+智能决策"开采模式,使采剥设备具备姿态自感知、挖掘自适应功能,运输设备具备机器人巡视功能,集控中心具备采剥设备状态智能诊断功能,采、运、排作业过程具备视频智能监控功能,采、运、排设备具备高效协同、智能调速等功能,实现露天采剥无人化生产,建设露天采煤智能化新标杆。

5.4 露天煤矿智能化总体应用架构

在国家能源集团总体发展战略、网络安全与信息化总体规划指导下,结合雁宝能源业务实际与信息化、智能化需求,以及行业先进应用实践经验、新技术发展现状与趋势,设计宝日希勒露天煤矿智能矿山总体应用架构(图3)。

在国家能源集团五层总体应用架构(L1设备层、L2生产控制层、L3生产执行层、L4经营管理层、L5决策支持层)基础上,重点细化与煤矿安全生产密切相关的L1、L2、L3三层,全面支撑雁宝能源宝日希勒露天煤矿在生产、经营和管理等方面的各项业务需求。

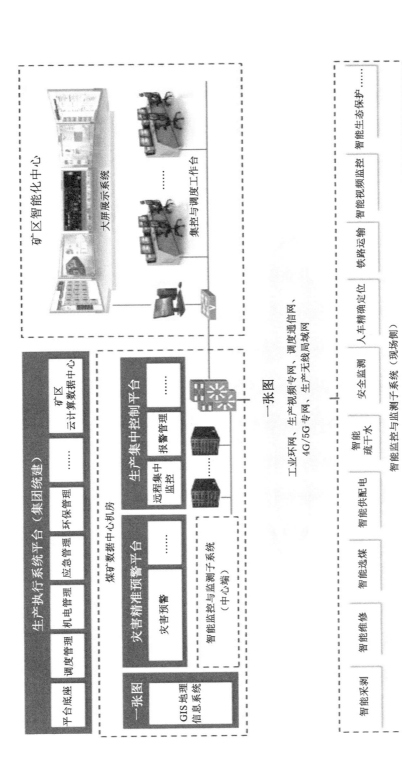

图 2 智能化 "1131" 建设模式

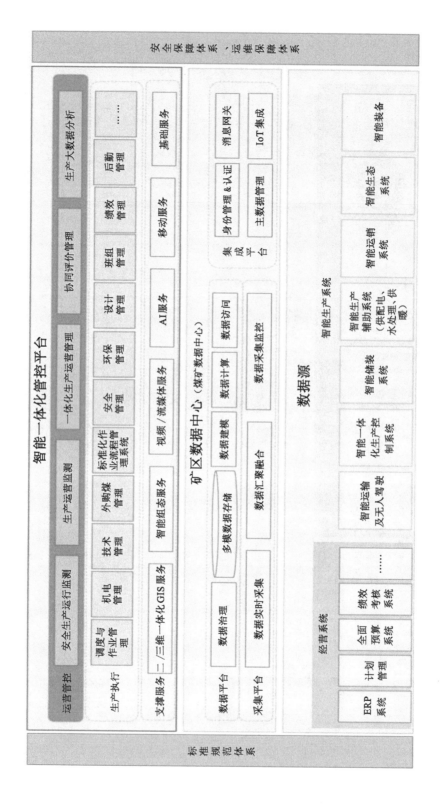

图 3 宝日希勒露天煤矿"智能矿山"总体应用架构

6 结语

通过梳理宝日希勒露天煤矿智能化技术应用现状和存在的问题,基于"全局优化、区域分级、多点协同"的控制模式,将煤炭生产、运输、供电、排水等合成为统一的整体,设计出高效、智能、绿色、安全的煤矿智能化建设总体框架体系。本文分别从宝日希勒露天煤矿现状分析、建设定位、总体目标、建设思路、总体应用架构设计等部分进行分析,明确其智能矿山建设的目标及方向,通过对整体建设路径的研究来提高宝日希勒露天煤矿智能矿山建设的成功率。

参考文献

[1] 刘华.矿山智能化建设促进煤业高质量发展[N].吕梁日报,2023-02-27(3)[2023-05-21].

[2] 丁震,赵永峰,尤文顺,等.国家能源集团煤矿智能化建设路径研究[J].中国煤炭,2020,46(10):35-39.

[3] 王忠鑫,孙鑫,曾祥玉,等.我国露天煤矿智能化建设现状及困境与发展路径[J].露天采矿技术,2022,37(3):1-7.

[4] 王国法,王虹,任怀伟,等.智慧煤矿2025情景目标和发展路径[J].煤炭学报,2018,43(2):295-305.

[5] 高士岗,高登彦,欧阳一博,等.煤矿智能一体化辅助生产系统及关键技术[J].煤炭科学技术,2020,48(7):150-160.

[6] 任文清,高小强.智能矿山建设实践及关键技术[J].工矿自动化,2021,47(2):116-120.

[7] 王忠鑫,田凤亮,辛凤阳,等.露天煤矿智能化建设 构建场景生态是关键[J].智能矿山,2022(6):93-100.

[8] 王国法.煤矿智能化最新技术进展与问题探讨[J].煤炭科学技术,2022,50(1):1-27.

[9] 黄鑫.我国矿山信息化建设现状与对策研究[J].网络安全和信息化,2020(9):27-30.

[10] 王国法,徐亚军,张金虎,等.煤矿智能化开采新进展[J].煤炭科学技术,2021,49(1):1-10.

煤炭企业绿色开采战略研究

沈 毅,石炳兴

(国能宝日希勒能源有限公司,内蒙古 呼伦贝尔 021000)

摘 要 矿产资源对人类社会的发展极为重要。在资源开发过程中,有效利用矿产资源并最大限度地保护生态环境是我国突破发展瓶颈,走出一条可持续发展道路的关键。建设绿色矿山,优化矿区生态环境已成为矿业界的基本共识。因此,本文分析了我国煤炭企业的发展现状,探讨了煤炭企业发展模式的转变途径,以生态文明建设为目标,为能耗高、生态环境破坏严重的传统煤炭企业,提出了切实可行的发展路径。

关键词 煤炭行业;环境安全;绿色矿山建设;可持续发展;生态文明建设

0 引言

煤炭是国内自然资源的重要组成部分,为国内市场经济体系建设和社会技术发展起到了重要推动作用。然而,由于长期集约、大规模的开采,许多传统煤炭企业面临着资源逐渐枯竭、生态系统破坏、生态环保隐患治理难度大的困境,为煤炭企业带来了新的挑战。在这种背景下,各大煤炭企业都在寻求绿色开采转型升级的新路径。

1 煤炭行业现状分析

近年来随着煤炭行业的结构优化,发展质量不断提升,先进生产设备、设施持续投入,生产力得到进一步释放,全国煤炭产能屡创历史新高。随着采煤技术的不断进步,目前,绿色、智能、安全的大型煤矿产能占比已经超过80%,占据了全国煤炭总产能的主导地位,为煤炭行业的可持续发展提供了强有力的支撑。智能化煤矿的建设也在迅速推进,从2015年的3座智能化矿山增长到2020年的494座,智能设施已逐渐成为矿山的标准配置。煤矿安全生产状况发生了质的变化,百万吨死亡率从2015年的0.157下降到2021年的0.044,煤炭行业正在撕掉高风险行业的标签。在当前我们布局"十四五"规划的重要阶段,煤炭仍然是我国经济发展中必须依赖的能源,持续做好矿山建设工作,是保障我国能源安全的重要举措。

虽然煤炭行业的发展取得了长足的进步和巨大的成功,但煤炭行业离高质量发展的目标还相去甚远,其中矿区的生态文明建设是当前煤炭企业发展路上的一项严峻挑战。矿区生态环境修复作为煤矿全生命周期生态发展的关键环节,也一直是煤矿发展的薄弱环节。客观上,

---

作者简介:沈毅(1989—),男,黑龙江哈尔滨人,本科,工程师,主要从事煤炭企业生态环境安全管理工作。E-mail:553695549@qq.com。

一些煤矿地理环境、地方政策等存在局限性,无法完全按要求开展开采后的生态环境修复。但这并不是当前矿区生态环境无法有效改善的根本原因。对于绝大多数煤矿,生态文明建设不存在技术和资金方面的问题,真正制约绿色生态建设的主要原因还是在于煤炭企业长期以来"重开采、轻修复"的理念。

近年来,我国政府积极采取措施,加强矿区生态环境的恢复和治理,制定了一系列有力的指导方针,以促进矿区资源的可持续发展和生态环境的和谐稳定。自 2011 年以来,国家开始鼓励建设绿色矿山,并制定了矿山从勘探到运营,再到最终关闭的全生命周期的生态发展标准。此外,即使在目前煤炭供应紧张的情况下,内蒙古等主要煤炭生产区仍对新建、投产煤矿的生态治理和复采提出了严格要求,绝不允许打着保障能源供应的旗号,走一条破坏生态开采的老路。可以说,政府对矿区管理和生态文明的建设的态度是一以贯之的。目前,我国建成的绿色矿山仅占全国矿山总数 1.6% 左右,这一数据清晰地表明,实现绿色、生态文明矿山的目标仍然充满挑战,前路漫漫。

2 面临的形势及存在的问题

(1) 近年来,国内各煤矿矿区相继实施了一批生态环境治理项目,解决了一些环保历史遗留问题,但生态环保形势依然严峻。尤其在绿色低碳发展、排土场复垦绿化、采煤沉陷区治理、矿井(坑)水处理、危险废物处置、生态破坏等方面还存在短板和弱项,大部分煤矿企业隐患治理力度与地方监管要求还有很大的差距。

(2) 中央环保督察已形成常态,第二轮中央环保督察首次将中央企业纳入督察对象。第二轮第六批中央生态环保督察通报的 15 起典型案例,反映出当前环境污染问题日益严重,其中包括草原环境破坏、环境功能退化、污染物违法排放、矿山地质修复工作不力、大气污染物超标排放、废水偷排、固废违规处置以及无证取水或超量取水等。这些问题,充分反映了生态环境保护工作的严峻性和紧迫性,指出了矿山企业切实面临的生态环境风险,具有鲜明的警示和借鉴意义。

从中央环保督察通报的典型案例看,还有部分矿山企业在思想认识、责任落实、隐患排查整改、考核问责等方面与政策要求还存在一定差距。国家生态环保监管日趋严格,新一阶段的污染防治攻坚战已打响,生态环境高压执法成为常态,公众环保意识日益提高,都激励着矿山企业聚焦整治重点生态环保问题,加快历史欠账清零与矿区生态提升。

3 生态文明煤矿的定义和特点

3.1 生态文明煤矿的定义

生态文明煤矿是一种将生态文明理念融入煤矿日常生产经营的新型煤矿,旨在实现煤矿资源管理的绿色、可持续发展,同时也是我们推动循环经济和低碳经济发展的重要举措,以进一步提高煤矿自然资源的收集效率,降低煤矿能源消耗,最大限度地维护生态,限制危险有害化学物质的总量,实现经济创收、环境保护和和谐社会的融合。为了维护自然环境,我们应该采取措施尽量减少生态破坏和污染,进行生态文化建设,采取多种形式来提升矿山环境,进一步提高职工的生活和工作质量,增强他们对环境保护的意识,并在工作中承担起相应的责任。

3.2 生态文明矿山的特点

（1）科学性。建设高效低排放的现代化煤矿,实现经济效益和社会稳定和谐,是生态文明煤矿的基本要求。煤炭开采正进入新的业态发展阶段,开采和保护的协调发展将给企业和社会带来双赢的结果。可以说,建设生态文明煤矿是弘扬党的十九大精神的重要战略举措。

（2）系统性。建设生态文明矿井是一个复杂性的工程,需要从顶板工程设计、污染源监控、生产过程管理等方面进行全面规划,以达到可持续发展,推进生产方式的改善提升。为了维护大气环境,我们必须加强矿井的生态建设。这需要从时间和空间两个方面来考虑,包括工程建设、生产、经营和关闭。通过这些措施,我们可以促进人与自然的和谐共处,达到煤矿的全生命周期生态文明。

（3）生态性。生态文明煤矿的生态性体现一方面是在矿区的自然环境上,另一方面是在工人的工作生活环境中。为了保护自然环境,我们必须遵循生态系统的规律,并尽量减少煤炭开采对环境的影响,以实现"零污染"目标。煤炭企业的发展和建设应该始终坚持生态环境保护第一的原则,追求生态保护和企业经营效益双赢的目标。同时开展地貌重塑、水保重构、植被恢复等措施,建设景观湖泊、园林绿地,实现从人工修复向自然恢复转变,逐步形成与草原原始地貌相融合的近自然状态,不仅为矿区工人提供良好的生活工作空间,而且还地方居民以绿水青山,切实担当人民美好生活福祉的责任。

（4）和谐性。煤矿生态文明和谐主要是指煤矿生产中各种因素的共同发展状态,包括煤矿内部的和谐和与地方行政部门的和谐。前者是指所有企业内部管理逐步优化,企业资源实现优化配置,推动企业和谐稳定发展。后者指的是煤炭企业与地方政府之间在服务经济发展大局与生态维护上达成共识,企业在党政方针政策指引下,与地方政府密切配合,优势互补,从而实现双赢。

4 矿区生态文明建设存在的问题

当前我国的煤炭企业存在资源基础薄弱、开采水平差异大、开采技术和设备不平衡、许多中小矿业企业生产技术和设备落后等问题,尤其是不少中小煤炭企业,其矿产资源开发利用不足,采矿研发投入不足,基础硬件资源不足,创新能力薄弱,企业管理方面又存在着诸多的漏洞,不具备吸引市场投资的能力,这势必导致这些中小企业在生态文明建设方面的资金投入出现问题。此外,传统的经营理念根深蒂固,企业普遍环保意识薄弱,对于生态文明建设,绿色可持续发展的内涵和认识不全面,内在动力不强。同时,随着市场化改革和经济发展的转型,不少煤炭企业未能够及时地进行改革升级,不少历史遗留问题成了当前制约企业发展的瓶颈,很多企业都面临着巨大的生存压力,却无力改变现状。大规模开采对许多地方的资源造成了严重破坏。导致许多矿山出现了减产,加之严重的环境污染、生产过程的安全管控漏洞、资源利用效率和生产效率较低等问题,严重阻碍了煤炭企业转型升级发展的进程。目前,共有953个矿山被列入绿色矿山名单,仅占全国矿山总数的1.6%左右。

5 矿区生态文明建设的基本原则

为了进一步推动新时期生态文明建设,我们必须坚持以下原则:尊重自然,保护环境,建立健康的生活方式,实施最严格的生态文明保护体系和法治原则,构建全球一体化的生态文明体系,以及将绿水青山作为金山银山,把山、水、林木、田野、湿地等作为命运共同体,努力实现人与自然和谐共处，共同创造美好的未来。

6 生态文明煤矿建设的具体措施

6.1 持续强化生态优先、绿色发展的可持续理念

作为我国基础能源安全的重要保障，煤炭的可持续开发与我国经济的发展息息相关，同时生态环境的修复又是利在千秋的重要举措，因此煤矿生态文明建设必须引起全社会的重视。建设绿色矿山，首先要从生态观念抓起，通过开展以生态保护为主题的宣传教育和警示教育，让"绿水青山就是金山银山"的理念根植在每位煤炭工人心中，推动企业内部研究成果转化，进一步完善生态修复技术标准，细化工作流程，强化绿化工程过程管控，始终贯彻生态优先、绿色发展的可持续理念。煤炭企业应层层夯实强化，筑牢环保意识，对于党和国家有关生态文明建设、煤炭企业转型发展的重要指示和战略方针要不断地深化学习，领会其思想内涵，从而内化于心、践行于行，使矿区生态环境成为推动企业转型发展的有利因素。不仅仅是企业的管理有关人员，每一位煤矿工人都应该将矿区的生态文明建设视为己任，切实担当起新时代煤矿工人的重要责任，只有这样，我们才能走出一条既快又好的转型升级发展之路，不断提高煤炭企业的综合竞争力。

6.2 大力推进煤炭企业科技创新，走绿色采矿和科技强企之路

为了促进煤矿科学健康发展，煤矿企业应该强力推行环境矿山管理模式，力求达到煤矿与环境的协调健康发展，以增强技术装备力量，改善自然资源开发利用模式，进行矿物新产品研发，进行并存、伴生自然资源开发的集成研究，提高自然资源综合利用率，做到无垃圾排出，力争创建天然环境矿井，例如引入领先的薄煤层全智能化刨煤机、大采高综采成套技术设备和硬岩挖掘机等矿山技术装备，以保护环境，促进煤矿持续健康发展。不断提升综采和综掘的工艺技术水平，推广精细采掘方法，提升自然资源回收率，实行废物处理，努力创建生态文明矿井。我国民营企业应在转变经济发展方式、发展循环经济效益、创新和构建社会主义生态社会发展的基础上，继续优化产业内部结构，大力推进绿化采矿和清洁生产，实行资源节约，逐步淘汰落后的技术和产能，从根源上治理环境污染。我们应该结合当地的生态系统特征，积极探索生态修复的方法，同时考虑中小企业的经济发展情况，走上一条基于中小企业自身特点的健康可持续发展之路。

6.3 提高煤矿开发准入标准，实施国家统一的煤炭开采法规

根据我国当前经济发展的特点，制定煤矿开发标准和准入条件。煤矿未来发展只有朝着大型化、智能化和生态一体化的方向，才能很好地实现生态环境的保护，因此煤矿的开采和建设必须在全国实施统一的行业标准和规范。如果煤矿生产不符合标准，应立即停工整改，整改后重新验收，对于违规建设开采的煤炭企业，尤其是那些无视生态环境保护的采矿企业要予以严厉惩罚，并且要求其关闭整改，追究相关单位及个人的法律责任。

6.4 完善相关的建设标准，健全矿区生态管理体系

受我国煤炭资源储备模式的影响，煤炭行业必须采取有效措施，从高层次上制定出有利于矿区生态文明建设的战略，包括完善环保矿井发展的制度、法规、企业文化、技术标准和方式，建立完善的环保管理制度、经济体制和文化系统，落实生态建设责任制，加强员工自我保护意识，以期实现可持续发展。严格执行矿山地质环境保护和土壤恢复计划，落实地质恢复、矿山

处理和发现制度,大力推进绿色矿山建设,建立矿山所有者履行义务的约束机制,完善生态矿山动态监测体系,监督矿山企业履行义务。为了促进煤炭行业的可持续发展,我们应该不断完善生态环境标准体系,并将其作为煤炭开采和生态文明建设的重要参考依据。为此,我们应该制定具体可行的指标,这些指标既要符合国家统一标准,也要体现矿区地方特色。例如在生产矿山监测方面,要研究和监测原材料开采全过程的生态恢复,主要从三个方面进行:一是原材料开采的源头防治。了解矿产资源的地质环境条件,分析当前矿山开采和开采环境中存在的问题,提出区域防治措施。二是对矿产资源开发过程的控制。在矿产资源开发过程中,跟踪矿山环境问题的发生、发展和趋势,并提出控制措施。三是承担矿产资源开发管理责任。矿产资源开发后,应对矿山环境问题进行深入分析和评价,并提出治理和恢复方案。

7 结束语

煤矿企业应当积极地推动社会主义生态文明建设,加速绿色生态经济发展脚步,以促进企业发展管理模式的实质性转变。为此,我国煤炭企业应当走上一条生态产业互动、经济快速发展与资源环境协调发展的道路,从以资源消耗为经济代价的粗放型发展转变为可持续发展模式,达到可持续发展的总体目标。将传统的自然需求转化为人与自然和谐共处,将尊重自然、适应自然、保护自然的生态文明理念融入公司发展愿景中,以促进经济增长与生态环境和谐发展,推动煤炭企业实现绿色优质高效的经济发展。

为了实现绿色生态矿山企业的建设,矿山企业应当深刻认识到新形势下社会主义生态文明建设的重要性,将保护和恢复矿区生态环境放在首位,将煤炭资源的开发与保护放在同等重要的战略管理地位,统一规划,在煤炭生产过程中履行企业的社会责任,进一步提高煤炭生态化开采、节能环保技术水平,加强生态环境治理力量和综合治理技术水平,以实现可持续性发展。

参考文献

[1] 巴音,李永峰.煤矿区生态文明驱动机理与测度研究[J].中国矿业,2017,26(增刊1):142-147.

[2] 崔艳,麦方代.小保当煤矿智慧矿山生态环境防治体系建设模式研究[J].煤炭工程,2017,49(5):20-23.

扎尼河露天矿基于边坡稳定优化生产工艺

王 蛟

(内蒙古大雁矿业集团有限责任公司扎尼河露天矿,内蒙古 呼伦贝尔 021122)

摘 要 扎尼河露天矿自 2011 年初次滑坡起,边坡灾害一直制约着露天矿的安全生产。条带控制式开采工艺预留西侧煤壁虽在抑制东帮变形中起到了显著作用,但其开采效率低下、煤炭资源损失严重、三角煤柱支撑效果较差,仅采用条带开采工艺已无法满足露天矿安全生产工作要求。因此,为了最大限度抑制边坡变形,确保采煤工作安全、高效、有序进行,本文结合生产现场实际情况,对比分析预留煤柱和底煤开采工艺的优劣,最终选取预留安全煤柱控制开采与条带开采相结合的控制开采工艺进行下阶段采煤工作。实践证明,优化生产工艺后不仅提高了原煤生产效率、增大了煤炭资源回采率,而且保证了东帮边坡稳定,创造了良好的经济安全效益。

关键词 条带开采;预留安全煤柱;边坡稳定;优化生产工艺

0 引言

扎尼河露天矿工程地质条件复杂,受第四系涌水和东外排土场压力等因素影响,自 2011 年初次滑坡起,一直深受边坡灾害制约,给安全生产工作带来了极大的困难和挑战。为此,露天矿以开采安全为前提,自 2014 年 9 月开始实施"条带控制式"开采工艺,有效保障了施工作业安全,最大限度地抑制了东帮变形及滑坡风险。但考虑到条带开采工艺的特殊性和局限性,以及疏干降水因素影响,进入 2017 年以后,其开采效率低下、煤炭资源损失严重、三角煤柱支撑效果差等缺点日益突出,滑坡风险大幅增加,安全生产形势异常严峻。因此,该矿急需根据采场实际情况基于边坡稳定因素优化原煤生产工艺,以确保采煤施工作业安全和东帮边坡稳定。

1 矿田概况及工程地质条件

1.1 矿田概况

大雁煤田位于大兴安岭西麓海拉尔河中游,行政区隶属内蒙古自治区呼伦贝尔市鄂温克族自治旗,扎尼河露天矿位于大雁煤田西区的西部,东西长 3.92 km,南北宽 3.80 km,面积14.90 km^2。

作者简介:王蛟,山东泰安人,汉族,2012 年参加工作,工程师,大学本科,党校在职研究生学历,现任内蒙古大雁矿业集团有限责任公司扎尼河露天矿技术副总工程师。

1.2 工程地质条件

1.2.1 边坡地层构成

扎尼河露天矿东帮边坡的上部是第四系地层,下部为伊敏组,主要由腐殖土、细沙、黏土、砾石层、泥岩等组成,其中大部分遇水易软化膨胀,并形成弱层,属极不稳固型,不利于边坡稳定。

1.2.2 地质构造

大雁煤田西区为一条带状展布的向斜构造盆地,地层走向呈 NEE 向,至扎尼河一带转为 NE 向,地层倾角较缓,一般为 $6°\sim12°$,向斜翼部最大倾角约为 $30°$。

1.2.3 水文地质

矿区水文地质条件中等,第四系孔隙潜水发育,并存在弱承压水头(约 3 m),不利于松散岩层的边坡稳定性。第四系潜水层受大气降水、山坡侧向径流和海拉尔河水补给充分,且边坡构成隔水性较差,易造成边坡失稳[1]。

2 以往滑坡情况简介及治理措施

扎尼河露天矿边坡滑坡始于 2011 年,南区非工作帮边坡 626～638 m 平盘首先发生滑坡;2012—2013 年主要以局部小范围片帮为主,其间采取了一定措施,但效果甚微;2013 年底—2014 年 6 月,滑坡逐渐加剧,其间共计发生过 5 次滑坡,其中 2014 年 4—5 月发生的几次滑坡规模较大、时间集中,5 月 22 日北区滑坡为历史规模最大。总结历次滑坡,其产生区域多为非工作帮地面至采煤台阶(前缘位置不尽相同),滑坡切入口为第四系或煤层,剪出口大多为 10 煤层顶板[2-3]。

针对以上滑坡情况总结分析,按照条带开采工作原则,自 2014 年 9 月开始组织南区条带开采,先后编制了 20 项措施,共计完成 30 个条带开采,长度 1 965 m,回采原煤 755.01 万 t,形成 3 个内排平盘。通过采取"快速开采、快速内排"的条带开采方式,施工期间未发生较大范围滑坡事件,未造成人员伤亡和设备损坏,实现了安全生产。

3 优化设计背景

扎尼河露天矿第一阶段及北区第二阶段局部条带开采工程均已完成施工,并实现内排压脚,预留西侧停采煤壁在一定程度上有效抑制了东帮及内排土场大范围内的滑动变形。但由于露天矿边坡稳定条件和内排土场的整体稳定性较差,加之第四系地层涌水、东外排土场压力等因素影响,自 2016 年 12 月以来,北区条带开采区域上覆内排土场出现滑动现象,且伴随条带开采向南推进,滑动区域呈逐渐向南扩大趋势,所涉滑动土方量约 93 万 m^3。

4 优化设计方案

4.1 总体开采思路

受采场实际条件限制,下阶段采煤工作整体上仍需以控制开采工艺为主。通过分析边坡变形区域特征,目前北区和中区交界区域边坡稳定条件相对较好,在该区域(南北宽约 180 m)内布设有两个人工监测点,监测数据显示其边坡变形速率相对较小,因此计划在该区域预留一定宽度安全煤柱后,以电铲作业的方式正常开采至煤层底板,在内排的同时利用已揭露底板的优势向南北各扩展一个条带,利用小型设备以条带开采作业方式实现快采快排,此开采工艺既可以保证开采效率,同时又能解决南北条带坡道施工问题[4]。

4.2 煤柱或底煤留存工艺

为弥补条带开采或区域开采边坡安全储备不足的问题,需预留一定宽度或一定厚度底煤。原有物理力学试验结果表明,9煤底板存在弱层,因此在进行煤柱宽度计算时按照存在弱层考虑,其留煤方式及计算结果如下(图1):

(1) 20 m安全煤柱,不留底煤:$F_s=1.062$;

(2) 10 m安全煤柱,同时保留5 m厚底煤:$F_s=1.077$。

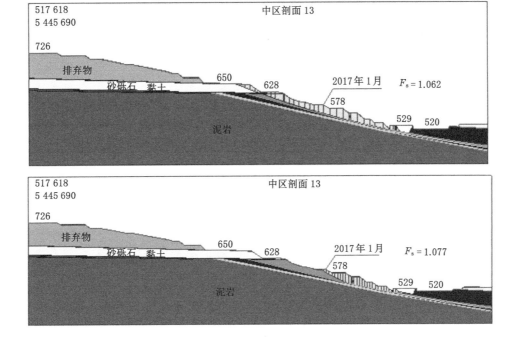

图1 煤柱底板存在弱层条件下的稳定计算结果

通过分析可知,10 m煤柱加5 m底煤方式所损失的煤量相对较多,稳定计算结果及所涉煤量见表1。

表1 煤柱留存方案及稳定计算结果

计算条件	煤柱留存方式	稳定系数	煤量/万 t
煤柱底板存在弱层	20 m宽煤柱	1.062	17.96
	10 m宽煤柱+5 m厚底煤	1.077	19.05

从计算结果可知,当预判煤柱底板存在弱层时,边坡稳定系数处于1.05～1.1之间,由于条带开采后在较短时间内即可形成内排,因此不采取扩大煤柱宽度以提高安全储备。综上所述,应采取预留20 m安全煤柱的开采工艺,涉及煤量约17.96万 t(按本阶段335 m南北宽度计算)。但20 m安全煤柱并非永久性煤柱,待具备一定条件后,可在边坡变形监测的前提下将部分煤柱回收。

4.3 开采方案

4.3.1 开采方式

依据边坡稳定条件的分析,结合采场实际条件,下阶段采煤工作仍需以控制式开采工艺为主,北区继续按照条带开采的方式进行第八条带开采;中区在保留 20 m 安全煤柱的前提下,自北向南 180 m 范围内按照电铲作业的方式在 510 m 水平正常开采至煤层底板,利用 510 m 水平以条带开采方式分别向北、向南各扩展一个条带(上部开口宽度为 60 m),完成开采范围内全部煤体的回收。

4.3.2 开采范围及流程

目前,北区剩余南北宽约 95 m 的区域尚未开采,加之中区南北宽 180 m 正常开采区域和 60 m 条带开采区域,本次划定施工范围南北实际宽约 335 m。因受条带开采方式所需坡道及空间距离等因素限制,按先后顺序将待采原煤划分为 4 块区域,分别以控制式开采和正常开采工艺进行原煤回采,分别回采 530~540 m、520~530 m、510~520 m 三个水平台阶实体煤。具体开采顺序及参数如下:

(1)在北区现有西侧停采线基础上,将停采线西扩 10 m,东侧预留 2 m 煤柱,进行北区第八条带开采,开口宽度为 50 m;与此同时,电铲继续进行北区和中区交界区域 510~520 m 采掘工作。

(2)以新扩的停采线边界为准向南延伸,东侧预留 20 m 煤柱,以电铲正常开采作业形式进行 2# 区域采掘工作,该区域可细化为北、中、南各 60 m 三块区域,按照从北向南顺序依次开采。

(3)当北部 60 m 采掘工作结束后,结合该区域东帮变化情况,在内排的同时,利用该区域已揭露底板作为北侧条带开采坡道,以豁口形式向北延伸,利用小型设备进行 3# 区域的条带开采工作(上部开口宽度 45 m)。

(4)当 2# 区域全部采掘工作结束并实现北、中区域内排压脚后,依照 1# 区域西侧停采线边界延伸至 4# 区域作为西侧边界,利用条带开采方式完成 4# 区域全部煤体的回收工作(上部开口宽度 60 m)。

5 施工难点及解决办法

为确保基于边坡稳定开采方案的顺利实施,自 2017 年 1 月 20 日开始组织施工以来,先后编制了《中区局部开采安全技术措施》《490 m 水平以上采剥接续作业安全技术措施》等措施,针对施工中出现的难点问题加以分析,结合现场实际积极解决治理。本工程在保证边坡稳定的前提下,累计回采原煤 78.6 万 t。

5.1 内排场地基底清理

由于开采期间煤层水位呈上涨趋势,西侧区域涌水严重,造成深部煤体回收及基底淤泥清理极为困难。为此,在见水前,提前清理东侧揭露底板地段基底淤泥,修筑导水盲沟,将第四系涌水导入煤层中;回收西侧见水区域煤体时,采取液压反铲下挖甩煤的方式逐步回收深部煤体,并适当清理基底,减少孔隙水压力,以提高排土场基底的抗滑能力。

5.2 内排程序及要求

5.2.1 排弃物料

为增大排弃物与基底摩擦力,同时为防止因内排土场渗水而导致的排土场基底弱层演化,提前选用砾石类、粗颗粒透水性岩石排弃 1～2 m 后,再覆盖其他剥离物。

5.2.2 排弃顺序

按照自下而上、分层排弃的原则,先从最下部将排弃物与煤壁接触并填平,然后依据内排参数逐级向上排弃。

5.2.3 排弃要求

为增加内排压脚质量,排弃时严格按照自上而下、由北向南顺序排弃,每排弃 2～3 m 高度时,必须进行碾压夯实处理,加强内排物料的固结程度,以提高内排土场的稳定性。

5.3 解冻期桃花水治理

2017 年冬季平均气温高于往年,为防止春季桃花水渗入内排台阶,造成边坡失稳,先后 10 次对开采区域及北端帮的集水坑和挂冰处进行清理,预先疏通导水管路,清除淤泥,有效解决了春季桃花水导入煤层渗透问题。

5.4 安全煤柱的回收

预留一定宽度的安全煤柱可有效提高煤柱上方内排台阶稳定系数,但会导致部分煤炭资源损失,为最大限度地回收煤炭资源,根据边坡监测数据及现场实际条件,在保证边坡稳定和下部区域施工作业安全的前提下,按照煤柱回收要求对 520 m 水平以上安全煤柱进行回收。现阶段,已由北向南回采南北宽 215 m 范围内 520 m 水平煤柱,回采原煤 9.8 万 t。

6 优化后成效

6.1 经济效益

(1) 因条带开采的特殊性和局限性,若此次划定南北宽为 335 m 范围内的煤体回收工作仅采用条带开采工艺,所回采煤量仅为 60.4 万 t,比优化生产工艺后所采煤量减少 18.2 万 t。参照 2017 年销售单价 110 元/t,则多产 18.2 万 t 原煤增创利润 255.3 万元。

(2) 通过运用控制式开采与正常开采相结合的生产工艺,合理规划生产布局,优化采场作业面布置,加大了电铲使用效率,电铲共计回采原煤约 50 万 t。根据 2017 年一季度电铲和液压反铲综合统计数据,生产 1 t 原煤,电铲需耗电 1.1 kW·h,液压铲需耗油 0.2 L。因此,生产 50 万 t 原煤,电铲耗电 55 万 kW·h,按每度电 0.5 元计算,使用电费 27.5 万元;液压铲耗油 10 万 L,按柴油每升 6.5 元计算,使用柴油费 65 万元。对比之后,节省油费 37.5 万元。

通过增大原煤回采率、加大电铲使用效率、减少燃油消耗,合计节约创收 292.8 万元。

6.2 安全效益

2017 年 3 月末顺利完成本次划定南北宽约 335 m 范围的原煤回采工作,将开采重心转移至西侧新露煤区域。通过对比开采前后边坡变形监测数据可知(见表 2),东帮及内排土场所有监测点的监测数据均保持平稳下降趋势。根据现场实际勘察,除中区内排土平盘局部小范围区域内有底鼓现象以外,其他区域基本趋于相对稳定状态,有效控制了边坡变形,为下阶段煤层开采创造了良好的边坡环境。

表 2　采场边坡监测位移数据对比统计表

点号	所在位置		1 月份位移速度最大值/(mm/d)		4 月份位移速度最大值/(mm/d)	
			水平	垂直	水平	垂直
BP1-2	北区	600 m 水平	30.9	4.3	11.30	2.5
BP1-4			190.9	−1.4	36.90	−3.5
BP1-1		578 m 水平	35.4	14.2	3.57	10.7
BP1-3			233.2	14.7	80.30	8.3
BP1-5			215.6	8.0	75.00	3.67
BP1-6	中区	578 m 水平	191.9	−11.4	52.50	−6.0
BP2-2		600 m 水平	110.0	−3.8	28.40	−2.0
BP3-5		520 m 水平	—	—	8.30	−7.0

7　结论

　　此次生产工艺优化设计是基于扎尼河露天矿边坡稳定和生产现场实际情况,充分利用预留安全煤柱对原煤进行条带式开采,控制式开采工艺有原煤回采率高、压煤量少、生产效率高等优点,以露天矿安全经济效益为核心,在稳步提高原煤生产效率、增大煤炭资源回采率的同时,逐步提升了东帮边坡的稳定性。该设计经过扎尼河露天矿近 3 个月的生产作业实践,证明切实可行,为扎尼河露天矿重大边坡灾害防治做出了巨大的贡献,对今后露天矿有效预防边坡灾害、确保施工作业人员和设备安全奠定了坚实基础。

参考文献

[1] 内蒙古煤矿设计研究院有限责任公司.内蒙古大雁矿业集团有限责任公司扎尼河露天矿初步设计[R].2012.
[2] 煤科集团沈阳研究院有限公司.扎尼河露天矿边坡稳定性研究[R].2013.
[3] 煤科集团沈阳研究院有限公司.扎尼河露天矿 C 标变形区控制开采方案研究[R].2014.
[4] 煤科集团沈阳研究院有限公司.扎尼河露天矿 2017 年一季度开采接续方案[R].2017.

扎尼河露天矿水害治理先进适用技术

——帷幕截水综合技术

王 蛟,赵玉国,刘汉权

(内蒙古大雁矿业集团有限责任公司扎尼河露天矿,内蒙古 呼伦贝尔 021122)

摘 要:长久以来,我国露天煤矿地下水控制方式粗犷单一,对水资源造成极大破坏,严重影响生态环境。如何优化、转变露天煤矿地下水控制方式,减少矿坑疏排水量成了露天煤矿实现绿色开采的崭新课题。扎尼河露天矿联合中煤科工集团西安研究院针对露天煤矿境界外河流湿地常年补水及对露天煤矿安全开采和区域水文环境的影响,研究开发了"露天煤矿帷幕截水关键技术体系",为露天煤矿地下水控制、安全绿色开采、生态修复及节能降碳提供了新思路、新技术。

关键词 露天矿;帷幕截水;绿色开采

0 引言

在我国露天煤矿建造截水帷幕尚无先例,本项目采用了理论分析与数学计算、室内物理模拟、计算机仿真模拟和室内与现场试验等方法研究了截水帷幕截渗减排影响机制和参数设计、超长截水帷幕建造工艺、强渗透地层截水帷幕充填材料、截水质量与效果检验方法等帷幕截水关键技术,并在扎尼河露天煤矿进行了应用。项目于2018年7月7日开工,2019年10月8日完成主体工程施工,开挖总工程量156 953.54 m³,项目总投资23 244.794 6万元,从根本上解决了露天煤矿疏排水问题和由此带来的边坡稳定问题,保障了露天矿安全绿色开采。同时,丰富了露天煤矿防治水与水资源保护技术理论,促进了行业技术进步,为露天煤矿地下水控制及安全绿色开采提供了新思路、新技术、新工艺,对我国露天煤矿开发中的生态环境与水资源保护和水害预防与控制有重要的示范意义,对其他非煤矿山及水利水电、交通等更高抗渗等级要求的工程也具有重要借鉴意义。

1 技术内容

1.1 基本原理

露天矿帷幕截水综合技术是在煤田周边,通过多种工艺、技术形成复合型地下截水帷幕,用以阻隔或减少地下水渗入采坑,控制采坑外地下水位的防治水技术。

作者简介:王蛟,汉族,山东泰安人,2012年参加工作,工程师,大学本科,党校在职研究生学历,现任内蒙古大雁矿业集团有限责任公司扎尼河露天矿技术副总工程师。

1.2 关键技术

低强度抗渗混凝土配合比技术、防渗膜大深度垂向隐蔽铺设与连接技术、超长槽段开挖与泥浆护壁技术、高掺量粉煤灰-水泥混合浆液注浆充填技术、强渗透厚砾石层中高压旋喷成桩技术。

1.3 工艺(施工)流程

1.3.1 施工流程

施工工艺应随着工程的不断实施和工程地质条件与水文地质条件的变化及时调整。

地下混凝土连续墙是目前最常用、效率最高、截水效果最好的帷幕施工工艺,也是广泛应用的成熟工艺。在 2015 年扎尼河露天矿开展试验工程时,就采用地下混凝土连续墙工艺验证了施工工艺的可行性和截水效果,近几年随着施工工艺的进步和材料科学的发展,防渗膜(土工布)作为新的防渗材料逐渐应用在平面或斜面铺设的防渗漏、防扩散工程项目中。本着应用新材料和新工艺的思想,本工程将防渗膜应用于垂向隐蔽铺设,作为本项目重要施工工艺之一。另外,由于设计帷幕线要穿越 G301 国道、多条地埋光缆和架空高压线等障碍,在这些特殊区域无法采用成槽施工时,选用高压旋喷注浆工艺。因此,在 2017 年项目立项时,选用了三种施工工艺,即地下混凝土连续墙(深度大于 35 m 区域)、防渗膜垂向隐蔽铺设(深度 35 m 以内区域)、高压旋喷注浆工艺(特殊施工区域)。由于防渗膜大深度垂向隐蔽铺设并无应用先例,于是在 2018 年工程实施期间,开展了防渗膜垂向隐蔽铺设的工程试验,最大深度突破了 50 m。同时,随着对矿坑水文地质条件的进一步探查和研究,对截水帷幕结构进行了优化,故在 2019 年工程实施之前,进行了设计变更,变更的主要内容是采用防渗膜铺设工艺全面替代混凝土连续墙工艺,并且在铺设防渗膜之后采用粉煤灰-水泥混合浆液进行充填,达到双重防渗效果。

2019 年工程实施期间,高压旋喷注浆工艺在不同施工区呈现出不同的成桩效果,在东部区 G301 国道北侧进行的试桩试验表明,由于水文地质条件复杂,无法达到成桩要求,故变更施工工艺为钻孔咬合桩,西部区的施工工艺不变。因此,本项目经过多次现场试验和设计变更,最终采用四种帷幕工艺完成了现场施工,分别为地下混凝土连续墙工艺、防渗膜垂向隐蔽铺设工艺、高压旋喷注浆工艺和钻孔咬合桩工艺,选用的防渗材料主要有抗渗混凝土、防渗膜、粉煤灰-水泥混合浆液和纯水泥浆。

工程设计时,按照不同施工工艺和地质条件,将帷幕线划分为 14 个工段,不同工艺的分区见图 1。

1.3.2 施工工艺

(1)地下混凝土连续墙工艺:混凝土连续墙工艺是利用双轮铣槽机及液压抓斗机形成槽段后,向槽段内浇筑抗渗塑性混凝土形成地下截水墙体。

(2)防渗膜垂向隐蔽铺设工艺:防渗膜工艺是利用双轮铣槽机及液压抓斗机形成槽段后,沿着槽段垂向铺设防渗膜,向槽段内注入高掺量粉煤灰混合浆液置换槽段护壁泥浆形成地下截水墙体。

(3)高压旋喷注浆工艺:高压旋喷注浆是利用钻机将注浆管及喷头钻至桩底设计高程,将水泥浆液通过高压泵使液流获得巨大能量后,从喷嘴中高速喷射出来,形成一股能量高度集中的液流,直接冲击、切割、破碎地层土体,并以水泥基质浆液充填、渗透其中。钻杆边旋转边提升,使浆液与土体充分搅拌混合,在土中形成柱状或板墙状的固结体,用以提高地

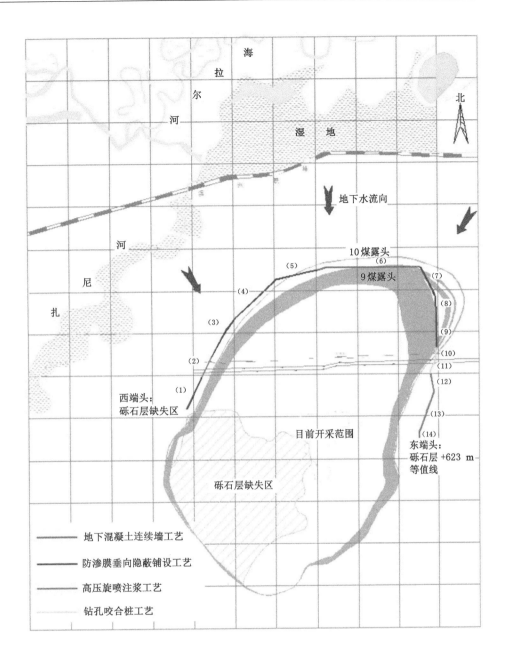

图 1　不同施工工艺分区图

基防渗或承载力。

（4）钻孔咬合桩工艺：咬合桩工艺分为旋挖钻机施工和反循环钻机两种施工方法，通过钻机成孔后注入水泥粉、煤灰混合浆液，浆液凝结形成防渗桩，单桩直径 1 m，连续两根桩重合 0.3 m 以保证接合处防渗性，连续施工防渗桩形成墙体。

2　质量与效果全过程检验体系

通过采用 6 种方法检验截水帷幕的施工质量和截水效果，形成定性与定量相结合、截水帷幕实施过程中和结束后不同阶段的截水帷幕"六位一体"全过程检验体系，见图 2。

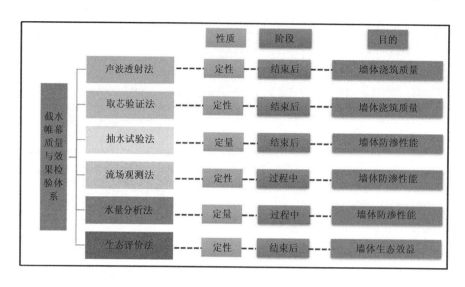

图 2 "六位一体"截水帷幕质量与效果全过程检验体系

3 研究成效

（1）研究露天煤矿截水帷幕构建的必备条件、有利条件和经济条件，根据截水帷幕不同的结构形式、平面展布和剖面形态，将截水帷幕形式划分为桩孔压入式与沟槽灌入式、直线型与弧线型、落底式与悬挂式等不同类型。通过深入研究扎尼河露天煤矿水文地质与工程地质特征，分析了截水帷幕的构建条件，确定扎尼河截水帷幕的形式为沟槽灌入式＋桩孔压入式弧线型落底式截水帷幕。

（2）研究帷幕墙截渗效果主控因素，揭示了渗流量与各主控因素间的相互关系。运用地下水渗流理论和复变函数理论，推导了通过防渗墙两侧和防渗墙底部的绕流量计算公式和通过防渗墙自身的渗流量计算公式。结果表明，绕流量与含水层渗透系数 K 和水头损失 H 呈正比，与防渗墙长度 l 和深度 d 呈负相关关系。渗流量与防渗墙厚度 B 呈负相关关系，与防渗墙渗透系数 K_2 呈正相关关系；运用计算机数值模拟研究了防渗墙长度、厚度、深度与墙体渗透系数对截渗减排效果的影响，建立了露天煤矿帷幕墙截渗减排机制。

（3）提出截水帷幕设计的安全有效、经济合理和环境友好三原则，依据"顶不越、底不漏、两端不饶、接头不渗"的"十四字"准则，对扎尼河露天矿截水帷幕的平面展布形态和空间结构进行了设计，截水帷幕总长度 5 815 m，深度 21～56 m，平均深度 36 m，有效厚度 0.6～0.8 m。结合工程地质与水文地质特征和现场施工条件，确定扎尼河截水帷幕由 4 种帷幕工艺组合而成，分别是地下混凝土连续墙工艺、防渗膜垂向隐蔽铺设工艺、超高压角域变速射流注浆工艺和钻孔咬合桩工艺。

（4）开展帷幕工艺试验，研究 4 种帷幕工艺的施工工艺与参数，形成高渗透强富水地层超长帷幕建造新工艺，研制了柔性高抗渗截水帷幕新材料。在防渗膜大深度垂向隐蔽铺设与连接技术方面取得突破，革新了超高压角域变速射流注浆工艺，研发了超长槽段连续开挖与浇筑工艺，研制了高掺量粉煤灰水泥混合浆液与 HDPE 防渗膜的复合帷幕材料，研制了露天煤矿防渗帷幕墙用抗渗混凝土及其制备方法，攻克多项关键技术。

（5）建立以声波透射法、取芯验证法、抽水试验法、流场观测法、水量分析法、生态评价法为主的"六位一体"效果检验体系,在截水帷幕建造过程中和结束后,从定性和定量两个角度检验和验证了截水帷幕的效果。声波透射法验证混凝土浇筑和粉煤灰-水泥混合浆液回填密实、无空洞和裂缝;取芯验证法证实混凝土浇筑、粉煤灰-水泥混合浆液回填均匀、密实,高压旋喷桩和钻孔咬合桩桩径与桩间搭接符合设计要求;通过抽水试验法取得了墙体的渗透系数为 $0.64 \times 10^{-3} \sim 0.79 \times 10^{-3}$ m/d,等级为极微渗透级;利用墙体两侧 39 个水文观测孔长期观测了流场变化,得到截水帷幕效果的显现过程;水量分析法直接验证截水帷幕的效果,矿坑疏排水量自试验工程实施时的 17.4×10^4 m³/d 衰减至目前的 4.2×10^4 m³/d,总水量衰减 76%(动态补给量衰减 89%),矿坑疏排水量仍在持续衰减中,截水效果显著。

(6)截水帷幕形成后,生态环保和安全生产效益显著。生态环保方面,帷幕墙外围约 20 km² 范围内地下水位回升至生态水位,解决了当地牧民取水困难的问题;同时,帷幕外围归一化植被指数由 0.1 增加至 0.4,植被多样性增加 15% 以上,生态环境得以改善,促进了植被生长,并且有效保护了地下水资源,降低了环保风险。安全方面,矿坑疏排水量的减少,降低了边坡滑动的风险,边坡稳定系数增加至 1.2 以上,有效保障了边坡稳定和安全生产。节能降碳方面,自 2019 年以来,扎尼河露天矿结余电量 7 108.63 万 kW·h,结余疏排水电费 7 800 万元以上,相当于减排约 1 933.5×10⁴ kg"碳",2021 年度后预计平均每年结余电量约 3 175 万 kW·h,平均每年减排约 863.6×10⁴ kg"碳"。由截水帷幕带来的生态修复、节能降碳效果显著。

(7)该项目形成了露天煤矿截水帷幕关键技术体系,开创了我国露天煤矿建造帷幕墙的先例,解决了露天煤矿疏排水问题。项目实施后将产生显著的经济效益、社会效益和生态效益。

4 推广潜力

帷幕工程开创了我国露天煤矿通过截水帷幕综合技术实现截水减排的先例,为我国东部草原区露天煤矿地下水疏降与控制及安全绿色开采提供了新思路、新技术、新方法,对草原的生态环境保护、露天矿山的水资源保护和水害预防与控制具有重要的借鉴意义,研究成果具有广泛的推广应用价值。

参考文献

[1] 中国矿业学院.露天采矿手册[M].北京:煤炭工业出版社,1987.
[2] 周昌寿,杜竞中,郭增涛.露天煤矿边坡稳定[M].徐州:中国矿业大学出版社,1990.

高压电气柜操作机器人视觉位姿感知与控制关键技术

翟昱博

（国能北电胜利能源有限公司，内蒙古 锡林浩特　026000）

摘　要　为了提升高压电气柜操作的安全性，本文经过探索、研究、创新，通过"自主设计＋自主研发＋自主制造"的方式，成功研发了开关柜智能操作机器人。该机器人在技术方面突破了定位精确、无轨纠偏、检测、操作自适应，实现机器人与操作对象的精准耦合、远程操作。通过远程或者控制面板输入指令，开关柜智能操作机器人收到指令进入监测高压柜状态，进行热备冷备两种状态的转换操作，操作完毕自动返回充电。该机器人采用先进的高精度传感器，对高压柜搜寻定位精确，各状态参数检测全面，杜绝人工误入带电间隔，准确度远远高于人工，且具有视频采集功能，远程可以清晰查看现场配电柜运作状态，达到以技保安的目标。

关键词　高压电气柜；机器人；高精度传感器；精准定位

《关于加快煤矿智能化发展的指导意见》（发改能源〔2020〕283号）中明确指出，煤矿智能化发展的任务和目标是煤矿生产全方位多维度信息融合感知，促进数字化"人机环管"高效协同，重点突破我国煤矿综掘的智能化快速掘进技术及装备，提高煤矿生产效率，推进绿色发展，实现煤矿智能化生产[1]。随着现代科学技术的迅猛发展，工业控制系统逐步走向自动化、智能化、大型化；新技术、新工艺、新设备不断涌现，要求一线员工不断地更新科学知识和提高技术水平，以适应公司智能化发展的需要。杨文娟等人研究了机器人基于激光成像特征的掘进机位姿视觉检测系统[2]；张凯等人基于机器视觉技术，解决掘进机空间位姿的检测[3]；葛世荣对煤矿机器人现状及发展方向给出了相关指导意见[4]；褚成成等人研究了煤矿救援机器人语音交互单元[5]；张敏骏等人研究了掘进机远程监控系统设计与位姿检测精度验证[6]；张旭辉等人对煤矿掘进机器人虚拟仿真与远程控制系统进行了研究[7]；马宏伟等人对煤矿掘进机器人系统智能并行协同控制方法进行了研究[8]。对于煤矿地面生产系统，设备停送电作业危险性较大，作业次数较多，停送电工作出现了高频次、高集中、高强度、高风险的局面，加之停送电操作作业的特殊性，给停送电操作人员带来较大的安全风险，成为地面生产系统一大事故隐患。为了保证停送电作业人员的安全，提高工作效率，我们自主设计研发了"开关柜智能操作机器人"。

1　当前存在问题

人工停送电操作时不仅有安全风险，还存在以下几个问题：

作者简介：翟昱博，男，汉族，2021年毕业于白俄罗斯布列斯特国立工业大学机械制造系，硕士研究生，主要从事工作智能化设备维修与大数据分析工作。

（1）高频次的人工停送电操作,存在较大的安全风险。

（2）停送电作业流程均需在线下完成,时常出现"申请难""找人难""审批难",效率低下。

（3）现有的远程电动分合闸技术双热备,电气开关仍然处于待机状态,不是真正意义上的冷备用,不符合电气安全操作规程。

2 设计方案及原则

2.1 设计方案

开关柜智能操作机器人包括行走机构、执行机构和控制系统。行走机构包括两个前驱电机和两个后驱电机,前驱电机和后驱电机通过支架与车身底部固定连接,前驱电机和后驱电机的电机轴上固定连接有车轮,车身上设有无轨纠偏装置,通过行走机构移动到指定位置,转动节杆伸入高压配电柜的开关柜与开关钮配合后旋转,主要功能是对高压动力柜进行冷备用和热备用的转换,通过机器人代替人力,既能完成大量停送电工作,又能保证作业人员安全,确保万无一失。控制系统包括:PLC 和扩展模块、障碍激光传感器、减速激光传感器、电磁传感器、四个柜号识别激光传感器、前后激光传感器、编码器、后退零点传感器、下行零点传感器、上下定位传感器、高压接触器位置传感器。高压配电柜上吸附有用于辅助传感器精准定位的反射点。该系统电气系统原理图如图 1 所示,PLC 控制程序如图 2 所示。

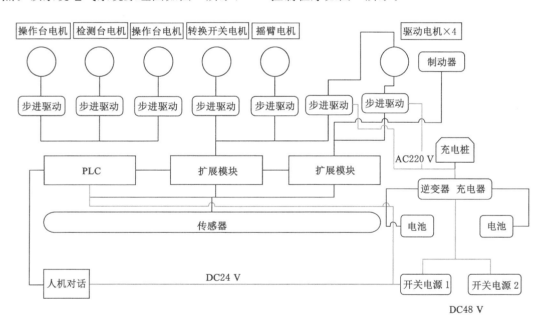

图 1 电气系统原理图

行走机构利用变频器对前驱电机和后驱电机进行驱动,驱动电机安装有制动器,可以保证在机器人到达指定位置时停车位置精确,不会因为惯性或执行动作时的反作用力造成位置偏移。行走机构如图 3 所示。电源部分包括充电逆变器与蓄电池、充电插口与充电桩,充电插头与充电桩通过弹簧自适应连接。

无轨纠偏装置包括安装板、定滑轮和磁铁;安装板与车身底部固定连接,安装板远离车身一侧设有定滑轮和磁铁,定滑轮水平设置,磁铁最右侧与定滑轮最右侧的水平间距为 2～3 mm。如果机器人将要朝向高压配电柜一侧偏移,定滑轮会抵住高压配电柜下方,防止本装

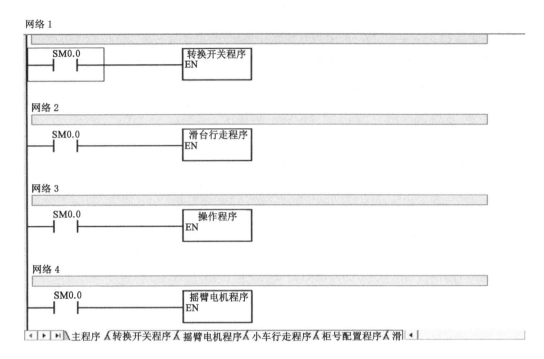

图 2　PLC控制程序图

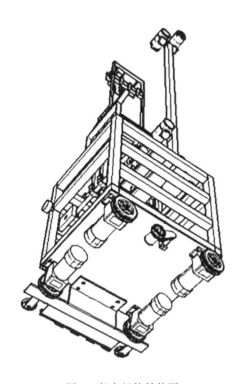

图 3　行走机构结构图

置向高压配电柜一侧偏移;如果机器人将要朝向远离高压配电柜一侧偏移,磁铁的磁力与高压配电柜之间的吸引力会避免本装置向远离高压配电柜一侧偏移,保证机器人按既定轨迹行走。

　　转动节杆为可伸缩限矩结构,节杆上设有机械扭矩限制器。转动节杆插口与高压配电柜的开关相配合时,可避免插入时存在的微小误差使转动节杆损坏,节杆上设有机械扭矩限制器,可避免转动时产生误差或损坏插口和高压配电柜的开关(图 4)。

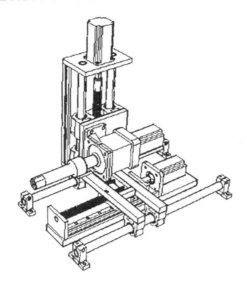

图 4　操作机构结构图

2.2　设计原则

电气开关远程智能操作机器人设计遵循以下原则：

（1）不改变应用场所的原有结构。

（2）不改变操作对象的原有机构。

（3）整个作业过程均在实时监控下自行完成。

（4）线上一键申请、一键操作。

2.3　系统工作流程

该系统在充电桩处接受指令,搜索任务目标,发现目标后,对任务目标进行状态检测,分析当前工作任务状态。若分析正确,则进入任务执行阶段,将操作机构进行对位,判断转换开关是否为"零"。若为"零",摇动手车,通过灯光传感器及视频识别系统判断手车位置。若手车到位,则转换开关位置,作业任务完成后自动返回充电桩。

3　机器人工作原理

热备转冷备以及冷备转热备系统操作流程如图 5 所示。

3.1　热备转冷备（停电）

机器人接收到操作指令后,通过行走机构移动,搜寻到该任务所对应的高压柜并完成横向定位,然后启动检测机构,对对应高压柜进行当前状态及柜号检测,把检测结果上传至控制系统,控制系统根据任务指令与当前高压柜检测结果进行逻辑分析,判断该任务是否可以执行。若无错误时开始执行操作动作,首先把转换开关由"远方"位转动至"零"位,然后通过纵向移动升降台搜寻检测位,完成纵向定位,前移操作台对操作杆与操作孔进行耦合,操作杆与操作孔达到满耦合后开始逆时针旋转,摇动高压柜接触器小车由工作位向试验位移动,当接触器小车到达试验位时,高压柜智能操控装置小车指示灯由垂直红色变水平绿色。检测台灯光检测系统识别到指示灯变化后,立即把检测结果上传至控制系统,由控制系统判断接触器小车已到达

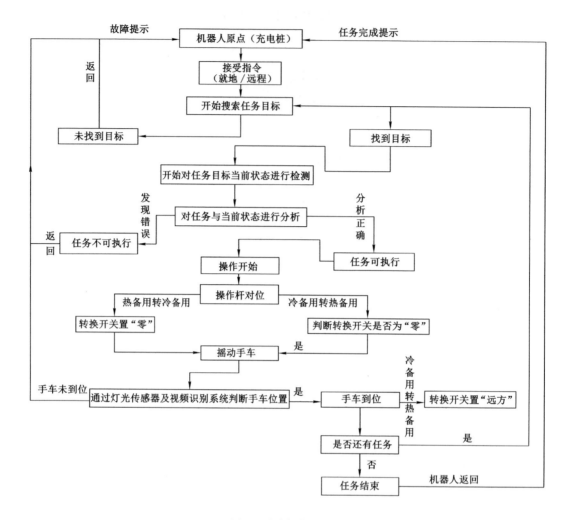

图 5　系统操作流程图

试验位,立即停止操作杆转动,然后收回检测台与操作台。当检测台与操作台回到原点后,升降台再收回操作杆至升降台原点,检测台、操作台、升降台全部返回原点。控制系统根据任务指令进行判断该设备是否单驱或多驱,如果是多驱则启动行走机构移动,搜寻下一台高压柜,继续进行操作,如果是单驱则启动行走机构返回机器人原点,人机界面提示任务完成并进行充电。

3.2　冷备转热备(送电)

　　机器人接收到操作指令后,通过行走机构移动,搜寻到该任务所对应的高压柜并完成横向定位,然后启动检测机构,对对应高压柜进行当前状态及柜号检测,把检测结果上传至控制系统,控制系统根据任务指令与当前高压柜检测结果进行逻辑分析,判断该任务是否可以执行。无错误时开始执行操作动作,首先通过纵向移动升降台搜寻检测位,完成纵向定位,前移操作台对操作杆与操作孔进行耦合,操作杆与操作孔达到满耦合后开始顺时针旋转,摇动高压柜接触器小车由试验位至工作位移动,当接触器小车到达工作位时,高压柜智能操控装置小车指示灯由垂直绿色变水平红色,检测台灯光检测系统识别到指示灯变化后,立即把检测结果上传至控制系统,控制系统判断接触器小车已到达工作位,立即停止操作杆转动,把转换开关由"零"转动至"远方"位,然后收回检测台与操作台,当检测台与操作台回到原点后,升降台再收回操作杆至升降台原点,检测台、操作台、升降台全部返回原点。控制系统根据任务指令进行判断该设备是否单驱或多驱,如果是多驱则启动行走机构移动,搜寻下一台高压柜,继续进行操作,如果是单驱则启动行走机构返回机器人原点,人机界面提示任务完成并进行充电。

3.3 故障报警

机器人共设有 8 组故障和 1 组报警提示,分别为:机器人搜寻目标失败故障、柜号识别错误故障、输入指令错误故障、逻辑错误故障、检测台过位故障、操作台过位故障、升降台过位故障、手车到位故障和手车卡涩报警。

机器人搜寻目标失败故障:在规定的时间内未搜寻到目标,执行回原点且人机画面提示故障原因。

柜号识别错误故障:搜寻到目标后,检测到柜号与输入任务设备不对应,执行回原点且人机画面提示故障原因。

逻辑错误故障:搜寻到目标状态与输入任务逻辑不符,执行回原点且人机画面提示故障原因。

输入指令错误故障:不管任何任务,只要检测到接触器小车处于合位时,不允许任何操作,执行回原点且人机画面提示故障原因。

过位故障:过位传感器有信号进入控制系统,执行回原点且人机画面提示故障原因。

手车到位故障:操作杆转动圈数超过既定数且未检测到到位信号,记忆并执行回原点且人机画面提示故障原因。

手车卡涩报警:操作杆转动圈数超过既定数,能检测到到位信号,记忆并任务完成后提示报警内容。

3.4 视频采集存储功能

机器人具有实时视频采集存储功能,可以远程清晰查看现场配电柜运作状态,远程操作时,如果发现异常可立即采取紧急停止命令,还可以将视频存储一周。

4 结语

(1)以停送电机器人为研究背景,机器人实现功能为研究基础,重点研究了机器人控制机构的设计以及操作程序,达到了机器人精准操作的目的。

(2)远程智能操作机器人系统能够实现并行协同智能控制,便于现场人员对机器人的控制管理,促进了煤矿机器人的智能化发展。

参考文献

[1] 王国法,任怀伟,赵国瑞,等.煤矿智能化十大"痛点"解析及对策[J].工矿自动化,2021,47(6):1-11.

[2] 杨文娟,张旭辉,马宏伟,等.悬臂式掘进机机身及截割头位姿视觉测量系统研究[J].煤炭科学技术,2019,47(6):50-57.

[3] 张凯,田原,贾曲.机器视觉在煤机装备中的应用现状与趋势[J].煤矿机械,2020,41(12):123-125.

[4] 葛世荣.煤矿机器人现状及发展方向[J].中国煤炭,2019,45(7):18-27.

［5］褚成成,葛世荣,朱华,等.煤矿救援机器人语音交互单元设计[J].煤矿机械,2010,31(4)：1-3.

［6］张敏骏,臧富雨,吉晓冬,等.掘进机远程监控系统设计与位姿检测精度验证[J].煤炭科学技术,2018,46(12):48-53.

［7］张旭辉,陈利,马宏伟,等.煤矿掘进机器人虚拟仿真与远程控制系统[J].工矿自动化,2016,42(12):78-83.

［8］马宏伟,王鹏,王世斌,等.煤矿掘进机器人系统智能并行协同控制方法[J].煤炭学报,2021,46(7):2057-2067.

安太堡露天矿探索试验边帮压煤资源回收

韩 进,张荣江

(中煤平朔集团有限公司安太堡露天矿,山西 朔州 036000)

摘 要 由于露天矿边坡稳定性、开拓运输系统布置及开采边界限制等因素,露天开采必然会出现边坡下部压覆资源(滞留煤)无法回收现象,导致这部分煤炭资源浪费,同时还留下煤层自燃、坡体损坏等安全及环境隐患。近几年来,以边帮采煤机为主要开采设备的边帮开采工艺系统不断发展、完善,为露天矿边坡滞留煤回收提供了重要途径。鉴于此,中煤平朔集团为提升国内露天行业技术水平,丰富国内露天矿山开采工艺,决定以安太堡露天矿为试验基地,开展露天矿边帮煤回收探索试验工作。

关键词 边帮煤回收;边帮采煤机;采煤硐室

安太堡露天矿是我国"七五"期间煤炭行业引进资金、设备、技术和管理的重点建设项目。该矿于 1982 年开始筹建,1985 年 7 月开工建设,1987 年 9 月建成投产。建矿 30 多年来累计生产原煤 5 亿多吨,为我国国民经济发展做出了突出贡献。由于露天矿边坡稳定性、开拓运输系统布置及开采边界限制等,并受到当时采矿工艺和技术的限制,露天开采必然会出现边坡下部压覆资源(滞留煤)无法回收现象,据初步统计在安太堡露天矿扩界后最终形成的边帮压覆资源量可达 1.5 亿 t 以上,导致这部分煤炭资源浪费。同时,压覆的这部分煤炭资源在裸露期间还容易因为氧化等原因造成煤炭自燃等现象,造成环境污染和边坡体的损坏,带来诸多环境和安全隐患。

近年来,煤炭开采工艺和技术不断发展,以边帮采煤机为主要开采设备的边帮煤开采工艺系统日趋成熟,为露天矿边坡滞留煤回收提供了重要途径,使用边帮采煤机回收露天矿的边帮滞留煤成为必然趋势。中煤平朔集团作为全国最早引进国际先进水平开采工艺和设备开发建设现代化露天煤矿的主体企业,多年来一直以探索研究国内国际最先进的露天矿开采工艺为使命。为开展露天矿边帮压煤资源回收方面的探索试验,提升国内露天行业在这一领域的技术水平,平朔公司以安太堡露天矿为试验基地,与中煤科工集团共同开展了安太堡矿南端帮 4# 煤的边帮煤回收试验项目。

1 项目建设情况

项目可行性论证:2020 年 12 月,中煤平朔集团有限公司委托中煤科工集团沈阳设计研究院有限公司(以下简称沈阳院)对安太堡矿边帮煤回收的可行性进行了论证,通过对安太堡矿

作者简介:韩进(1985—),江苏南通人,高级工程师,硕士研究生,毕业于中国矿业大学采矿工程专业,现任中煤平朔集团有限公司安太堡露天矿总工程师,从事露天采矿技术。

资源赋存条件、开采现状、压覆资源量、边坡稳定情况等因素进行论证,最终得出结论:安太堡矿边帮煤回收项目赢利能力强、经济社会效益显著、抗风险能力较强,有较大的开发价值,建议尽快实施边帮煤回收。

建设开工:2022年1月,安太堡露天矿边帮煤回收项目正式开工建设。考虑到端帮边坡稳定、端帮采煤与自营作业尽量避免交叉、后期排土规划等因素,将初始开采位置选在了矿南帮东侧。考虑到目前项目为试验性质,为确保边坡安全,仅对4#煤进行回采,边帮煤回收设备布置在安太堡露天矿南帮北侧内排土场1060平盘,垂直于安太堡南帮4#煤层进行回采作业,采硐的布置顺序为自东向西水平推进。

项目成果:端帮煤回收项目自2022年1月份开工至10月份结束,历时约10个月,共计开凿采煤硐室62个,采深75～254 m,合计进米深度12 000多米。项目总计回收端帮压煤约30万t,按照目前煤价估算,创造的经济效益约9 000万元。

2 设备及工艺介绍

2.1 设备选型

项目的主要开采设备为天地科技公司生产的EML型边帮采煤机,这是我国目前首套拥有完全自主知识产权的边帮煤回收设备,填补了国内边帮煤回收成套设备的空白。该设备由边帮采煤机、多单元速连带式运输系统、步进式行走平台、移动式卸料部、远程控制平台、抽出式通风除尘系统、边帮采煤装备导航及位姿监测系统、边帮开采工作面边坡稳定性监测系统组成。系统组成示意图见图1,实物见图2。

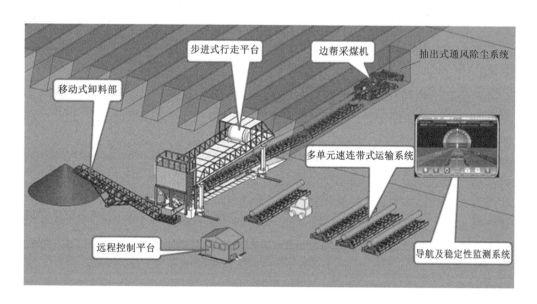

图1　EML型边帮采煤机概念图

其主要技术参数见表1。

图 2　EML 型边帮采煤机实物图

表 1　EML 型边帮采煤机主要技术参数

项　目	指　标
适应巷道高度/mm	1 300~5 500(可选)
适应巷道宽度/mm	3 300
设计可采深度/m	300
系统适应坡度/(°)	±6
系统总装机功率/kW	1 400
系统适应电压/V	1 140
采煤机理论生产能力/(t/min)	15~27
系统运输能力/(t/h)	1 400
采煤机、运输系统行走方式	采煤机履带行走＋运输单元油缸助推
最大行走速度/(m/min)	12
步进式行走平台行走方式	导轨步进、油缸推移
平台行走速度/(m/min)	2.5

　　边帮采煤机具有远程遥控功能、故障遇险拖拽自救功能,人员无须进硐,边帮开采工作面边坡稳定性监测系统,可对边帮工作面进行实时监测。设备设计可采深度 300 m,理论年生产能力达 0.7 Mt/a。

2.2　开采工艺简介

　　项目回采工艺为边帮采煤机回收工艺,开采参数及开采方法简述如下。

　　结合设备参数、煤层厚度等因素,经过严密论证分析,主要开采参数确定如下:采煤硐室宽度 3.3 m;采煤硐室高度 5.5 m;采煤硐室采深考虑设备动力因素确定为 150 m;各硐室之间保留煤柱宽度在经过煤柱强度、上覆岩层载荷、煤柱稳定性安全系数分析并结合采煤硐室高度、宽度等参数,最终确定为 5 m;设备作业平台宽度结合经验及设备情况确定为 80 m。

　　边帮采煤机垂直于边坡布置在 4# 煤底板处,与内排台阶及工作帮保持 30 m 的最小安全距离,采煤机操作工人在操作室内操作设备沿垂直边坡方向切割边帮煤台阶,采用惯导系统为采煤机导航,采煤机每向前推进 12.5 m,由叉车司机将多单元速连带式输送机运至装载平台,待平台上安装工人连接完毕后继续向前推进,直至最大采深。达到最大采深后由行走平台将采煤机及带式输送机拖出硐室,并按顺序分离多单元速连带式输送机。待硐室内全部设备拖出后,行走平台的步进式行走机构将平台平移至下一个开采硐室位置进行开采作业。开采完成后采硐由前装机堆砌排弃物将采硐口封堵,防止采硐内因暴露而导致煤层自燃。

作业过程中所有人员均不得进入采硐内,除必要的设备作业外,所有人员不得靠近采硐口 20 m 范围内,采硐口有龙门拱保护设备不受落石影响,在平行边坡 20 m 位置设置 1.5 m 高的 挡墙,进一步保证施工安全。

3 安全管理

3.1 回收区域边坡稳定管理

边坡稳定性分析计算研究结果表明:在边帮煤回收硐室暴露时间不超过 2 个月即被内排 土场压覆的条件下,能够保证这一区域边帮的稳定,但应在回收工作中进行路面沉降监测及硐 室顶板稳定监测工作,防止发生事故。

根据需要,项目选择使用微变形边坡监测雷达系统进行监测工作,雷达布置在安太堡露天 矿南帮北侧 70 m 处,正对边坡方向放置,雷达扫描边坡范围为东西向 700 m,高度 100 m,可 视面积 5.6 万 m²。边坡雷达 24 h 全天候作业,对扫描范围内的边坡表面进行全天候、不间断、 无接触扫描,发现异常后能够及时发出预警信息。图 3 为端帮煤回收区域边坡雷达监测图。

图 3　端帮煤回收区域雷达监测图

煤矿生产作业中,重型卡车在作业区域上部运输及作业区域附近的爆破活动对这一区域 的边坡稳定性会产生一定的影响,应尽量避免大车长期运输于煤柱上方,避免采用同时起爆的 方式,应采用微差延时起爆方式。

安太堡矿南帮在端帮煤项目实施期间及完工之后较长一段时间内实现了持续稳定,未发 生任何失稳等安全事故。

3.2 安全生产标准化管理

为规范边帮煤项目的标准化施工,对项目进行科学、有效的安全管理,防止安全事故的发 生,安太堡矿与端帮煤项目建设单位共同分析研究,根据安全生产标准化的相关工作要求,开展本项目的安全管理工作。

(1) 编制《中煤平朔集团安太堡露天矿边帮煤回收作业规程》,从安太堡矿矿区概况、水文地质情况、煤层特征、赋存条件,到边帮煤回收采用的工艺、设备、边坡稳定、与煤矿采剥工程的协调,再到边帮煤回收的设备采掘、运输、通风、瓦斯、防治水、机电、粉尘、冒顶等各方面的安全技术措施都进行了详细的描述,并严格要求作业人员在作业过程中按规程操作,矿相关管理人员、安监人员及施工单位管理人员共同做好监督管理工作。

(2) 项目开工前根据山西省"双预控"工作相关要求,开展了边帮煤项目的专项安全风险辨识评估工作,从人、机、环、管的角度对项目进行了全面、无死角的风险辨识评估,最终确定项目存在的安全风险9项,分别为边帮采煤作业风险、边坡失稳风险、冒顶片帮风险、设备运输风险、瓦斯超限风险、内外因火灾风险、煤尘爆炸风险、硐室涌水风险以及电气风险,并针对各项风险制定了对应的管控措施。报告完成后,矿行政人事部及时组织本矿相关人员及端帮煤项目部的人员进行了辨识评估报告的培训学习工作,提升了所有人的防风险意识和技能。

(3) 加强现场管理。项目施工全过程中,安太堡矿相关管理人员同项目方管理人员一起,严格按照各类规程、规章制度要求开展现场安全管理工作,重点盯防容易发生各类险情和安全事故的位置、作业环节等,例如在作业区域设立警戒,严禁无关人员进入作业区,严禁任何人进入采煤硐室以及正对采煤硐室作业;通过视频监控系统密切观察采煤机作业时的煤层及顶板变化情况,如有异常立即停机等候处理;利用边坡雷达动态监测边帮煤回收区域的边坡稳定情况,尤其是加强采煤机作业时对生产边坡进行实时监测,发现裂缝、片帮等异常应立即停产等候处理;加强消防管理,配备足够的消防器材;加强用电安全管理,所有高低压电气设备必须选用矿用防爆型,并配备齐全各类接地保护、漏电保护等装置;采用BTC300/44型抽出式通风除尘系统进行采硐及工作面除尘;强化作业人员安全教育培训工作,确保他们掌握必要的专业知识和安全操作技能,加强巡检工作,及时纠正和处理作业人员的违章行为。

4 人员配置

生产人员按生产工艺、技术装备水平、工作制度、工艺环节、工种、岗位、班次等配备,并考虑必要的在籍系数,管理人员按职能配置。经计算,在籍职工总人数为24人,其中管理人员5人(表2)。

表2 劳动定员汇总表

序号	人员类别	出勤人数				在籍系数	在籍人数/人
		一班	二班	三班	小计		
一	生产工人	5	5	4	14		
1	边帮采煤工人	4	4	1	9	1.3	12
(1)	边帮采煤机	1	1	0	2		
(2)	叉车	1	1	0	2		
(3)	辅助工人	2	2	1	5		
2	供电及控制系统	1	1	1	3	1.2	4
3	维检工人	0	0	2	2		3
二	管理人员	2	2	1	5	1.0	5
合计		16	16	10	42	3.5	24

5　项目建设情况总结

总结项目实施的整个过程以及过程中的各种工程细节,项目分别有以下优缺点:

(1) 优点:一是开创国内边帮煤资源开采的先河,在实践过程中积累了露天矿边帮煤开采方面的经验,丰富了露天开采工艺,为国内外其他露天矿山提供了一定参考;二是提高了露天矿的资源回收率,本项目由于是试验性质仅回收边帮煤 30 万 t,如果应用成熟可以回收更多的煤炭资源,大大提高了矿资源回收率,减少了边帮压煤资源的浪费;三是为暂处于资源枯竭期的安太堡矿增加了可采资源总量,延长了矿服务期限,为矿后备区准备争取了一定时间;四是项目安全性较好,人员无须进入采煤硐室操作,大大减少了人员发生安全事故的概率,又通过雷达等智能化技术对设备的作业环境、作业过程等进行感知和监控,充分保证了设备的作业安全,项目自实施到完毕未发生任何安全事故。

(2) 缺点:一是设备工艺有待改进,由于本项目的试验性质,为保证作业安全,各硐室采深平均仅 150 m 左右,距离设备实际能力 300 m 相差较大,同时,安太堡矿 4# 煤平均厚度 13 m 左右,边帮煤采煤硐室高度为 5.5 m,仅布置 1 排硐室,未充分探索根据煤层厚度布置 2 排硐室的可行性;二是本区域资源回收率偏低,项目仅对 4# 煤进行了回收,9# 煤、11# 煤均未进行回收,未就回收可行性进行充分理论论证,加上前述硐室采深、布置排数的因素,造成本次项目资源回收率较低;三是对矿排土规划施工有一定影响,项目实施的 10 个月期间,南帮 1 060 m 水平以上的位置无法进行排土作业,物料被迫运往其他位置进行排弃,不仅增加了运距、高差,同时造成了其他土场物料的拥挤,对其他土场排土期间的安全以及边坡的稳定都带来一定的不利影响,同时由于这一区域无法排土导致无法布置运输系统,在一定程度上造成了运输系统的不便与复杂性。

对项目的建议:

(1) 由于本项目是首次实施,所以施工相对保守,虽然积累了一定经验但还是有限的,建议以此项目为基础,在其他露天矿山开展此类项目时,大胆探索、创新,探究采深更深、多排硐室、多层煤共同开采的技术和安全方面的知识与经验。

(2) 本次项目为探索性质,中煤平朔集团身为中央企业,承担着试验煤矿开采科技前沿工艺、技术的责任,因此在项目论证时仅论证了本项目在安太堡矿实施技术、安全方面的可行性,未结合安太堡矿的实际情况尤其是前文提到的排土规划、运输系统布置方面带来的不利影响,未进行综合性的安全及经济效益论证,在一定程度上对安太堡矿 2022 年的生产经营尤其是排土作业造成了一定困扰。建议在其他露天矿山开展此类项目时充分考虑项目对排土规划的影响以及它带来的对矿经济效益、安全效益的影响,进行全面、充分的论证,综合考虑项目的可行性。

参考文献

[1] 曲晓光. 露天边帮采煤机回收煤炭资源安全与效益[J]. 百科论坛电子杂志,2020 (14):1413.

[2] 施加音. 安太堡露天矿边帮煤回收技术总结报告[R]. 沈阳:中煤科工集团沈阳设计研究院.

[3] 宋向阳. 中煤平朔集团安太堡露天煤矿边帮煤回收可行性研究报告[R]. 沈阳:中煤科工集团沈阳设计研究院.

［4］杨旭.边帮采煤技术在安太堡露天矿应用的可行性分析［J］.露天采矿技术,2022,37(1):4.

［5］中煤平朔安太堡露天煤矿边帮煤回收作业规程［R］.朔州:中煤平朔集团有限公司安太堡露天矿.

［6］周志友.露天煤矿底部边帮煤台阶回收技术研究与应用［J］.山东煤炭科技,2017(2):56-57,59.

采矿工程中绿色开采技术的应用探究

张 帅

（华能伊敏煤电有限责任公司伊敏露天矿，内蒙古 呼伦贝尔 021114）

摘 要 当前，我国科技水平不断提升，许多传统工艺逐渐被新兴工艺所替代，现代化工艺在社会各行业中都得到了广泛的应用。资源是促进社会经济发展的基本保障，许多行业的发展都离不开大量的矿产资源，创新现代采矿工艺可更大程度地开发矿产资源，有利于采矿业的长远发展。本文以露天煤矿为例，分析绿色开采技术在采矿工程中的具体应用，并提出改进策略，以期提升煤矿开采质量，加快绿色煤炭工业体系的建设。

关键词 采矿工程；绿色开采技术；应用

0 引言

自改革开放以来，我国社会经济飞速发展，社会各行业对各类资源的需求量越来越大，尤其是对矿产资源的需求量呈明显增长趋势。煤炭作为不可再生资源，其开采受到社会各界的广泛关注，采矿过程中会出现环境污染、资源开采浪费等问题，怎样实现煤矿的绿色开采是当前推动采矿业发展的关键。为实现采矿业的可持续发展，相关部门与企业应当坚持绿色发展理念，承担起环保的责任，积极开发绿色开采技术，以提升采矿工程的开采质量。

1 露天采矿工程的现状

比起井工开采，露天开采具有回报率高、成本低、开采速度快、生产能力大等优势。因此若是技术与经济等方面的条件允许，很多新建矿山优先进行露天开采[1]。现如今，露天采矿工程基本采用连续采矿方式与半连续采矿方式，此类采矿方式虽然不会对生产环境造成大量污染，无须花费过多的运输资金，同绿色理念相符，但对于矿产的开采环境与地质条件有着较高的要求。若是开采环境与地质条件太过复杂，开采人员难以控制爆破效果，可能会加大开采费用，降低开采效率[2-3]。随着新能源技术的不断发展，相关部门加大开采工程方面的投入，将汽车辅助运输技术等新兴技术应用于开采过程中，可有效降低开采中的油耗，有利于保护生态环境。

作者简介：张帅（1992—），男，辽宁阜新人，毕业于辽宁工程技术大学采矿工程专业，学士学位，工程师，现就职于华能伊敏煤电有限责任公司伊敏露天矿生产部，负责露天矿生产接续，供配电布置，煤质提升及全、半连续系统生产技术等工作。

2 露天采矿对生态环境的影响

2.1 对空气环境的影响

露天采矿工程在开采过程中会形成粉尘,影响周围的空气环境。同时,露天采矿工程常常涉及规模较大的煤矿生产活动,在生产过程中难免产生大量的有害气体,严重影响周围的空气质量。周边的空气受到污染,空气中的烟尘、有毒有害气体、污染颗粒物的含量也会随之超标,此种情况不仅会给当地居民带去困扰,还会对当地居民的身心健康产生不良影响[4]。除此之外,空气中的污染物会影响当地植被对日光的吸收率,阻碍植被的生长发育,进而破坏当地的生态平衡系统,引发一系列的生态环境问题。

2.2 对土地资源的影响

煤炭资源多数处于地下,露天采矿工程需大量挖掘周围的土地,并对土地进行重复性的碾压,会在一定程度上损害当地的土壤结构,不利于周边生态环境的长远发展,且过度挖掘地下空间会使地表层结构出现下降情况,容易引发意外事故。同时,大量挖掘周围的土地会降低土壤中的有机物含量,减少土壤的使用率,甚至可能导致当地发生荒漠化问题[5]。露天采矿工程因大量挖掘土地,可能引发水土流失现象,且长期的人工及生产活动会加大土壤中的重金属含量,严重破坏周边的土地资源。

2.3 对水资源的影响

露天采矿工程会在开采过程中排出大量的工业废水,影响到地表水与地下水,污染工程周围的水资源环境。大量的工业用水会减少当地的水资源,采矿工程的挖掘过程也会损坏当地的土层结构,干扰当地的水资源生态循环机制,甚至可能引发水资源枯竭现象。若相关部门与企业对工业废水的达标排放不够重视,未经处理直接将工业废水排入地下水源或是河流之中,不仅破坏周边的水资源生态系统,还会严重污染当地居民的生活用水,威胁当地居民的身体健康[6]。

3 绿色开采技术的基本概述

绿色开采技术是指在矿产资源开采过程中采用对周边环境与资源影响最小的开采技术,尽可能减小开采资源对生态环境的危害,从而最大程度保护周围的自然环境。绿色开采技术的特征在于由多种专业技术组成,将其应用于采矿工程中可有效提升开采效率,控制对周边环境形成的破坏,符合可持续发展要求[7]。开采人员想要切实运用绿色开采技术,需先精准掌握绿色开采技术的概念,可有效控制不良因素对自然环境形成的损害,提高资源利用率,而后在开采过程中有效控制各类污染物,优化资源配置,以更大程度保护环境、节约能源。

绿色开采技术具有以下几方面的优势:其一,可避免环境污染。可持续发展观中提到,环境治理的首要态度是保护现有的环境不受到大规模与深层次的危害,而后才是想办法治理环境污染问题。绿色开采技术坚持资源利用最大化的原则,从废弃矿产资源、废水等方面着手,对有害物质的排放进行合理控制,可加大对自然环境的保护力度。其二,可提升资源利用率。我国的科技水平不断提升,实验室中已有许多可行的提升资源利用率的新型技术,绿色开采技术在采矿工程中尝试运用此类新型技术,并分析其优劣点,推广应用价值高的新型技术,科学利用采矿工程中造成的废弃物,可极大提升资源的利用率。其三,可促进可持续发展。除避免环境污染,提升资源利用率外,绿色开采技术还可通过理论研究营造适宜矿物生产的环境,对矿物的再生产形成一定的刺激,从而推动采矿业的可持续发展。

4 绿色开采技术在露天采矿工程中的应用

4.1 移动破碎机的开采工艺

传统的露天采矿工程会应用许多大型载重汽车来运输煤炭资源,花费大量资金,排放大量的汽车尾气,与绿色节能的生产理念不符[8]。利用移动破碎机进行开采可结合当地的具体地形条件布置现场,具有更强的灵活性,能够在提升开采效率的同时降低对大型载重汽车的运输需求,从而减少汽车尾气的排放量,获取更多的环保效益与经济效益。

4.2 生态环境管理技术

露天采矿工程中时常出现矿井闲置现象,开采人员可针对这些矿井采取一定的保护措施,尽量避免危害周边的生态环境。同时,开采人员还可美化露天矿,回收利用炉渣,确保矿井的安全性,提升土地与资源的利用效率,起到节能减排的效果。

4.3 保水开采技术

露天采矿工程需要大量的工业用水,保水开采技术可有效保护矿井周围的水资源,避免矿井突水,降低采矿过程对水资源的危害程度[9]。尤其是在煤炭资源丰富但缺少水资源的地区,应当合理应用保水开采技术,例如陕西、山西等省份。开采人员利用保水开采技术,可通过上覆岩层的破裂在采空区形成一个地下水下降漏斗,通过岩层再覆封闭采空区的裂缝,从而有效减少地下水的损失,还可设立合理的隔离地带,尽量避免出现水资源污染现象。

4.4 数码采矿技术

数字化开采技术指的是工作人员通过分析开采环境,制定出具有针对性的开采计划。而后,开采人员根据具体的战略需求与可行的开采计划进行环保且安全的开采工作。数码采矿技术可分为工程应用技术与数字地球技术这两大类,工作人员可通过数码采矿技术进行地质建模,加强智能信息管理,进一步提升开采质量。

4.5 采用高效、集约化技术

在露天采矿工程中,合理应用机械设备可有效减少开采工人的工作量,提升开采效率,增加经济效益。在采矿过程中,开采人员可利用遥控干涉、记忆截断等高效、集约化的信息技术管理各种采煤机器,对采煤工艺进行改进与创新,让更多的工人减小劳动强度,离开危险系数高的采煤现场[10]。

4.6 采空区充填工艺

露天采矿工程挖掘大量土地必然会使地表产生塌陷,形成采空区,甚至可能诱发地质灾害。为消除采空区相关的安全隐患,开采人员可合理运用充填技术,使用固体废料将采空区填满,以免引发地质灾害。与此同时,将开采过程中形成的垃圾充填到采空区中,也具有一定的环保性。

4.7 减少煤矸石排放开采技术

煤矿开采过程中必然会出现大量的煤矸石,严重污染周边环境,如何有效分离煤矸石、降低煤矸石的排放量是当前采矿业中重点关注的技术问题。煤矸石无须运出地面,工作人员在露天采矿过程中需做好矿井开采布局,运用单煤层、全煤巷开采技术简化煤炭开采流程,增加产量。工作人员可利用煤矸石分离技术提高开采效率,促进资源回收处理,推进煤矿的绿色节能生产。

4.8 绿色开采地下煤炭气化技术

在热化学反应作用下,煤可生成易燃气体。煤矿地下气化转变了以往的煤矿开采方法,可有效减少工人的工作量,减轻其劳动强度,还可避免因为燃烧煤而污染生态环境。现如今,煤矿地下气化技术经过多年的发展,已然拥有较为完整的理论与较为丰富的实践经验。工作人员在应用该技术时,需注意以下四点:第一,煤炭在气化时会形成苯、酚等致癌物质,污染周边的生态环境,工作人员需防止这些致癌物质扩散。第二,该技术须符合使用者的需求方可在采矿工程中推广,工作人员应当慎重使用。第三,燃煤过程中会形成大量的二氧化碳,排放到大气中会形成严重污染。第四,控制煤矿地下气化技术的关键在于掌握煤层的具体位置与燃烧速度,工作人员需细致研究煤层的结构变化、燃烧过程[11]。

4.9 小阶段爆破落煤开采技术

若工作人员在采矿的过程中运用小阶段爆破落煤开采技术,需先全面掌握矿井的煤层情况,将煤层分成多个小段,结合不同小阶段的实际情况科学设置炸药与雷管,确保现场没有工人、机械设备与采矿支架后,按照采空层引发爆破。在使用该技术时,工作人员需再三确认爆破地点并无他人在场,以免发生意外事故,出现人员伤亡。该技术适用于大倾角矿井,且煤层厚度不宜太小,以免缺乏足够的稳定性,发生塌陷现象。

4.10 废石处理技术

开展采矿工程必然会形成大量的废石,废石材料会影响周边的自然环境,且若是处于高温环境下,废石会恢复自燃。以往处理废石材料多采用堆积的方法,但简单的堆积无法解决废石形成的污染问题,废石的数量会随着工程的实施而不断增多,因此,工作人员可通过绿色开采方式处理废石材料。工作人员可采用其他物质覆盖废石材料,防止废石材料四处飘散。工作人员还可通过物理化学技术探究能够溶解废石材料的溶液,分析废石材料的利用途径,尽可能提升废石材料的利用率。除此之外,在一定条件下,废石材料可以作为建筑材料,工作人员合理应用废石材料有助于缓解建筑材料紧缺的问题。

5 改进露天煤矿绿色开采技术的策略

5.1 普及绿色开采设备

在露天采矿工程中应用集尘器、雾炮机等开采设备,可有效抑制开采时形成的扬尘,减轻空气污染。雾炮机可喷射水雾,空气中的粉尘颗粒同水雾结合,重量增加后便会下沉。而集尘器能够吸收下沉后的粉尘颗粒,起到降尘除霾的作用,更大程度保护周边的生态环境。

5.2 更新绿色开采技术

随着社会的不断发展与科学技术的不断进步,大部分煤矿企业都对绿色开采技术有了一定的认知,了解了绿色开采技术对于采矿工程的重要性,但在实际应用过程中仍存在一些问题。煤矿企业应当对绿色开采技术的更新升级给予足够的重视,及时了解此类技术的发展信息,尝试将其运用、普及到采矿工程中。

5.3 强化煤炭开采材料的管理工作

在露天采矿工程中,所使用的煤炭开采材料属于消耗品,这些消耗品的使用量很大,工作人员需控制好其用量,加强相关管理工作,避免出现材料浪费现象。除此之外,采矿过程中使用的机械设备属于精密仪器,多半价格昂贵,煤矿企业应当安排专业人员定期对机械设备进行检查与维护,尽量降低机械设备的损耗,做到绿色开采。

5.4 提升员工思想层面的重视程度

一些煤矿企业虽然认识到了绿色开采技术的重要性,但只进行一些简单的宣传,未能使员工树立绿色开采思想,影响绿色开采工作的实施。煤矿企业想要更好地应用绿色开采技术,应当提升员工对于绿色开采技术的重视程度,带领员工学习绿色开采技术,积极宣传绿色开采思想,为绿色开采技术在采矿工程中的应用奠定良好的基础。

6 结语

采矿业是我国社会经济发展的重要支柱,但采矿工程会对周边环境造成一定的污染,这阻碍了采矿业的可持续发展。因此,煤矿企业在开展采矿工程的同时,应当重视环境保护,通过绿色开采技术减少对生态环境的破坏,以提高煤矿企业的社会与经济双重效益。在可持续发展的生态目标下,煤矿企业在采矿工程中应用绿色开采技术是其必须遵循的发展路径。

参考文献

[1] 张宁宁.新形势下煤矿绿色开采技术及应用[J].能源与节能,2023(2):219-221.

[2] 袁诚.绿色开采技术在金属矿山开采中的应用[J].世界有色金属,2022(23):46-48.

[3] 方灵.地质矿产勘查及绿色开采技术创新策略思考[J].世界有色金属,2022(20):60-62.

[4] 付莹莹,石建华.地质矿产勘查及绿色开采技术分析[J].世界有色金属,2022(14):51-53.

[5] 马彦敏,李恩平.政府监管下煤炭企业绿色开采策略的演化博弈[J].中国矿业,2022,31(4):15-22.

[6] 初国栋,隋天静.矿产勘查技术手段推动矿产资源绿色开采的意义[J].中国金属通报,2022(4):120-122.

[7] 崔晓林,雷高,吴亚君.探讨采矿工程中绿色开采技术的相关应用[J].低碳世界,2021,11(12):33-35.

[8] 吴晓军,贾兴伟.采矿工程中绿色开采技术的运用浅析[J].世界有色金属,2021(21):33-34.

[9] 冯根民.简析采矿工程中绿色开采技术的运用[J].中国石油和化工标准与质量,2021,41(18):185-186.

[10] 申祥东.采矿工程中绿色开采技术质量分析与运用[J].中国石油和化工标准与质量,2021,41(16):169-170.

[11] 刘京涛.地质矿产勘查及绿色开采技术创新[J].世界有色金属,2020(24):52-53.

纯电动重卡在伊敏露天矿的应用

孙茂森,胡鹏飞

(华能伊敏煤电有限责任公司伊敏露天矿,内蒙古 呼伦贝尔 021114)

摘 要 伊敏煤电有限责任公司自成立以来一直本着经济、节能、环保、可持续发展的理念,建设全国智能化、一体化的绿色矿山企业。2020 年公司决议,为推动"四个革命、一个合作"能源安全新战略,率先在全国推广使用换电重卡。

关键词 伊敏露天矿;电动重卡;节能减排;绿色;环保

1 矿运重卡"油改电"示范项目实施的背景及意义

作为华能集团"两线、两化"发展战略在北线内蒙古的支点实施单位之一,伊敏煤电有限责任公司(以下简称"公司")深入贯彻"绿水青山就是金山银山"的理念,积极落实"四个革命、一个合作"能源安全新战略,在建设"三色三强三优"世界一流能源企业征程中,坚定不移地构筑生态屏障,探索新能源产业发展机遇,努力推动各类交通运输工具电动化替代,在国内率先开展矿用重卡"以电代油"和绿色矿区建设,与国网电动汽车公司合作,积极探索电力能源在生产运输方面应用的新模式,紧抓"再电气化"助推绿色矿山建设这一良好契机,发挥伊敏煤电公司煤电联营优势,助力"双碳"目标实现。

我国传统燃油重卡和工程机械(以下统称"重卡")保有量近 1 500 万台,年燃油消耗量相当于 2 亿辆小轿车的燃油消耗量能耗高、污染重,特别是矿用重卡作业区域大多为生态环境脆弱和高寒高海拔地区,污染防治压力较重。

2009 年,习近平总书记在考察公司时指出,要将做好企业的生产经营同保护好生态环境相结合,形成和谐共生、互惠互利的局面。为贯彻落实好习近平总书记重要指示,积极践行"两山"理念,公司与国网电动汽车公司深入合作,由双方主要负责同志亲自带队,从 2019 年 12 月起,在伊敏露天矿开展为期 3 个月的技术攻坚战,率先完成高寒地区纯电动宽体重卡应用与智能换电技术验证。2020 年,伊敏露天矿矿运重卡"油改电"示范项目经过调研、立项、建设等关键环节,于 8 月 21 日正式投入运营生产,获得阶段性成功。本项目共投入 40 辆 90 t 级电动重卡,建设了国内首个电动矿运重卡智能充换电站。

2 矿运重卡"油改电"示范项目的内涵

中央"十四五"规划中提到,新能源规划要求推动绿色发展,促进人与自然和谐共生,加快

作者简介:孙茂森,2016 年 8 月就职于华能伊敏煤电有限责任公司伊敏露天矿,现任露天矿生产部采矿专工。

推动绿色低碳发展,支持绿色技术创新,推进清洁生产,发展环保产业,推进重点行业和重要领域绿色化改造,推动能源清洁低碳安全高效利用,降低碳排放强度。伊敏露天矿努力推动各类交通运输工具电动化替代,先后投入了半连续、全连续生产系统。在此基础上,2020年成功引进了纯电动矿卡,在绿色发展的道路上迈出了坚实的一步。经过初步测试,电动重卡在伊敏露天矿应用效果良好。

纯电动重卡在草原生态区露天矿山的应用是贯彻落实集团公司"六个新提升"和科技创新工作总体要求的重要举措,是贯彻落实国家"十四五"规划绿色技术创新有关要求的重要途径,是传统煤炭产业改造升级的重大机遇,也是煤炭开采的一次技术性革命,更是按照集团有关工作要求实现煤炭行业高质量发展、提质增效、实现煤矿安全生产形势根本好转的必由之路。

3 开展高寒地区电动重卡应用试验

为充分验证高寒地区电动重卡生产场景应用的可行性,2020年1月2—16日,伊敏露天矿组织人员成功完成两台电动重卡调试以及两套电动卡车充电桩安装工作。同时,为国网公司技术人员进行了相关安全培训。电动重卡于1月7日开始进行空载试验,1月8日下午开始进行重载试验。

3.1 测试数据

3.1.1 空载试验

2020年1月7—8日,使用1#电动车进行空载试验,试验场地为伊敏露天矿卡车练车场。得到试验数据见表1。

表1 电动车空载试验数据

项目	1月7日	1月8日
空载试运行里程/km	69	33
空载试运行耗电量百分比/%	106	50
空载试运行耗电量/kW·h	275.6	130
充电时间/min	67.2	64.8
充电百分比/%	71	50
充电方式	单枪充电	单枪充电
电耗/(kW·h/km)	3.99	3.94
室外气温/℃	−26～−19	−20～19

3.1.2 重载试验

1月8—16日,使用两台电动车进行重载试验。试验条件如下:一是除灰运距5.8 km;二是电动车除灰单车载重为42.7 t。得到试验数据见表2。

其中:1月12日为低温重载下坡测试,14日白班为重载上坡测试,耗电量增加,15日进行设备调试与检测,16日车辆封停。

表 2　电动车重载试验数据

日期	1月8日 夜班 1#电车	1月9日 白班 1#电车	1月9日 夜班 1#电车	1月10日 白班 2#电车	1月11日 白班 2#电车	1月12日 凌晨 1#电车	1月13日 白班 1#电车	1月14日 白班 2#电车	1月14日 夜班 2#电车
试运行运距/km	5.8	5.8	5.8	5.8	5.8	8	5.8	11	5.8
作业趟数	4	4	3	3	3	2	4	1	4
试运行耗电量百分比/%	69	68	57	63.4	67	61	70	53	72
试运行耗电量/(kW·h)	179.4	176.8	128.1	164.84	174.2	158.6	182	137.8	187.2
充电时间/min	64.8	49		54	72	81	65	55	68
充电百分比/%	50	68		73	68	70	70	54	72
充电方式	单枪充电	双枪充电			单枪充电			双枪充电	
电耗/[kW·h/(t·km)]	0.18	0.18	0.17	0.22	0.23	0.16	0.18	0.33	0.19
室外气温/℃	−20～−19	−18～−14		−18	−19	−29	−25	−29	−29

3.2　电动重卡与燃油重卡消耗比值分析

(1) 伊敏露天矿燃油汽车除灰作业满油箱 460 L,冬季存在柴油暖风消耗,实测可以除灰作业 42 车左右,运距为 5.8 km,燃油灰尘载重为 37 t,经计算油耗约为 0.051 L/(t·km),按 2019 年柴油平均出库价格为 7.08 元/kg(约 5.93 元/L),柴油汽车单价为 0.302 元/(t·km)。

(2) 经过 7 天的重载测算,1#电动重卡平均耗电量为 0.174 kW·h/(t·km),2#电动重卡平均耗电量为 0.24 kW·h/(t·km),两台车的电量单耗为 0.207 kW·h/(t·km),按照公司上网电价 0.29 元/kW·h 计算,电动车电费约为 0.060 元/(t·km)。

(3) 通过试验得出电动卡车的成本约为柴油卡车的 19.9%。

(4) 燃油重卡的购置费用约为 60 万元,折旧年限为 4 年,每年折旧费用约为 13.5 万元;电动卡车购置费用约为 180 万元,折旧年限为 5 年,每年折旧费用约为 32.4 万元。

(5) 燃油卡车年度平均运量约为 20 万立方米,下一步,将进行电动卡车剥离编制试验,进一步验证电动卡车运量。

3.3　充电情况

目前安装两个充电桩,安装费用单价为 46.8 万元。

(1) 单枪充电:经近一段时间速率测试,按电池 0～100% 计算电池充电时间,平均需要 116 min。

(2) 双枪充电:经近一段时间速率测试,按电池 0～100% 计算电池充电时间,平均需要 86 min。

(3) 根据测试阶段室外温度,平均重载测试载货 4 次消耗 70% 左右,厂家为保护电池,暂时禁止电量下降到 20% 以下,平均每次充满电可运行 2 h 左右,平均每次需要充电 1 h。

3.4 电动重卡运行情况

2020年1月16日下午电动重卡封停,封停位置为露天矿地面车队,1#车保留电量79%,2#车保留电量82%,春节后(2月1日)观察电量未见明显损失。

3.5 伊敏露天矿开展高寒地区电动重卡应用实验效益分析

经分析,电动卡车运行成本约为3.2元/m³,较燃油卡车节约成本0.7元/m³。由此,伊敏露天矿计划开展纯电动卡车示范项目。在示范项目中计划采用充换电结合的方式,解决充电时间较长的问题,满足露天矿剥离生产需求。该示范项目完成后,可更为充分、全面地论证电动卡车在高寒地区应用的适应性和可行性。

4 开展纯电动卡车示范项目

为充分、全面论证电动卡车在高寒地区应用的适应性和可行性,公司在伊敏露天矿开展纯电动卡车示范项目。

4.1 设备情况介绍

4.1.1 车辆情况

示范项目采用纯电动宽体自卸卡车,车辆载重60 t。车辆电池为多元复合锂电池,车辆左右各配备一个电池箱,两个电池箱并联组成纯电动宽体矿车使用的动力电源。每个电池箱由6个微宏商用车标准箱B箱串联组成。

宽体卡车电源电压为621.6 V,电量为260 kW·h,工作温度为-40~55 ℃。

4.1.2 换电站情况

智能换电站整体由四部分组成,分别为换电站、充电桩、电池管理系统、站控管理服务平台。

换电站:由换电站体、换电机器人组成。换电站体由4组集装箱模组和封装顶棚快速拼接而成,内部集成电池仓储系统、重卡行车定位系统,整站可同时存储18组纯电动矿用重卡标准电池,矿车行车系统设在站内中间,停放待换电重卡;站内两侧设有2组换电机器人,采用双侧快速换电技术,形成了满足矿用重卡快速稳定换电需求的新型重载换电机器人。该换电机器人机械臂正向伸出可更换车载电池箱,反向伸出可存取仓储电池箱。经测算,两个换电站可满足35台车运行,单台车一次换电时间4~6 min。

充电桩:充电桩安装在户外,配有防尘、防水设计,防护等级为IP54且将充电模块、充电接口、人机交互界面、通信、计费等部分集成为一个整体,采用模块化设计,具有安装调试方便、运行维护简单等特点。充电桩主要用于对换电设备电池仓进行充电,共有三种型号产品:160 kW一体式一机单接口充电机、320 kW一体式一机双接口充电机、320 kW一体式一机四接口充电机。160 kW机柜用于满足电池仓周转电池的充电需求,320 kW机柜用于满足换电站电池仓在站电池的充电需求,其中,四接口充电机也可对电动重卡进行双枪快速充电。

电池管理系统(BMS):智能化管理及维护各个电池单元,防止电池出现过充和过放,延长电池的使用寿命,监控电池的状态。

站控管理服务平台:主要实现对智能冲换电站内换电设备、监控设备、热异常及火情智能监控装置、变压器、车辆等的信息采集和管理,实现与车联网平台接入。

4.2 电动车运行情况

电动卡车电池电量降至20%左右即需更换电池,以此来延长电池的使用寿命,平均一次换电时间为 4~6 min,充满电后可运行约 2 h,以目前运距核算,60 t 级纯电动宽体重卡单台车一次充电后,可运输 4 车土方,每班可运输 12 车土方,在换电站备用电池数量充足的情况下,每日可生产剥离约 1 100 m³;80 t 级纯电动宽体重卡单台车一次充电后,可运输 5 车土方,每班可运输 15 车土方,在换电站备用电池数量充足的情况下,每日可生产剥离 1 800 m³。

4.3 产量完成情况

2022 年电动重卡完成剥离量 653 万 m³,耗电量 729 万 kW·h,能源单耗 1.12 kW·h/m³,节约燃油 2 612 t,减少二氧化碳排放 6 390 t。按电费 0.4 元/kW·h,油费 6.7 元/L 计算,纯电动宽体重卡剥离成本较传统燃油宽体卡车剥离成本节约约 1 100 万元。

从运行情况来看,电动卡车平均运输每立方米物料耗电 1.12 kW·h 左右,相对于燃油卡车燃料成本大幅降低,且完成剥离量与预期基本一致,基本实现了工业示范目标。

5 电动重卡应用效益分析

2020 年,伊敏露天矿矿运重卡"油改电"示范项目经过调研、立项、建设等关键环节,于 8 月 21 日正式投入运营生产,获得阶段性成功,建设了国内首个电动矿运重卡智能充换电站,电动卡车示范项目共投入换电站 2 座,电动卡车 40 台,冗余电池 32 个,年度计划完成剥离 500 万 m³,以此为基础测算成本费用。

5.1 电动车成本

5.1.1 固定资产折旧成本

年度需要计提折旧费用 1 256.37 万元,其中,电动车折旧年限为 5 年,年度折旧费用为 807.5 万元;冗余电池折旧年限为 5 年,年度折旧费用为 154.5 万元;换电装置折旧年限为 8 年,年折旧费用为 294.37 万元。综合计算,固定投资折旧费用为 2.51 元/m³。

5.1.2 维护成本

根据目前情况测算,电动卡车运行成本为 0.4 元/m³(为第一年检修费用,后续检修费用有可能会继续增加);换电站及冗余电池维修按照固定投资的 3.5% 计提,约为 115 万元,即 0.23 元/m³。综合计算,电动卡车维护成本为 0.63 元/m³。

5.1.3 电费成本

根据现有运行情况,电动卡车单耗约为 1.73 kW·h/m³。综合计算,电费成本约为 0.35 元/m³。

综上,电动卡车运行费用为 3.49 元/m³。

5.2 纯电动重卡与同类型燃油车成本对比

根据 2022 年同力 90 t 纯电动矿卡运营数据进行测算,对同类型燃油车进行经济性分析,对比结果见表 3。

表 3 纯电动重卡与同类型燃油车对比表

费用项目		燃油重卡费用/万元	电动重卡费用/万元
年折旧成本	重卡购买费用	228	807.5
	站载电池	0	154.5
	换电站	0	294.37

表 3（续）

费用项目		燃油重卡费用/万元	电动重卡费用/万元
年使用费用	资金成本	32	196.59
	车辆维修保养费用	500	400
	换电站及电池维修保养费用	0	30
	换电站运维管理费用	0	60
	保险费用	10	21.25
	燃料费用	2 250	33.8
合计		3 020	1 998.01

购买成本：燃油车单车 80 万元/台，电动车 245 万元/台。

资金成本按照一次性投资金额、年利率 5% 计算。

折旧成本：车辆、站载电池采用 5 年折旧，残值按剩余 5% 计算，换电站（含基建、配电等）采用 8 年折旧，残值按剩余 5% 计算。

维保费用：电动车 16 万元/年。油车 20 万元/年。

保险费用：按车价的 0.5% 计算。

燃料费用：伊敏 1 期 2022 年电量消耗 422 万 kW·h，电价按 0.08 元/kW·h 计算；油车完成同等作业，每天消耗 500 L，油价按 7.5 元/L 计算。

管理费用：包含换电站的运维人员、项目管理人员支出。

6 矿电动重卡应用效果

6.1 成果意义

（1）绿色环保效益：矿卡电动化"以电代油"可使每辆车每年减少 18 万 L 柴油消耗。

（2）成本控制效益：作为煤电联营企业使用电能完成土方剥离具有绝对的经济优势，使用厂内电能进行充电，电动车进行剥离生产，采掘的煤用于发电，形成闭环生产流程。

（3）促进生产智慧发展：电动重卡以电信号完成整车控制，响应度和精准度更高，车载信息更加全面丰富，具有控制、读取、写入、升级的先天优势，为矿山车辆的无人化改造打下基础。

（4）推动能源战略转型：纯电动矿卡动力和电池容量较大，换电站既消纳电能又储存电能，有利于风光储充一体化发展。

6.2 创新成果

（1）基于双向伸缩机械臂的快速换电系统及方法。本项目采用侧装式换电方式，电动卡车在停车区域停车，分布于电动卡车两侧的重载换电机器人同时开始对车载电池进行定位，重载换电机器人机械臂正向伸出提取车载乏电动力电池箱，并反向伸出存放在两侧充电仓位上，同时提取满电动力电池箱反向伸出存放在车载动力电池托架上，完成换电。基于重载换电机器人双向伸缩快速更换动力电池箱，本项目换电用时仅需 4 min，大大提升了重载动力电池箱的换电效率。

（2）智慧、全自动充换电站系统。系统通过 RFID、GPRS/5G、WIFI、视觉传感等物联网技术，实现整站矿卡换电全自动运行，同时将充换电站的充电设备、换电设备、监控设备，以及动力电池和行驶中的电动矿卡实现物物相联实时监控，让充换电站的运行状态一目了然。

7　矿电动重卡应用意义

发展新能源汽车是我国从汽车大国迈向汽车强国的必由之路,是应对气候变化、推动绿色发展的战略举措。商用车使用强度普遍较高、燃料消耗和污染物排放量大。2020 年伊敏电动卡车示范项目作为全国首套重卡智能换电系统投入实际运营,在全国矿用纯电动重卡换电领域起到了行业标杆的作用。并有如下推广意义:

(1)符合国家发展战略。新能源汽车已写入国家"十四五"规划,国务院专门制定了 2021—2035 年长期规划,其中提到在商用车领域开展电动化。

(2)电动化社会效益好。2019 年,我国工程机械和重卡保有量近 1 500 万台,如果全部实现电动化,替代电量将超过万亿 kW·h。我国汽车年消耗石油约 3 亿 t,而我国原油进口依存度达到 71%,电动化会显著降低噪声、减少废气排放,改善生产环境,所以矿运重卡电动化替代是服务于国家能源结构转型的重要举措。

(3)解决当前能源补给难点,经济性好。目前电动重卡发展的难点在于电动重卡动力电池续航补能,本项目所推广的智能充换电站,换电用时仅需 4 min,快速实现电动重卡动力电池补能,将进一步促进电动汽车的快速发展。在经济性上,以 30 t 重卡短途运输为例,电动化后每年可节省能源费用 30 万元。

(4)有利于新能源就地消纳。矿运重卡工作场景与新能源建设场景存在重合区域,有利于新能源(光伏、风电等)的就地消纳,提高新能源在能源结构中的比重。

(5)有利于新技术的推广。卡车使用场景非常有利于 5G、无人驾驶等新技术的应用,可以优先在卡车领域实现。

矿用无人驾驶自卸卡车非正常情况下的
事件定级及分级执行方法

沈　洋,曹鋆程

(华能伊敏煤电有限责任公司伊敏露天矿,内蒙古 呼伦贝尔　021114)

摘　要　国内露天开采无人驾驶自卸卡车多数处于示范研究阶段,或正在进行无人驾驶相关导航、控制技术的研究,以上研究内容全部基于车辆状态良好的情况下进行。无人驾驶技术实际应用过程中车辆会出现非正常事件,如上级控制系统通信故障、胎压异常、发动机运行异常等,车辆会启动安全程序按预设程序分级执行对应的动作,从而提高矿用无人驾驶自卸卡车非正常情况下的安全性。

关键词　露天矿;无人驾驶;自卸卡车;事件定级

0　引言

露天开采领域目前正在进行的矿用无人驾驶自卸卡车采用自动驾驶控制系统直连车身控制单元的方式实现对车辆的控制,出现异常情况时采用人工(随车安全员)接管驾驶的方式应急处理,缺点是实时性差,处理流程受随车安全员的操作熟练度影响。

若无人驾驶自卸卡车在运行中突发异常情况,目前采取的解决办法就是立即制动将车停下来,但是在执行时刹车如何施放,车辆采取哪些动作,怎么最大可能保障无人驾驶自卸卡车的安全、降低对设备的损坏,这并没有一套系统性的执行方法。同时无人驾驶自卸卡车在运行时,可能出现各种轻重等级不同的异常情况,此时如果单一地执行一种非正常情况下的执行方法,则难以保障无人驾驶自卸卡车的安全。所以对无人驾驶卡车在非正常情况下的事件分级与分级执行是很有必要的。随着对无人驾驶技术的深入研究及广泛应用,取消随车安全员是该领域发展的最终趋势,此方法的制定可以保障无人驾驶自卸卡车在出现异常后,能按预设的程序执行安全动作,避免造成严重后果。

1　矿用无人驾驶自卸卡车自动驾驶控制系统组成及工作原理

车身控制单元是车辆控制的核心设备。驾驶员所有操作指令,包含车辆点火、挡位控制、牵引控制(油门)、制动控制(刹车)、转向控制、货箱举升液压控制均进入车身控制单元,由车身控制单元内部运行的软件分析后,给对应的发动机启动系统、换挡机构、供油系统、制动系统、

作者简介:沈洋(1991—),黑龙江龙江县人,中级注册安全工程师,2015 年毕业于内蒙古科技大学矿物加工工程专业,从事露天矿无人驾驶应用工作。

转向系统、液压系统下发控制指令,同时读取电控系统运行状态、发动机运行状态,将其显示在仪表盘,供驾驶员监视。在出现车轮打滑、车身状态异常时,车身控制单元无须驾驶员干预,自动执行防抱死程序、车身稳定控制程序等,辅助驾驶员对车辆进行控制。

自动驾驶系统接收控制平台作业指令,根据内置地图信息及感知系统信息(定位信息、摄像头信息、雷达信息等)制定作业规划,通过 CAN 总线向车身控制单元下发车辆控制指令(行走、转弯、卸货等)及读取车辆运行信息(发动机运行参数、电气控制系统运行参数、油液参数、胎压参数等),实现车辆在无人操作的情况下由自动驾驶控制系统控制车辆作业。自动驾驶控制系统组成如图 1 所示。

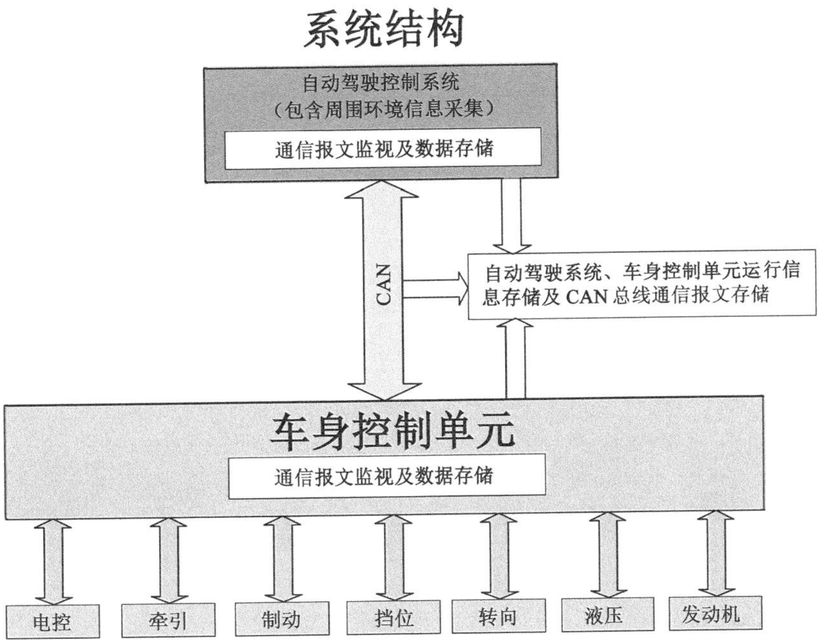

图 1   自动驾驶控制系统组成

自动驾驶控制系统内包含"通信报文监视及数据存储"区域,负责存储与车身控制单元间 CAN 总线通信报文及自动驾驶控制系统运行信息;车身控制单元内包含"通信报文监视及数据存储"区域,负责存储与自动驾驶控制系统 CAN 总线通信报文及车身控制单元运行信息;或采用采集存储设备存储 CAN 总线通信报文、自动驾驶控制系统及车身控制单元运行信息。

车身控制单元连接自动驾驶控制系统,接收控制指令,执行电控、牵引、制动、挡位、转向、液压控制,上传发动机及电控系统运行参数,采集车辆自身运行信息及周围环境信息,通过无线通信系统连接上级远程控制中心。车身控制单元是汽车控制系统的核心,是驾驶员-车辆间的接口,驾驶员(远程控制系统)所有操作均接入车载车身控制单元,经车身控制单元检测及处理后通过输出接口执行对应的指令动作,达到驾驶员(或其他远程控制系统)控制车辆的目的。车身控制单元也是车辆动力、刹车、转向等设备的直连控制器,在车身控制单元上直连汽车状态监测及环境监测可减少中间连接设备,简化系统,提高该系统软硬件运行的可靠性。

2 矿用无人驾驶自卸卡车监测、判别、执行工作原理

自动驾驶控制系统可以实时监测车辆、周围环境及通信连接状态,主要包括:发动机相关参数、油气系统状态、胎温胎压、制动系统、车身起火、车载电气系统、路面整洁度、周围车辆情况、通信连接状态等。以上信息均进入自动驾驶控制系统,进行实时监测,与预设的阈值(开关量为状态、模拟量为数值)进行判别比较,数据正常时,在自动驾驶控制系统控制下,车身控制单元将正常执行驾驶员(或上级控制系统)的指令。比对后的数据结果为非正常时,将根据比对结果执行"安全动作",此时驾驶员(或上级控制系统)指令将不会被执行。通信连接中断时,由车载控制单元执行"安全动作"。如检测到的一项或多项数据达到预设阈值,将进入非正常状态逻辑判别程序。监测、判别、执行流程示意图见图2。

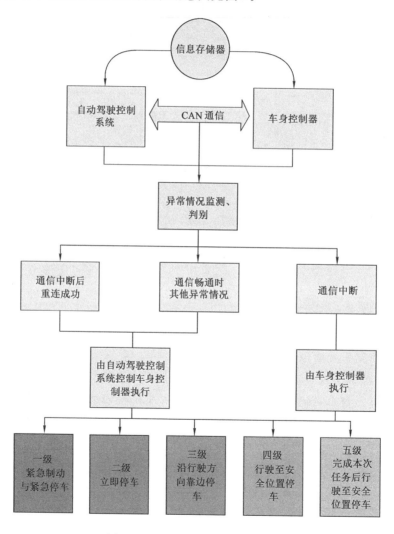

图 2　监测、判别、执行流程示意图

3 矿用无人驾驶自卸卡车根据检测到的"异常"状态进行事件定级

检测到"异常"后,进入异常事件详细信息比对环节,确定具体异常事件,闭锁驾驶员(或上级控制系统)操作,执行对应级的异常情况的标准操作,同时向上级控制系统发出详细告警信

息（图3）。

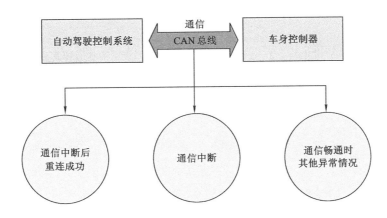

图3　三级"异常"状态定级

4　矿用无人驾驶自卸卡车根据非正常状态事件定级分级执行对应的动作

车辆根据异常事件定级数值，执行对应的操作。

（1）一级：紧急制动与紧急停车。

（2）二级：立即停车。

（3）三级：沿行驶方向靠边停车。

（4）四级：行驶至安全位置停车。

（5）五级：重载状态就近完成本次运输任务后行驶至安全位置停车。

无人机航测与 GPS-RTK 多融合测绘技术在露天煤矿生态修复中的应用

甘　宏

（华能伊敏煤电有限责任公司伊敏露天矿，内蒙古 呼伦贝尔　021114）

摘　要　为满足露天煤矿生态修复实际需求，及时快速获得生态修复信息，提升绿色矿山建设速度。本文以某露天矿生态修复区为实例，首先使用无人机航测技术进行勘察测绘，基于Smart3D、Pix4Dmapper等软件制作高分辨率的数字正射影像（DOM）、数字高程模型（DEM）及数字地表模型（DSM）对修复区地形、地貌、地质形态进行生态修复设计、土方量统计、成本预算等进行提前谋划，设计出生态修复方案。在施工阶段采用 GPS-RTK 测绘方式进行现场施工测量，将测绘外业与内业有机结合，使生态修复区更直观、生动、形象，也让方案设计更加科学。

关键词：露天煤矿；生态修复；无人机航测；GPS-RTK；有机结合

0　引言

随着经济的高速发展，生态环境也遭到了严重破坏。在当前建设生态文明的背景下，矿产资源开发应坚持"绿水青山就是金山银山"[1]的理念，正确处理好生态环境保护和发展的关系是实现可持续发展的内在要求，也是推进现代化建设的重大原则，生态环境保护和生态文明建设是我国持续发展最为重要的基础。2021 年以来，为加快煤电资源绿色低碳发展，推动煤电领域绿色化，让绿色成为发展生产的"底色"，华能伊敏煤电有限责任公司积极开展生态环境治理工作，及时掌握生态修复区生态环境治理情况，组织人员对矿山修复区进行无人机摄影测量，制作 DOM（数字正射影像）、DEM（数字高程模型）、DSM（数字地表模型），并在此基础上优化矿山生态环境治理方案。本文综合利用无人机摄影测量技术，做好生态环境恢复治理的方案，使整个作业过程高效、快速，确保成本投入低、数据精度高；并将伊敏露天矿智能化测绘系统应用于露天煤矿生态修复工程中，根据现场实际情况核查图斑数据，对矿山生态修复范围和面积进行合理调整。通过无人机测绘技术调查地质灾害发育情况、地形地貌景观破坏情况，为矿山生态修复勘查提供直观依据和合理建议，指导生态修复设计施工。

作者简介：甘宏（1997—），辽宁阜新人，大学本科学历，2020 年 6 月毕业于辽宁工程技术大学测绘与地理科学学院测绘工程专业，现任华能伊敏煤电有限责任公司伊敏露天矿生产技术科测量专工。

1 任务分析及实施过程

1.1 项目特点

本项目露天煤矿生态修复区位于内蒙古自治区呼伦贝尔市鄂温克族自治旗草原腹地，属中温带大陆性气候，春秋两季气候变化剧烈，昼夜温差大，降雨少，多大风，天气变化复杂，整个区域的热量地势走向由东向西逐年增加，年极端最高气温 37.7℃，年极端最低温度 −47～45 ℃。本区治理面积约 2.5 km²，若单使用传统人工测绘（全站仪或 GPS-RTK）方法，不仅成本高、成图周期长，而且效率低下。

1.2 技术路线

本方案无人机平台为纵横 CW-15 垂直起降固定翼无人机，采用以正射相机为工具的航空摄影系统，垂直起降固定翼飞行器能够以直升机方式垂直起降，并能以固定翼方式巡航前飞。与传统直升机相比较，垂直起降固定翼飞行器具有前飞速度快、航程远、航时长等显著优势，而与常规固定翼飞行器相比较，垂直起降固定翼飞行器能够定点起降和悬停，对机场跑道没有依赖，任务能力显著增强[2]。同时，垂直起降固定翼飞行器所搭载的正射相机生成的正射影像图具有信息量丰富、直观性强的优点，并且数据结构简单，有良好的判读与量测性能，具有生产、更新周期短与低成本高效率的优势。

1.3 实施方案

1.3.1 航线规划

在外业飞行前，需要提前做好航线规划。在确定航摄区域范围线后，要结合前期选取的起降点对整个航摄区域进行划分，保证各个飞行区块之间无缝衔接，避免出现漏飞、重飞等情况。到达现场后，可以根据起降点的分布、现场地物、风速、风向、飞行时间等因素，对划分好的区块进行合并然后重新调整区块划分。分割好区块后，如果现场风速较小，可以适当根据需要在手簿中调整风向，缩短无人机飞行时间。本生态修复区属于低山丘陵区，为保证地面较高的分辨率，采用无人机相对航高为 200 m，预设航向重叠率 80%，旁相重叠率 70%。整个矿区共飞行 2 个架次，采集照片 796 张。

1.3.2 矿区像控测量

像控点布设和测量对成果的精度影响很大。因此，在野外选择像控点时，应遵从控制点的布设原则，选择合适的外业控制点布设和测量方案。

像控点布设原则：

（1）像控点宜布设为平高点，选择没有遮挡的、影像清晰的目标；

（2）尽量选择平整、水平的地面，不要选在有高差的斜坡上；

（3）选择易于识别的细小线状地物交点、明显地物拐角点，如道路交角；

（4）与周围环境色差小、与地面有高差、成像不清晰等可能引起刺点误差的，均不能作为像控点；

（5）远离有大片水域、电视塔、通信线路等区域，以免被电磁干扰；

（6）在地面上设置较为明显的标记或者利用制作好的标志作为控制点，提高内业刺点精度。

像控点布设方案：

无人机摄影测量像控点布设通常采用区域网布设方案，根据不同成图比例尺对平面点和高程点的精度要求,得出像控点航向和旁向的基线数间隔进行布点。

像控点测量方案:

传统像控点测量采用分级控制的方式。通过像控点与已有控制点组成控制网,平差解算完成。随着 GNSS (Global Navigation Satellite System) 定位技术的不断发展和成熟,利用 GNSS 定位方法进行像控点测量,完全满足需求。尤其是 GPS-RTK 技术,能够快速、高精度获取像控点坐标[3]。测区选择高斯-克吕格 3° 带投影,中央子午线为 120°,平面坐标选择国家 2000 大地坐标,高程系统选择 1985 国家高程基准,控制网选择伊敏露天矿单基站模式,在工作测区共布置 10 个控制点,全部采用红蓝色网格相间矩形铁板,铁板上部可以插入标识旗并印制"测量标志、严禁移动"标识。像控点联测采用 GPS-RTK 测量技术,采用 Trimble R10 仪器进行测量。

由于露天矿区开采区域的环境复杂多变,导致控制点的布设存在一定的难度,且受环境及车辆的干扰,一定程度上导致获取的图像及信息的精度水平不高,为确保小于 2 cm 的点位精度,每组像控点数据均采集 3 个测次,求取算术平均值,并做好测区的像控点数据整理工作。

1.3.3 航空飞行及质量控制

无人机作业不仅要选择在光线充足的时间段,还必须严格选择太阳高度角,以确保安全航飞。飞手在地面要随时关注和了解无人机飞行姿态、电池电量、速度和航高等各项飞行状态指标,实时监控其工作状态。航飞作业完成后,要求在航飞现场下载其存储的 POS 数据,并对航摄影像进行初步检查和分析,包括相片倾角和旋角、航线弯曲度、摄区覆盖范围、影像清晰度、像点位置等。如果发现下载的数据不满足要求,应及时安排重飞作业[4]。

2 数据处理及结果

目前,随着无人机技术的发展,内业数据处理软件可选择较多,本项目数据处理选择 Pix4Dmapper 行业软件。无人机航飞数据获取之后,首先导入航飞的原始影像数据、POS 数据,进行影像预处理,修正影像相机畸变和相机检校;自动进行连接点提取和自由网平差,进行影像相对定向;处理完成后再加入外业像控点,进行区域网平差、纠正,进行绝对定向。生成 DOM 及 DSM 等实行三维模型。

2.1 正射影像图的制作

采用 Pix4Dmapper 软件生成正射影像如图 1、图 2 所示。正射影像图制作过程包括初步处理、利用自动拼接和镶嵌技术,实现影像无缝拼接,应尽量调整色彩、色调,使要拼接的相邻两影像的色彩、色调协调、统一,尽量使用相片的中间部分,确保影像无变形、发虚、拉花等现象。系统自动处理完成后,人工检查整体数据质量并修改不合理处,输出后的 DOM 成果以 TIFF 格式存储。

2.2 实景三维模型的形成

此项目选择 Smart3D 软件进行建模,实景三维模型重建生产是比较耗时间的,为提高建模速率,用一台电脑作为主机,结合多台电脑进行联机处理,先将数据盘进行共享,然后在数据盘中设置任务路径,利用集群运算要保证工程路径、任务路径及原始数据均在网络共享路径下进行。三维重建过程自动选择最佳像对模型,提取密集点云数据,依据软件自带特殊算法,进行点云曲面重建,构建出不规则三角网 TIN 结构,在此基础上进行无缝纹理映射,并将 TIN 模型进行平滑和优化(图 3、图 4),最终输出表达完整真实的三维模型及 DSM、DOM 等多种数据成果[5]。

图 1 修复前正射影像图

图 2 修复后正射影像图

图 3 修复前实景三维模型

图 4　修复后实景三维模型

3　应用分析

本研究前期利用无人机航测技术进行勘查测绘,布设像控点和航空摄影,共计投入人员3人,用时1 d。内业数据处理和生成实景三维模型,投入人员1人,用时1 d,共计投入2 d,即获取了三维模型和高精度3D产品。结合实景三维模型和3D产品进行方案设计,对不同地质环境信息制定分项治理工程,并利用三维平台生成效果模型,与实景模型进行比较,直观、形象展示生态修复效果[3],全过程指导露天矿生态修复施工。无人机测绘可服务施工全过程,随时和及时修正设计中的不足,并将无人机航测成果正射影像及实景三维模型上传至伊敏露天矿智能化测绘系统。通过智能化测绘将设计图纸附至正射影像图上,既保证了矿山生态修复的高效率、可视化,也可以通过伊敏露天矿智能化测绘系统提取三维坐标文件,使用 RTK 现场坐标放样,准确保证现场施工精度,从而提高设计和施工的技术和质量。在野外踏勘的时候,也可将 CAD 设计图纸通过点刺关联点坐标的方式附至奥维地图上,这样在生产现场也可以准确、形象地进行勘查工作,还能在奥维地图上面直接添加一些标记,非常方便。

4　结论

(1)无人机航测与传统 RTK 测绘的有机结合,实现了外业内业有效衔接,内外业一体化,获得高效快捷的输出影像和数据,全过程服务于生产实践,满足多专业的应用需求,必将为更多的行业带来改变,值得宣传和推广。

(2)单一使用传统测绘费时费力,利用无人机省时省力并极大提高了生产效率,无人机获得的高分辨率影像数据能够更加直观地体现生态修复区的真实状况。方案设计更加直观,实景三维模型使矿山环境信息更直观、生动、形象,有利于生态修复方案的制定。同时,方案效果模型与实景三维模型形成鲜明对比,使生态修复方案更加科学合理。

(3)管理施工更加全面。施工过程中,利用无人机航测技术获取实景三维模型,进行动态监测,并与设计效果进行对比,可以起到掌握施工进度、监督施工与设计的符合度的作用,使管理人员全面掌握信息。

（4）无人机测绘与传统测绘相结合,一方面丰富了测绘技术,使测绘多元化;另一方面也提高了测绘精度,从勘查测绘中的三维模型建立、产品制造到方案设计中的分项治理工程量统计、预算金额计算,再到施工管理中的施工进度和工程量量化,都保证了矿山生态修复的精准化,两种手段互相补充、相互印证。

参考文献

[1] 中央文献研究室.习近平关于社会主义生态文明建设论述摘编[M].北京:中央文献出版社,2017.

[2] 王科雷,周洲,马悦文,等.垂直起降固定翼无人机技术发展及趋势分析[J/OL]航空工程进展:1-13[2021-11-30].

[3] 闻彩焕,王文栋.基于无人机倾斜摄影测量技术的露天矿生态修复研究[J].煤炭科学技术,2020,48(10):212-217.

[4] 刘欣,陈小歌.无人机测绘技术在露天矿勘查及生态修复中的应用 doi:10.3969/j.issn.1008-5327.2022.02.017.

[5] 陈智民.无人机三维倾斜摄影测量助力自然资源调查:以不动产调查为例[J].测绘与空间地理信息,2021,44(1):119-121.

伊敏露天矿电动卡车车电分离运营方案研究

吴榕真

（华能伊敏煤电有限责任公司伊敏露天矿，内蒙古 呼伦贝尔　021114）

摘　要　本文针对目前矿山电动卡车的研究现状以及伊敏露天矿电动卡车的应用现状，分析了当前露天煤矿电动卡车应用在换电、电池管理方面存在的问题，提出了一种车电分离的电动卡车商业化运营方案。该车电分离商业化运营方案通过引入电池厂商的方式，避免了电池管理问题，延长了电池寿命，从而降低了电池的使用成本。结合露天煤矿的使用场景以及管理情况，分析该商业运行模式的优势有：购置电动卡车的初期投资成本低，能够迅速达产；避免了电池管理上存在的问题；省去了废旧电池的处理流程；充分发挥电力企业优势，使电池的充电成本更加经济。

关键词　电动卡车；运营方案；车电分离

0　引言

近年来，我国电动汽车产业的推广和应用获得了较快发展，但充电过程烦琐、续航里程较短、电池成本偏高等痛点问题，至今还没有得到根本解决[1]。受此影响，国内矿山电动卡车基本处于摸索阶段[2]。伊敏露天矿积极开展电动卡车运营，取得了突破性进展，目前伊敏露天矿电动卡车运营模式如图 1 所示。

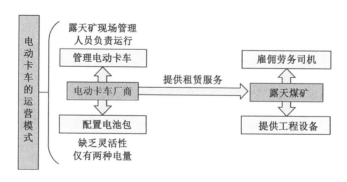

图 1　目前伊敏露天矿电动卡车的运营模式

由于矿山电动卡车的充电时间偏长，影响设备出动率和作业效率，因此在露天矿山无法使

作者简介：吴榕真，2020 年 6 月毕业于中国矿业大学采矿工程专业，硕士学位，目前就职于华能伊敏煤电有限责任公司伊敏露天矿生产技术科，任采矿专工。

用插电式电动卡车,目前普遍使用电池更换技术[3]。这种运营方式要求载货车或牵引车的设计能够适应多次日常电池组更换,需要把电池交换站部署在关键路线上,并且电池组要作为一个系统进行管理。目前伊敏露天矿电动卡车示范项目所使用的换电站为单台卡车进行换电仅需 4 min,相比于传统燃油车加油具有安全性好、耗时更短的优点,因此,更换电池的方案成为露天矿电动卡车运营方案的最优选择[4-5]。

由于矿用电动卡车的装卸载和运输作业非常频繁,耗电量较大,因此会导致电动卡车更换电池的操作也较为频繁,这就需要为电动卡车配备大量的电池储备[6-7]。目前伊敏露天矿电动卡车换电站所使用的是 320 kW 的快充充电桩,所用电池的含电量为 260 kW·h 和 540 kW·h 两种类型,充满一块电池耗时在 40 min 左右,充电速度能够很好地保证电池的及时供应。但是快充的方式存在着影响电池寿命的问题,原本预计电池寿命为 5 年,但是在实际使用中电池寿命仅为 3 年左右,这样就使得电动卡车的使用成本增加了近 66%。快充状态下,会加速电池电量的疲劳损失,导致一定质量的电池可携带的电量越来越少,最后无法再支撑电动卡车的正常运行[8-9]。

基于伊敏露天矿煤电联营电力成本低廉的优势,使得电动卡车的应用更加具备先天优势。电动卡车因为使用电力,在运营成本上相较于燃油车就可节省一半费用。运输作业是露天煤矿开采的重要环节,运输成本几乎占到开采总成本的 50%,露天矿超大型矿卡运输作业中的燃油消耗更是占到了运输成本的 40% 左右。露天矿常用的运输卡车载重大,型号多且体积庞大,油箱容积非常大,最大的油箱容积可以达到几吨。所以目前很多露天矿企业为了提高矿卡的燃油效率,只能通过避免偷油、漏油等非正常燃油消耗作为燃油成本及运输成本控制的重点。可见露天矿在使用燃油重型卡车时的燃油管理上存在着一系列的问题,而电动卡车则不存在这些针对燃油的管理问题。

随着柴油价格的上涨,电力成本就越来越有价格优势。目前石油价格在逐年增长且增长幅度大,而且数量有限,供应会出现紧张的情况;而电力价格基本能够保持平稳,即使价格上涨,上涨幅度也很小,对于伊敏露天矿,煤电联营电力成本低廉的优势就更能体现出来。电力来源不仅可以使用化石能源——煤炭,而且可用煤电公司的再生能源风能或者太阳能,在电能供应上有保证。

如今,无论是家用电动汽车还是商业电动卡车,在国家政策的引导下,发展得越来越快,随之而来关于电池的讨论也越来越多。同时,在换电模式下,势必涉及需要额外增加备用电池组的数量以及换电站的选址问题[10]。而这些因素无形中也增加了换电模式下的用车成本。但是从矿山企业的长远发展来看,换电模式下"车电分离"的运营方式,不管从经济性、便捷性还是从补能效率等方面来看,都是实现车辆节能减排及经济效益提升的有效途径。换电模式有望成为新能源矿卡推广和应用的新出路。

1 当前矿用电动卡车的电池运营情况

目前电动卡车存在的最大问题就是电池,电池寿命是影响露天矿电动卡车运营成本的主要原因。不考虑气候的影响,在正常使用的情况下,影响电池寿命的原因主要就是长期使用快充的方式。快充和慢充是两个完全不同的概念,卡车电池所用慢充充满电的时间一般都需要数个小时,而且慢充使用交流电充电,在这种充电模式下,对电池内部化学电解质的冲击小,电池受到的损害最小。而快充是一种应急充电方式,这种充电方式通过高电压的直流电将电能充入电池,而快速充电会减少电池的循环充电寿命,因为电池在电能的作用下,内部的化学物质发生逆反应,这种快充方式会导致电池内化学物质的逐渐失效,减少电池的充电循环次数。

所以长期使用快充的方式直接影响了电池的寿命,无形中增加了电动卡车的运行成本。许多矿山在使用电动卡车时,为了减少电动卡车的等待时间,通常都是使用快充的方式,以提高电动卡车的出动率,保证作业效率。使用快充方式的露天矿山都是因为电池的备用率较低,需要及时充电才能保证电动卡车的电池供应,从而忽视了电池寿命的问题。

然而,以当前的电池数量规模采用慢充的方式又无法保证电动卡车的电池供应速度,所以为了提高电池寿命,就必须扩大当前电池的配备量以保证及时为电动卡车完成换电操作,这样就需要投入大量的电池成本。电池数量增加后,会同时需要增设相应的管理人员,因此而带来的人为管理缺陷又会成为影响电池寿命的新的因素。

2 电池的商业应用方式

可以将电动卡车电池的应用管理模式转为商业应用方式,通过与电池厂商开展合作,将电池交给电池厂商进行管理,推出车电分离的应用模式,由电池厂商在露天煤矿建立电池库[11]。使用无人电动卡车的商业运营模式后,矿山企业在购买纯电动重卡时,电池的成本不需要矿山企业一次性承担,而采取从电池厂商建立的电池库租赁的方法获得动力电池。

纯电动汽车的成本中有大约40%是动力电池成本,所以由电池厂商组建和配备电池库将大大降低露天矿初期购买电动卡车的成本,能够迅速建立和扩大电动卡车的运营规模。电池厂商在露天矿建立电池库并配备专业人员进行电池管理,能够有效提高电池寿命,降低露天矿的电池使用成本。

3 伊敏露天矿车电分离运营模式分析

在电力来源问题上,针对伊敏露天矿的实际情况,可以选择排土场光伏发电站的太阳能供电、风电场风力供电或者伊敏发电厂供电。电动卡车换电站应设置为可移动的形式,同时换电站的选址要尽量将其规划在电动卡车的运输路径范围内,以避免因为频繁更换电池导致的长距离无效行驶。

该电动卡车的车电分离运营模式及影响因素之间的关系如图2所示。

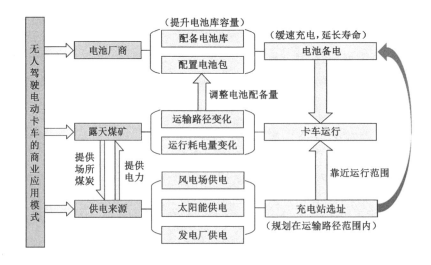

图2 电动卡车的车电分离商业应用模式及影响因素之间的关系

　　废旧电池的处理问题也是矿用电动卡车亟待解决的难题,由于当前各个矿山应用电动卡车的时间还未达到电池的报废年限,这一问题暴露还不明显。但是随着国家《新能源汽车动力蓄电池回收利用管理暂行办法》的出台,可以看出国家对电动车报废电池的管理愈加严格,作为应用电动卡车进行生产的矿山企业更应及时进行策略布局,防止出现大规模报废电池难以处理的问题。但是如果能够把电池的管理权限交给电池厂商,该问题的解决就会变得容易很多。电池厂商可以凭借自身制造处理电池能力的优势,根据需要将回收的电池进行梯次利用或者化学拆解再利用。

　　该商业运行模式的优势有:

　　① 可以降低购置电动卡车的初期投资成本,投产速度快;

　　② 避免了电池管理上存在的问题,减少人为管理因素对电池寿命的影响;

　　③ 省去了废旧电池的处理流程,减少工艺环节,降低投资成本;

　　④ 充分发挥电力企业优势,使电池的充电成本更加低廉。

4　电动卡车环境效益分析

　　国家"十四五"规划指出,要推动能源清洁低碳安全高效利用。露天矿柴油机的污染物排放是较为严重的环境问题。柴油机工作时会排放出大量有害尾气(例如一氧化碳、二氧化氮、硫化氢、二氧化硫等,包括致癌物 3,4-苯并芘)。露天矿区的运输主干道及排土场等地,都略低于地面,这些有害物质不易扩散,危害人们健康。若使用电动卡车则其排放就可大大下降,而无人驾驶电动卡车更是避免了工作人员的健康受到侵害[15]。在维修保养中,换电重卡的费用更为低廉。此外,随着国家排放标准不断升级,燃油车还需面临淘汰置换的问题,而提前布局换电重卡则可完全避免这方面的压力。

　　伊敏露天矿电动卡车示范项目 2022 年全年累计完成剥离量 6 535 505 m^3,全年消耗电量7 299 150 kW·h,电量单耗为 1.117 kW·h/m^3。合计节省柴油消耗 2 068.1 t,减少排放二氧化碳 6 398.9 t,一氧化碳 352.8 t,碳氢化合物 14.6 t,氮氧化物 36.5 t,取得了显著的环境效益,"以电代油"的能耗模式有效保护了呼伦贝尔草原的生态环境。

参考文献

[1] 赵雷雷,王斌.纯电动卡车技术发展的分析与研究[J].汽车实用技术,2013(2):19-22.

[2] 葛富英,马运亮,马耀丽,等.深部运输电动卡车的技术问题探讨[J].矿业快报,2001(2):13-14.

[3] 李琳.电动汽车动力电池的充电方法的研究[D].北京:华北电力大学,2013.

[4] 张齐东,黄学良,陈中,等.电动汽车电池更换站集群充电控制策略研究[J].电工技术学报,2015(12):7.

[5] 南金瑞,孙逢春,王建群.纯电动汽车电池管理系统的设计及应用[J].清华大学学报(自然科学版),2007(增刊2):4.

[6] 宋永华,阳岳希,胡泽春.电动汽车电池的现状及发展趋势[J].电网技术,2011,35(4):1-7.

[7] YU HUIGEN,SHI SHAOYOU.电动汽车电池相关问题探讨[J].Beijing Automotive Engineering,2010.

［8］刘长军.电动汽车电池的现状及发展趋势［J］.科技尚品，2017(7):1.

［9］林洋佳,杨军,GHAMGEEN IZAT RASHED,等.市场环境下共享汽车电池仓库能量管理策略研究［J］.电测与仪表，2023，60(2):7.

［10］邱先磊.电动汽车电池更换站充换电与供配电系统设计［D］.大连:大连理工大学，2012.

［11］孙丙香,何婷婷,牛军龙,等.基于换电和电池租赁模式的纯电动汽车运营成本评估及预测研究［J］.电工技术学报，2014(4):7.

智能监控系统在白音华煤业"五水"处理运行中的应用

常文峰，赵喜军，张小军，杨玉连

（内蒙古白音华蒙东露天煤业有限公司，内蒙古 锡林郭勒　026000）

摘　要　本文提到的白音华煤业"五水"系统是指：生活水系统、消防水系统、疏干水系统、综合水系统和中水系统。生活水系统：供矿区职工日常使用的生活用水系统；消防水系统：矿区用于防止火险隐患的消防水系统；疏干水系统：采矿过程的疏干排水系统；综合水系统：用于净化疏干水的处理系统；中水系统：用于净化生活污水的处理系统。目前白音华蒙东露天煤业有限公司"五水"控制系统各自独立，联合作业时全靠人工现场巡视，采用对讲机及电话沟通，各设备运行状态的回馈及数据采集、汇总，难以及时和准确，存在设备运行情况、数据误报、漏报及"五水"使用、排放不规范等风险。在此背景下，为了提高公司水处理设备智能化水平，降低人员安全风险，"五水"系统运行管理采用智能化集中控制系统是必要的、可行的。

关键词　"五水"智能化；水处理；运行管理

1 "五水"系统在矿区生产生活中的重要性

1.1 生活水系统

生活水是矿区员工生产生活的保障，它是由水源井经提升泵进入生活水池，再由加压泵通过管网送到各个生活用水点供员工饮用、洗浴（漱）。所以生活水系统可以保证矿区员工的正常生活。

1.2 消防水系统

消防水系统是消灭矿区火险隐患的必要设施。白音华三号矿生产的褐煤，燃点低、煤尘大，随时都有发生堆场及粉尘自燃现象。因此必须保证消防水系统正常使用，以备不时之需。

1.3 疏干水系统

疏干水是采矿过程伴随涌出的地下水，如不及时排出，则存在水淹设备及滑坡的风险，生产活动将无法进行。因此，疏干排水是采矿工艺的重中之重。

1.4 综合水系统

白音华蒙东露天煤业有限公司矿区地处内蒙古锡林郭勒盟西乌珠穆沁旗草原，属于国家级自然保护区。疏干水内含有大量悬浮物、泥沙及超标的有害重金属，如不处理直接排放，会破坏周边环境及影响动植物生长。因此，疏干水必须处理达标后排放及使用。本系统是将疏

作者简介：常文峰（1984—），男，内蒙古兴安盟人，工程师，2008年毕业于内蒙古农业大学机电工程系，学士学位，现任内蒙古白音华蒙东露天煤业有限公司机电管理部主任，从事机电设备管理工作。

干水汇聚到综合水处理站,经絮凝沉淀+过滤消毒,去除悬浮物及有害物质,达标后排放或用于洒水降尘及复垦绿化。

1.5 中水系统

矿区内产生的生活污水中的污染物主要是有机物(如蛋白质、碳水化合物、脂肪、尿素等)和大量病原微生物(如寄生虫卵和肠道传染病毒等)。存在于生活污水中的有机物极不稳定,容易腐化而产生恶臭。细菌和病原体以生活污水中有机物为营养而大量繁殖,可导致传染病蔓延。因此,生活污水排放前必须进行处理。本系统是将矿区内所有生活污水经下水管网汇聚到中水处理站,经厌氧、好氧及MBR生物膜反应技术,进行絮凝沉淀、消毒,去除污泥及有害物质,达标排放或用于洒水降尘及复垦绿化。

2 "五水"之间的相互关系

露天矿"五水"之间的相互关系,详见图1。

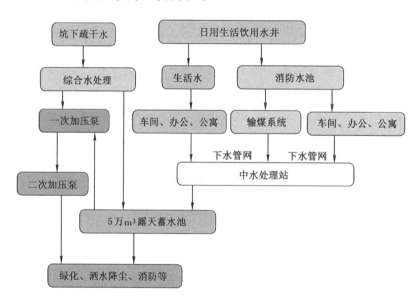

图1 "五水"之间的相互关系

3 "五水"智能监控系统的设计

"五水"智能监控系统通过底层智能摄像头、液位计、pH计、流量计、压力变送器和开关等采集"五水"系统中各组成设备的运行情况、状态参数,以模拟量或数字量的形式传输到监控室服务器上进行整理、分析,统一监视操作,并实现"五水"之间的信号连锁。"五水"控制画面按不同运行工艺,能实现一键启停操作。现场数据、设备运行状态、视频数据在大屏幕上实时显示,并可查询历史数据。

4 "五水"智能监控系统的特点与功能

"五水"智能监控系统融入了智能控制技术、传感技术、自动控制技术、计算机技术、PLC技术和网络技术。整个系统由中心控制站、现场控制总线、电气设备、PLC可编程序控制器等组成。通过该系统可实现"五水"设备运行可视化、数据采集信息化、设备运行自动化、运行管理智能化。

并且该系统具有故障检测及系统状态检测功能,能实时对系统中每个设备运行状态进行检测,数据回传,及时反馈故障问题,降低故障率,提高生产水平,节约运维成本,避免故障点扩大。

5 智能监控系统在白音华蒙东煤业公司"五水"中的应用

5.1 "五水"系统显示

根据"五水"关联关系,在监控室大屏幕上分五个区域分别显示"五水"系统的运行状态、现场数据及监控数据,并远程控制设备启停(图2)。五个区域以颜色区分,即生活水:绿色;疏干水:水灰色;综合水:深黄色;中水:浅黄色;消防水:红色。

图 2 "五水"监控室屏幕

5.2 数据传输结构

"五水"数据传输结构如图3所示。

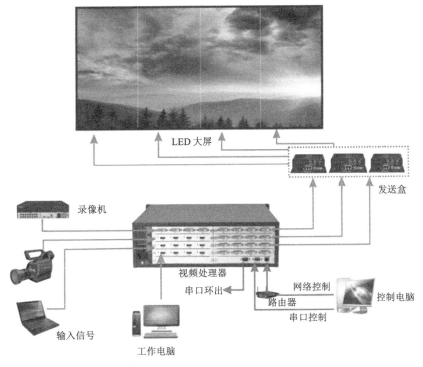

图 3 "五水"数据传输结构

5.3 "五水"智能监控系统的组成元素

智能监控系统由硬件和软件两部分组成。硬件:IM155-6PN 接口模块、信号模块(模拟量和数值量)、摄像头、接入交换机、光电转换模块、S7-1200 主机、汇聚交换机、硬盘录像机、控制电脑、工作电脑、视频控制器、LED 大屏等。软件:WINCC V7.5 组态软件、大屏控制软件。

5.4 "五水"各工艺环节监控方案

5.4.1 坑下疏干水

疏干水监控数据传输结构如图 4 所示。

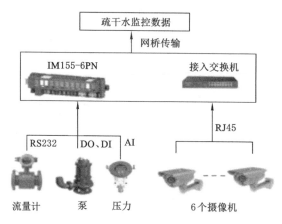

图 4 疏干水监控数据传输结构

(1) 状态监控:6 台排水泵(3 用 3 备)状态监视(运行、故障)、远程启停控制。

(2) 数据监测:泵坑液位监测(联动水泵启停)、出水流量监测、出水压力监测。

(3) 环境监控:设 6 个摄像头。

(4) 信号传输:采用无线网桥传输。

5.4.2 综合水处理

综合水监控数据传输结构如图 5 所示。

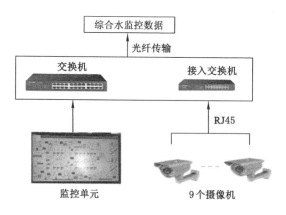

图 5 综合水监控数据传输结构

(1) 状态监控:综合水有单独监控,可融合进"五水"监控系统。

(2) 环境监控:设 9 个摄像头。

(3) 信号传输:采用光纤传输。

5.4.3 中水处理

中水监控数据传输结构如图 6 所示。

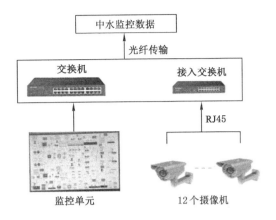

图 6 中水监控数据传输结构

（1）状态监控：中水有单独监控，可融合进"五水"监控系统。

（2）环境监控：设 12 个摄像头。

（3）信号传输：采用光纤传输。

5.4.4 日用生活水

生活水监控数据传输结构如图 7 所示。

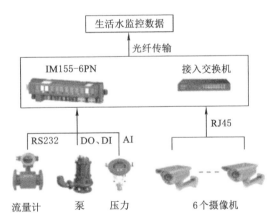

图 7 生活水监控数据传输结构

（1）状态监控：4 台水源井提升泵状态监视（运行、故障）、远程启停控制；4 台出水泵（2 用 2 备）状态监视（运行、故障）、远程启停控制。

（2）数据监测：蓄水池液位监测（联动水泵启停），进、出水流量监测，出水压力监测。

（3）环境监控：设 6 个摄像头。

（4）信号传输：采用光纤传输。

5.4.5 消防水

消防水监控数据传输结构如图 8 所示。

（1）状态监控：3 台出水泵（2 用 1 备）状态监视（运行，故障）、远程启停控制；圆筒仓 2 台加压泵状态监视（运行、故障）、远程启停控制。

（2）数据监测：蓄水池液位监测（联动水泵启停），进、出水流量监测，出水压力监测。

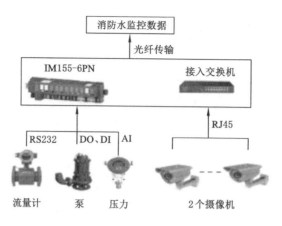

图 8　消防水监控数据传输结构

（3）环境监控：设 2 个摄像头。

5.4.6　雨水集水坑

高液位自动通知综合水处理站,当综合水处理站调节池不处在高液位时,集水坑提升泵自动启动,监测出水流量。

5.4.7　一次加压泵站与二次加压泵站联动

二次加压泵站用水时,信号传输通知一次加压泵站水泵启动,同时联动二次加压泵站回用水泵启动,监测一次加压泵站及二次加压泵站进、出水流量及压力。

6　智能监控系统在"五水"应用中应注意的问题

6.1　做好科学规划

（1）对智能监控系统的可行性分析要科学化。

（2）智能监控系统的应用方案要符合自身实际情况。

6.2　建立健全相应的管理制度

（1）完善上岗制度。

（2）健全考核制度。

（3）落实岗位工作责任制。

7　结束语

智能监控系统在矿区"五水"中的应用符合信息化、智能化的发展方向,也符合减少人力、节能降耗的发展理念,达到"五水"各个工艺环节有效监管、及时调控的目标。

参考文献

[1] 李建民,裴永清,等.基于 PLC 与 Wincc 的污水处理自动监控系统的设计[J].工业仪表与自动化装置,2010.

[2] 李文燕.集成传感网络的无线远程监控系统的设计与实现[D].南京邮电大学,2017.

[3] 刘富强,卢赤班.数字视频监控系统及其应用[J].工矿自动化.

[4] 魏江海.云南矿山污水处理自动控制系统研究[D].昆明理工大学,2015.

极寒条件下露天煤矿装车站粉尘
逸散防控关键技术研究

于　昕,杨子于

(内蒙古白音华蒙东露天煤业有限公司 内蒙古 锡林郭勒　026000)

摘　要　我国石油资源非常稀缺,但储煤量巨大,已探明的煤炭储量占世界煤炭储量的33.8%,国内煤炭产量位居全球第一位。我国的一次能源结构比例中,煤炭高居榜首,20世纪中期,煤的能源消耗最高占全国能源消耗的90%。随着能源结构的调整以及环保高压态势,近年来煤炭消费占比呈逐年下降的趋势。但是,由于暖电能源结构,煤炭在我国能源体系中仍然占据主体地位。与此同时,在煤炭的储存、转载和运输过程中排放出来的各种有害物质(如煤尘)的量也随之增加,所以必须对其加以控制,否则会使环境受到严重污染和破坏,危害人类的健康、动植物的生长,影响生产过程的正常运行。因此,针对煤矿煤炭运输装车环节的粉尘治理工作至关重要。

关键词　煤炭运输;装车站;粉尘逸散;模拟研究

1　引言

随着经济的快速发展,社会各行业对于煤炭资源的需求量和依赖性不断增加,煤炭行业为了满足市场需求,提高经济效益,不断加大开采力度,然而资源开采活动对自然环境造成的破坏问题未能得到有效控制,严重威胁煤矿的生态安全。露天开采以低生产成本、高生产效率成为煤矿行业开采活动中应用较为广泛的形式,但对周围生态环境容易造成十分严重的破坏,例如大气污染、土地流失、水体污染等,使得自然生态系统受到严重影响和退化,制约了社会绿色环保经济的可持续发展。

我国约半数露天煤矿、大型火电厂、配煤中心及煤化工工厂的原煤存储采用"装车站堆煤、暗道回煤"的设计,储量大,投资小。但是,这种设计的缺点也相当明显。装车站上方转载胶带落煤时,引入塔内一部分的诱导风,称之为初次诱导风;煤流在下落过程中,在重力加速度的作用下不断加速,高速下降的煤流表面形成负压层,于是从塔顶和塔壁上的落煤口挡板漏缝处又源源不断地引入二次诱导风。初次诱导风和二次诱导风叠加在装车站内形成高压气流,在落煤口落料时,塔内飞扬粉尘随高压气流喷出,尤其在起风时,粉尘随风蔓延,对储煤场区域及周边环境造成严重的粉尘污染和危害。粉尘主要危害为:① 高浓度粉尘导致作业空间能见度降低。尤其在高产尘区域,作业空间煤尘浓度非常高导致工人操作失误,增加工伤事故的发生。

作者简介:于昕(1989—),内蒙古赤峰人,助理工程师,毕业于辽宁工程技术大学电气及其自动化专业,学士学位,现任内蒙古白音华蒙东煤业有限公司科技创新部副主任。

② 降低机械设备使用寿命。沉积的粉尘容易对机械设备造成磨损,缩短仪器的寿命等,并且煤尘沉积在设备上,易造成电路中断、胶带打滑、阻碍照明和影响设备正常运转等机电事故。③ 爆炸性煤尘悬浮于空气中并达到煤尘爆炸浓度范围时,在高温和一定浓度氧气的条件下会发生爆炸。④ 工作人员长期吸入粉尘后,轻者会患呼吸道疾病,重者会患尘肺病。⑤ 粉尘沉降在草原等植被上会导致草原退化,引起土地沙漠化等灾害。

因此,防治煤矿粉尘是保证我国煤炭工业持续发展的必要条件。目前,露天煤矿装车站装车环节落煤的除尘方式主要有干式除尘和湿式除尘两种。干式除尘和湿式除尘已经有较长的历史,但对于大型污染源仅仅应用单一的除尘方法将无法完全对污染源进行粉尘控制。实践证实:通过对装车站落料口、出料口等产尘点的粉尘浓度、粉尘粒径分布、分散度等数据测量,可以直观地分析出装车站粉尘污染的严重程度,了解各产尘点粉尘颗粒的运移规律,并且可以为装车站粉尘逸散规律及控尘方法的数值模拟边界条件提供基础参数。但是,迄今为止装车站的粉尘治理主要存在三个问题:① 装车站高度一般在 30～50 m,煤流在如此高的落差内下落时,由于风流的摩擦剥离作用导致扬尘现象严重,同时煤流在下落时引入大量诱导风流,扬尘随高压诱导风流从落煤口喷出;② 在夏秋两季为了追求降尘效果,通常采取加大喷水量的方法,不仅影响洗选质量,而且增加了产品煤的含湿量,直接减少了煤的发热量;③ 在春冬两季,喷雾洒水不仅会引起地面结冰,影响载煤火车运输,而且可能导致装车站内煤体结冰,落料口落料阻塞,直接导致煤流转运停滞,严重影响生产。

因此,进行"极寒条件下露天煤矿装车站粉尘逸散防控关键技术"研究,通过对粉尘特性参数测定,以气固两相流理论为基础,利用计算机数值模拟,近似模拟粉尘颗粒在各产尘源的粉尘运移轨迹,以及作业空间中的粉尘浓度随时间变化的分布情况,得出粉尘在空气中的扩散运移规律。在原有除尘风机的基础上,研发并应用人造涡旋风流卷吸阻尘逸散装置,增加抑尘罩,而后将数值模拟和现场应用相结合,检测并实现模拟与实际的一致性,达到降尘灾害预防与控制目的,为国内外煤矿安全生产提供行之有效的粉尘灾害防治技术,解决煤炭在装车站转载过程中的安全问题,改善我国煤炭安全生产形势以及煤矿行业职业健康状况,对全国的其他类似煤矿也具有较大的指导和借鉴意义。

2 粉尘逸散防控关键技术研究

2.1 装车站所产粉尘理化性质及浓度分布规律的测定

2.1.1 粉尘检测要求

2.1.1.1 仪器设备

按照国家相关规定配备齐全各种粉尘测定的仪器及设备。各种测定仪器规格、型号必须符合有关规定的要求,尤其计量仪器的精度和级别必须符合国家计量部门的规定和要求。关于粉尘采样的仪器型号类别,我国煤炭系统虽未做统一的规定,但采样仪器的主要技术参数必须符合《工作场所空气中粉尘测定》(GBZ/T 192)的要求。仪器设备必须按国家的规定定期进行校对及检修。

2.1.1.2 测定方法及操作技术

粉尘检测的项目和操作方法必须按照国家的规定进行,测定数据必须准确。粉尘采样必须应用国家规定的滤膜质量法进行,其他测定方法只能作为辅助方法和参考。粉尘采样地点和时间的选择必须按照国家的规定进行,采集的样品一定要求具有代表性,能真实反映煤矿生产场所、采掘场所粉尘的情况。

2.1.1.3　测定数据的登记报告

必须认真填写现场测定记录、实验室登记和统计表格。必须按国家规定进行粉尘测定数据的统计、报告工作,要严格管理好各种粉尘测定数据和资料。

2.1.2　粉尘参数测定方法

针对装车站出煤口区域,主要测定全尘浓度、呼吸性粉尘浓度、粉尘分散度及粉尘荷电性等参数。

2.1.2.1　粉尘浓度测定

粉尘浓度测定包括全尘浓度测定和呼吸性粉尘浓度测定,采用粉尘质量浓度滤膜测定法。

原理:抽取一定体积的含尘空气,将粉尘阻留在已知质量的滤膜上,由采样后滤膜的增重求出单位体积空气中粉尘的质量。

器材:采样器、采样头(测定总粉尘浓度的采样头、测定呼吸性粉尘浓度的采样头)、滤膜、气体流量计、分析天平、干燥器。

测尘步骤:

(1)滤膜的准备。用镊子取下滤膜两面的夹衬纸,置于分析天平上称重,直至相邻两次质量差不超过 0.1 mg 为止,记录质量。将称重的滤膜毛面向上装入滤膜夹,确认滤膜无褶皱或裂隙后固定在滤膜夹上放入带编号的样品盒内备用。

(2)测尘点的选择。《煤矿安全规程》规定地面作业场所(如地面煤仓、储煤场、输送机运输等处)测尘点应布置在作业人员活动范围内,设在有代表性的工人接尘地点。测尘位置应选择在接尘人员活动的范围内,且粉尘分布较均匀的呼吸带。有风流影响时,一般应选择在作业地点的下风侧或回风侧。移动式产尘点的采样位置,应位于生产活动中有代表性的地点,或将采样器架设于移动设备上。为了验证数值模拟准确性和研究装车站粉尘的逸散规律,针对装车站选取 5 个测尘点和粉尘分散度采样点,测尘点分布在装车站外上部、中部和下部。在粉尘测试过程中,在装车站顶层定滑轮上悬挂采样器,根据测尘点位置依次进行测尘。

(3)采样的流量。常用流量为 15~40 L/min,粉尘浓度较低时,可适当加大流量但不得超过 80 L/min,在整个采样过程中,流量应保持稳定。

(4)采样开始的时间。连续性产尘作业点应在作业开始后 30 min 后测尘,应在工人工作时采样。

(5)采样的持续时间。根据测尘点的粉尘浓度估算值及滤膜上所需粉尘量的最低值确定采样的持续时间,但一般不得小于 100 min。

(6)采集在滤膜上的粉尘增量。直径为 40 mm 滤膜上粉尘的增量,应不少于 1 mg,但不得多于 10 mg;直径为 75 mm 的滤膜,应做成锥形漏斗进行采样,其粉尘增量不受此限。

(7)采样后样品的处理。采样结束后,将滤膜从滤膜夹上取下,一般情况下(采样现场的相对湿度在 90% 以下或不存在水雾时)不需要干燥处理,可直接放在天平上称重,记录质量。

(8)粉尘浓度的计算。

$$C = \frac{m_2 - m_1}{Qt} \times 1\,000$$

式中　C——粉尘浓度,mg/m³;

　　　m_1——采样前滤膜的质量,mg;

　　　m_2——采样后滤膜的质量,mg;

t——采样时间,min;

Q——采样流量,L/min。

2.1.2.2 粉尘分散度测定

将从现场空气中采集来的粉尘样品制成可以用显微镜观察的标本,用目镜测微尺测量粉尘粒径的大小,随机测量 200 个粉尘颗粒,算出各组粒径的数量百分比。

2.1.2.3 粉尘荷电性测定

一般情况下,粉尘都带有电荷,而荷电相反的粒子碰撞和凝集,就会影响粉尘的沉降速度,因此要对粉尘的电荷进行分析,采用 JS94H 型微电泳仪对粉尘的荷电性进行测定。

2.2 粉尘颗粒受多风流作用的运移与粉尘浓度扩散规律的模拟研究

露天煤矿装车运输环节在多风流的影响下粉尘运动轨迹混乱,逸散规律复杂,浓度分布范围更广,为了更好地探究装车溜槽处产尘机理与多风流下粉尘的运移规律,拟使用数值模拟与现场应用检测的手段。借助于 ANSYS Fluent 模拟软件探究装车站粉尘颗粒在多风流作用下的运移与粉尘浓度扩散规律(图 1 为应用 ANSYS Fluent 软件模拟的装车站粉尘整体运移趋势图)。

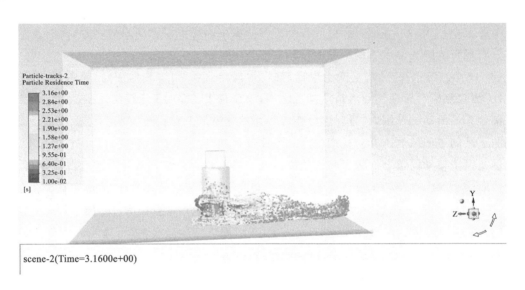

图 1 粉尘颗粒运移趋势图

采用离散单元法对颗粒间的相互作用进行分析。因为离散单元法的特有算法,能够对单个颗粒进行跟踪,获取颗粒运动过程中的详细信息,如数量、速度、位置等参数。共计进行 4 种类型的数值模拟,分别是自然状态下粉尘逸散规律进行数值模拟、现有除尘措施下的粉尘逸散规律的数值模拟、新型除尘风机的除尘效果与工作参数设计的数学模拟和新的除尘系统下的粉尘逸散规律的数学模拟,采用欧拉-拉格朗日方法在总体上对粉尘逸散规律进行模拟分析,将运载粉尘颗粒的风流看作连续介质,而将粉尘颗粒本身看作不连续的离散颗粒群。通过分别列出流体与粉尘颗粒的运动方程,计算出粉尘颗粒群的运动轨迹。

在现有除尘风机的基础上增设抑尘罩,借助 SolidWorks 建模软件等比例对装车站生产工序进行缩小还原(图 2 为装车站生产工序模型),以求得到更准确的模拟效果,并观察在单风流作用下粉尘的逸散情况,为人造涡旋风流卷吸阻尘逸散装置的研发提供现实基础。

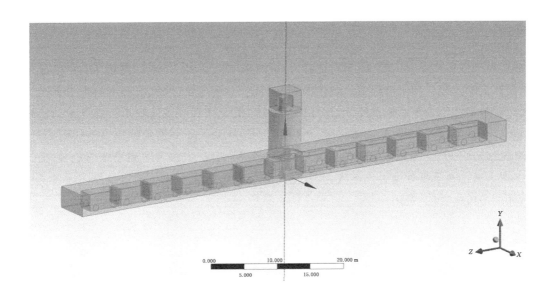

图 2　装车站生产工序模型

2.3　人造涡旋风流卷吸阻尘逸散装置研发

通过对现有除尘措施下粉尘逸散规律的数值模拟研究提出,现有粉尘治理工作仍有很大的改进空间,鉴于此设计研发一种新型的除尘风机。该风机除尘原理基于人造龙卷风机理,自然中龙卷风流场有强大的抽吸能力,将其机理应用在粉尘治理上,在控制粉尘颗粒运移与捕捉粉尘颗粒上应可以取得瞩目的效果。目前探明的产生人造龙卷风效应需要满足两个条件:一是中部的上升气流,二是水平方向上的剪切力。第一个条件可利用抽吸气流来形成,但需采取有效措施使吸气流的轴向作用距离增大。为达到这一目的,就必须减少除前方以外四周进入吸口的气流量,为此可以采用射流屏蔽的办法,这样就可以在轴线方向上形成一股相对强劲的吸气流。第二个条件可利用空气自身的黏性来形成。在屏蔽射流中加上旋转速度,形成旋转的屏蔽射流,在黏性切应力的作用下就可诱使吸气流产生旋转。通过风机产生抽吸气流与旋转屏蔽射流在风机出风口前方区域内耦合产生类似于龙卷风的流场,增加了原有抽吸气流的抽吸能力,实现了风机的远距离捕捉粉尘、控制粉尘运移的目的。

2.4　装车站粉尘逸散防控技术的数值模拟与现场应用

对于装车站实际的粉尘处理情况,参照自然状态下粉尘逸散规律的数值模拟和现有除尘措施下的粉尘逸散规律的数值模拟两次模拟试验的数据,考虑到在极寒的环境中,湿式除尘效率会大打折扣,提出了粉尘逸散防控系统除尘方式,包括抑尘罩和新型干式除尘风机在内的综合治理办法。通过 SolidWorks 建模软件将采取粉尘逸散防控系统综合除尘方式下的装车站实际作业实况等比例缩小,在 ANSYS Fluent 模拟软件平台进行粉尘颗粒运移与粉尘浓度扩散规律的数值模拟,通过模拟试验的手段验证粉尘逸散防控系统综合除尘方式治理粉尘的有效性,并得出抑尘罩的安装位置和新型除尘风机的安装位置、安装个数及每个新型除尘风机的工作参数的设定,为装车站装车现场的实际应用提供了理论指导,也为粉尘逸散防控系统综合治理方法在现场的布置提供了支撑。

3　总结

本文采用数值模拟、现场实测和理论分析,研究多风流变化对装车溜槽粉尘逸散沉降的影响,根据数值模拟和现场应用相结合设计出最佳的极寒条件下露天煤矿装车站抑尘关键技术和工艺参数,最终使装车站装车环节的粉尘灾害防治工作达到较佳的效果。该技术的实施能有效抑制粉尘逸散范围和降低分布浓度,预防粉尘灾害问题,降低粉尘事故发生的概率,使降尘效率达到90%以上,有效改善周边生态环境,降低高浓度粉尘对人体和设备的危害,为露天煤矿工作人员创造了良好的工作环境,大大提高了员工的工作效率;同时也延长了设备的使用年限,降低了检修、维护费用。

参考文献

[1] 陈殿勇,斯庆,杨瑞清.浅谈露天煤矿环境问题及对策[J].露天采矿技术,2010(增刊1):78-79,82.

[2] 郭联合.露天煤矿开采的现场环境污染及防治措施[J].河南科技,2013(23):202.

[3] 邱文,郭东罡,上官铁梁.浅析山西乡镇煤矿的生态环境问题及防治对策[J].环境科学与管理,2009(4):152-156.

白音华三号矿边坡治理电化学创新应用的研究

于海亮,代景龙,李岳山

(内蒙古白音华蒙东露天煤业有限公司,内蒙古 锡林郭勒 026000)

摘 要 电化学加固试验装置及技术工艺在电场的作用下使土体中的自由水和部分弱结合水从阴极排出,土体得到排水固结。同时,为了提高电渗法的排水速度和进一步提高土体的强度,在电渗法的基础上,向电极中灌入化学浆液,浆液在电场作用下定向移动,并与土颗粒发生一系列的物理—化学反应,使土体得到改性加固。通过现场区域性工程试验,检验电化学边坡治理技术的可行性及实施效果,寻求投入与产出配比关系中最佳经济效益方案,为白音华三号矿复杂条件下边坡治理难题寻求突破口,为露天矿边坡治理、煤炭开采接续提供技术支撑。

关键词 边坡治理;煤炭开采;电化学

1 边坡现状

研究区位于三号矿孤岛区北侧 962 平盘,边坡倾向近正北方向,滑坡范围沿边坡走向长度大于 200 m。滑坡后缘可见沉降,滑坡后壁清晰可见,滑坡前缘呈"舌"状,局部见底鼓;滑坡体中部(研究区平盘下部)可见一系列沿边坡走向的裂隙,两侧部分区域裂隙分布呈"棋盘格"状,岩层较为破碎。滑坡体两侧由于第四系含水层中地下水的渗流作用形成两条水沟,水流自上部第四系含水层流到滑坡前缘最终入渗到滑坡体中;滑坡体前缘可见一系列水坑,呈串珠状沿边坡走向分布。滑坡体两侧可见滑面,位于红色黏土层中,表面黏土因摩擦形成光面,干燥后形成龟裂,呈大角度向下延伸,因边坡表面岩土覆盖,无法判断下部滑面的延伸情况。

研究区含有三套含水层,分别为第四系含水层、新近系含水层以及白垩系含水层,分别对边坡稳定性产生不同程度的影响。研究区滑坡后缘可见一系列出水点分布,在滑坡后壁上呈串珠状分布,渗出水均来源于第四系含水层,汇集成水沟,于滑坡体两侧向边坡底部排泄。在 962 m 水平滑坡体两侧可见积水坑,部分进入滑坡体中,其中东侧出水点涌水量为 20～40 mL/s,西侧出水点涌水量为 30～50 mL/s。在滑坡体前缘可见一系列呈串珠状分布的积水坑,补充水体由滑坡体底部渗出,涌水量为 10～25 mL/s。

2 加固层位选择

白音华三号矿东侧区域受征地影响,形成北、西、南三侧临空的凸边坡孤岛,孤岛北侧靠东

作者简介:于海亮(1988—),内蒙古呼和浩特人,本科学历,采矿工程专业,现从事采矿技术与生态管理工作。

已出现较大变形,结合现场实际情况,初步形成以下认识:

(1)从滑坡情况看,红黏土层与下部泥岩台阶出现整体滑动,滑体剪出距离较小,初步判断滑坡模式为坐落滑移式,第三系红黏土台阶变形驱使下部泥岩台阶出现整体滑移(图1)。

(2)该区域工程地质条件较差,边坡从上到下岩层依次为第四系砂土层、第三系红黏土层、泥岩层(泥砂互层)等,其中红黏土层、泥岩层含潜在弱层,泥岩层夹强风化砂岩(图2);

图1　滑坡位置区域　　　　　　　　　　图2　泥岩夹砂岩地层

(3)区域地层含水量较大,现场第四系、第三系、泥岩层均可见水流,孤岛北侧与东端出水联系密切,滑体第三系已形成稳定渗水通道。因该区域滑坡导致岩层破碎,尚不能判断出水来源(图3)。

(4)滑坡区边缘泥岩层可见褶皱构造,且从上下平盘连续关系看,构造轴向与滑坡边缘走向一致,地质调查时未发现断裂及错动痕迹(图4)。

图3　滑体前缘积水　　　　　　　　　　图4　褶皱构造

综上,本区工程地质、水文地质、构造地质条件均较复杂,不确定因素较多,尤其是泥岩层弱层分布情况尚不确定。对于露天矿后续治理工作而言,该区域边坡既影响上方覆土整形工作,又影响下方采掘剥离工作,边坡稳定意义重大。

3　现场试验方案

根据现场的地质情况,在前期电化学试验方案的基础上,结合现场的实际情况,最终确定在三号矿孤岛区北侧 962 平盘，选取 70 m×10 m 的试验区块，分成 7 个单元，第一阶段开展 1、3、5、7 四个单元研究，第二阶段将 2、4、6 单元作为补充试验单元(见图 5)，每个单元为 1 个阳极孔配 6 个阴极孔；1、3、5 单元加固深度为地表以下 6~24 m，2、4、7 单元加固深度为地表以下 12~24 m；4 单元阴极距阳极均为 3 m，5 单元北侧两个阴极距阳极 3 m，1、3、7 单元阴极距阳极均为 4 m，2 单元阴极距阳极均为 5 m。6 单元作为对照组并设观察孔。

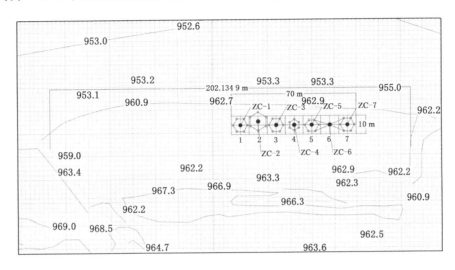

图 5　电化学试验电极布置方案(单位：m)

3.1　试验反应装置布设

根据试验方案以及现场弱层分布情况，电极管在加固层范围内打孔，孔间距 20~40 cm，以便浆液透过电极管对加固区块进行加固。电极管采用无缝焊接管，阳极管在加固层位范围四周布置花孔，阴极管布设单排花孔，花孔同阳极管相对应，以便浆液之间在电流作用下流动。

3.2　浆液配比

电化学注浆材料主要以氯化钙作为骨料，同时配以硅酸盐、钠盐等为主的促导溶液，浆液浓度为 10%~40%，对现场开展了不同浆液配比的加固试验，通过试验现场电流的变化情况以及效果验证，探寻最佳的浆液配比。

4　加固前后力学强度分析

由于本次电化学加固试验应用于露天矿边坡加固，试验效果可以从边坡的稳定性体现。其中土体的黏聚力和内摩擦角能够直接反映出土体的力学强度，现根据试验区电化学加固前后土体的力学试验数据，分析加固前后土体的力学强度。

4.1　不同深度加固强度对比

通过加固前后开展的岩土力学性质试验，加固后试验加固区段岩土体样品力学性质均有不同程度提高，整体来看，泥岩黏聚力平均提高 22%~51%，内摩擦角平均提高 29%~54%；砂岩黏聚力平均提高 18%~33%，内摩擦角平均提高 20%~27%。综合考量，试验加固区段中间深度范围岩土体提升强度最高，见表 1。

表 1　不同深度下加固前后岩土体力学强度对比表

加固范围/m	岩性	加固前平均力学指标		加固后平均力学指标		提高百分比/%	
		C/kPa	φ/(°)	C/kPa	φ/(°)	C	φ
6~12 m	泥岩	23.68	13.75	31.89	17.76	35	29
	砂岩	32.74	11.59	41.05	14.45	25	25
12~18	泥岩	21.37	10.15	32.22	14.53	51	43
	砂岩	30.28	18.61	40.17	23.64	33	27
18~24	泥岩	34.05	15.79	41.47	24.35	22	54
	砂岩	56.13	13.41	66.25	16.06	18	20

4.2　不同电极距加固强度对比

将试验区块分成 6 个加固单元,按电极距 3 m、4 m、5 m 展开电化学加固试验,选取加固效果明显的中部区段进行对比分析,加固后泥岩黏聚力平均提高 31%~59%,内摩擦角平均提高 22%~49%;砂岩黏聚力平均提高 7%~45%,内摩擦角平均提高 15%~34%,见表 2。

表 2　不同电极距下加固前后岩土体力学强度对比表

加固范围/m	电极距/m	岩性	加固前平均力学指标		加固后平均力学指标		提高百分比/%	
			C/kPa	φ/(°)	C/kPa	φ/(°)	C	φ
12~18	3	泥岩	22.38	11.44	35.50	17.01	59	49
		砂岩	32.91	21.35	47.65	28.64	45	34
	4	泥岩	21.05	10.87	32.29	14.36	53	32
		砂岩	33.52	18.03	39.57	22.31	18	24
	5	泥岩	22.06	9.98	28.87	12.22	31	22
		砂岩	31.01	17.36	33.29	19.97	7	15

4.3　泥岩弱层加固效果分析

由前期的分析可知,影响试验区块边坡稳定性的主要层位为泥岩中的软弱夹层,同时也是电化学弱层加固的主要层位,通过对加固前后岩土体力学强度试验分析,泥岩弱层黏聚力平均提高 168%~231%,内摩擦角平均提高 65%~128%,加固效果显著,见表 3。

表 3　泥岩弱层加固前后力学强度对比表

样品编号	岩性	深度/m	加固前平均力学指标		加固后平均力学指标		提高百分比/%	
			C/kPa	φ/(°)	C/kPa	φ/(°)	C	φ
RC-9	泥岩弱层	12.5	8.17	5.89	27.04	11.01	231	87
RC-11		14.0	11.30	7.11	30.31	16.21	168	128
RC-12		15.4	9.65	6.87	29.09	11.36	201	65
RC-13		16.1	9.39	7.02	28.33	15.57	202	122
RC-15		17.8	10.72	8.33	29.79	17.08	178	105

5 电化学加固后边坡稳定性验算

根据加固前对试验区块的地质调查以及岩土物理力学试验结果分析，对试验区块加固前边坡稳定性展开验算分析，结果显示，加固前期试验区块边坡稳定系数为0.940，远小于边坡稳定储备系数1.2的要求。

根据加固前后力学强度分析，对比验算不同电极距下边坡稳定系数，验算结果表明：电极距5 m时，滑体错断加固区块，边坡稳定系数为1.312；电极距4 m时，边坡稳定系数为1.320，当滑体错断加固区块时，边坡稳定系数为1.333；电极距3 m时，边坡稳定系数为1.320，当滑体错断加固区块时，边坡稳定系数为1.342。综合考量，电极距越近，边坡的加固效果越好，同时，当试验区域电极距达到4 m时，边坡加固可达到最佳效果，不同电极距下边坡加固效果对比见表4。

表4 不同电极距下边坡加固效果对比

电极距/m	加固前边坡稳定系数 F_s	加固后边坡最小稳定系数 F_s	从加固区剪出边坡稳定系数 F_s
3		1.320	1.342
4	0.940	1.320	1.333
5		1.312	1.312

6 结论

（1）对比电化学加固前后岩土体成分及结构特征，结果表明：加固后土体中形成钙质以及铁质等化合物，与此同时，新形成的化合物起到一定的胶结作用，使得孔隙率降低，岩石力学强度增强。

（2）通过电化学加固试验，建立了电极距、加固深度等工程参数同工程投入和边坡稳定性之间的动态关系，即电极距越小，加固深度越大，工程投入越大，整体加固效果越好。同时从工程投入与经济效益产出来看，确定4 m电极距与中等加固深度（12～18 m）为低渗透致密软岩加固最佳工程参数。

（3）根据加固前后岩土物理力学参数，对比验算不同电极距下边坡稳定系数，结果表明：电极距越近，边坡的加固效果越好，同时，当试验区域电极距达到4 m时边坡加固可达到最佳效果。

（4）本次现场电化学加固试验材料及施工费用总计约39万元（不含设备、人员、电费及研发投入），与传统边坡加固措施相比，成本大大降低；现场应用试验所用化学浆液为硅酸盐、钠盐等溶液，不含重金属等有害物质，不对土壤及水环境造成污染，同时，阳极腐蚀产生的铁离子通过和化学浆液的反应生成胶结物或形成沉淀，既可降低对地下水的污染，又一定程度上提高了土体的力学强度。

参考文献

[1] 蒋中明,龙芳,熊小虎,等.边坡稳定性分析中的渗透力计算方法考证[J].岩土力学,2015,

36(9):2478-2486,2493.

[2] 王宁伟,刘根,王心哲,王颂科.软土电化学加固的排水作用研究[J].工程勘察,2016,44(01):26-30.

[3] 王宁伟,矫军,修彦吉,等.电极距对水平电渗排水影响的试验研究[J].岩土工程学报,2012,34(增刊1):177-181.

[4] 张慧,梧松.电化学方法加固超软土机理现场试验研究[J].建筑科学,2014,30(11):44-50.

[5] 周昌寿,杜竞中,郭增涛,等.露天矿边坡稳定[M].徐州:中国矿业大学出版社.1989.

关于当前露天煤矿智能化建设的思考

韩德刚,王金爽

(内蒙古白音华蒙东露天煤业有限公司 内蒙古 锡林郭勒 026200)

摘　要　煤炭工业的飞速发展为智能开采打下了良好的基础。而智能开采随5G通信和精确传感等技术的逐步发展,已成为煤矿进一步实现安全生产的重要手段,智慧矿山逐步成为我国煤炭开采技术的前沿发展方向,需要加强科技创新,推动物联网、大数据、人工智能等现代信息技术与煤炭产业的深度融合,完善多层次多类型人才培养体系,提升煤炭智能化水平,提高煤矿生产效率和安全生产水平。并要求建设一批效果突出、带动性强的示范工程,形成煤矿智能化产业发展模式,从根本上提升煤矿产业竞争力,实现安全、高效、可持续的发展目标。因此,通过智能化高新技术促进煤炭产业转型与升级显得尤为重要。为解决当前煤炭工业面临的问题及发展需要,建设智能煤矿、发展智能化开采成了必然选择,而露天煤矿相较于井工煤矿更适合开展智慧化、现代化矿山建设。

关键词　露天煤矿;智能化;建设

近年来,随着我国煤矿智能化建设加快推进,截至2021年年底,全行业已建成一批智能化采掘工作面,多种类型煤矿机器人在煤矿井下示范应用,推动了煤矿质量变革、效率变革、动力变革。目前,煤矿智能化建设已经成为行业内一项具有高度共识的创新型工作。然而,我国露天采矿业起步相对较晚,与井工煤矿相比数量少、总体产量低、安全性高和管理模式简单,数字化露天矿建设仍处于初级阶段,装备的自动化、设计与管理的信息化水平等尚无法满足智能开采的要求,因此煤矿转型升级和跨越式发展的任务紧迫且艰巨。随着我国露天煤矿对智慧矿山建设的不断探索,在网络通信建设、生产过程管控、无人驾驶等方面取得了大量成果,但在智慧矿山建设上仍存在智能化及信息化标准不统一、多学科交叉应用不充分、重硬件轻软件、信息孤岛化严重、高新技术人才稀缺、自动化及感知范围不足、未形成统一综合管控平台等问题。为此,白音华蒙东露天矿基于信息基础设施、矿山设计、智能穿爆、矿山工程、智能辅助、智能化选煤厂等方面进行智能化矿山建设。

1　智能化露天煤矿建设目的

针对智能化露天煤矿建设的目的,存在诸多争议,笔者认为这是一个复杂的议题,争议的主要原因在于看待问题的视角不同而造成的局限,专业不同而造成的误解,面对对象不同而造成的误读。因此,为统一思想、凝聚共识,必须对智能化露天煤矿建设的目的进行以下澄清:

作者简介:韩德刚,男,汉族,本科学历,工程师,现就职于内蒙古白音华蒙东露天煤业有限公司设备维修部半连续半固定车间,任检修主管。

（1）不同视角下智能化露天矿建设的目的。从国家经济发展的角度来看，建设智能化矿山的目的是创造新的经济增长点，通过释放煤炭行业经济潜力为我国经济发展转型提供支持与保障；从行业发展的角度来看，建设智能化露天矿的目的是推动科技进步与行业发展；从矿山企业发展的角度来看，建设智能化矿山的目的是降低成本，提高效率和效益。

（2）不同专业思维下智能化矿山建设的目的。地下开采专业思维下智能化矿山建设的目的是通过"少人无人"解决生产安全问题，由于生产条件的显著性差异，露天开采安全性远高于地下开采，但迫切需要降本增效提高劳动生产率。因此，两者在智能化发展的内涵、目标、途径以及最终表现形式上存在着较大差别。

（3）不同对象开展智能化露天矿山建设的目的。我国国有矿山企业和民营矿山企业在生产组织模式与发展定位上存在较大不同，因此二者必须分开讨论。对于国有大型矿山企业，智能化露天矿建设的目的是推动技术革新，进一步提升生产经营的专业化优势。企业在保障矿山安全、职业健康、绿色环保的基础上，通过智能化技术的应用带动行业科技进步与转型。对于中小型民营矿山企业，由于其基础投入较少，智能化露天矿山建设主要起到倒逼转型的作用，一方面强制性补齐在矿山安全、职业健康、绿色环保等方面的欠缺，另一方面释放民营企业的经济潜力，为高新技术的发展提供支持与保障，同时逐步提升民营企业生产中的科技含量。无论是对于国有大型矿山企业还是中小型民营矿山企业，都希望通过智能化建设实现降本增效。"通过切实的降本增效实现劳动生产率的提高"不仅是矿山企业高质量发展的重要判别依据，亦是智能化露天矿山建设成效的重要考量。然而对于部分以非专业化外委队伍为主要生产主体的中小型民营矿山，由于专业化程度低、资金实力弱等原因，难以真正完成智能化露天矿山的建设任务，智能化建设投入的资金也难以依靠降本增效来获益。按照采矿业及其环保等方面的国家政策和行业发展趋势，基础投入少、专业技术实力弱的小型施工队伍，以及一般建设工程公司施工队伍将逐步退出露天采矿业的舞台，而拥有专业化队伍体系、高科技人才体系与高科技技术体系的矿山运营管理总承包商将成为未来外委运营模式的主要力量，此类承包商具有人才、资金和技术条件的优势，从根本上具备智能化发展的必要条件，可提供吸引专业化高水平人才的资金待遇，具备购置先进智能化装备与系统的资金实力；在生产组织与管理上易于实现突破性创新，进而在智能化时代引领露天采矿行业的新发展。

2 露天矿智能化构建

（1）构建矿区"一张图"。将矿区采掘场、排土场、工业场地和地面水电暖、通信线路、道路、建筑物、铁路等地理信息和地质赋存信息汇集到"一张图"中，统一标准，定期更新，实现储量管理、采剥计算、设计优化、调度优化、边坡管理、土地管理等多项功能，这是建设矿山智能化的基础。现阶段应研发实时扫描仪器，对露天矿采场、排土场、道路等进行实时更新，以满足卡车无人驾驶等现场实际需求。另外，随着露天矿现场采掘工程及生产钻探补充勘探，应定时对煤岩赋存条件及煤岩属性等信息进行更新。

（2）构建矿区"一张网"。将工业互联网，公司局域网，4G、5G 网络安全连接，构建为"一张网"，消除信息孤岛，实现信息互联互通。无线网络包括 4G、5G 等，有线网络采用超万兆带宽设计，可承载露天矿所有有线网络，实现了露天矿有线、无线网络无缝连接。通过煤矿"一张网"的建设，实现露天矿安全、生产、管理等环节的数字、控制、语音、视频等海量信息高效实时传输，满足露天矿不同带宽、不同时延、不同接入密度的各类系统接入需求；保障露天矿恶劣条件下监测监控数据的实时交互，提升智能化系统的安全稳定性；保证露天矿所有智能化子系统的融合接入,实现生产指挥透明管理和直观管理,大大提升信息的准确度和及时性,提升生产管理效率。

(3)构建安全监控"一个平台"。将井工矿的六大系统、露天矿边坡监测系统、卡车防碰撞系统、爆破监控系统、选煤厂和煤化工以及矿区的安全监控纳入安全监控"一个平台",实现"反三违"、防盗窃、风险隐患管理全时间、全覆盖、智能联动、闭环管理,构建本质安全型矿山。

(4)构建生产指挥"一个中心"。以卡车调度系统和煤炭采装、运输、洗选、外运流程为基础,构建生产指挥"一个中心",实现精细化管理,协同经营信息系统,为成本利润决策提供依据。

(5)构建信息数据"一朵云"。实现现场数据能采必采,构建大数据分析平台,通过大数据进行辅助决策。

3 露天煤矿智能化建设架构

露天煤矿智能化建设总体架构分别由智能感知层、网络传输层、互联网平台层、露天矿综合管控平台层等组成。智能感知层进行整个矿区所有数据信息的全面感知,同时实现对设备的全方位监控,完成基础数据的采集;网络传输层用于基础数据的传输和指令交互,可根据矿山实际情况进行网络建设,常用网络包括:4G、5G、Wi-Fi、CAN 等形式;互联网平台层是软件应用层实现的基础,共包括业务平台、技术平台、数据中心 3 部分,具备设备接入、数据存储、数据计算、数据分析等基础核心功能;露天矿综合管控平台层是软件应用层的集中体现,分为智能生产运营管控、智能安全管理管控、智能经营决策管控部分,各个信息化系统具体分为智能穿爆、智能采运、智能安全监控、智能辅助、智能园区。

3.1 信息基础设施

智能感知层和网络传输层均属于信息基础措施范畴,智能感知要求实现对整个矿区内生产信息、设备状态数据、采矿计划参数、环境数据、巡检信息等各类基础数据的全面采集,可采取应用智能车载终端、无线定位设备、环境感知装备、数字化传感器、数字化摄像机、智能UWB 模块等信息化设备和工具,结合位移感知、视觉感知、重力感知、图像识别、无线载波通信等先进技术。网络建设作为露天煤矿智能化建设的基础,作用在于保障各信息化系统基础数据信息的稳定、可靠、快速传输。目前露天煤矿网络建设常用的方式包括 4G 公网、4G 专网、无线自组 mesh 网等形式,存在数据传输实时性差、准确性低、可靠性低等缺点。煤矿智能化建设中各个智能系统对数据传输的实时性均有超高的要求,必须实行数据的实时交互、实时分析、及时决策。5G 网络具备数据传输速率快、稳定性强、带宽高等优势,能够满足同时上传数据包、图片及多路视频同时上传的使用要求,因此网络建设推荐使用 5G 通信技术,建造覆盖整个矿区的 5G 网络,确保露天煤矿智能化建设中各系统数据传输的要求。

3.2 信息化系统

(1)智能穿爆系统。矿山开采时对岩层进行合理的钻孔与爆破,钻机布孔取消原始的RTK 测点放置标志物的方式,采用自动布控系统,具备实时监测控制功能,可完成布孔计划的制定与下发,减少人为因素和环境因素的干扰,提高安全系数和钻机钻孔效率。对装药车进行智能化升级改造,最终达到能够自主寻孔和自主装药的功能提升。爆破时可通过终端设备获得警戒范围内人员和设备的位置信息,实现远程操控。

(2)智能采运系统。确定合理的采装运设备型号和数量,配套高效的卡车智能调度系统,实现采装设备、运输设备、辅助设备精准定位和自动计量,合理优化配车,提高设备的生产效率;应用高精度北斗定位导航或 UWB 模块、卡车防碰撞系统、大型生产设备安全预警系统、基础数据智能采集、人工智能、无人驾驶等先进系统和关键技术,使露天煤矿单斗-卡车间断开采工艺系统具备全面感知、分析决策、自主学习、协同控制、动态预测功能,达到现场生产环节少人、无人。

(3)智能辅助系统。利用自动控制、人工智能等手段进行生产辅助设备智能化改造,实现与主采设备智能化系统的智能联动,应用地下水控制及防排水系统、设备运维和管理系统、供配电系统、给排水与供热通风系统、能源管理系统等信息化子系统,最终实现各辅助生产系统的自动控制、自主运行、无人值守。

(4)智能园区系统。智能园区建设包含视频监控系统、门禁系统、弱电系统、空调系统、照明系统等识别系统,分别应用于露天煤矿各功能分区,实现对整个矿区内人员、车辆、财物等动态信息的完整掌控、智能分析预警和快捷控制。

4 露天煤矿智能化建设案例

4.1 信息基础设施建设

白音华蒙东露天煤矿原有基础网络由工业以太网、4G 网络、mesh 自组网等多种网络组成,基本满足了露天煤矿生产经营管理、数据传输及通信需求。为推进网络智能化进程,该露天煤矿当前已建成 5G 网络并完成了网络性能测试。5G 网络采取独立组网的模式,应用国内领先的 2.6 GHz 和 700 MHz 频段融合技术,实现了整个工作面的网络信息无盲区、无死角全覆盖,满足作业区域内无人驾驶运输卡车和无人值守钻机的网络需求,卡车和钻机内部署的各智能化车载终端设备的数据采集、监控数据传输、远程管控、控制指令交互等工作场景运行顺畅无卡顿,取得了良好的应用效果。

4.2 智能穿爆建设

穿孔方面,白音华蒙东露天煤矿应用了钻机自动布控系统,实现了钻机自动布孔、计划自动下发、智能导航等核心功能,大大提升了钻机穿孔的工作效率和智能化水平;爆破方面,针对爆破作业区域监控方式单一、人工成本高等问题,建设了采场爆破远程监控及预警系统,在较高位置处各部署 1 路超高清超长焦距云台枪机,监控范围覆盖爆破警戒区域,进行爆破区域管制,监测是否有人员或设备非法进入,实现了爆破警戒区域的远程监控及危险预警。为了进一步提升钻机生产效率,该露天煤矿开展了钻机无人值守研究,现场选取了 CDM75E 钻机进行无人化改造,在现场无人值守的情况下,能够通过远程遥控,完成水平找正、钻孔、移钻等作业流程,实现对设备的温度、压力、电流等运行参数的实时监控。

4.3 智能采运建设

白音华蒙东露天煤矿已应用卡车智能调度系统,实现了采装设备、运输设备和工程机械设备的协同作业管理,具备完善的设备实时状态跟踪、设备故障管理、产量核算、智能调度、应急指挥等功能;应用了防碰撞安全预警系统和防疲劳驾驶预警系统,采用高精度定位技术和智能图像识别技术,实时监测司机驾驶状态,对危险驾驶行为和碰撞风险及时预警,保障人员、设备安全和采运作业安全。为响应露天煤矿智能化建设要求,采用先进的 5G 和智能感知技术,对电铲、卡车和部分辅助设备进行了技术改造,完成了卡车的自主导航、自主卸载、主动避障等功能,实现了无人驾驶。目前正在进行卡车、电铲及辅助设备的协同编组测试。

4.4　智能辅助建设

露天煤矿智能辅助建设主要体现在排水泵站无人值守项目建设、变电站无人值守建设和选煤厂无人值守机器人巡检项目建设等方面。

（1）排水泵站无人值守。该露天矿坑下抽排水设备有 6 kV 开关柜、250 kW 水泵、315 kW水泵等。在原有启停水泵控制方式为手动操作控制的基础上进行了智能化升级改造，增加控制层、网络层、终端传感器装置和视频监控等，可以实时显示蓄水池的液位信息、水泵及配套设备的运行状态，系统具备就地、远程控制功能和手动、自动运行模式。在自动运行模式下，可设置标准水位，系统可根据水位变化自动开启或关闭水泵，实现排水泵站的无人值守。

（2）变电站无人值守。该露天煤矿 110 kV 变电站在原有供电系统基础上进行了智能化升级改造，新增变电站视频监控系统、变电站智能门禁系统、变电站火灾报警系统、变电站周界防范系统，应用了人脸识别和电子围栏技术，实现了无人化联动监控，调度中心可以远程监控供电设备的运行状态和变电站的内部环境。当供电系统出现故障、触发电子围栏报警或发生火灾时，系统将自动提醒调度中心及时处理，替代了原驻站巡检人员，实现了变电站的无人值守。

（3）选煤厂无人值守巡检机器人。在露天选煤厂 801 带式输送机机头部位安装了巡检机器人，巡检距离 800 m 左右，机器人采用分布式接触充电和电池供电结合的供电方式，机器人工作中自动监测电池电量，当电池电量不足时自动前往充电桩区充电。巡检机器人携带了红外摄像机，搭载了气体、烟雾、声音等多种传感器，可对现场设备和环境进行实时在线监测，并对采集的信号进行智能分析和危险预警，替代了人工巡检作业。

5　结语

智能化是建设安全、高效、绿色、智能矿山的关键，该露天矿已初步完成了露天煤矿智能化建设，使开采设计、生产指挥、安全管控、综合自动化、经营管理等方面的智能化水平得到了巨大提升，改善了工人作业环境，实现了监控、生产、维护、安全等多环节少人化或无人化的建设目标，达到了降本增效、科学开采的目的。

参考文献

［1］杜勇志，缪卫峰.智慧矿山特征及其实现途径研究［J］.电子技术与软件工程，2019.08.

［2］袁朋，周华，郝建华.智慧矿山现状与关键技术分析［J］.长江信息通信，2018.06.

［3］罗建平.基于大数据融合的智慧矿山平台搭建与应用［J］.自动化应用，2019.15.

白音华三号矿西端帮分区横采内排可行性研究

付红磊,代景龙

(内蒙古白音华蒙东露天煤业有限公司,内蒙古 锡林郭勒 026000)

摘 要 白音华三号矿在无新增用地情况下,内排土场无法正常推进,底部排土空间不足,因此,为了提升西端帮到界边坡稳定性,通过对横采内排条件下的追踪距离、边坡稳定性、运输系统优化以及端帮资源回采等方面进行分析,论证白音华三号矿西端帮分区横采内排的可行性。

关键词 内排土场;追踪距离;运输系统优化;分区横采内排

0 引言

露天煤矿工作线垂直于矿体走向布置(即横采工作线),沿矿体走向推进的开采工艺为横采工艺。在横采过程中,优先将某一区域采至底部境界,并进行内排土跟踪回填的工艺即为横采内排工艺。横采内排工艺可实现物料就近排弃,具有输岩运距短,内排空间释放及时,到界端帮边坡暴露时间短,边坡稳定系数高等特点,合理利用横采内排可节省大量运输成本。

白音华三号矿采掘场边坡地层上部主要由第四系中的砂土、砾石层、砂砾及淤泥层等组成,下部主要由粉砂岩、泥岩、碳质泥岩、粉砂岩质泥岩和煤层等组成,岩石质量、岩体完整性及稳固性较差。由于端帮到界台阶凌空暴露时间越短对边坡稳定越有利,通过理论分析与现场踏勘,同时利用单斗-汽车工艺具有较高的灵活机动性的优势,对西端帮剩余资源进行回采。

1 追踪距离的确定

结合白音华三号矿初步设计方案以及现场生产实际情况,3 煤的采出具备内排条件时内排土场及时堆排跟进。从图 1 可以看出,最小追踪距离的确定直接关系到物料运输距离的长短以及排土场容量的释放,对整个开采过程的生产成本控制起着关键作用。

根据白音华三号矿初步设计方案确定台阶最小平盘宽度均为 40 m。液压反铲一次开采宽度为 15 m,排土场台阶岩块滚落距离 25 m。

白音华三号矿横采内排最小追踪距离可用下式计算:

$$L_{Nmin} = L_g - L_z + L_s \tag{1}$$

式中 L_{Nmin}——内排土场追踪距离,m;

作者简介:付红磊(1989—),内蒙古通辽人,工程师,本科学历,采矿工程专业,现从事采矿技术及现场生产作业管理工作。

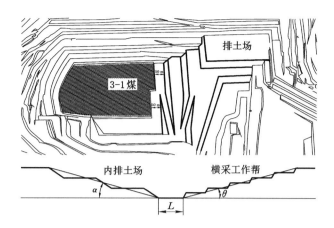

α—内排土场工作帮坡角,(°);θ—采掘场工作帮坡角,(°);L—采场与内排土场追踪距离,m。

图 1　横采内排工艺示意图

L_g——最小工作平盘宽度,m;

L_z——设备一次采宽距离,m;

L_s——排土场台阶岩块滚落距离,m。

按照公式(1)计算得出白音华三号矿横采内排最小追踪距离为 50 m。

2　边坡稳定性分析

白音华三号矿地层中软岩比例较大,工程地质条件较差,对边坡稳定不利,根据《中电霍煤集团西乌旗白音华煤矿建设有限公司白音华三号露天煤矿首采区边坡工程地质勘查与稳定性评价报告》,设计参考相关规范,综合考虑确定边坡岩体的强度指标,具体见表 1。

表 1　岩体物理力学性质指标推荐表

地层特征	密度 $\rho/(g/cm^3)$	黏聚力 C/kPa	内摩擦角 $\varphi/(°)$
排弃物料	1.76	20	17
砂	1.90	0	32
粉质黏土	1.92	45	16
黏土	1.96	85	24
泥岩	1.94	65	22
3-1 煤	1.24	160	28
泥岩	2.05	210	23
砂岩	2.07	180	26
3-2 煤	1.31	160	28
泥岩	2.03	330	24
砂岩	2.06	130	28
3-3 煤	1.39	162	30
泥岩	2.10	360	26

2.1 涉及边坡情况

2.1.1 端帮边坡

对西端帮分析计算,边坡角在 22°时,该边坡最小稳定系数为 1.253,见图 2。边坡稳定系数随边坡角度变化曲线,见图 3。

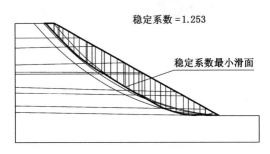

图 2 西端帮边坡稳定系数分析

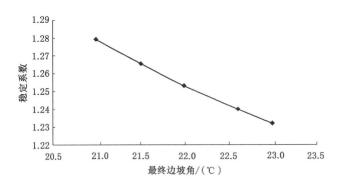

图 3 边坡稳定系数随西端帮边坡角度变化曲线

目前西端帮整体工作帮坡角为 17°,由于下部台阶采取陡帮开采方式对 3 煤进行回采,致使局部工作帮坡角达到 30°。西端帮属于受北排土场影响的复合边坡,结合初步设计相关参数分析西端帮最终工作帮坡角为 16°时,满足稳定性要求。西端帮边坡主要分为三部分,分别为内排土场压覆位置、采场压覆位置以及凌空位置。其中采场与内排土场压覆位置对端帮台阶具有一定的支撑作用,但西端帮上部受北排土场影响属于复合边坡,对端帮稳定性要求较高。因此,在开采过程中可通过横采内排的方式提高边坡稳定性,同时利用内排及时跟进来提高边坡稳定性,避免端帮留煤,实现端帮资源的充分回收。

对北端帮分析计算,边坡角在 22°时,该边坡有最小稳定系数,为 1.254,见图 4。边坡稳定系数随边坡角度变化曲线,见图 5。

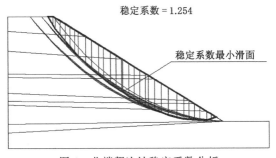

图 4 北端帮边坡稳定系数分析

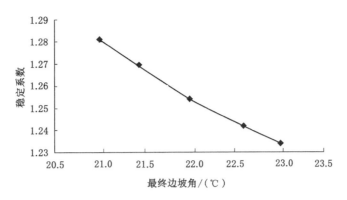

图 5　边坡稳定系数随北端帮边坡角度变化曲线

　　结合现场实际情况,北部端帮整体边坡稳定系数在 1.3 左右,满足初步设计要求,但为缩短端帮边坡凌空暴露时间,采取及时回填内排可进一步提高边坡稳定性。

2.1.2　内排土场边坡

　　经计算,内排土场的内排边坡角为 11° 时,其稳定系数为 1.393,见图 6,满足《煤炭工业露天矿设计规范》(GB 50197—2015)的规定及设计中对安全储备系数 $F_s \geqslant 1.20$ 的要求。边坡稳定系数随内排土场边坡角度变化曲线如图 7 所示。

稳定系数 = 1.393

图 6　内排土场边坡稳定系数分析

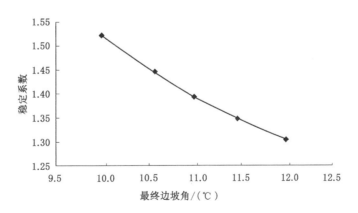

图 7　边坡稳定系数随内排土场边坡角度变化曲线

　　白音华三号矿设计内排土场台阶高度为 20 m,平盘宽度为 65 m,坡面角为 33°,内排土场工作帮坡角为 11°。由于受到征地等相关影响,北帮采场底部台阶未发生推进,内排土场空间受限,导致内排土场西侧局部几个排土台阶帮坡角已达到 15°。横向内排土场跟踪堆排,直接与两侧端帮对接,在对两侧端帮形成支挡作用的同时,两侧端帮也对横向内排土场形成支挡作用,边坡稳定性均大幅提高。在稳定性提高的情况下,内排土场边坡形态可适当加陡,可更加充分地释放内排空间。

2.1.3 横采工作帮边坡

由于工作帮始终处于动态变化过程,内排空间释放速度仅与最下层煤横向推进速度有关,上部台阶推进度越大对底部煤层释放越有利,并不存在陡帮创造价值的现象。因此,在生产过程中可合理进行掌控,满足工作帮平盘宽度为设备作业最小宽度时的稳定性即可,如此形态边坡处于失稳状态,则进一步研究最优稳定边坡形态。

为了确保横采内排方案安全可靠地实施,根据工程地质条件、历次滑坡机理、模式,研究采取如下安全生产的技术措施。

（1）对西部端帮上部疏干系统进行完善,避免雨水汇集,减少边坡滑移风险。

（2）在实施爆破过程中,陡帮开采工作面应采取减震措施,减轻露天矿爆破对边坡岩体完整性的破坏作用。

（3）合理编制施工进度计划,及时进行边坡内排压帮工程；严格控制内排台阶坡底与采煤台阶坡底追踪距离；充分发挥横采内排压帮、缩短端帮凌空长度和暴露时间。

3 运输系统优化

白音华三号矿受征地影响排土场北侧位置无法进行跟进,排土场剩余空间主要集中在内排土场东侧与"孤岛"之间留沟位置,距离西部采场运输距离在 3.2 km 左右。排弃位置具体如图 8 内排土场剩余空间位置所示。

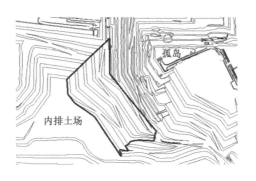

图 8　内排土场剩余空间位置

采用横采内排的方式可快速实现内排,缩短运距,是深部横采主要目的之一。采用横采方式可利用邻近分区或后面的采空区实现就近排土,缩短运输距离。在实际生产中可在具备条件的局部采区实现压帮内排,分离剥离物直接进入邻近采空区,达到节省运距的目的。经对比采用该方式运输距离控制在 1～1.5 km 之间,相较于优化之前可节约生产成本约 726.68 万元（表 2）。

表 2　剥离运输系统优化经济对比分析

状态	运距/km	提升/m	剥离成本/(元/m³)	剥离量/万 m³
前	3.2	60	7.207 2	400
后	1.5	60	5.390 5	400

在内排土场跟进堆排过程中可逐渐形成以西端帮为主的通往新建破碎站上煤运输通道,新破碎站 2021 年 12 月底完成试运行等相关工作。西端帮 3-3 煤相较于运往老破碎站位置运

距会大大降低,为降低后期采煤运输成本,考虑将 150 万 t 3-3 煤作为备采煤量预留在西端帮采场位置,运输路线如图 9 所示。

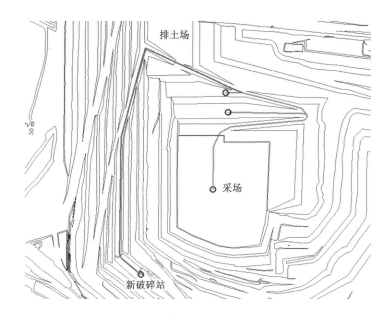

图 9　运输系统优化情况

4　排土容量释放及端帮资源回收

由于三号矿处于无征地状态,通过横采内排的方式可优先释放一部分排土空间,经计算西端帮可进行横采内排的剥离物料为 400 万 m³,该部分剥离量可实现就近堆排。内排土场容量见图 10。

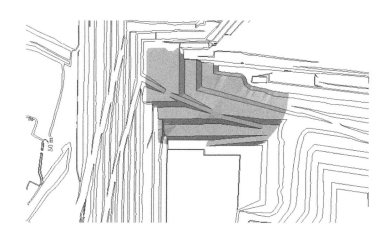

图 10　内排土场容量计算情况

在西端帮 3-1 煤开采过程中预留了 15 m 宽的煤台阶来增加边坡稳定性。通过采取分区横采内排的方式,利用内排土场的跟进形成稳定性支撑后,对西端帮预留煤台阶进行回采,经计算可回采 3-1 煤 9.2 万 t,按照当前煤炭价格计算可产生经济效益约 2 806 万元。

5 白音华三号矿横采内排存在的主要问题及解决方案

5.1 存在的问题

（1）横采方式的工作线相对较短,并且受出煤进度影响。以三号矿为例,横采工作线仅为420 m,能布置的作业设备数量受到限制,因此,设备移动频繁,设备生产效率会受到一定限制。

（2）由于横采区域空间有限,出煤、剥离运输系统交叉严重,存在较大的安全隐患。

5.2 解决方案

（1）在现场生产过程中合理组织,及时将压覆剥离的 3 煤采出,根据生产需要可划分采掘带进行开采,保证设备最大限度发挥作业能力,及时释放内排空间。

（2）在排弃过程中尽量避免交叉,由于运输道路布置在排土场,可布置四车道,将剥离、采煤运输系统进行隔离,同时加强现场安全管理力度,安排涉及单位交叉的当班工长对关键位置进行现场监督,并制定相应的安全技术措施。

6 结论

（1）白音华三号矿通过实施横采内排,可提前释放一部分内排量,实现剥离物料就近堆排,以节省运输和排土费用,降低生产成本,实现露天矿经济效益的提升。

（2）由于横采内排可以实现追踪压帮,从而缩短了端帮边坡长度且减少了端帮边坡的暴露时间,在保证边坡稳定前提下,可实现端帮预留煤台阶的回采,实现可采资源回收最大化。

参考文献

[1] 白润才,薛应东,李三川.平庄西露天矿深部陡帮横采内排方案研究[J].露天采矿技术,2008,23(增刊 1):2-4.

[2] 靳忠斌,陈彦方.依兰露天矿横采内排过渡期生产方案研究[J].露天采矿技术,2011(1):1-4.

[3] 梅斌,魏春启,徐征.依兰露天矿横采内排方案研究[J].世界科技研究与发展,2012,(4):658-660.

[4] 孙有刚,董瑞荣,付强.霍林河南露天煤矿横采内排工艺应用[J].露天采矿技术,2019,34(2):34-37.

[5] 王晓光,祁利民,李振明.扎哈淖尔露天矿南帮横采内排边坡形态的确定[J].露天采矿技术,2017,32(增刊):19-22.

带式输送机驱动形式与拉紧力关系研究

吴达,希都日古,常文峰,赵喜军

(内蒙古白音华蒙东露天煤业有限公司,内蒙古 锡林郭勒　026000)

摘　要　本文结合内蒙古白音华蒙东露天煤业有限公司输煤系统改造项目,将输岩半固定式带式输送机改造后应用于输煤系统,分析带式输送机驱动形式与拉紧力关系。内蒙古白音华蒙东露天煤业有限公司输煤系统改造完成后,2302半固定式带式输送机重载运行时发生打滑、飘带故障,经过理论计算及分析,带式输送机驱动形式与拉紧力不匹配为诱发设备故障的主要原因。作者根据理论计算结果,详细编制设备消缺方案,指导现场改造设备,成功解决2302半固定式带式输送机驱动滚筒打滑及飘带等故障,为今后的类似故障处理,提供了成功的实践案例。

关键词　带式输送机;驱动装置;拉紧力;打滑

0　引言

带式输送机作为物料运输的重要设备,被广泛应用于煤炭企业,随着科技的发展及煤炭行业需求的不断变化,带式输送机的种类也随之增加,如固定式带式输送机、半固定式带式输送机等。针对运送物料的类别,各类型带式输送机都有单独的设计参数,以满足正常生产需要,其主要设计参数来源于驱动力、拉紧力及驱动形式之间的关系。

1　概述

由于露天采场发展变化,内蒙古白音华蒙东露天煤业有限公司地面输煤系统两套一次破碎站需要移设,另外需要新增带式输送机9.1 km,该公司为了减少投资、节约成本,将现有的输岩半连续半固定带式输送机经改造后,应用于输煤系统。

2302带式输送机为半固定式带式输送机,驱动站利用既有S14带式输送机进行改造。原S14带式输送机设计参数为$L=642$ m,$H=44$ m。2302带式输送机设计参数$Q=2\ 200$ t/h,$B=1\ 600$ mm,$v=4.5$ m/s,$L_{水平}=1\ 935$ m,$H=77$ m,$P=2\times1\ 000$ kW,钢丝绳输送带规格为ST3150。原S14带式输送机驱动方式为头部单滚筒双电机驱动,将其改造成2302带式输送机后,设计长度与提升高度较改造之前均大幅增加。详见表1。

作者简介:吴达(1990—),男,内蒙古赤峰人,2012年毕业于内蒙古民族大学机械工程系,学士学位,初级工程师,现任内蒙古白音华蒙东露天煤业有限公司机电管理部技术员,从事机电设备管理工作。

表 1 带式输送机参数对比表

	带式输送机	结构形式	输送带强度	带宽/mm	带速/(m/s)	能力/(t/h)	长度/m	电机数量	单机功率/kW	驱动布置
改造前	S14	半固定	3 150	1 600	4.5	6 000	642	2	1 250	头驱 1∶1
改造后	2302	半固定	3 150	1 600	4.5	2 000	1 970	2	1 000	头驱 1∶1

2021 年 12 月 20 日对 2302 带式输送机重载试车,当破碎站给料频率大于 18 Hz(约 1 500 t/h)时,2302 带式输送机出现打滑现象且伴随着头部驱动振动、异音及带式输送机飘带、跳带现象。现场对液压拉紧力进行调整,由原来的 220 kN 调整至 300 kN 后,此故障仍未能得以解决。

经分析,初步判断故障原因为:

(1)带式输送机液压拉紧力不足。液压拉紧最大张力 18 MPa,目前已经基本接近上限,继续加大拉紧张力,会损坏张紧设备,且 2302 带式输送机在 18 MPa 的拉紧力下,过渡引桥处的承载输送带飘高 1 000 mm,回程输送带飘高 500 mm 左右且出现反弧现象。继续增大拉紧拉力,有可能会导致更严重的飘带现象或输送带硫化接头处抽头。

(2)该带式输送机双电机单驱动滚筒的驱动方式,可能不满足 1 970 m 机长重载运行要求。2302 带式输送机移用原 S14 带式输送机驱动站,该驱动站原设计为双电机单驱动滚筒,设计长度 642 m,高度 44 m。将其应用于输煤系统后,设计长度 1 970 m,提升高度 77 m,在设计长度及提升高度成倍增长的情况下,单驱动滚筒的驱动方式,加之驱动滚筒包角小于 170°,导致滚筒与带面摩擦力可能不满足 2302 带式输送机当前生产实际。即驱动装置为单滚筒双电机布置,传动滚筒围包角为 170°,拉紧力不足。

通过将驱动站下部改向滚筒改造成传动滚筒,将驱动方式由双电机单滚筒改造为双滚筒双电机,并更换拉紧装置后成功解决了带式输送机打滑及飘带等故障。

2 带式输送机输送能力简要计算

普通带式输送机运行总阻力 F_U,包括主要阻力、附加阻力、特种阻力和提升阻力,并应按下式计算[1-2]:

$$F_U = \sum_{i=1}^{n_o} F_{U,o,i} + \sum_{i=1}^{n_u} F_{U,u,i} = F_H + F_N + F_S + F_{St}$$

式中 F_U——运行总阻力,N;

$F_{U,o,i}$——承载分支区段 i 的运行阻力,N;

$F_{U,u,i}$——回程分支区段 i 的运行阻力,N;

n_o——承载分支区段数;

n_u——回程分支区段数;

F_H——主要阻力,N;

F_N——附加阻力,N;

F_S——特种阻力,N;

F_{St}——提升阻力,N。

带式输送机稳定运行时传动滚筒所需轴功率按下式计算:

$$P_A = \frac{F_U V}{1\,000}$$

2302 带式输送机为正功率运行,驱动电动机功率计算公式为:

$$P_M = \frac{P_A}{\eta_1}$$

式中　η_1——驱动系统正功率运行时的传动效率,取 0.8。

本文不详细介绍带式输送机功率计算过程,代入相关数据,计算得 2302 带式输送机满载运行总阻力为 $F_U = 330$ kN,装机功率为 $2 \times 1\,000$ kW。

满载稳定运行时,带式输送机的张力应满足下式要求:

$$F_2 > F_{TrA} \frac{1}{e^{\mu\varphi} - 1}$$

式中　F_{TrA}——传动滚筒圆周力,N;

　　　F_1——输送带在传动滚筒绕入点的张力,N;

　　　F_2——输送带在传动滚筒绕出点的张力,N;

　　　e——自然对数的底;

　　　μ——传动滚筒与输送带间的摩擦系数,取 0.3;

　　　φ——输送带在传动滚筒上的围包角,rad。

带式输送机 F_1、F_2、F_{TrA} 关系如图 1 所示。

改造前为单滚筒驱动,经计算 $F_1 = 575$ kN,$F_2 = 245$ kN,拉紧滚筒张力 $F_{sp} = 490$ kN。

改造后为双滚筒双驱动,经计算 $F_1 = 435$ kN,$F_{1\text{-}2} = 270$ kN,$F_2 = 105$ kN,拉紧滚筒张力 $F_{sp} = 210$ kN。

可以看出,将单滚筒双电机驱动改为双滚筒双电机驱动后,机头滚筒奔入点张力由 575 kN 降低至 435 kN,下降 24%。拉紧滚筒张力由 490 kN 降低至 210 kN,下降 57%。

改造前后带式输送机滚筒布置如图 2 和图 3 所示。

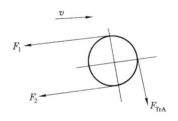

图 1　带式输送机张力关系

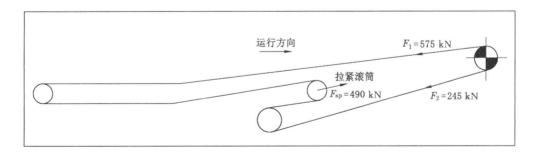

图 2　改造前滚筒布置示意图

计算结论:将 2302 带式输送机驱动方式由单滚筒双电机驱动改为双滚筒双电机驱动后,理论上可以解决该带式输送机打滑、飘带故障。

3　半固定带式输送机驱动站改造

2302 带式输送机移用原 S14 带式输送机,此带式输送机原设计为双电机单驱动滚筒,如增加驱动滚筒,需将此带式输送机改造为三驱动形式,即将驱动站改向滚筒更换为第二驱动滚筒,增加下部第三驱动单元。

由于 2302 带式输送机原设计第二滑橇上无下部驱动单元支撑结构,且两驱动带式输送机主钢结构整体尺寸小于三驱动钢结构尺寸。如果在底部第二滑橇上制作第三驱动支撑结构,加装悬挂式第三驱动,会导致带式输送机主钢结构因驱动振动而发生弯曲、变形,长时间后会发生规律性弯曲,导致主钢结构疲劳断裂。由此,经计算、分析,在拟加装的第三驱动下方加装独立式驱动支架,独立式驱动支架不与底部第二滑橇进行连接,一方面可以避免第三驱动振动力传递至滑橇上,导致设备振动,另一方面可以将驱动站尾部钢结构振动力传递至地面,保证设备的稳定性,详见图 3。

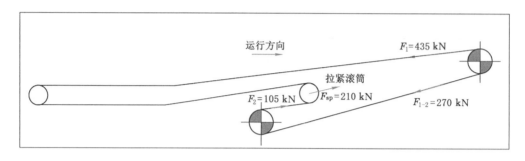

图 3　改造后滚筒布置示意图

综上所述,2302 带式输送机增加第三驱动独立支撑支架,加装第三驱动单元,可以实现将双电机单驱动滚筒驱动方式转变为双电机双驱动滚筒驱动方式。

2022 年 4 月 1 日,2302 带式输送机双驱动滚筒驱动方式改造完成,带式输送机在液压张紧力为 210 kN 时,空载启机,额定能力重载运行,额定能力重载启动运行平稳,均未发生打滑及飘带等故障。2302 带式输送机重载平稳运行,标志着本次技术改造从理论到实践是成功的,在本单位及其他行业带式输送机发生同类故障时,可以提供一定的理论及实践指导依据。

4　结论

(1) 设备发生故障时,必须通过专业的分析,找出诱发故障的本质原因,通过理论计算确定改造方案,确保设备改造后达到预期效果。

(2) 增加传动滚筒数量可以有效降低带式输送机张紧力,减少带式输送机打滑、飘带等故障,为解决本单位及其他行业带式输送机类似问题提供了可借鉴的改造思路。

(3) 带式输送机驱动形式与其拉紧力是密切相关的,驱动滚筒的数量及分布位置决定着带式输送机拉紧力的大小。如果在拉紧装置无法改变的前提下,可以通过增加带式输送机驱动滚筒来满足输送能力。

参考文献

[1] 带式输送机工程技术标准.北京:中国计划出版社,2020.

[2] DTⅡ(A)带式输送机设计手册第二版.北京:冶金工业出版社,2013.

浅谈智慧化露天煤矿变配电系统的发展方向

吴　达，希都日古，常文峰，夏春阳

（内蒙古白音华蒙东露天煤业有限公司，内蒙古 锡林郭勒　026000）

摘　要　变配电系统的可靠运行对于露天煤矿的安全、高效生产具有重要意义，煤矿企业需要重视对智慧化变配电系统的研究，积极推进传统变配电系统的升级改造工作，利用智慧化系统无人、高效、安全、智能等优势为露天煤矿生产经营效益的提升助力。本文对露天煤矿变配电系统的基本情况进行了论述，分析了露天煤矿现有变配电系统存在的问题，认为智慧化露天变配电系统的后续发展方向主要为"无人、高效、安全与智能化"，提出了智能化变配电系统的建设思路，为煤矿企业相关工作人员提供参考。

关键词　露天煤矿；智慧化变配电系统；发展方向

0　引言

露天煤矿变电站乃至电力行业对于变配电系统的建设正朝着无人值守、信息化、智能化、自动化等方向发展，智慧化变配电系统的建设与应用是改善露天煤矿开采效率、降低采矿能耗、提升采矿作业安全可靠性的重要途径，对推动煤矿企业市场竞争力的提升和转型发展具有积极意义。然而，现有露天煤矿所应用的变配电系统大多为早期建设的传统设备，在自动化、智能化方面存在欠缺，难以实现无人值守、故障自动预警诊断、供电负荷智能化管理等工作目标，与现代化煤矿的建设发展需求不符。为此，煤矿企业需要积极推进智能化变配电系统建设与改造工作。

1　概述

"四遥"功能的发展应用为各变电所管理人员对变配电设备的有效管理提供了助力，实现了对值守、巡检相关人力资源的解放；智能化技术的应用辅助企业实现了对变配电设备运行参数的合理应用，实现了供电质量和效率的优化提升，也为各类故障的自动诊断和快速定位提供了技术支持。智能变配电系统实现了对先进通信网络技术、计算机技术、传感器技术、电力电子技术、控制技术、继电保护技术的综合应用，满足了煤矿企业对变配电系统的电能管理、信息记录、通信、控制、保护、测量等各类功能的多样化需求，对于确保露天煤矿的安全生产具有积极意义[1]。

作者简介：吴达（1990—），男，内蒙古赤峰人，初级工程师，2012年毕业于内蒙古民族大学机械工程系，学士学位，现任内蒙古白音华蒙东露天煤业有限公司机电管理部技术员，从事机电设备管理工作。

2 露天煤矿变配电系统现状分析

现阶段露天煤矿所应用的变配电系统在设备监控管理过程中通常选择仪表、通信融合应用的方式，单独的遥信功能难以满足煤矿变配电系统的智能化运维管理需求。在实际应用过程中，露天煤矿的变配电系统通常仅具备设备设施监视功能，缺乏相应的保护与控制功能，电能利用时存在效率低下的问题；在设备操作时，无法远程自动操作，依靠人工手动完成各项倒闸操作，倒闸使煤矿生产效率受到影响，同时也增加了变配电系统运维操作人力资源需求；变配电系统运行期间的电压、电流、负荷相关参数无法经由 PLC 装置实现自动采集，所应用的信号采集方式存在效率与精度方面的欠缺；系统中搭设了大量二次回路，不仅在施工建设期间存在较多问题，也降低了设备运行的可靠性，增加了现场检修、故障处理难度[2]。

3 智能化变配电系统建设的重要意义

大型开采设备的应用实现了露天煤矿开采效率的大幅度提升，然而众多设备的可靠运行离不开稳定、持续、优质电能的供应，煤矿企业需要重视对变配电系统的建设与管理工作，通过维持设备的可靠运行来确保现场生产作业的顺利开展。在煤矿生产期间，众多电力驱动设备的运行会导致煤矿变配电系统承接波动性较强的载荷，任意部位的故障都可能导致整个生产作业中断。在智能化变配电系统的作用下，煤矿企业能够借助系统实现对各电力设备负荷电能供给的动态调整，满足煤矿开采的多样化用电需求；智能化系统借助各设备间的信息共享与相互操作实现了对电力设备的高效、全面管理，能够针对煤矿开采相关设备设施用电需求进行智能化分析，实现对电能质量和功率因数相关电力参数的优化，还可以通过变配电设备自动控制、故障智能诊断等方式解决系统运维压力，确保露天煤矿开采期间的高效供电[3]。

4 变配电系统发展方向

露天煤矿变配电系统的发展方向为"无人、高效、安全与智能化"，能够借助在线测温系统、多功能电力仪表、测控装置、巡检机器人、安防摄像头、避雷器监测系统、SF6 气体监测系统、GIS 局部放电监测系统、断路器在线测温等各类智能化设备实现对变配电系统数据的远程、自动采集，通过网络层实现应用管理层与设备数据采集层之间的交互控制，为变配电系统安全可靠性、无人值守保障、智能运维、减员增效、电能质量优化提升等方面提供有力支持，智能化变配电系统的框架详见图 1。

在安全可靠运行方面，变配电系统对各电流参数进行自动测量，辅助管理人员实时掌握各设备运行参数，为系统的后续扩展规划等提供数据参考；同时，系统也可以根据所监测的设备参数对设备后续运行状态进行预估，实现对故障隐患的预警，从而在故障乃至事故发生前将其消除，确保变配电系统的安全可靠运行[4]。

在高效、智能化运行方面，变配电系统能够借助内部智能化程序对各电力参数进行智能化分析与应用，辅助管理人员掌握露天煤矿变电所电力系统工况，基于降本增效的目标对运行方式进行优化改进，解决煤矿生产作业期间各类大负荷电力设备运行带来的网压波动等问题，实现供电质量的优化提升，减少对变配电设备的冲击。同时，变配电系统中将装设神经网络、专家系统、大数据等智能化程序，利用数据进行生产优化、负荷规划、节电控制等相关工作，实现变配电系统的高效运行。

图 1   智能化变配电系统框架

无人值守是变配电系统的重要发展方向之一,在系统智能化水平持续提升的情况下,将能够有效取代人工完成现场设备巡检、故障排查、状态维护、人工测量、设备操作等各项工作,实现对变配电系统的无人值守管理。例如,在人工测温方面,系统能够借助在线测温系统、多功能电力仪表、温湿度测控装置、断路器在线监测器等对相关设备的运行参数进行自动测量,也可以借助巡检机器人、安防摄像头等实现对站所设备设施的远程、自动巡检,同时各种新技术的融合应用解放了人力资源,也提升了变配电系统运维管理效率。

5   智能化变配电系统建设方案

智能化变配电系统实现了自动控制技术、通信技术、计算机技术、电气技术的有效融合,能够对系统内各中低压变配电设备的运行状态进行实时监控和高效管理。为实现对各智能化终端设备的监控,变配电系统建设期间可以使用现场总线计划,构建一个能够实现对各系统设备安全监测、集中控制、调度管理的智能化监控系统,从而使变配电系统实现对终端设备的"四遥"管理,满足无人值守、智能化、安全高效管理等工作目标。下面对各功能模块进行详细论述。

智能化变配电系统具备远程分合闸控制露天煤矿现场各开关设备的功能(图 2),为满足控制需求,各开关断路器具备远程、就地等不同操作模式,能够通过断路器在线装置以及现场总线和相关通信网络实时将断路器分合闸、保护参数相关状态反馈给监控系统,并由监控系统进行状态信息记录和设备控制。

智能化变配电系统具备报警功能(图 3),能够利用采集层的避雷器监测系统、GIS 局部放电监测系统等隔离系统采集现场设备运行数据,通过后台监控系统针对运行异常的信息发出报警,报警内容主要涉及故障时间、类型、等级、设备等,能够为调度管理人员提供历史报警数据查询功能。对于已经发出的报警信息,将会呈现出"报警已确认且已消失""报警未确认但已消失""报警已确认但未消失""报警未确认且未消失"等多种状态,为避免因操作失误等导致报警信息被忽略,监控系统会将报警条设置在监控软件节目顶端或底部等较为显眼的部位,并包括未确认、未消失的最近多个报警信息(可以自行设置显示条数,通常为 3 条)。调度管理人员可以根据报警条提示将报警列表打开,从列表中获取详细的报警内容以及未曾确认的全部报

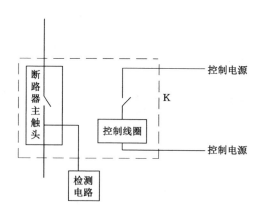

图 2　分合闸控制系统

警信息。对于局部温度异常、电流异常、电压异常等开关柜设备运行异常情况,变配电监控系统能够及时发出预警与告警信息,通常需要煤矿供电管理人员提前在系统中设定相应的预警参数,待达到临界值之前提前预警,避免造成停电等严重问题;对于短路、过载、绝缘异常等故障问题,监控系统能够对异常设备进行分闸闭锁控制,在故障报警解除前无法直接操作,待工作人员确认状态将闭锁远程或手动复位后方可恢复。

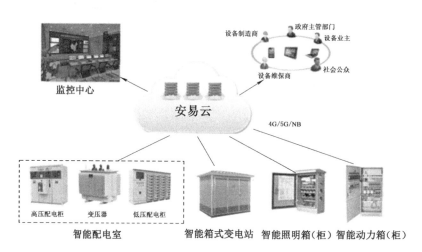

电力运行与电气安全	环境与安防	视频
电流、电压、电量、谐波、漏电、电弧、温度、开关状态、电子标签等	温湿度、水浸、烟感、门磁及入侵等	网络摄像头

图 3　智能化变配电系统

　　智能化变配电系统能够对所存储记录的报警、故障信息进行诊断分析,具备故障分时记录、参数记忆、故障录波等基本功能,并对故障时的过电流时间、电流参数、电压参数等信息进行神经网络分析,实现对故障点位的自动诊断,也可以对异常的运行参数进行动态分析,实现故障预警功能。

　　智能化变配电系统在露天煤矿生产过程中,具备用电计量管理、用电量考核计算、用电量曲线记录相关功能,相关功能的实现离不开采集层各自动化仪表、监测系统对功率参数、电压电流参数、频率参数等各数据的采集。在用电计量方面,系统能够对煤矿月、日、小时用电情况进行统计汇总,并根据不同设备、部门、生产区队对电量报表进行分类统计,为电量数据的智能化应用提供数据基础;在记录报表的同时,系统也能够实现对用电量曲线的记录,满足后续对不同时间点相关设备、生产区队的用电情况的分析;在用电量考核方面,系统能够针对曲线、报表数据对用电量、电耗、电费等进行统计分析,掌握不同用电负荷的具体应用情况,为用电指标的设立与管理提供依据,对于落实煤矿用电管理制度、减少能耗支出具有积极意义。

变配电智能化管理系统能够对现场各电力设备设施的参数进行优化调整,也能够对各设备进行远程控制,利用现场总线、物联网、PLC相关技术将安防摄像头、智能巡检机器人、自动化仪表以及各类现场设备状态监测设施纳入统一的管理体系之中,通过可靠稳定的通信网络层确保监控系统对现场设备的不间断管理。此外,在监控系统界面之中,所显示的内容主要包括各断路器状态、电流电压信号、装置在线状态、设备名称等模拟量信息,能够显示各分站接线图,具备针对分合闸过程进行三维模拟动画显示的功能以及虚拟仪表显示等功能,可实现对系统设备设施运行状态信息的实时显示。

6　结束语

综上所述,智慧化露天煤矿变配电系统的建设应用对于推动露天煤矿生产作业的安全高效开展具有积极意义,能够提升变配电设备设施的运行稳定性,其智能化应用能够辅助管理人员实现对站所设备的无人化管理,也能够通过现场采集层对设备运行参数实现电能质量优化、负荷管理、故障预警、故障诊断、运行参数优化等相关功能。在后续发展过程中,变配电系统将以"无人、高效、安全与智能化"为发展战略方向,相关煤矿企业需要积极推进智慧变配电系统的建设与应用。

参考文献

[1] 刘小杰,贺一博,刘鹏.基于安全评价的黑岱沟露天矿供电系统安全管控模式制定[J].露天采矿技术,2017,32(9):90-93.

[2] 汤纪元,张雅维.智慧配电系统监测软件的创新研究[J].智能建筑电气技术,2021,15(4):40-43.

[3] 钟洪民,赵伟,刘伟.智能变配电监控系统技术原理及其在国内大型公建领域中的应用[J].电气时代,2012(12):98-101.

[4] 王锋,翟富昌.基于物联网和云平台的创新型智能配电系统[J].智能建筑电气技术,2020,14(1):51-54.

智能巡检系统在露天煤矿的创新应用

夏晶伟,刘　新

（内蒙古白音华蒙东露天煤业有限公司,内蒙古 锡林郭勒　026000）

摘　要　智能巡检系统解决了与露天煤矿作业和数据相关的主要问题,采用运动位置技术的全球手动和手持开关,实现远程错误数据的实时采集和实时处理。系统利用单元的错误分析技术和风险预警技术多点分析、评估,了解自调试、隐藏、风险预警和自定义推送的构建。测试结果表明,智能监控系统内部位置几乎没有误差,并且智能错误分析和风险预警结果准确,可以满足生产需求。

关键词　移动定位;智能巡检;协同故障诊断;多指标分析评价

0　序言

传统的调查和问题发现依赖于数据分析和人类经验[1]。检查员经常使用机械作业调查已开放的煤矿,若检查后发现有错误,他们提供基于露天煤矿知识和多年运营经验的解决方案,以消除隐藏的问题。这种模式非常落后,对检查员的要求较高,且效率低下。

为实现露天煤矿作业的智能监控,解决长度复杂情况下巡检员访问和错误处理效率低下的问题,本文提出露天煤矿的智能巡检系统,以改善露天煤矿的信息结构和通信方式,提高管理效率和稳定性。

1　结构与原理

智能监控系统的整体结构如图1所示。系统分为数据采集,智能推送决策移动终端服务,多功能脉冲服务,便携式脉冲、多功能脉冲设备接收推送数据等几部分。

接收方根据发送方发送的内容选择合适的通

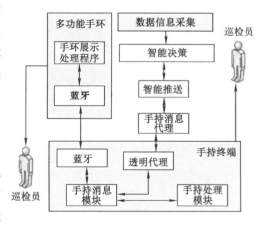

图1　智能监控系统架构

信方式,实时获取并处理设备信息,然后以不同格式保存到数据库中。决策过程:通过收集数据并使用多种逆向分析技术确定失败的原因,比较解决方案。隐藏漏洞警报和解决方案设置:

作者简介:夏晶伟(1987—),内蒙古赤峰人,工程师,本科学历,机械工程及自动化专业,现任内蒙古白音华蒙东露天煤业有限公司煤炭加工部主任。

智能推送模块将每个端点的位置与电话定位技术组织信息的能力相结合。

2 硬件平台

　　智能监控设备系统的硬件设计采用了简单的手环和便携端口,并使用无线 AP 和蓝牙技术将这些设备连接到互联网和接入决策支持系统。手机端口已在 Android 操作系统平台上开发,以支持业务需求。分布式移动电源及控制手动称重终端在测量中起着重要的作用,它通过 ActiveMQ 消息服务监测到数据与端到端服务的交互,并使用内部时间线来检测当前错误并识别最近的评论。

　　多功能手环是在 Android Wear 上开发的,通过蓝牙技术连接到手动端口,了解错误信息的报警功能,统计步骤和序列计数并帮助移动端口解决问题。手持端口用户的所有业务处理数据和应用程序都与手持无线服务器交互。手持处理模块采用 WebService 手持无线服务器数据通信技术。移动处理模块和被检测系统的监控中心通过 ActiveMQ 检测消息交互,多功能手表使用蓝牙作为数据传输和手持开关的媒介。多功能手环数据提取方式可分为两种:主动数据提取和手动端口被动数据提取,以满足用户的需求。

3 核心功能实现

　　大多数移动监控系统可完成煤矿检查和监视任务。软件的设计和实现包括但不限于用户管理,具体为职位管理、权限管理、基础数据管理、自动检查、智能手机分析、预警、自动远程监控。数据采集层包含关键指标和数据统计、远景的编辑、监控、审核等功能。视频处理器和显示层系统的主要技术包括移动定位清除错误分析技术和风险预警技术[2],系统通过将渲染的模型与永久物体进行比较来确定内部位置的准确性。

3.1 移动定位

　　开放式煤矿移动定位技术是基于无线 AP 优化的内部 Wi-Fi 安装技术,使用 Wi-Fi 进行定位不需要安装硬件工具,因此是一种效益好的方法。RSSI 技术被广泛应用于室内 Wi-Fi 停车[3],具体分为距离相关定位方法和路由方法。距离相关定位方法基于无线信号传播损耗模型将 RSSI 值转换为到无线接入点(AP)的距离,采用三维法计算调整后的结果。这种定位方法简单易用,但是内部环境较差,而且很难找到适用于所有室内空间的整合模型。

　　与距离无关的定位方法称为数字定位法[4]。采集建筑物内的指纹数据,即无线信号数据或调整网格信号以收集无线信号强度。指纹法一开始绘制地图非常麻烦,并且当位置在短时间内发生变化时,每个位置的变化程度不同,容易导致位置错误。

　　本文综合了上述搜索方式的优缺点,使用基于 AP 空间的近邻方法来定位观察者的运动。如图 2 所示,近邻法原则是必须正确选择信号强度最高的 AP 场,定位结果为热点位置数据库中存储的当前连接的 Wi-Fi 热点位置,即错误源所在的 AP 位置,以及手动端口所在的 AP 位置。

　　例如,计算机化煤矿检查和测量输出数据在监控位置自动向监控设备发送错误警报,在监测区域测量信号类型,得到误差原点与 AP 的距离或角度,基于力的距离测量方法使用几何算法计算得到的位置,查找错误并将错误信息提交给相关检查员。

　　已知故障源所在 AP 位置为 (x_1,y_1),手持终端 1 所在 AP 位置为 (x_2,y_2),手持终端 2 所在 AP 位置为 (x_3,y_3),手持终端 1 和手持终端 2 到故障源距离分别为 d_1 和 d_2,则 d_1 和 d_2

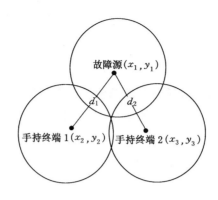

图 2　近邻法

的计算公式为：

$$\begin{cases} d_1 = \sqrt{(x_2 - x_1)^2 + (y_2 - y_1)^2} \\ d_2 = \sqrt{(x_3 - x_1)^2 + (y_3 - y_1)^2} \end{cases}$$

将 d_1 与 d_2 进行比较，如果 $d_1 < d_2$，表示 Hold 1 是最接近错误源的检查；如果 $d_1 = d_2$，表示 Holder 1 和 Holder 2 设备的信号强度，则必须在此处推送虚假信息；如果 $d_1 > d_2$，表示手动端口 2 的信号强度大于手动端口 1 的信号强度。

发生意外报警时，使用内部定位技术定位故障源，同时定位离故障源最近的巡检员，将错误信息推送给检查员是最大限度提高检查效率的方式。

3.2　故障智能诊断

系统检查错误的操作分为数据采集、实时解析、故障发现和协同诊断，以确保两个开源采煤设备的健康。

露天煤矿数据采集检测设备包括 AGV 小车、RGV 机器人、流水线检测设备、货物接驳口、自动化传输线等。由单元错误检查方法可以发现传输线路错误、离线 AGV 小车通信错误、离线 RGV 机器人不同形状、离线监控设备控制不同、系统网络连接点不同、不同程序交互界面不同等。

（1）数据采集

对信息化露天煤矿按区域功能为单元进行划分，划分为若干个分布采集区；在分布采集区内的设备装配信号采集器，采集监测数据。

（2）实时解析

采用码值和协议的转换方式将监测数据实时解析成设备信息数据。

（3）故障发现

根据实时解析获得的设备信息数据进行故障位置及相应故障信息的判断，并推送判断出的故障位置和故障信息进行故障告警。

（4）协同诊断

根据输入逻辑方法模型对检测到的错误进行全面分析，获取错误原因并提供错误管理证据。分布式多段分析模型的单段误差分析模型如图 3 所示，将设定的逻辑集与多个分析模型相结合，综合分析的特点如下：根据检测到的错误的位置和信息选择与检测到的错误相对应的计算模型，然后对错误的原因进行分析。

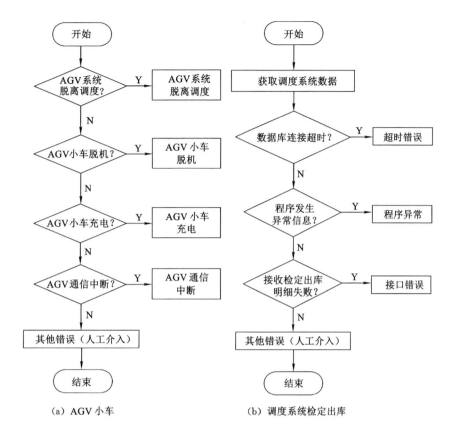

(a) AGV 小车   (b) 调度系统检定出库

图 3　单段故障诊断模型

4　结束语

　　本文介绍了一种与移动设备延时相关的智能跟踪系统。风险预警分析评估、快速检测风险预警智能分析和直接触发的错误与传统的工业监控系统相比,对知识和性能的要求更高。系统可以准确检测错误,还可以向附近的员工发出报警信号,研究结果可供调查需要。

参考文献

[1] 谢林枫,蒋超,宋庆武.基于变电站智能巡检的机器人建模研究[J].内燃机与配件,2019
　　 (13):266-267.

[2] 仝亮,黄永庚,周希文.基于BLE的生产设备巡检定位智能系统的设计与实现[J].云南电
　　 力技术,2021,49(3):50-52,56.

[3] 张社荣,祝安东,王超,等.基于“云+NFC”的长距离引水工程智能巡检系统研究与应用
　　 [J].水电能源科学,2021,39(9):192-196.

[4] 段加波,徐国建,周洋.基于北斗定位技术的田野文物巡检管理系统设计与应用[J].河南
　　 科技,2020(23):8-10.

基于"双碳目标"下南露天煤矿高质量发展与实践

王　博,袁广忠,徐长友,齐连军,褚立庆,孙立超

(内蒙古电投能源股份有限公司南露天煤矿,内蒙古 通辽　029200)

摘　要　党的十八大以来,以习近平同志为核心的党中央把生态文明建设摆在全局工作的突出位置,全面加强生态文明建设,开展了一系列根本性、开创性、长远性工作,决心之大、力度之大、成效之大前所未有,生态文明建设从认识到实践都发生了历史性、转折性、全局性的变化。露天开采活动能源消耗以柴油和电力为主,柴油和电力的消耗引起的二氧化碳排放量占矿山总排放量的90%以上。本文以国家电投内蒙古公司南露天煤矿为例,分析了能源消耗现状,提出节能减排措施以及预期效果,分析换电重卡、矿山生态修复工程、光伏电站建设等措施对降低二氧化碳排放量的影响。通过积极开展智慧、无人、绿色、零碳矿山示范项目建设,推动企业实现"双碳"目标下高质量战略性转型,为露天采矿行业的进步和发展提供了新思路。

关键词　露天煤矿;碳达峰;碳中和;换电重卡;清洁能源

1　露天煤矿能耗和碳排放概况

露天煤矿开采主要包括穿孔环节、爆破环节、采装环节、运输环节和排弃环节,这些环节需要消耗大量电能或油类,柴油等一次能源的消耗会引起二氧化碳排放,现阶段我国火电比重较大,因此电力的消耗也会引起二氧化碳排放增加。研究表明,能源消耗是露天煤矿的主要二氧化碳排放源,其排放量占50%以上[1]。我国大型现代化露天煤矿年产量都在$10\sim20$ Mt,每年引起的二氧化碳排放量数额庞大,仅柴油和电力消耗引起的排放量都在数万吨以上。

卡车运输是露天开采重要环节,现阶段我国大部分露天矿卡使用柴油等传统一次能源,减少卡车对柴油等一次能源消耗是双碳目标下的重要举措[2]。随着新能源车的普及,换电重卡在部分露天矿山已陆续开始试验,根据南露天煤矿的试验,采用换电后,20台柴油矿卡每年结余柴油0.21万 t,减少碳排放量约0.65万 t。

露天煤矿除了运输环节消耗大量柴油以外,挖掘机采剥作业、输岩、输煤等环节也需要耗费大量电力,电力消耗是矿山第二大能源消耗。我国现阶段电力仍以火电为主,因此电力的大量消耗也将造成二氧化碳排放量增大。

为实现碳达峰、碳中和目标,露天矿山应围绕减少消耗一次能源和提高清洁能源比例两个方向,开展设备再电气化、换电改造以及建设清洁能源电站,并采取提高清洁能源消纳等举措。

作者简介:王博(1983—),内蒙古赤峰人,采矿工程专业毕业,本科学历,现任内蒙古电投能源股份有限公司南露天煤矿矿长助理。

2 南露天煤矿能耗及碳排放现状

2.1 能源消费现状

根据统计,2022 年南露天煤矿能源消费以高碳能源柴油为主,占比超过 77.9%,其次为电力、热力,占比分别为 13.7%、7.2%,三者合计超过 98%;附属用油、汽油消耗占比极低,合计约 1.2%。柴油作为化石能源,全部依靠外部购买,在消费过程中带来能源安全问题凸显。

为贯彻落实能耗"双控"工作,霍林河露天煤业股份有限公司制定了《南露天煤矿"十四五"能耗"双控"目标实施方案》,以实现能源管理的制度化、专业化,节能降耗,提高能源利用效率和经济效益。根据实施方案,主要通过开展能源管理体系认证、优化开采设计、淘汰落后设备、地面系统优化改造、加强能耗管理、加快国家级绿色矿山建设等措施,最终实现"十四五"期间南露天煤矿整体能耗逐步下降目标。

2.2 二氧化碳排放现状

（1）二氧化碳排放总量呈现稳中缓慢下降趋势

以企业法人边界为南露天煤矿二氧化碳核算边界,边界内包括基本生产系统、辅助生产系统以及直接为生产服务的附属生产系统,其中,辅助生产系统包括排水系统以及厂区内的动力、供电、采暖、制冷、机修、仓库等,附属生产系统包括生产指挥管理系统(厂部)以及厂区内为生产服务的部门和单位(如职工食堂、车间浴室等)。二氧化碳排放源分为两类:化石燃料燃烧二氧化碳排放(柴油、汽油燃烧排放)、净购入电力和热力隐含的二氧化碳排放。经核算,南露天煤矿二氧化碳排放总量较大,近年来排放总量及排放强度变化幅度不大,见图 1。

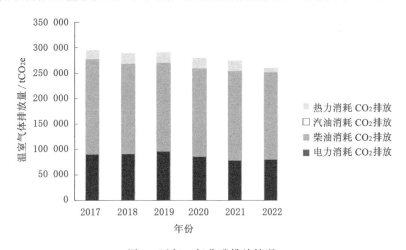

图 1　近年二氧化碳排放情况

（2）柴油及电力消耗二氧化碳排放比重大

2022 年,柴油消耗二氧化碳排放占比约 61%,电力消耗二氧化碳排放占比约 31%(见图 2),因此减少柴油及电力消耗是未来南露天煤矿减排重点方向。柴油消耗排放主要集中在运输部、工程部、外委设备,电力消耗排放主要集中在采掘部、胶带运行部、剥离部,这些部门的柴油消耗及电力消耗是未来减排的重点方向。

（3）生产环节二氧化碳排放较大

根据南露天煤矿各个部门能源消耗统计,核算 2022 年度各个部门、环节二氧化碳排放量,

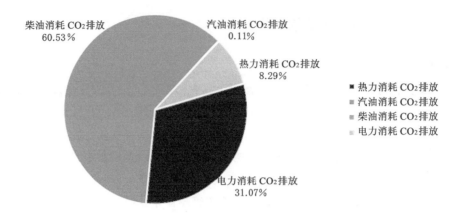

图 2　不同排放源排放量占比

结果见图 3。二氧化碳排放量占比较大的生产部门为运输环节,同时外委设备碳排放也主要为运输车辆柴油消耗引起;其次是胶带运输系统、挖掘机采剥作业以及机关部门,其中机关部门二氧化碳排放量包括食堂碳排放、采暖及汽油碳排放,由于霍林河地区采暖季节时间较长,因此这部分排放量占比较大。

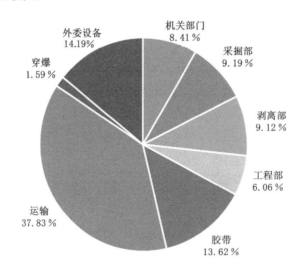

图 3　不同部门排放量占比

根据上述数据,南露天煤矿未来减排重点是运输环节、工程部柴油消耗以及胶带运输部的电力消耗,采掘部减少柴油等一次能源消耗以及提高清洁能源电力消纳。

3　节能减排措施及预期效果

根据南露天煤矿能源消耗以及二氧化碳排放现状,在严格遵守《中华人民共和国能源法》等相关法律法规和行业标准下,达到单位产品能耗不大于《煤炭露天开采单位产品能源消耗限额》(GB 29445—2012)中现有国内先进水平 5.0 kg 标准煤/t 的要求,保持行业内先进水平。在"十四五"能耗"双控"目标以及碳达峰、碳中和目标背景下,通过以下措施减少能源消耗以及二氧化碳排放。

3.1 建立和完善碳排放管理体系

"零碳"矿山建设是一项持久工作,涉及碳排放核算、碳汇项目开发、减碳路径规划等专业技术工作。目前,南露天煤矿温室气体排放相关工作由环保部人员兼职管理,无明确的管理职责及完善的碳排放管理体系,难以实现有效管理。作为一项专业化较强的常态化工作,健全的碳排放管理体系是建设"零碳"矿山的基础。

(1)梳理管理内容,明确管理职责

结合"零碳"矿山建设目标、建设要求及内容,梳理涉及部门,成立碳排放管理领导小组或者确定碳排放管理主责部门,并明确领导小组或主责部门的管理职责。在现有能源管理制度的基础上,增补碳排放管理相关条款,以制度规范行为。借鉴能源管理体系 PDCA 模式,开展矿山碳排放管理。

(2)识别排放源,规范数据监测

依据《中国煤炭生产企业温室气体排放核算方法与报告指南(试行)》,明确碳排放核算边界,识别排放源种类及排放设施,梳理活动水平及排放因子数据,制定科学合理的监测计划,规范数据的监测、记录、统计、汇总。

(3)建立核算模型,量化披露排放

结合《中国煤炭生产企业温室气体排放核算方法与报告指南(试行)》的核算方法,建立适用于南露天煤矿的企业层级、部门层级、设施层级碳排放核算模型,嵌入大数据管控平台,核算不同年份的月度、季度、年度碳排放量并比对分析;通过企业网站、报纸等媒介,以应对气候变化报告、温室气体排放报告、环境报告或社会责任报告等方式披露碳排放情况。

3.2 开发碳汇项目

目前,针对生态修复碳汇方法学仅有《小规模非煤矿区生态修复项目方法学》,针对草原碳汇方法学有《可持续草地管理温室气体减排计量与监测方法学》,以上两个方法学对南露天煤矿生态修复种植的林草碳汇均不适用。南露天煤矿主要采取了以下 3 项措施。

(1)联合专业机构开发方法学

联合专业机构研究露天煤矿生态修复项目减排原理,识别基线和项目情景,研究基线和项目情景碳汇量的计算方法,明确事先确定的参数、事后监测的参数,开发露天煤矿生态修复项目方法学,规范露天煤矿生态修复碳汇项目设计文件编制、碳汇计量与监测等活动,确保生态修复碳汇项目所产生的核证减排量(CCER)达到可测量、可报告、可核查的要求,推动生态修复碳汇项目的自愿减排交易。同时进一步推动南露天煤矿生态修复投入,提升工程质量和治理效果,确保治绿比例达到 100% 并持续稳定达标。

(2)开发生态修复碳汇减排项目

依据露天煤矿生态修复项目方法学,按照国家减排项目的开发流程,通过项目备案和减排量备案,将生态修复种植的碳汇林开发为减排项目,成功签发减排量,打造生态修复碳汇林示范项目。见图 4。

(3)利用市场机制抵消碳排放

用生态修复碳汇项目签发的减排量抵消机关办公排放以及部分生产过程能源消耗产生的碳排放,创建近零排放露天煤矿。

3.3 设备技改及电能替代

(1)设备节能技改

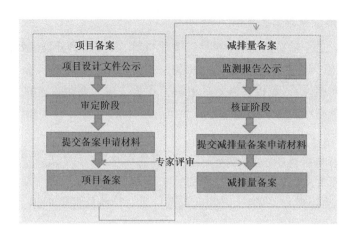

图 4　碳汇项目开发流程

按设备技术改造及淘汰更新计划,分阶段、分步骤有序推进电铲、自卸车、工程车等设备的节能技术改造及落后设备的淘汰更新。根据设备技改计划,稳步推进淘汰落后产能设备以及通过技术改造实现节能减排目的,未来三年计划针对部分挖掘机、自卸车、胶带系统等进行技改或设备更新,计划 2025 年实现 80 台换电重卡改造、每年建设 20 MW 光储电站。目前,根据2023 年设备计划,完成更新 60 台 60 t 级换电重卡,同时对原有地面系统流程进行优化,预计建设 4 条全新胶带系统,原有 27 条冗余系统将被取代。新建生产系统后预计可减少总运行功率 2 585 kW。

进一步完善智慧矿山综合管控平台建设内容和实施路径,充分发挥平台全面感知、实时互联、分析决策、自主学习、动态预测、协同控制六大核心功能,全面提升生产组织和经营决策效率,提高能源利用效率,为节能减排工作提供有力支撑。

（2）设备再电气化

根据对南露天煤矿碳排放现状分析,柴油消耗排放占比较大,减少此部分排放的主要路径为设备电气化改造。

以 60 t 矿卡为例,燃油矿卡能耗为 1.94 L/km,二氧化碳排放为 5.13 kg/km;电能替代后能耗为 6.09 kW·h/km,二氧化碳排放为 4.73 kg/km。经过电气化改造后,可实现节能 68.48%,减少二氧化碳排放 7.80%,如全部使用清洁电力,则单台矿卡电能替代后可减少二氧化碳排放 5.13 kg/km,具备较好的节能减排效益。计划在 2 台 60 t 级换电重卡试验成功的基础上,2023 年完成 60 台换电重卡置换工作,未来 3 年内,持续拓展换电重卡的推广使用,逐步将宽体车、自卸车、工程设备进行电能替换,作为实现节能减排的重要措施。

3.4　建设光储电站以及提高清洁能源使用比例

煤矿资源开发会形成大量的露天煤矿排土场与采煤沉陷区等荒芜闲置土地,造成生态环境的破坏与土地资源的浪费。2021 年 3 月 11 日,内蒙古自治区发布"十四五"规划纲要,内蒙古自治区能源局在发布会上表示,"十四五"时期光伏发电重点在沙漠荒漠、采煤沉陷区、露天煤矿排土场布局,将推进光伏+生态治理建设,最大限度以新能源满足内蒙古新增用能需求,全面实施散煤清洁替代。

霍林河地区属中温带半干旱大陆性季风气候,海拔高、气候干燥,日照时间长,年日照小时数约 3 000 h,年太阳能总辐射 1 500~1 600 kW·h/m²,属于太阳能资源较丰富区。根据南露天煤矿排土场面积实际情况,结合新增换电重卡等电力负荷增加趋势,规划未来3年内每年将建设一定容量的光伏储能电站以增加清洁电力。

3.5 搭建碳能平台

在柴油、电力消耗在线监测的基础上,搭建碳能管理平台,实现企业层级、部门层级、设施层级的能源消耗数据在线监测,实现不同时间频次的碳排放数据核算。同时对企业层级、部门层级、设备层级能耗总量数据、单耗数据、碳排放总量数据、排放强度数据进行计量,并将监测数据实时上传到智慧低碳平台,为矿区分部门、分设备的能耗监测与分析提供数据基础。

依托碳能平台中能耗数据,利用大数据、云计算、人工智能等技术手段,对矿区整体、部门、设备等各层级、指定时间段内的能耗总量与强度进行诊断,包括同一设备同比与环比、同类设备横向对比、一类设备同比与环比等,并与国内外先进矿区的能耗水平进行比较,分析能耗情况变化的原因,挖掘各环节节能潜力,排查高能耗环节与设备,研发或引进先进技术,实施节能改造工程,从而兑现数据价值,降低矿区能源消耗与成本,减少矿区碳排放量,实现零碳矿区目标。

3.6 积极探索氢能应用

根据南露天矿周边的资源禀赋以及氢能技术发展现状,充分利用光伏发电等可再生能源电力,积极探索电解水制氢,并推动氢能重卡应用。目前氢能相关技术尚未完全成熟,氢气输送、储存成本很高,氢能重卡的载重量仍与电动重卡、柴油重卡存在较大差距,因此南露天矿可与国电投氢能公司开展全方位合作,利用坑口电厂余量负荷制氢,开展氢气生产、输送、储存技术以及氢能重卡的研发,分阶段建设氢能利用相关设施,建立氢能生产与应用示范基地,推动氢能产业链的发展,树立全国产氢、用氢一体化的标杆项目。

3.7 构建"源网荷储用"循环经济及节能减排预期效果

根据南露天煤矿能源生产、供给和应用特性,采用上述六项措施建立集成可再生能源发电的大规模"源-网-荷-储-用"系统;基于储能系统结合新能源发电站典型应用场景,布局多元混合储能技术(能量型、功率型),并考虑地区循环经济产业布局以及电解水制氢、电解铝负荷调控等特性,构建源网荷储用区域循环经济,实现电源、负荷、储能和网络为整体多种资源协同配置和互补优化运行,在电能替代柴油等一次能源的同时,提高可再生能源使用比例,降低二氧化碳排放。根据南露天煤矿未来3年规划,计算得出南露天煤矿2021年基本实现碳达峰,后续碳排放量稳定降低,见图5。

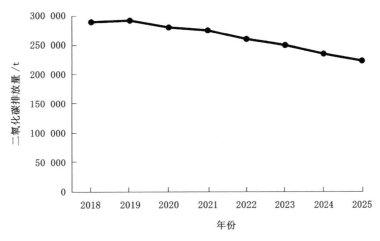

图5 南露天煤矿二氧化碳排放曲线(2023—2025年为预测值)

基于南露天煤矿"十四五"能耗双控目标、设备电气化改造计划、光伏电站建设规划、换电重卡应用规划、生态恢复规划等措施,预计南露天煤矿自 2023 年起综合能耗以及单耗、二氧化碳排放均呈现显著下降趋势,见图 6。与 2018 年相比,2023 年二氧化碳总排放量下降 30％,其中柴油消耗下降比例较大,接近 60％;其次是汽油,下降约 10％。经过计算建设光伏电站提高清洁电力使用减排效益最明显,见图 7。

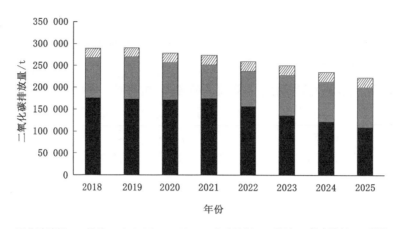

图 6　不同能源品种二氧化碳排放(2023—2025 年为预测值)

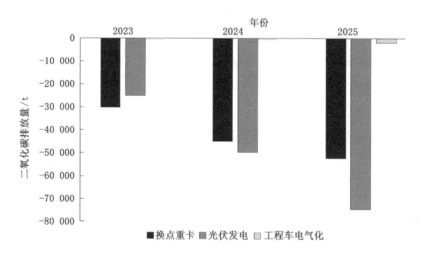

图 7　不同措施二氧化碳减排效果预测

影响二氧化碳排放的重要因素一方面是煤矿开采活动的能源消费,另一方面是清洁能源占比,采用可再生能源电力可减少电力消耗引起的二氧化碳排放,另外生态修复种植的林草具有一定的固碳作用,可抵消部分二氧化碳排放。

4　结语

本文分析了南露天煤矿开采活动中能源的消耗引起二氧化碳排放情况,并提出了节能减排措施以及预期效果,得出如下结论:

(1)对露天煤矿开采活动引起二氧化碳排放主要环节的能源消耗进行分析总结,发现在穿、采、运、排等环节会消耗大量柴油和电力,这些能源消耗过程中会引起大量二氧化碳排放。

根据统计，电力和柴油的消耗引起的二氧化碳排放比例高达91.6%。

（2）分析能源消耗和二氧化碳排放现状，2022年南露天煤矿能源消耗以高碳能源柴油为主，占比超过77.9%，其次为电力、热力，占比分别为13.7%、7.2%左右，三者合计超过98%；柴油消耗二氧化碳排放占比约61%，电力消耗二氧化碳排放占比约31%。

（3）提出了节能减排措施，包括建立和完善碳排放管理体系、建设光储电站及提高清洁能源消纳、开发碳汇项目、设备技改及电能替代、搭建碳能监管平台以及积极探索氢能应用等项目。

（4）规划建设光储电站，大幅提高清洁电力使用比例可以显著减少二氧化碳排放。

参考文献

[1] 刘福明,才庆详,陈树召,等.露天煤矿能源消耗引致温室气体排放计量模型建构[J].中国矿业,2012,12(6):61-64.

[2] 顾清华,张媛,卢才武,等.低碳限制下综合成本最小的露天矿卡车运输优化研究[J].金属矿山,2019(8):157-161.

南露天煤矿油采改电采方案研究

董瑞荣,徐振博,孟祥春,董　健,付　强

(内蒙古电投能源股份有限公司南露天煤矿,内蒙古 通辽　029200)

摘　要　南露天煤矿运输卡车均为燃油驱动,卡车运行时会带来尾气排放及扬尘等不利影响,大部分卡车内排作业区域位于采场下部,空气流通弱,尾气、扬尘扩散条件差,对自然环境有影响。通过对南露天煤矿地质条件及生产现状的深入研究,从技术可行性和经济合理性两方面进行分析,得出适合南露天煤矿的油采改电采工艺改造方案,无论对解决矿山当前存在的制约生产、提高设备效率、降低生产成本等问题,还是对保障露天矿的安全生产、保护周边环境、建设现代化绿色矿山都具有重大意义与积极影响。

关键词　南露天煤矿;运输卡车;油采改电采;绿色开采

1　前言

南露天煤矿采煤工艺采用单斗-卡车和单斗-卡车-半移动式破碎站-带式输送机的半连续开采工艺,剥离工艺采用单斗-卡车和单斗-卡车-半移动式破碎站-带式输送机的综合开采工艺[1-2]。由于南露天煤矿南采区与北采区即将相继闭坑,采场南部将形成较大内排空间,西部工作帮剥离重心与南部内排土场排弃重心直线距离约 3 km。南矿现年剥离量约 6 000 万 m³,半连续系统年剥离能力约 1 500 万 m³[3],根据开采进度计划,随着年剥离量的增加,纯单斗-卡车工艺占比将达到 80% 以上,卡车排弃运距将大于 3.5 km,经济适用性差,生产成本高。同时,剥离量及运距的增加使卡车数量相应增加,内排主要通路为端帮运输平盘及鼻梁道,鼻梁道同时承载煤、剥离破碎部分物料的运输及部分卡车排弃的运输,运输设备密度大,不同物料运输存在交叉,不利于安全生产。对架线卡车及其他可能的露天开采工艺在南露天煤矿应用的可行性进行研究分析,根据分析结果提出适用于南露天煤矿的优化工艺方案(增加剥离半连续系统)并进行详细研究。在油采改电采的框架下,综合考虑环境保护和安全生产因素对露天矿的影响,确定优化工艺方案。

2　单斗-双能源架线卡车开采工艺

2.1　工艺概述

对于深凹露天矿,采用架线辅助系统可使卡车启动力矩更大、爬坡速度加快、缩短运输时间、提高生产率、减少柴油消耗、降低设备维护费用、减少排放造成的空气污染等,从而降低生

作者简介:董瑞荣(1990—),汉族,山西太原人,硕士研究生,采矿专业中级工程师,2016 年毕业于辽宁工程技术大学采矿工程专业,现任内蒙古电投能源股份有限公司南露天煤矿生产技术部副主任,从事采矿工作。

产成本,提高运输效率。在能源问题日益凸显的情况下,架线辅助供电系统逐渐受到重视[4-5]。

卡车架线辅助供电系统是电动轮卡车的新型动力系统,类似于无轨电车系统,即通过架设在空中的输电线,经集电弓子将电能传给电动轮卡车的电动机使用。架空输电线架设在相对稳定的主干道上,为上坡的车辆提供主要动力;在没有架空输电线的地方完全由燃油发电系统提供动力。架线辅助供电系统只适用于柴油电动轮卡车,机械和液压传动系统接通输电线系统是不能运转的[6]。

在矿区上坡剥离主干道上架设接触网,通过车顶受电弓接受动力后直接驱动车轮马达电机工作,在平坡和下坡路段仍由柴油系统驱动。重载爬坡矿山采用架线供电以后,可以降低运输成本和柴油消耗、提高生产效率和爬坡车速。双能源卡车见图1。

图 1   架线双能源卡车示意图

2.2   架线辅助运行系统原理及组成

卡车架线辅助系统[7]是把由柴油发动机提供能源驱动的卡车变为由架线供电驱动的电动轮卡车,由变电站提供电力能源驱动卡车移动,其原理如图2所示,由转换开关变换卡车的驱动方式。

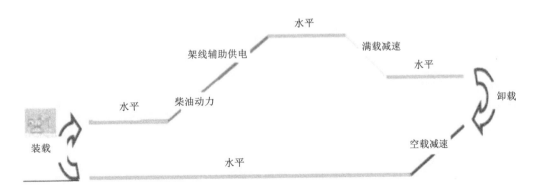

图 2   架线辅助供电运行示意图

架线辅助运行系统主要由以下几个部分组成:

(1)电源供电设备:是接收、变换、分配电能的环节,包括线路隔离开关、变压器、整流器、断路器等。从理论上,供电系统可以是直流或交流,目前的应用大都采用直流供电系统,因为直流系统利用切换串联降压电阻调节车速,控制系统相对交流供电系统简单。但随着电力电子技术的进步、PLC技术的应用,交流供电系统控制复杂的问题已经很好解决。交流供电系统造价低、效率高的优点很明显。

(2)集线装置:常用的有导线悬吊架线结构和汇流条架线结构两种。导线悬吊架线结构是靠导线自重拉紧的,在周围环境温度较高的条件下,为防止导线下垂就需要相对短的电杆跨距(与汇流条架线结构相比较),还需要拉紧装置用于维修和调节弛度,此方式安装较容易、投资少。汇流条架线结构适用于高生产能力(运输密度大)和坡度为8%或更大的矿山条件。这种结构的优点是电流容量大、寿命长、电压降小、所需变电站少,另外它的安全性更好、故障率也低,但是投资较大。

(3)受电器装置:相应有受电弓式和集电杆滑块式两种可供选择。两种都是气动上举式,为了得到良好的电流接收而没有电弧产生,受电器对架线导体接触压力有重要意义,压力不应小于规定数值,但同时压力也不应太大,以致产生大的摩擦损耗,受电器应该在架线导体高度的工作范围内保证压力变化很小。对受电器接触导体的要求是:导电性能良好、机械耐磨性能好、密度小。常用的材料有金属材料和碳质材料两种,其中金属石墨性能最佳,价格也最高。

2.3 双能源卡车特点

2.3.1 相对于常规柴油动力的优势

(1)生产效率最大化,坡道运行速度更快(尤其采用新型的交流驱动卡车时),上坡时的卡车速度不再由车载引擎决定,而由外部供电决定。由于外部电能输入远远大于目前的柴油发动机功率,所以卡车的速度会大大提升(如2 700 hp柴油发动机的卡车采用架线辅助供电时动力提升到了5 200 hp,所以速度相应提高了90%),这样就能加快工作循环或使用较少的车辆。

(2)降低燃料消耗和发动机维修、保养费用,延长发动机寿命。如果是常规柴油动力,那么70%~80%的燃料被消耗在坡道上,而架线辅助供电可以大大降低这项费用,并且发动机的维修和保养间隔与燃料消耗量成正比,因此保养间隔能延长2~3倍。

(3)延长电动轮马达电枢寿命。电动轮自卸式卡车的主要核心部件电动轮在采用架线辅助系统后由于上坡速度加快,大负荷的坡道运行时间缩短,可使牵引电机的发热量大大减少,因而保护了电动轮电枢,能延长电枢的使用寿命。

(4)减少空气污染。采用架线辅助供电时发动机基本处于怠速状态,废气排放和噪音都明显减少,提高了空气质量,这点在深凹露天矿尤为重要。

2.3.2 相对于常规柴油动力的劣势

(1)灵活性不如常规动力车型。路面平坦是采用架线辅助供电的首要条件。一方面,由于该系统采用架空电线通过受电弓向卡车供电,因此必须保证受电弓与架空电线的接触良好,这就要求路面平坦,起伏必须在集电弓弹性容许的范围之内,道路灵活性受限;另一方面,由于架线卡车运行较快且受到架空线的限制,应保留专属车道,其他燃油车辆另行其道,这就要求采用架线辅助供电的运输道路较一般道路更宽,架线道路的转弯半径也不应小于200 m,以保证卡车顺利转向。同时,应尽量保证卡车在水平路段进入架线系统。为充分体现架线系统的优势,所有重车上坡段均应布置在架线系统内。

(2)项目初期基础建设费用较大。卡车架线辅助供电系统的另一个缺点是初期基础设施投资较大、在维修和改造方面的花费较高。起初架线基础设施的费用比较庞大,受矿山开采的地质条件限制以及架线要求的限制势必投入较大。另外随着矿山开采发展,接触网架设工程及移动变电站需定期移设,增加矿山生产成本。

3 南露天煤矿油采改电采方案研究

3.1 架线卡车应用可行性分析

由于南露天煤矿内排作业时基本为平路运输,所以南露天矿可能应用架线辅助双能源卡车的时期及区域,主要是露天矿剥离物需要自卸卡车运往外排土场的外排时期,且是外排作业相对固定的爬坡路段。由于露天矿运输道路的水平路段和下坡路段,架线辅助双能源卡车与传统燃油卡车均为柴油发动机驱动,油耗成本基本一致,因此成本的比较主要在于重载爬坡路段上的成本差异。

由于南露天煤矿外排剩余服务年限仅 4 年,重载上坡运距仅为 1.4 km,均小于国外已取得成功实验露天矿的经验数据下限值。完全内排后架线辅助双能源卡车与传统燃油卡车无明显运输成本差异,无法发挥其运营成本低的优势,体现不出明显经济效益,不适合南露天煤矿。

3.2 剥离工艺方案研究

3.2.1 方案提出

单斗-卡车-半移动式破碎站-带式输送机半连续开采工艺与单斗-卡车工艺相比,是用带式输送机运输替代部分卡车运输,减少卡车数量及燃油消耗,达到"以电代油"的目的,并大大减少卡车运距,从而降低生产成本。目前南露天煤矿卡车运距逐步增大,按此工艺可扬长避短,解决卡车数量多、运距大、成本高等问题,可在现有两套基础上再增加一套,提高半连续系统能力占比,实现"以电代油"。

3.2.2 半连续系统设备选型

剥离半移动式破碎站型号的选择需要考虑以下几点:

(1)剥离半连续系统投入时机。剥离半连续工艺需要确定合理的投入时间。目前南露天煤矿外排土场空间有限,不具备增加布置剥离半连续系统的条件。新增的一套剥离半连续工艺系统可布置于采场北端帮,直接将西北部剥离物料运至南部内排土场。

(2)作业环境影响,主要影响破碎机年有效作业时间。

(3)内排土场作业空间及排土工作线长度。

(4)剥离破碎站服务的台阶水平和台阶数量,确定半连续系统完成的剥离量。

3.2.3 半连续系统能力论证

随着南区北区闭坑,采场南部内排土场排弃从由东向西,逐步转为由南向北排弃,待南区北区内排完成后再过渡为由东向西排弃。南部内排土场工作线长度可保持在 1 400 m 左右,预计 2026 年北部增加剥离半连续系统时,北部的内排土场工作线长度亦可达到 1 400 m 以上。按平均年推进度 130 m,排土机排弃高度 50 m 计算,每套剥离半连续系统每年可排弃量约 760 万 m³。因此每套增加的剥离半连续系统工作能力可选为 750 万 m³/年。

剥离半连续系统在实际应用中对不同剥离物料性质的适用程度不同,含水量较大的物料易造成黏结,影响剥离半连续系统的能力发挥及正常运转。因此,剥离半连续系统应服务于含水量较小、物料不易黏结的剥离区域。

综上,剥离半连续系统服务区域物料基本满足工艺要求,对应工程位置及工程量条件均可满足剥离半连续系统应用要求,增加一套剥离半连续系统的工艺优化方案适用于南露天煤矿。

3.2.4 剥离破碎机选型

现有两套剥离半连续系统每年均可完成剥离量约750万m³,年有效作业时间基本稳定,新增剥离破碎机可选取与现有破碎机相同的型号,即工作能力7 500 t/h,可完成每年750万m³剥离量。

4 油改电后效益分析

4.1 经济效益

与延续原工艺相比,增加一套剥离半连续系统投资约增加10 153万元,全周期成本节省约200 213万元,以10%折现率计算,现金净流出值减少约88 138万元。

4.2 环境效益

增加剥离半连续系统将使自卸卡车数量及年燃油消耗降低约12%,使尾气及扬尘相应减少,环保效益提升,更利于人员职业健康,同时也符合绿色矿山发展理念。

4.3 安全效益

增加剥离半连续系统后,自卸卡车运距及数量可明显降低,实现以电代油。司机数量相应减少,车流密度相应降低。因人员不安全因素引发事故概率相应降低,可使南露天煤矿生产安全效益大大提升。半连续系统能力占比升高,设备数量降低,也更利于生产组织与管理。

5 结论

根据对工程实际情况及现有剥离工艺的分析,随着南露天煤矿工作帮的推进,卡车内排运距逐步加大,应通过工艺优化改造,降低单斗卡车运距及剥离能力占比。通过分析,确定通过增加剥离半连续系统进行剥离工艺优化改造可减小卡车运距、降低生产成本。该套剥离半连续系统,布置于北端帮。

根据采剥计划、年推进度和工作线长度等,可以确定半连续系统年完成剥离量为750万m³,破碎站能力为7 500 t/h。

参考文献

[1] 姬长生.露天采矿方法[M].徐州:中国矿业大学出版社,2014.

[2] 车兆学,才庆祥,刘勇.露天煤矿半连续开采工艺及应用技术研究[M].徐州:中国矿业大学出版社,2006.

[3] 郑友毅.我国露天煤矿半连续开采工艺的应用和发展策略[J].煤炭学报,2011,36(5):756-761.

[4] 钟志波,徐振东,田志伟.宝日希勒露天矿应用卡车架线辅助供电系统的探讨[J].露天采矿技术,2008,23(3):42-44.

[5] 丁新启,陈德付.架线辅助双动力卡车运输在安家岭露天矿应用可行性[J].露天采矿技术,2014,29(12):3-6.

[6] 陈剑平,贺栋.电动轮自卸卡车架线辅助系统技术改造[J].露天采矿技术,2015,30(8):64-67.

[7] 苗旺元.我国露天煤矿机械施工设备的发展现状与选用分析[J].中国招标,2008(43):53-55.

北方高寒地区露天煤矿生态修复技术
经验总结与示范

赵　　勇,陈　　闯,李苗苗,周嘉辉,刘彦涛,王炜皓

(内蒙古电投能源股份有限公司南露天煤矿,内蒙古 通辽　029200)

摘　要　对 2019 年以来霍林河南露天矿生态修复工程及技术进行了总结分析,以"自维持、免维护"为原则,采取"工程措施为辅,生物措施为主"的技术路线,提出"地形重塑、土壤改良、植被重建、供水系统、喷淋滴灌及水土保持"措施为一体的南露天矿生态修复技术模式,并对修复效果进行评价。结果表明:南露天矿生态修复模式适应性强,恢复效果明显,产生了良好的生态、经济和社会效益。

关键词　半干旱区草原;露天煤矿;生态修复

0　引言

南露天煤矿隶属于国家电力投资集团公司内蒙古电投能源股份有限公司,始建于 1981 年 6 月,年生产能力 1 800 万 t,是国家"七五""八五"重点建设项目。可采煤层 9 层,平均可采厚度为 80.81 m,平均发热量 3 180 kcal/kg,具有低磷、低硫、高挥发分、高灰熔点的"两低两高"环保特点,是火电厂"绿色燃料"。

中国是世界上煤炭产量最高的国家,也是最大的碳排放国之一,碳排放占世界能源排放总量的 28.8%[1-2]。根据煤炭工业"十四五"发展规划,煤炭在我国能源体系中的主体地位和压舱石作用不会改变[3]。然而,作为大规模改变土地利用方式的有组织人类活动,煤炭资源开采不仅损毁和占用大量土地资源,且对生态环境造成严重的负面影响[4-7]。尤其是露天煤矿的开采[8-11],高强度、大规模的采煤扰动往往造成矿区表层土壤结构紊乱[12]、植被永久破坏[13]、原始景观被彻底改变[14-15]等矿区生态问题。土地复垦与生态修复作为改善矿山环境、恢复矿区生态系统的重要措施与有效手段,已经成为统筹矿产资源开发与土地资源利用保护的重要途径。通过积极开展土地复垦,可有效引导损毁土地生态系统朝着健康有序的方向发展。

因此,本文以南露天煤矿近 5 年的生态修复经验对北方高寒地区露天煤矿生态修复治理措施及成果进行论述,以此为同行参考和指正。

作者简介:赵勇(1995—),内蒙古通辽人,2019 年毕业于内蒙古民族大学,现任内蒙古电投能源股份有限公司南露天矿园林管理员,主要从事露天矿生态修复工作。

1 概况及生态环境特点

1.1 矿区概况

南露天煤矿位于霍林郭勒市,地处科尔沁草原腹地,海拔 $779\sim1\,317$ m,地理位置为东经 $119°33'29''\sim119°37'33''$,北纬 $45°27'32''\sim45°32'59''$。夏季炎热,冬季严寒,为温带半干旱大陆性气候。土壤从十月初开始冻结,至次年五月中旬解冻,结冻日数 286 天。

1.2 土壤现状

针对治理区域开展土壤现状调查,调查时取 $0\sim20$ cm 表层土,开展土壤污染风险和养分的检测。同时选取附近草原样本为背景样。背景样点位于东经 $119°38'07''$,北纬 $45°34'30''$ 的草甸草原,海拔 881.44 m,分别取 $0\sim20$ cm、$20\sim40$ cm、$40\sim60$ cm、$60\sim80$ cm 的土层样本。监测项目及监测结果见表1。

表 1 监测项目及监测结果

序号	项目	单位	沿帮排土场	西四排土场	中内排土场
1	pH 值		8.50	8.10	8.30
2	镉含量	mg/kg	0.06	0.08	0.05
3	汞含量	mg/kg	0.02	0.06	0.07
4	砷含量	mg/kg	10.61	11.60	11.90
5	铜含量	mg/kg	15.00	8.80	25.30
6	铅含量	mg/kg	19.32	19.87	26.30
7	铬含量	mg/kg	53.40	45.00	53.00
8	锌含量	mg/kg	74.30	33.00	56.40
9	镍含量	mg/kg	17.40	11.40	9.70

检测结果表明,沿帮排土场 pH 值为 8.46,西排土场为 8.08,西内排土场为 8.34,背景样 pH 值为 8.51,整体来看土壤偏碱性。重金属铅含量高于对照环境背景值,其他重金属元素含量与背景样监测值接近,但矿区土壤重金属各项指标均符合《土壤环境质量标准》(GB 15168—2018)限值要求。土壤有机质均低于背景值的 17%~93%。除钾含量高于背景值外,土壤中氮含量低于背景值的 65.4%~92.1%,磷含量低于背景值的 3.74%~95.1%。

1.3 压占草原

在进行露天煤矿开采的过程中,会使原有的土地结构发生改变,打破了原有稳定生态系统的平衡性。在开采过程中会面临对原有草原的破坏、外排土场压占土地等问题,进而导致地区的物种多样性减少。

1.4 环境污染

在进行露天煤矿开采的时候,其中采掘、运输、排土、爆破等过程均会产生大量的烟尘,同时露天煤矿开采强度大,机械化程度高,受气象条件等影响,这些烟尘会使空气环境受到污染,常见的污染物有粉尘及 H_2S、SO_2、CO、NO_2 等有害有毒气体。

1.5 地下水的污染

在煤矿开采的时候,在矿坑中会产生一定的污水、废水,这些废水若是渗透到地下,将会使地下水源也受到严重的污染,对附近的居民、牲畜等均有危害,同时煤炭长时间暴露在空气中,其中的硫化物发生氧化使降水成为酸雨,往往造成矿区附近的地表水体遭受污染。

1.6 地质灾害

由于矿区处于高原山地,地质条件较脆弱,地面的开挖和爆破会影响山体的稳定性,导致岩(土)体变形,诱发崩塌和滑坡等地质灾害,进而影响居民的正常生活,不但造成了经济损失,也对矿区周围的地质、生态环境及人民生命造成了威胁。

2 南露天煤矿生态修复关键技术及示范

南露天煤矿生态修复通过"地形重塑、土壤改良、植被重建、水土保持、供水系统、喷灌系统及水土保持"等措施,经过5年多的努力,探索出了适合北方半干旱草原地区的生态修复技术,形成系统性强、可推广的治理模式。

2.1 地形重塑

为保证植物的生长及后期绿化的效果,对排土场平台进行整形覆土,对排土场边坡进行削坡、整形、覆土。由于历史沉降等原因,平台未形成反坡,导致平台雨水直接进入坡面,坡面冲刷严重,可通过地形重塑将平台形成反坡,并降低边坡的高度和坡度,减少坡面径流,为植物生长提供良好的立地条件。

2.1.1 平台整形

(1)平整原始排土场的码堆、沟壑,平整后在50 m范围内水平高差不应超过1%。

(2)原则上平台大于100亩时,设置100 m×100 m的土圩埂,平台小于100亩时,设置50 m×50 m的土圩埂,但实际圩埂规格视现场情况确定。外侧圩埂规格为上底0.5 m、下底2.8 m、高0.8 m,两侧坡面坡度为不大于35°的梯形土挡,外侧圩埂要做到水平拉直(图1)。内部圩埂采用高度为0.3 m、半径0.5 m的半圆弧型圩埂(图2)。

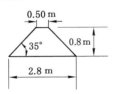

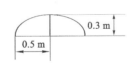

图1　外部梯形圩埂　　　　　　　　图2　内部半圆弧型圩埂

(3)顶部平台:为方便后期的绿化养护和消防防火工作,在平台中间设置10 m宽的主道路。在排土场顶部平台外边缘土挡向内设置长7 m、坡度为3%~5%的反坡,将其作为消防道路。道路内侧和外侧均设置规格为上宽0.5 m、下宽2.8 m、高0.8 m,两侧坡面坡度为35°的梯形土挡,在内侧土挡设置上宽1.2 m、下宽0.6 m、深0.6 m的倒梯形土质排水沟,并将内侧土挡每隔100 m做宽0.8 m的汇水口,将雨水汇入排水沟排放(排水沟的水平应呈逐级递减的方式,水平上不得存在拐点或积水现象)。见图3。

(4)在小于15 m宽的各水平平台:沿坡底线外延伸1.5 m处设置上宽1.2 m、下宽0.6 m、深0.6 m的倒梯形排水土沟,在排水沟外侧设置上宽0.5 m、下宽2.8 m、高0.8 m的梯形土挡,并将排水沟外侧土挡每隔100 m做宽为0.8 m的汇水口,将雨水汇入排水沟排放(排水沟的水平应呈逐级递减的方式,水平上不得存在拐点或积水现象)。沿平台边缘设置相同规格土挡,土挡向内设置坡度3%~5%的反坡道路。见图4。

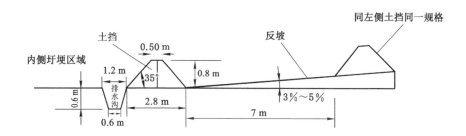

图 3 顶部平台圩埂、反坡断面示意图

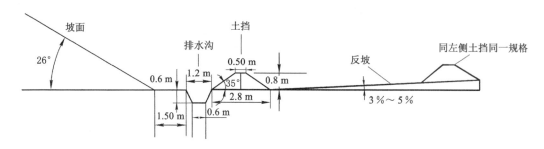

图 4 小于 15 m 宽圩埂和反坡示意图

（5）在大于 15 m 宽的各水平平台：原则上沿坡底设置横向间距 50 m 的半圆弧型圩埂，但实际圩埂规格视现场情况确定。沿平台边缘设置上宽 0.5 m、下宽 2.8 m、高 0.8 m 的梯形土挡，土挡向内设置 7 m 宽、坡度 3％～5％的反坡道路，道路另一端设置相同规格的土挡，并将土挡每隔 100 m 做宽 0.8 m 的汇水口，将雨水汇入圩埂内部。见图 5。

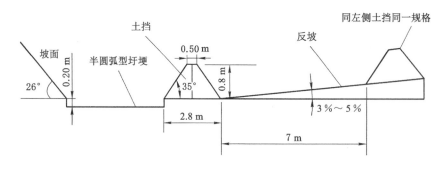

图 5 大于 15 m 宽圩埂和反坡示意图

2.1.2 边坡整形

台阶削坡整形标准为排土场台阶削坡后，符合作业条件的排土场边坡高度不超过 10 m，原则上边坡整形后的坡度应为 25°。坡度为 3％～5％的反坡平台，不具备作业条件的坡面局部整形可放宽至 30°，坡顶线和坡底线应当拉齐。在整形过程中，对于坡面凸出或者凹陷的位置，进行挖（填）方处理。见图 6 和图 7。

2.1.3 覆土

（1）平台

平台覆土平均厚度应在 0.3 m，误差不得超过±0.05 m。

（2）坡面

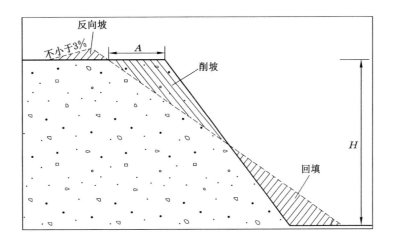

图 6 削坡工程剖面图

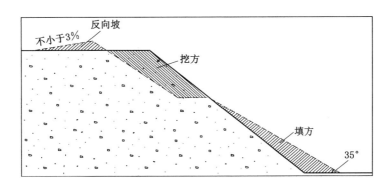

图 7 修筑台阶工程剖面图

坡面覆土平均厚度应在 0.5 m,误差不得超过±0.05 m。覆土后的坡面必须进行夯实处理。

(3) 火煤部位

若存在火煤情况,在具备条件的情况下,尽量采取压覆的方式进行处理,压覆部分黄土厚度不小于 1 m。但在实际施工过程中,须经现场管理人员现场踏勘后,制定专项治理方案。

2.2 土壤重构与改良

土壤改良通常情况下是针对土壤的不良质地和结构,采取相应的物理、生物或化学措施,改善土壤性状,提高土壤肥力。

治理区土壤以栗钙土为主,腐殖质少、弱黏化、肥力低,不利于植被的生理活性和生长发育;同时其土壤结构为表土、泥岩、高灰分劣质煤、煤矸石和砂岩的混合物。排土场是采场在开采过程中由人工堆垫形成一种特殊地貌,其土壤与自然土壤相比,养分贫瘠,结构性差,不利于植物生长。经采样分析检测,土样各项指标均符合《土壤环境质量标准》(GB 15168—2018)规定限值,不涉及重金属污染问题,但有机质含量低、腐殖质含量低、pH 值高,氮、磷、钾等含量量不足,不利于植物的生长发育。排土场堆积物厚度较大,结构松散,在雨水、地下水浸润,以及岩石软化等不利因素的综合作用下,有可能产生滑坡地质灾害,加上霍林郭勒地区降雨集中,夏季强降雨天气时有发生,水土流失十分严重,植物难以定植,植被覆盖度低,采矿场泥岩裸露,对生态环境造成影响。因此对排土场土壤进行改良,是做好生态修复工作的基础。经查阅文献、现场踏勘、检测分析排土场土壤需通过物理、生物的方法进行土壤改良,保障植物的存活率进而提升植被覆盖度,达到生态修复的效果。

根据现场采样检测结果,待治理区域土壤的氮、磷、钾以及有机质缺乏,依据实测各元素含量,计算氮、磷、钾以及有机质的实缺量。选取施加鸡粪熟肥(通常总有机质含量≥45%、氮含量≥2.63%、磷含量≥1.54%、钾含量≥1.15%)作为改良措施,平台和坡面的鸡粪肥施量均为1.3 t/亩。具体施肥工艺为:

(1)平台

根据具体情况平台施肥可选用旋耕施肥播种一体机,根据各地块设计要求控制施肥量、播种量、翻土深度,一次可以完成起垄、旋耕、施肥、播种、覆土、镇压等多项作业。还可依据地块现状选取人工倒三角沟。

(2)坡面

坡面施肥均为沟施,倒三角形开沟,深度为 7~9 cm,在沟中均匀施入鸡粪肥及时覆土,并将鸡粪肥深翻入土,在沟施鸡粪肥的沟间播撒种子。

2.3 植被重建

在植物配置方面应遵循以下原则:一是根据本地区气候条件和土壤理化性质,考虑植物生理特点,选择适应脆弱生态环境,如耐寒性、抗寒性和耐贫瘠性、抗风沙的物种;二是选择根系发达、生长迅速的乡土植物作为先锋种或建群种;三是保证各物种形成植物群落,提高修复土地稳定性,降低生态脆弱性;四是种子容易获取,具有工程可操作性;五是慎用外来物种,保护地区生态安全。

选用植物种类,其中乔木以樟子松为主,灌木以沙棘、小叶锦鸡儿为主,禾本科植物选用无芒雀麦、羊草、披碱草、冰草、黑麦草作为先锋物种,豆科植物主要有杂化苜蓿、草木樨、沙打旺等,菊科植物采用波斯菊为伴生种。每亩地种子量 11 kg,其中条播 9 kg、撒播 2 kg,禾本科、豆科与菊科比例为 6∶3∶0.5(具体种类及数量见表2)。将以上植物种子按混播模式播种在生态修复区域,达到快速提升固氮能力,提升土壤肥力,丰富物种多样性,增加植被覆盖度的目的。

表 2　植物种子配置

序号	品种	种子质量/kg
1	黑麦草	0.578
2	无芒雀麦	0.232
3	垂穗披碱草	1.042
4	披碱草	1.042
5	羊草	0.578
6	扁穗冰草	0.578
7	燕麦草	2.894
8	杂化苜蓿	0.578
9	紫花苜蓿	1.390
10	黄花草木樨	0.926
11	沙打旺	0.578
12	矮生波斯菊	0.578
合计		10.994

2.3.1 草本种植

（1）种子处理

为提高种子质量、播种质量，缩短成苗时间，首先检验种子净度、发芽率，测定种子活力，种子质量执行《豆科草种子质量分级》(GB 6141—2008)、《禾本科草种子质量分级》(GB 6142—2008)一级标准。在种子质量过关的前提下进行水浴处理、磁处理，并用包衣剂进行包衣，提高种子抗病性、抗逆性，加快发芽，促进成苗。也可以对种子进行引发处理，使其活力增强，耐低温、出苗快而齐，成苗率高，提高效益。

（2）播种方式

播种时避免大风大雨等恶劣天气，将治理区降水充分后进行播种。施肥后，将牧草种子根据各个地块给出的量混合均匀后种植。

坡面采用条播的形式，条播行距为 20 cm，沟深约 7～9 cm（具体深度由开沟后的施肥量大小决定），播种后覆土 2 cm 左右，不可过厚，播种覆土后及时镇压。

平台采用旋耕施肥播种一体机，施鸡粪肥，耕地与播种同时进行。种植过程中挑选菊科种子加量种植在外圈圩埂上，以达到更好的景观效果。同时为保证生态修复效果，对垄沟之间进行撒播。

2.3.2 坡面苫盖

为改善坡面水土流失和保墒情况，坡面采用覆盖草帘子的方式。采用的草帘子尺寸不小于 10 m×1.5 m，厚度不大于 0.02 m，孔隙均匀分布且满足植被生长需要，材质为芦苇或稻草，一次性使用，不回收重复利用，采用 8 号铁丝固定，扦插深度不小于 0.2 m，固定点不少于 3 个/m²。

2.3.3 灌木栽植

在坡面植被重建中，为防止坡面的水土流失，加强坡面的稳定性，通过实施灌、草立体式植物栽植，形成可以自然演替的群落结构，在抵御高寒地区恶劣气候侵袭的同时保证了重建后生态系统的稳定性和生物多样性。植物根系能加强土壤的聚合力，在土壤本身强度不变的情况下，通过根系的机械束缚增强根际土层的总体强度，提高滑移抵抗力，植物相互缠绕的侧面根系形成一定强度的根网，将根际土壤固结为一个整体，垂直根系可以固定到深处比较稳定的土层上，增加土地的稳定性。

因沙棘和小叶锦鸡儿耐寒、抗旱、抗风沙、根系强大、对土壤要求不严，所以灌木选择为二年生的沙棘和小叶锦鸡儿。具体栽植方法如下：

平台在外侧圩梗顶部中间栽植 1 行沙棘，株距 1.5 m。

坡面整地后由上至下每间隔 1.5 m，并行布设 1 行沙棘，再隔 1.5 m 布设 1 行小叶锦鸡儿，沙棘株距 1.5 m，小叶锦鸡儿株距 0.5 m。牧草种子按各地块用量进行条播。在坡面上形成灌草共生的群落结构，避免种间竞争，构造持久天然的植被生态棒。

栽植前沙棘株高 40～60 cm，冠幅 20～30 cm；小叶锦鸡儿株高 30～40 cm，冠幅 20～25 cm。在栽植灌木时，避免大风大雨等恶劣天气。在灌木苗定植时，应灌足底水，采用二年生的抗病品种灌木苗进行人工栽植，将苗木扶正，舒展根系，将穴上、根周边的覆土踏实，防止苗木根部跑风，定植时清除穴内石块、草根等杂物，打碎土块，整平穴面。在移栽前本着浇足浇透的原则实施灌水，使根系能充分吸水，且尽量多保留根系。

2.4 供水系统及喷灌系统

为保证植物生长，南露天煤矿在西排土场、沿帮排土场等地区共新建 4 座容量 1 000 m³

蓄水池、6座泵房,为植物生长提供充足的水源。

根据排土场实际情况,设计平台地块采用喷灌、坡面地块采用滴灌两种方式进行灌溉,保证在水资源高效利用的同时,最大程度节约用水。

2.5 水土保持

针对排土场生态修复过程中,有效防治挖损压占平盘上土地水土流失,保护、改良和合理利用区域水土资源,提升区域的水源涵养、土壤保持能力等关键问题,综合考量土地条件,优化组合了原有施工方案。现排土场生态修复治理区域均为浆砌石排水沟或生态袋排水沟,在遭遇雨水天气和地面自然沉降后排水沟均存在损坏现场,同时造价高,维修难度大,排水效果一般。为保证生态修复治理效果,同时节省资金,南露天煤矿于2020年开始修建造价低、排水效果良好的土质排水沟,在遇到较大的雨水天气和地面自然沉降后土质排水沟维修方便、快捷,并且土质排水沟在植被重建过程中可进行撒播种子,具有增加绿化面积,与周边景观融为一体,提高景观效果等优势(具体做法详见地形重塑部分)。

3 矿山修复监测技术与效果评价

通过近5年土壤监测及植被覆盖度等数据统计,南露天煤矿生态修复治理率达到了100%、地表腐殖土利用率达到了100%、绿化率达到了100%、水土流失治理率达到了95%、植被覆盖度达到了90%、土壤养分提高了1~2个等级,达到了预期阶段性工作目标,矿区生态环境得到了明显改善。

南露天煤矿在生态修复过程中整理了治理前、中、后期的绿化效果影像,并不定期地进行航测,形成航拍影像模型,见图8~图10。

图 8　治理前

图 9　治理中

图 10 治理后

4 结语

5 年来南露天煤矿在生态修复过程中,通过总结经验、现场调研等,根据地区的特性探索出适合的生态修复模式。从"改善植被生长的土壤性质"再到选择适合本地区的物种,最后到"植被养护"等,经过多年的实践,最终得出南露天煤矿初步生态修复模式,真正做到了"既见时效、又保长效"。

经过南露天煤矿的生态修复模式,使矿区的生态系统最大程度接近周边草原生态系统,打造了灌草相结合的植物结构,建立了稳定的生态系统,不仅有效防止了环境恶化,同时增加了地区的物种多样性,提高了生态系统的自我修复能力,改善了地区居民的生活环境,产生了较好的生态效果。

参考文献

[1] 马丽,王双明,段中会,等.陕西省富油煤资源潜力及开发建议[J].煤田地质与勘探,2022,50(2):1-8.

[2] 胡鞍钢.中国实现 2030 年前碳达峰目标及主要途径[J].北京工业大学学报(社会科学版),2021,21(3):1-15.

[3] 王双明.对我国煤炭主体能源地位与绿色开采的思考[J].中国煤炭,2020,46(2):11-16.

[4] 魏远,顾红波,薛亮,等.矿山废弃地土地复垦与生态恢复研究进展[J].中国水土保持科学,2012,10(2):107-114.

[5] YUAN Y,ZHAO Z Q,NIU S Y,et al. The reclaimed coal mine ecosystem diverges from the surrounding ecosystem and reaches a new self-sustaining state after 20-23 years of succession in the Loess Plateau area,China[J]. Science of the total environment,2020,727:138739.

[6] TOWNSEND P A,HELMERS D P,KINGDON C C,et al. Changes in the extent of surface mining and reclamation in the Central Appalachians detected using a 1976-2006 Landsat time series[J]. Remote sensing of environment,2009,113(1):62-72.

[7] 武强,刘宏磊,陈奇,等.矿山环境修复治理模式理论与实践[J].煤炭学报,2017,42(5):1085-1092.

[8] SOULARD C E,ACEVEDO W,STEHMAN S V,et al. Mapping extent and change in surface mines within the United States for 2001 to 2006[J]. Land degradation & devel-

opment,2016,27(2):248-257.

[9] NORTHINGTON R M,BENFIELD E F,SCHOENHOLTZ S H,et al. An assessment of structural attributes and ecosystem function in restored Virginia Coalfield streams[J]. Hydrobiologia, 2011,671:51-63.

[10] FERNÁNDEZ-MANSO A, QUINTANO C, ROBERTS D. Evaluation of potential of multiple endmember spectral mixture analysis (MESMA) for surface coal mining affected area mapping in different world forest ecosystems[J]. Remote sensing of environment,2012,127:181-193.

[11] HUANG Y H,CAO Y G,PIETRZYKOWSKI M,et al. Spatial distribution characteristics of reconstructed soil bulk density of opencast coal-mine in the loess area of China [J].CATENA,2021,199:105116.

[12] YANG Z,LI J,ZIPPER C E,et al. Identification of the disturbance and trajectory types in mining areas using multitemporal remote sensing images[J]. Science of the total environment,2018,644:916-927.

[13] BODLAK L,KŘOVÁKOVÁ K,NEDBAL V,et al. Assessment of landscape functionality changes as one aspect of reclamation quality-the case of Velká Podkrušnohorská dump,Czech Republic[J]. Ecological engineering,2012,43:19-25.

[14] 毕银丽,伍越,张健,等. 采用 HYDRUS 模拟采煤沉陷地裂缝区土壤水盐运移规律[J]. 煤炭学报,2020,45(1):360-367.

[15] 白中科,赵景逵. 论我国土地复垦的效益[J]. 生态经济,1995(2):35-39.

南露天煤矿土地复垦工程设计研究

赵彬宇,孙有刚,孙　宇,刘　伟,陈　闯

(内蒙古电投能源股份有限公司南露天煤矿,内蒙古 通辽　029200)

摘　要　通过开展土地复垦工程设计研究,实现矿产资源开发与矿山生态环境保护协调发展,减少矿区生态环境破坏和污染,使被损毁的土地恢复利用并尽可能达到最佳综合效益的状态,实现土地可持续利用与矿区社会经济生态可持续发展。并通过建立评价模型,采用极限条件法评价南露天煤矿土地复垦的适宜性,为自然资源主管部门颁发采矿许可证,矿业权人转让、变更、延续矿权,实施矿山地质环境治理恢复基金制度,监督、管理矿山环境保护与土地复垦提供科学依据。

关键词　生态恢复;土地复垦;可持续发展

1　引言

露天矿的采掘活动占用了大量农业用地,导致当地的居民和牧民无处进行生产,社会问题不断升级。基于该问题,对露天矿进行及时有效的生态复垦是解决问题的优良方法,对于那些占地面积较大的露天矿及时生态复垦,一方面可以使被遗弃的土地再利用,为农民和牧民提供生产的场所,另一方面还可以保护自然环境,重新建立该地区的生态系统,促进人与自然的和谐统一。同时根据矿区的实际情况,通过确定矿区损毁土地适宜复垦土地利用方向,一方面保证了矿区的生态系统重建,另一方面,通过复垦后的土地,可通过置换方式为后期矿区开采取得用地指标[1-2]。

在这其中,各个国家的研究进展也各不相同。20 世纪 90 年代德国得到完整统一后,加大了对于工矿企业和矿区生态环境的治理力度,经过了多年的发展,德国的矿区土地生态环境修复工作取得了显著效果[3]。在此之前,作为最早开始土地复垦的国家之一,美国在 1911 年即提出土地复垦的相关概念,在技术标准方面,美国的复垦标准和复垦要求十分严格[4-5]。为了更好地保护生态与发展,澳大利亚坚持以"开采与保护并举、损毁与复垦并重"为原则,积极进行制度探索和科学研究,并取得了卓越成就[6]。

我国矿山科技工作者早在 20 世纪七八十年代就对露天矿复垦环境保护方面开展了大量研究实验工作。20 世纪 80 年代初,我国的土地复垦工作开始逐步有序进行,尤其是近十年,随着国家政策的号召以及矿山科学技术的进步,生态复垦的研究取得了实质性的进步。但是由于我国的社会体制与经济发展水平,我国土地的管理利用、具体的经营方式和国家土地政策

作者简介:赵彬宇(1997—),汉族,内蒙古通辽人,硕士研究生,2022 年毕业于中国矿业大学采矿工程专业,现任内蒙古电投能源股份有限公司南露天煤矿生产技术部采矿技术员,从事采矿工作。

等方面与国外有很大的差异,我国当前和今后的一段时期,在国家发展中仍需要解决大量问题,所以我国露天矿排土场生态复垦的可行性研究具有很大意义[7]。

本文通过开展南露天煤矿土地复垦方案研究设计,实现矿产资源开发与矿山生态环境保护协调发展,减少矿区生态环境破坏和污染,使被损毁的土地恢复利用并尽可能达到最佳综合效益的状态,采用极限条件法评价南露天煤矿土地复垦的适宜性,努力实现矿区社会经济生态可持续发展。

2 土地复垦可行性分析

2.1 土地复垦适宜性分析原则

因地制宜的原则:矿区自然环境较好,地形平坦,大部分土地为草地,土地利用方式必须有相应的配套设施与环境特征相适应。根据被破坏前后土地拥有的基础设施,特别是破坏现状,扬长避短,发挥优势,确定合理的利用方向。

主导因素和综合分析的原则:影响待复垦土地利用方向的因素很多,包括土壤性质、原土地利用类型、破坏状况和社会需求等多方面因素,但各种因素对土地复垦利用的影响程度不同,应选择其中的主导因素作为评价的主要依据。

最佳综合效益原则:在确定土地的复垦方向时,应首先考虑其最佳综合效益,选择最佳的利用方向,根据土地状况是否适宜复垦为某种用途的土地,或以最小的资金投入取得最佳的经济、社会和生态环境效益,同时应注意发挥整体效益,即根据区域土地利用总体规划的要求,合理确定土地复垦方向。

自然属性与社会属性相结合的原则:对于复垦区被破坏土地复垦适宜性评价,既要考虑它的自然属性(如地形地貌、破坏程度等),也要考虑它的社会属性(如种植习惯、业主意愿、社会需求和资金来源等),二者相结合确定复垦利用方向。

动态性和持续发展的原则:复垦土地破坏是一个动态过程,复垦土地的适宜性也随破坏等级与破坏过程而变化,具有动态性。在进行复垦土地的适宜性评价时,应考虑矿区工农业发展的前景、科技进步以及生产和生活水平所带来的社会需求方面的变化,确定复垦土地的开发利用方向。从土地利用历史过程看,土地复垦必须着眼于可持续发展原则,应保证所选土地利用方向具有持续生产能力、防止掠夺式利用土地资源等问题。

理论分析与实践检验相结合的原则:对被破坏土地进行适宜性评价时,要根据已有资料做综合的理论分析,确定复垦土地的利用方向,但结论是否正确还需通过实践检验,着眼于发展的原则。

与地区土地利用总体规划、农业规划等相协调:土地复垦适宜性评价必须和国家及地方的土地利用总体规划和农业规划保持协调。

2.2 适宜性评价

露天矿开采进行了大规模的岩土体搬运,不但改变了原有用地类型,也改变了原有自然土壤类型,经过人为的影响,矿区范围内基本上形成了均一的土壤类型,就不能以土壤类型为划分依据。

依据矿区土地损毁的类型和程度,综合考虑各限制因素、项目区自身的特点和矿区复垦的统一规划,将项目区土地复垦适宜性评价单元划分为露天采掘场边坡、露天采掘场平台、露天采掘场坑底、外排土场平台、外排土场边坡、内排土场平台和内排土场边坡7个评价单元。

结合生产工艺和项目区复垦统一规划,本着最大程度合理有效地利用资源的原则,针对各评价单元特点,本设计确定采用定量和定性相结合的方法对项目区所涉及评价单元进行土地复垦适宜性评价。

土地复垦适宜性评价主要是为了确定土地的适宜性用途和指导复垦工作更有效地进行。矿区土地复垦适宜性的限制因子对复垦方法的选择具有较大影响,而极限条件法是将土地质量最低评定标准作为质量等级评定的依据,能够通过适宜性评价比较清晰地获得进行复垦工作的各个限制因素,以便为土地的进一步改良利用服务。因此,采用极限条件法评价南露天煤矿土地复垦的适宜性较能满足要求。

极限条件法是依据最小因子原理,即土地的适宜性及其等级,是由诸选定评价因子中,某单个因子适宜性等级最小(限制性等级最大)的因子确定。

采用二级评价体系,分为适宜类和适宜等,适宜类分适宜和不适宜,适宜类再续分为一等地、二等地和三等地。

2.3 各评价单元适宜性等级评定

指标的选择:评价指标的选择应考虑对土地利用影响明显而相对稳定的因素,以便能够通过因素指标值的变动决定土地的适宜状况。评价指标选择的原则:① 差异性原则;② 综合性原则;③ 主导性原则;④ 定量和定性相结合原则;⑤ 可操作性原则。

依据上述原则,综合考虑矿区的实际情况和损毁土地预测的结果,确定评价单元的适宜性评价指标。

采坑选取的评价因子有:坡度(°)、地表物质组成、土源保证率、土壤有机质含量、积水状况。

排土场选取的评价因子有:坡度(°)、地表物质组成、非均匀性沉降、土源保证率、土壤有机质含量。

评价标准的建立:结合矿区的实际情况以及以往的复垦经验,参考《土地复垦技术标准(试行)》等确定复垦土地复垦适宜性评价的等级标准,详见表1。

表 1   复垦土地主要限制因素评价等级标准

限制因素及分级指标		林地评价	草地评价
坡度/(°)	<5	1	1
	5~25	2 或 3	1
	25~45	3 或 N	2 或 3
	>45	N	3 或 N
地表组成物质	壤土、砂壤土	1	1
	岩土混合物	2 或 3	2
	砂土、砾质	3	3
	砾质	N	3 或 N
土源保证率/%	80~100	1	1
	60~80	2	1
	40~60	3	2
	<40	3 或 N	3

表1(续)

限制因素及分级指标		林地评价	草地评价
土壤有机质含量 /(g/kg)	>12	1	1
	12～5	1或2	1
	<5	3或N	2或3
非均匀性沉降	轻度	1	1
	中度	2或3	2
	重度	3	3
积水状况	不积水	1	1
	季节性积水	2或3	2
	常年积水	N	N

注:N表示不适宜。

经调查,矿区土地复垦适宜性评价单元的土地质量状况见表2。

表2 定量适宜性评价单元土地质量状况

评价单元	地面坡度/(°)	地表物质组成	土壤有机质含量/(g/kg)	土壤保证率/%	非均匀性沉降	积水状况
露天采掘场边坡	>45	砾质	0.112	100		不积水
露天采掘场平台	<5	砾质	0.100	100		不积水
露天采掘场坑底	<5	砾质	0.110	100		常年积水
外排土场平台	<5	岩土混合物	0.119	100	中度	
外排土场边坡	25～45	岩土混合物	0.117	100	中度	
内排土场平台	<5	岩土混合物	0.119	100	中度	
内排土场边坡	25～45	岩土混合物	0.117	100	中度	

在复垦区土地质量详细调查的基础上,将参评单元的土地质量分别与复垦土地主要限制因素的林地和草地评价等级标准对比,以限制最大、适宜性等级最低的土地质量参评项目决定该单元的土地适宜等级。评价等级结果如表3所示。

表3 各单元适宜性评价等级及限制因素表

评价单元	适宜性等级			
	宜林		宜草	
	等级	主要限制因素	等级	主要限制因素
露天采掘场边坡	N	地表物质组成、坡度	3或N	地表物质组成、坡度
露天采掘场平台	N	地表物质组成	3或N	地表物质组成
露天采掘场坑底	N	地表物质组成、积水状况	N	积水状况
外排土场平台	3或N	土壤有机质含量	2或3	土壤有机质含量
外排土场边坡	3或N	坡度、土壤有机质含量	2或3	坡度、土壤有机质含量
内排土场平台	3或N	土壤有机质含量	2或3	土壤有机质含量
内排土场边坡	3或N	坡度、土壤有机质含量	2或3	坡度、土壤有机质含量

注:N表示不适宜。

根据上述分析可知,露天采掘场平台、外排土场平台、外排土场边坡、内排土场平台和内排土场边坡在土源保证的情况下,经过覆土平整,可以复垦为林草地。

露天采掘场边坡由于坡度较大,复垦难度大,在采取一定措施后,可以复垦为草地。

3 土地复垦工程设计

3.1 土地复垦工程设计研究

3.1.1 露天采掘场平台工程设计

(1)露天采掘场平台由于岩石裸露,复垦前需要对其进行覆土。

(2)覆土后对表层土进行改良,土壤改良以施底肥为主要措施。

(3)草种按禾本科混播,主要有无芒雀麦、披碱草、羊草、冰草、短芒大麦草、紫花苜蓿等草种。

(4)露天采掘场平台采用喷灌灌溉,目前已修建灌溉泵房和主灌溉管道,接下来只敷设支线管道和喷头。

3.1.2 露天采掘场边坡工程设计

露天采掘场边坡复垦为草地,设计沿坡脚种植披碱草、羊草、冰草,利用其生物特性复垦露天采掘场边坡。

3.1.3 排土场平台工程设计

排土场平台复垦为草地,工程设计同露天采掘场平台。另根据多年治理经验,在排土场平台上为有效利用自然降水和防止雨水汇集冲刷,覆土后进行筑埂,以留存为植被生长所需雨水和防止降雨向一处集中汇集。

3.1.4 排土场边坡工程设计

(1)排土场边坡为岩土混合物,复垦前需要对其进行覆土。

(2)覆土后对表层土进行改良,土壤改良以鸡粪肥为底肥。

(3)排土场边坡复垦为灌草结合的灌木林地,种植的树种为沙棘和锦鸡儿,株行距为 2 m×3 m。为增加植被覆盖度,植树后条播草籽,草种选择同露天采掘场平台一致。

(4)排土场边坡采用喷灌灌溉,目前已修建灌溉泵房和主灌溉管道,以后只敷设支线管道和喷头。

3.2 技术措施

3.2.1 覆土工程技术措施

露天采掘场平台、排土场平台和边坡由于岩土裸露混合,复垦前需要对其进行覆土,覆土厚度为 0.30 m,覆土后采用机械辅助以人工的方法进行平整碾压,以满足后期植被种植的要求。

3.2.2 筑埂技术措施

排土场平台覆土后进行筑埂,每隔 10 m 设置纵横向土埂,土埂埂顶宽 0.4 m、埂底宽 0.8 m、埂高 0.5 m。

3.2.3 土壤改良技术

土壤改良以鸡粪肥等为底肥,施肥量为 15 000 kg/hm²。鸡粪肥符合中华人民共和国农业行业标准《生物有机肥》(NY 884—2012),养分参考:总有机质含量≥45%、氮含量≥1.63%、磷含量≥1.54%、钾含量≥1.15%。

3.2.4 种植灌木工程技术措施

排土场边坡复垦为灌木林地,栽种选择沙棘和锦鸡儿等。栽种方法:

(1)整地。造林前穴状整地,坑穴规格为径宽 0.5 m、坑深 0.3 m,坑穴呈"品"字形错开排列,株行距为 2 m×3 m,见图 1 和图 2。植树穴切忌挖成锅底形或无规则形,会使根系无法自然舒展。

(2)为提高成活率,栽植容器苗(土球直径 20 cm)。

(3)抚育管理。栽植后要及时截杆,防止树梢争夺养分和受风摆动,影响成活。

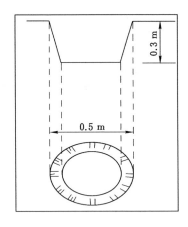

图 1 穴状整地示意图

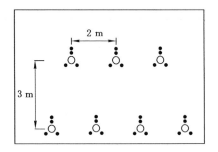

图 2 灌木林地布置示意图

3.2.5 种草工程技术措施

撒播草籽工程技术措施:多草种混播,草籽平均用量为 80 kg/hm²。

3.2.6 灌溉工程技术措施

喷灌选用 3027 摇臂喷头,喷头流量 1.5 m³/h,喷头布置间距为 15 m×15 m,喷头离地 1.2 m。支线管道采用 de63 焊接 PE 管和 50 涂塑软管。

4 结论

从本文结果的分析来看,霍林河南露天煤矿由于气候条件等因素的限制,自然植被恢复较为缓慢,但是通过合理规划,提供准确的复垦理论,同时附加人工的种植栽培管理,对煤矿进行土地复垦还是具有可行性的。此外进行生态恢复与土地复垦,各方面效益都非常明显。但在复垦的过程中,绿化所用植物种类的选择要综合考虑霍林河南露天煤矿矿区的气候条件和当地排土场的情况,兼顾经济效益和美化环境的要求。

然而,就目前掌握的恢复生态的技术方法来看,还存在一系列需要解决的问题,例如技术单一,复垦作物和模式的局限性,统计记录工作的难度较大等。展望未来,作为一名采矿人,还要以科学发展观为指导思想,遵循自然规律,在总结成功经验的基础上努力探索生态恢复和建设生态经济更加先进的方法。

参考文献

[1] 王萌辉.矿区土地复垦与生态修复综合标准化研究[D].北京:中国地质大学(北京),2019.

[2] 李晴.霍林河露天矿区植被类型与植被恢复重建的研究[D].上海:华东师范大学,2010.

[3] 龚海涵,介冬梅.霍林河露天矿排土场生态复垦决策研究[J].河南科学,2009,27(5): 613-616.

[4] 王秀军.中电投霍林河煤业南露天矿排土场稳定性综合评价[J].内蒙古水利,2006(1): 92-93.

[5] 包建军.霍林河南露天矿环境质量评价研究[D].阜新:辽宁工程技术大学,2005.

[6] 东彦宝.生态工程在霍林河露天矿排土场复垦中的应用[J].内蒙古煤炭经济,2000(3): 30-34.

[7] 刘金华.发展中的霍林河南露天矿[J].内蒙古煤炭经济,1994(3):3-4.

抚顺东露天矿矿岩接触带开采技术研究

赵英拓,薛喜坤,闫　崇,闫　欣,霍明亮

(抚顺矿业集团有限责任公司东露天矿,辽宁 抚顺　13001)

摘　要　东露天矿开采有益矿产主要为油页岩富矿,基于矿层倾斜赋存和单斗电铲-铁道工艺特点,在工作线扩帮至矿岩接触带时,难以避免会混入部分岩石或损失部分富矿,造成了富矿资源的贫化与损失,严重影响了供应油页岩富矿质量。本文结合现有生产工艺,为减少矿石贫化,通过采取确定矿岩接触带内采掘带位置,选择富矿底板顺层掘沟倒堆和优化站线移设步距的方式,有效减少了矿岩接触带内富矿资源的贫化、破碎损失,对提高供应油页岩富矿质量具有重要指导作用。

关键词　矿岩接触带;油页岩富矿;损失;贫化;经济效益

0　引言

地壳在长期发展演变过程中,受构造运动影响,矿岩接触带内的矿、岩倾角相当且伴生赋存,因此,在回采矿石期间必然存在着矿、岩分选难题。目前,现有采矿工艺难以达到完全分离矿、岩的标准,这就要求在露天矿采剥过程中,应尽可能少地使岩石混入矿石内,减少矿石贫化率,同时,还要尽可能多地从岩石中选采出矿石,使矿石损失率达到最低[1]。油页岩作为不可再生的矿产资源,其可以提炼出燃料油类,并且可以炼出合成煤气及化工燃料。东露天矿开采主要资源为油页岩富矿,矿区油页岩富矿与底板贫矿、顶板绿色泥岩均倾斜赋存,整合接触。采矿生产过程中,在地质构造及现有单斗电铲-铁道工艺条件下,应加大矿岩接触带开采技术研究,最大限度地提高供应富矿的品位和质量,为集团公司炼油厂高效生产提供保障。

1　概况

东露天矿矿层东西走向,倾向北,向斜南翼倾角 30°～40°,属于典型的倾斜矿层露天矿。北帮主要采用单斗-铁道间断工艺生产含油率≥3.8%的油页岩富矿。目前,坑底已降深至 -50 m 水平,与地面垂直高差达 150 m。随着采矿重心的逐年下降,受端帮边坡压制影响,新水平油页岩富矿采区工作线正在逐渐缩短,在采矿不断降深过程中,地下水渗透点涌水量逐渐加大。北帮岩层受断层、井工矿采动的影响,岩层的整体性遭到破坏,造成岩层的节理、裂隙十分发育,随着不断降深,构造断层也随之被揭露。这些不利因素均对提高富矿回采质量造成一

作者简介:赵英拓(1990—),辽宁建平人,露采工程师,2014 年 7 月毕业于辽宁工程技术大学采矿工程专业,现就职于抚顺东露天矿生产技术部,主要从事采矿设计和生产管理工作。

定影响。油页岩富矿(以下简称富矿)底板以下依次为油页岩贫矿(以下简称贫矿)、煤炭、凝灰岩和玄武岩,顶板以上依次为绿色泥岩和冲积层[2]。地质断面构造见图1。

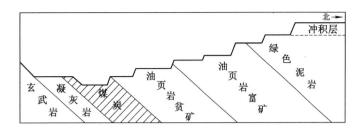

图 1　东露天矿地质断面构造

目前,按集团公司炼油厂现有干馏炉技术水平和原材料技术指标要求[3],东露天矿主要供应含油率≥3.8%的高品位富矿。开采程序方面,在油页岩贫矿底板降深形成开段沟,向北扩帮,形成采掘台阶;采装运输方面,主要采用单斗电铲、铁路自翻车进行铁路运输。采装的富矿为炼化页岩油原材料,由铁路运输至集团公司炼油厂,剥离物作为回填物料,通过铁路排弃至西露天矿采空区。

2　影响富矿质量因素

2.1　矿岩接触带分选难度大

东露天矿矿层东西走向,长度6 km。富矿台阶由底板向顶板推进形成,在扩帮形成富矿台阶时会经过矿岩接触带。富矿底板处矿岩接触带见图2。

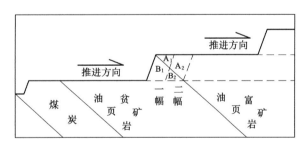

图 2　油页岩富矿底板处矿岩接触带

如图2所示,在富矿底板矿岩接触带推进过程中,需要扩采两幅(按采掘带宽度10 m/幅计算)。第一幅富矿上三角 A_1 部分占比较小,受电铲分选能力低影响,该部分富矿随着贫矿作为剥离物处理;第二幅中富矿上三角 A_2 部分占比较大,为了回收 A_2 部分,B_2 部分贫矿混入了富矿采掘带内,造成矿石贫化,影响供应富矿质量。如何采取措施,提高近6 km长度矿岩接触带内富矿质量,对东露天矿提高供应高品位富矿具有重要意义。

2.2　站线工程压制富矿台阶

东露天矿北帮采用移动坑线开拓,在新水平台阶下延过程中,新水平电铁站场、站场联线和采掘线需要在矿石、剥离台阶上建设,随着工作帮扩采而逐幅移设,满足下部采区接续。移设频率方面,采掘线平均每月移设2~3次,站场联线通常3~6个月移设1次,而电铁站场则需要1年或2年移设1次。截至2022年末,东露天矿采场内电铁站场有6个,分别为+68站、

+48 站、+32 站、+11 站、-5 站和-29 站,其中,具备东西双向配车条件的大型枢纽站场有+68 站、+11 站。按枢纽站场布置水平划分,+68 站位于+68 水平,目前已完全处于剥离采区内。而+11 站及联线坐落于-5W2 台阶、+11 水平,目前正处于矿岩交界区域。图 3 为+11 站场布置断面图。

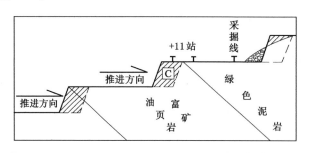

图 3　+11 电铁站场布置断面图

从图 3 中可以看出,因大型枢纽站场+11 站移设周期为 1~2 年,+11 站场下部压制的油页岩富矿在 1~2 年时间内无法扩帮推进,需等待下一次+11 站向北完成移设后,方可进行富矿资源回收。电铁站场下部压制的富矿台阶暴露时间长,富矿会因气候变化、阳光辐射、雨淋等影响[4],出现较大程度的贫化、风化破碎问题,严重降低了供应富矿质量。

采掘线、站场联线和电铁站场组成北帮电铁开拓运输系统,采矿生产过程中,采掘线移设周期相对较短,一般不会造成压制富矿贫化现象,但电铁站场联线移设周期长,是导致工作帮富矿贫化损失的主要原因。因此,为提高供应富矿质量,需进一步优化矿岩接触带内电铁站线布局。

3　优化矿岩接触带开采工艺

如何提高倾斜矿层矿岩接触带分选能力一直是采矿生产难题[5],结合东露天矿现有采矿工艺及扩帮开拓方式,对矿岩接触带内富矿损失贫化问题,提出以下建议:

3.1　合理确定采掘带位置

目前,东露天矿主要使用的电铲型号有 WK-4 和 WK-10,采掘带宽度一定,为最大限度地减少矿石损失,需要在图 2 所示矿岩接触带内找出最佳的采掘位置。油页岩底板矿岩接触带内,采掘带面积由富矿面积 S_f(图 2 中 A_2)和贫矿面积 S_p(图 2 中 B_2)组成,若富矿和贫矿含油品位分别为 m_f 和 m_p,集团公司炼油厂需求富矿品位为 m_0,则可以通过下列公式计算得出合理的矿岩接触带采掘带位置:

$$\frac{S_f m_f + S_p m_p}{S} \gg m_0 \tag{1}$$

式中　S_f——油页岩富矿面积,m^2;

　　　S_p——油页岩贫矿面积,m^2;

　　　m_f——油页岩富矿含油率,%;

　　　m_p——油页岩贫矿含油率,%;

　　　S——油页岩富矿和贫矿面积总和,m^2;

　　　m_0——需求油页岩富矿品位,取 3.8%。

采矿设计时,当式(1)计算结果 $\geqslant m_0$(3.8%)时,该采掘带可全部当作富矿采出,符合供应高品位高质量富矿要求。

3.2 富矿底板顺层掘沟倒堆

东露天矿使用的主要采装设备为单斗电铲，考虑其爬坡效率低、精细分选能力差、采装条带化特点，提出利用移动便捷、爬坡能力大、分选能力强的液压反铲，沿富矿底板顺层进行掘沟倒堆作业[6]。如图4所示。

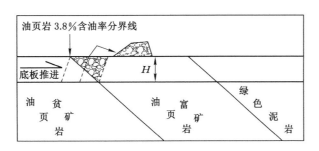

图4 油页岩富矿底板顺层掘沟倒堆作业

在采掘富矿底板矿岩接触带时，以油页岩含油率超前化验为指导[7]，采用液压反铲沿贫、富矿分界线顺层揭露贫矿顶板，将富矿倒堆至北侧采掘带，尽可能将贫矿顶板矿石分选干净，减少矿岩混杂，提高供应富矿质量。按照掘深速度 7 m/a 计算，每年可增加回收富矿资源 25.6 万 t，按页岩油与富矿炼化比 1∶33 计算，可炼化页岩油 0.775 8 万 t，创造经济效益 2 870 万元（页岩油市场价格 3 700 元/t）。

3.3 调整富矿台阶推进方向

图5所示为油页岩富矿台阶分别由底板或顶板推进方式对比，假定台阶坡面角为 θ，矿层倾角为 β，台阶高度为 H。

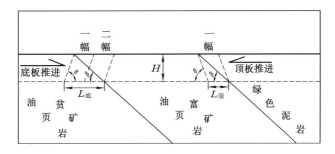

图5 富矿台阶沿富矿底板、顶板推进方式对比

当工作线从油页岩富矿底板向顶板推进时：

$$L_\text{底} = H(\cos \beta + \cot \theta) \tag{2}$$

当工作线从油页岩富矿顶板向底板推进时：

$$L_\text{顶} = H(\cot \beta - \cot \theta) \tag{3}$$

式中　$L_\text{底}$——工作线从富矿底板向顶板推进矿岩接触带宽度，m；

　　　$L_\text{顶}$——矿岩接触带宽度，m；

　　　H——台阶高度，m；

　　　β——矿层倾角，(°)；

θ——台阶坡面角,(°)。

由公式(2)和公式(3)可得知$L_顶 < L_底$,说明从油页岩顶板向底板推进的方式,矿岩接触带宽度小,理论上能减少采掘过程中矿岩混杂,便于选采。因此建议,在富矿采区接续条件较好时,可以考虑在揭露出的富矿顶板进行拉沟,由顶板向底板推进,为提升油页岩矿石质量创造条件。

3.4 优化站线工程布局

东露天矿富矿层水平推进长度达 200 m,在采用单斗电铲-铁道工艺扩帮过程中,负责配出采掘线的电铁站场平均需要移设 3 次(移设步距 70 m/次计算),负责联络运输的站场联线需要移设 5 次(移设步距 40 m/次计算)。站线工程的移设需要耗费时间、人力及物力资源较大,尤其是站场移设工程,例如+11 站移设 1 次需要重新铺设铁路 3.6 km,铺设道岔 7 组,拉设架线网 4.3 km,安装信号 7 组,工序较为烦琐,一次移设工期平均 60 天。为减少频繁移设增加成本支出,通常会选择大步距移设方案,即便在大步距移设的基础上,站线移设的位置也需要分别经过富矿底板、富矿层中部和富矿顶板区域。为解决富矿顶、底板站线压制富矿贫化破碎问题,生产技术人员提出了"优化站线工程布局"方案,即在年度、季度采矿设计过程中,站线工程位置满足富矿采区接续后,应进一步结合地质资料,校核站线整体分布位置与富矿台阶的关系,保证在满足设计要求的基础上优化站线移设步距[8],避免站线下部富矿台阶长期暴露。

在电铁工程新建、移设时,当站线布置在富矿底板处,可在站线南侧预留一幅贫矿采掘带,作为富矿台阶坡面保护层,以减少富矿贫化、破碎损失;当站线布置在富矿顶板台阶时,则应进行适当的超前剥离,扩采北侧剥离台阶,将站线工程布置在绿色泥岩上,提前回收富矿顶板资源。

4 结语

东露天矿生产过程中,影响富矿贫化和损失的因素还有很多,断层、渗水浸泡、穿孔和爆破方式等均会影响回采富矿质量。因此,在开采油页岩过程中,还可以在优化矿岩接触面穿爆技术、阻断富矿采区渗透水等方面进行研究,达到减少富矿损失和贫化,提高供应富矿质量的目的。作为生产技术人员应积极采取措施与办法,将采出矿石质量控制在最佳水平。

参考文献

[1] 刘兴国,杨润宝.关于矿石损失贫化计算方法中若干问题[J].有色矿冶,1986(1):10-19.

[2] 李惠发,李焕忠,陈思,等.抚顺东露天矿合理开采的可行性研究[J].露天采矿技术,2008 (6):28-30,32.

[3] 耿毅德.油页岩地下原位压裂—热解物理力学特性试验研究[D].太原:太原理工大学,2018.

[4] 周明鑑."风化"还是"粉化"?[J].中国科技术语,2014,16(1):42-43.

[5] 郭鸿熙.我矿改进采矿方法的生产实践[J].湖南冶金,1983(1):33-35.

[6] 刘嵘,孙健东,张瑞新,等.黑岱沟露天煤矿拉斗铲倒堆作业方式比选分析[J].中国矿业,2020,29(6):139-144.

[7] 吴建兴,刘之的,陈斌,等.鄂尔多斯盆地长 7 储层油页岩含油率敏感性测井参数优选及预测[J].长江大学学报(自科版),2013(11):63-67,5.

[8] 秦梓赫.近水平露天煤矿原煤破碎站布置及移设优化[D].徐州:中国矿业大学,2018.

抚顺西露天矿坑生态修复方案研究

李惠发,冯　萍

(抚顺矿业集团有限责任公司西露天矿,辽宁 抚顺　113001)

摘　要　绿色低碳发展是现代化露天矿山全生命周期综合治理、生态修复的内在要求。为做好西露天矿坑的综合治理整合利用工作,秉承着"以用定治、用治结合,科学合理、变废为宝、矿城一体、安全高效"的治理原则,提出西露天矿坑复绿工作方案,通过对土壤、气候、水文条件的研究,采取生物、物理、化学、生态或工程技术方法,围绕修复生态环境、恢复植被、生物多样性重组等过程,重构生态系统并使生态系统进入良性循环,具有显著效果,可为其他露天矿山生态修复工程提供理论依据。

关键词　生态修复;矿坑复绿;生物多样性;生态系统

1　引言

随着我国经济建设发展不断深入,生态文明建设的地位和作用日益凸显。由于历史原因,我国在矿山资源开发利用的过程中,对生态环境造成了破坏,包括因矿山开采造成的地质安全隐患、土地损毁、水资源破坏、生态退化以及矿区水土环境污染等问题。为更好在服务生态文明建设,对矿山生态修复工程的技术研究成为各个地区探讨的课题之一。西露天矿作为一个拥有百年开采历史的典型露天矿山,对其闭坑后生态修复方案的研究,极具代表性意义。

2　生态修复区概况

2.1　概况

2.1.1　地理位置

抚顺西露天矿坑位于辽宁省抚顺市望花区,矿坑东北部边缘距抚顺南站约 2 km,西距沈阳北站 45 km,行政隶属于抚顺市望花区。矿山周边公路网密集,交通条件十分便利。

2.1.2　气象水文

生态修复区位于抚顺市南部千台山麓,矿坑横跨抚顺市新抚、望花两区,东西长 6.6 km,南北宽 2.2 km,面积 10.865 8 km²[1]。

区域内最大的河流是矿区北部的浑河,由东向西流经整个市区,水力坡度为 0.12%。古城

作者简介:李惠发(1981—),男,辽宁辽阳人,采矿高级工程师,硕士,2016 年毕业于辽宁工程技术大学采矿工程专业,现任抚顺矿业集团有限责任公司西露天矿总工程师兼辽宁西露天生态环境工程有限公司总工程师,主要从事露天矿山管理工作。

子河是浑河的主要支流之一,位于西露天矿的西南部,由南流向北。杨柏人工河位于千台山南侧,1936年开挖露天采坑时,将原杨柏河、刘山河改道引入古城子河。

本区属大陆性季风气候,年平均温度8.3 ℃,年降水量460～1 135 mm,平均降水量为774 mm,降雨多集中在7、8月份,日最大降雨量为185.9 mm,连续降雨量最大为263.5 mm,年平均蒸发量为945.5 mm[2-3]。

2.1.3 地形地貌

生态修复区地处丘陵向平原过渡地带,地貌单元为构造剥蚀地形(低缓丘陵)、剥蚀堆积地形(山前坡洪积裙)、堆积地形(浑河冲洪积平原)。低丘陵:地形标高在+120～+205 m,丘陵山顶呈浑圆形,主要岩性由玄武岩、凝灰岩、煤系地层组成。山前坡洪积裙:主要分布于丘陵北坡坡麓及坡缘处。浑河冲洪积平原:主要分布于露天矿北部,属于阶地后缘,并与坡积裙衔接,标高在+70～+87 m,由南向北缓倾。

抚顺西露天矿坑为抚顺西露天矿采矿活动影响形成的人工地形地貌,经过数十年露天采矿作业,西露天矿已经形成上部尺寸5 800 m×2 200 m,底部尺寸3 725 m×410 m的规模。东区坑底开采最低标高-310 m,平均为-262 m;西区坑底最低标高-230 m,平均为-185 m。

2.1.4 土壤植被

矿区附近主要分布着棕壤,土壤有机质含量较高,氮、磷、钾含量富足。正在开采的东露天矿表层土壤由于露天开采而被剥离,可作为良好的土源,为植被恢复提供了良好的条件。

东露天矿剥离表土土壤类型主要是棕壤土类中的棕壤性土,组成物质为第四系冲洪积粉质黏土及少量坡积物与风化残积物,土壤pH值介于6.0～7.0。地表物质组成由上至下为壤土、粉质黏土、砂砾石和基岩。地表有2～10 cm枯枝落叶层,土壤剖面可分为以下3层:

A层:淋溶层,灰棕色,以植物残骸为主,局部土化,一般厚度20～30 cm,多为细沙壤土,粒状或屑粒状结构,疏松,多根。

B层:黏化淀积层,棕色至黄棕色,厚度30～80 cm,粉质黏土-黏壤土,核状结构,紧实,根系少。

C层:母质层,颜色较浅、质地较轻,由基岩碎屑构成。

东露天矿北帮是未来扩帮开采的主要区域,区内地势平坦,疏松层厚度较大,其中A、B层是植物根系供应营养的最主要空间,是东露天矿表土剥离和本次矿山生态修复所需客土的主要来源。

矿区属于华北植物区,系辽东山地西麓暖温带湿润的油松栎林及其次生灌丛区。区域植被覆盖率56.27%,森林覆盖率为28.9%,地带性植被为油松栎林、辽东栎林和槲栎林。由于长期砍伐和破坏,地带性森林类型占森林类型为59.60%,其余均为人工林。

抚顺西露天矿周边由于煤矿长期开采和人为破坏,原始植被已荡然无存,植物种类不多,林地少,多为灌木、杂草。

目前人工植被较为茂盛,主要以乔木、灌木林为主,乔木以刺槐、杨树为主,灌木以荆条、紫穗槐为主。

2.2 项目区生态环境问题

2.2.1 对地形地貌、土地资源的影响

抚顺西露天矿露天采坑东西长6.6 km,南北宽2.2 km,垂直深度418 m(海拔-340 m),

损毁土地面积 1 004.574 8 hm²,损毁土地类型为采矿用地、林地,使原有的地表状态受到改变与破坏,直接或间接导致生态系统的退化,造成生态系统生产力降低,对矿区内植被、土壤造成不可逆转的损毁。

2.2.2 地质灾害现状

现状地质灾害主要表现为涌水灾害、自燃灾害和边坡灾害。

(1) 涌水灾害

抚顺西露天煤矿水的补给源主要有地下水补给和地表水补给。其中,地下水补给主要包括第四纪、白垩纪、第三纪绿色泥岩含水层和基岩裂隙水,坑内地表水补给一部分来自大气降水,另一部分则为坑北侧的浑河、坑西侧的古城子河、坑南侧的杨柏人工河等河流的水沿第四系地层及边坡岩体内赋存丰富的地下水沿层面、结构面、构造面渗透至坑下补给。

据实测统计,2014—2018 年矿坑汇水量年均约 2 200 万 m³,最大为 2 700 万 m³,日均 7.4 万 m³。一旦防排水系统失效,将造成严重的安全问题。

(2) 自燃灾害

随着西露天矿的降深开采,采掘深度及内排土量的不断增加,矿坑东区坑底开采最低标高达−340 m,平均为−262 m。到界边坡不断风化出现裂缝,透气性及与空气的接触面积明显增大,经缓慢氧化升温后,进而引发油母页岩、煤矸石和残煤自燃。

目前针对自燃问题采取的主要方法有水浇法、覆盖压火法、清除火根法、注浆消火法等。结合抚顺矿业集团已经启动的西露天矿综合治理项目及西露天矿防灭火实践,将矿坑自燃防治与矿坑边坡危害结合起来,可统一治理技术路径,实现多灾共治、多灾同治[4-6]。

西露天矿矿坑回填覆盖防治自燃经验表明,采用覆盖压火方式可以有效防治西露天矿煤、油母页岩的自燃问题,回填不可燃物料标高需覆盖油页岩顶板 50 m 以上,并进行压实,方可隔绝空气,达到阻燃效果。

(3) 边坡灾害

① 西内排区

现状条件下,EW0 至矿坑西端帮稳定系数已经达到 1.5,其中西端帮现状边坡 W1000 剖面一线内排回填已至±0~+60 m 水平,北帮边坡角度平缓;W800 剖面一线内排回填已至−50~±0 m 水平,北帮边坡角度 18°;W400 剖面已经回填至−80~−110 m 水平,由于回填压脚作用明显,边坡稳定性状况较好。

② 南帮老滑坡区

从 2009 年开始,西露天矿南帮出现微小、不连续地裂缝,2012 年初地表裂缝开始变形加大,2013 年 3 月变形加剧并持续发展,地面出现明显变形,到 2014 年 3 月变形达到最大值 185 mm/d。对此,西露天矿采取了边坡雷达 24 h 监测、人工 GPS 监测、人工巡查等预警措施,实时对边坡变化研判和分析。同时,还实施了南帮主变形区域每日 2 万 m³ 的回填压脚、局部边坡钻孔注浆及抗滑桩加固、南帮变形区防治水及边坡浮块隐患整治等一系列综合治理工程措施。目前,通过边坡监测数据分析,南帮老滑坡区已基本达到稳定状态。

③ 北帮中区

2016 年 7 月 26 日,强降雨引发西露天矿北帮 28 站东侧 E800 至 E1300 区域老滑体复活,发生局部边坡滑坡。针对滑坡,西露天矿积极应对,采取了人工 GPS 监测、人工巡查等预警措施,定期监测并对数据进行统计分析和研判,及时掌握滑坡区域动态,及时预警。同时,邀请国内权威地质灾害专家召开《抚顺西露天矿北帮 E800 滑坡应急治理方案》咨询会,探讨研判滑坡机理,制定滑坡治理可行性方案,并开展滑落区域勘察、新建28泵站、削坡减重和内部整形、铺设菱形块加固、永寿路围网挡墙、滑坡体内部疏干井和水平放水孔疏干、钢轨抗滑桩加固等滑坡综合治理工程。目前,E800至E1300滑体区域设置的5条监测线,22个GPS监测点变形速率全部为0 mm/d,边坡整体处于稳定状态。

④ 北帮东区

由于历史上持续并段开采,剥采失调,北帮14段下部形成绿色泥岩高陡边坡,在坡面渗水及密集发育的小断层构造的影响下,近些年该区域频繁发生小规模片帮。随着暴露时间的延长,在风化作用影响下,有持续恶化的趋势,亟须进行整治。

3 生态修复方案研究

3.1 总体技术路线

首先通过收集分析矿山的基本情况并进行现状调查,查明区内各图斑地块的现状情况,确定具备复绿条件的区域;结合区域内现状绿化及边坡实际情况,确定各地块的绿化方式;编制工程设计;按照设计工程实施;通过竣工验收;移交与管护;绩效评估等。

3.2 修复方式

本区域生态系统严重受损,采用生态重建方式进行修复。本区域生态功能受损、生态系统自我恢复能力丧失,在消除地质灾害的基础上,以人工措施为主,通过生物、物理、化学、生态或工程技术方法,围绕修复生境、恢复植被、生物多样性重组等过程,重构生态系统并使生态系统进入良性循环。

植被恢复遵循的原则包括:将前期的即时效果与长期效果相结合,常见绿化苗木种子与当地周边的乡土植物相结合,促进植物群落的演替及长期的稳定性;根据不同的绿化地段特点,将种植、播种及喷播等多种工艺措施相结合灵活运用;乔、灌、草、藤相结合,土层深栽乔木,浅种灌草,底种攀爬植物,上植下挂,创造丰富的植物群落结构,同时符合植物的生长需要;落叶和常绿搭配相结合;深根系与浅根系相结合;局部与整体效果相结合;全面绿化与局部裸露有机运用;科学选取植物种类,注重植物的抗性和适应性[7-9]。

植被养护内容包括对植物采取浇灌、施肥、病虫害防治、修剪、除草、补苗等措施。植被养护达到下列标准:植被生长旺盛,无重大病虫害,叶色正常;病虫害防治使用环保无公害农药,做到高效、低毒、低残留,避免对土壤和环境的污染;严格限制有害外来物种侵入;林地、草地苗木成活率≥90%,林地郁闭度≥0.35,藤蔓垂直绿化覆盖率≥60%,草本覆盖率≥85%。方案设计以林木为主要材料,乔、灌、草统一配置,培育绿化实体。实施区植被配置模式见表1。

表1 植物群落类型、适用地及种植方式

类型	主要特征	适用地及种植方式
森林型	以乔木、亚乔木为主要植物物种而建造的植物群落,树高一般在3 m以上	周围为森林、山地、丘陵、城镇等。多采用栽植方式
草灌型	以灌木、草本类为主要植物物种而建造的植物群落,灌木高度一般在3 m以下	陡坡、易侵蚀坡面及周边为农田、山地等。多采用喷播
草本型	以多种乡土或外来草为主要植物物种而建造的植物群落	除可用于一般坡地外,还适用于急陡边坡、岩石边坡等。采用播种或栽植

根据现场调查,实施区主要的修复对象分为露天采场、固体废弃物堆场、运输道路等,各修复对象植被恢复模式见表2。

表 2　植被恢复模式

恢复对象及条件			采用的恢复模式类型
露天采场	平台	土质	乔木为主,乔灌混交林
		石质	灌木为主,灌草结合,灌木混交林
		砂粒质	乔木为主,乔灌混交林
	边坡	土质 陡坡以上	灌木为主,灌草结合,灌木混交林
		土质 边坡	灌木为主,乔灌草结合,乔灌混交林
		土质 缓坡	乔木为主,乔灌混交林
		石质 陡坡以上	草本为主,草藤结合,封育保护,自然演替
		石质 边坡	草本为主,草灌结合,封育保护,人工促进更新
		石质 缓坡	灌木为主,乔灌草结合,封育保护,灌木混交林
		砂粒质 陡坡以上	草本为主,草灌结合,封育保护,灌木混交林
		砂粒质 边坡	灌木为主,乔灌草结合,灌木、乔灌混交林
		砂粒质 缓坡	乔木为主,乔灌混交林
固体废物堆场	平台	土质	乔木为主,乔灌混交林
		石质	灌木为主,乔灌草结合,乔灌混交林
		砂粒质	乔木为主,乔灌草结合,乔灌混交林、纯林
	边坡	土质	乔木为主,乔灌、灌木混交林、纯林
		石质	灌木为主,乔灌草结合,灌木、乔灌混交林
		砂粒质	灌木为主,乔灌草结合,灌木、乔灌混交林、纯林
运输道路	主要运输公路及铁路		两侧种植行道树,乔木为主,乔灌草结合

将其分为两类修复单元,分别为边坡修复单元和其他修复单元,不同修复单元采用的植被恢复技术见表3和表4。

表 3　边坡植被恢复技术与措施

技术分类		采用的主要技术
播种法	播撒	人工直播、无人机播撒
	常规喷播	液力喷播、普通喷播
	基材喷播	高次团粒喷播、挂网客土喷播
植苗法	绿化栽植	栽植穴植苗、台阶栽植

表 4　其他修复单元植被恢复技术与措施

技术分类		采用的主要技术
播种法	播撒	人工直播、无人机播撒
植苗法	绿化栽植	栽植穴植苗

3.3 修复方案

根据本次三年行动实施方案,确定上部生态复绿区域位置。按照项目区位置将本次复绿区分为南帮复绿区、北帮复绿区、东帮复绿区和西帮复绿区。根据各分区实际情况,将其分为人工补植区、人工种植区、直接撒播区和挂网喷播区。

（1）人工补植区

为区内复绿效果未达到治理效果的区域,区内平台区植被以加密补植乔木为主,采用乔灌混交林模式;边坡区域以加密补植灌木为主,灌草结合,采用灌木混交林模式。

（2）人工种植区

为区内边坡坡度<24°的松散岩质、土质边坡及平台区域,具备人工种植条件,区内平台区植被以乔木为主,采用乔灌混交林模式;边坡区域以种植灌木为主,灌草结合,采用灌木混交林模式。

（3）直接撒播区

为区内边坡坡度 24°～40°之间的松散岩质、土质边坡区域,不具备直接人工种植条件,需削坡处理后方可进行人工种植的区域。本次采用直接撒播方式进行种植,减少机械设备及人工用量,保证施工进度。区内植被以乔木为主,采用乔灌混交林模式;边坡区域以种植灌木为主,灌草结合,采用灌木混交林模式。

（4）挂网喷播区

为区内边坡坡度 40°～60°之间的松散岩质、土质边坡区域,不具备直接人工种植,且无法进行削坡处理的区域。本次采用挂网喷播方式进行种植。区内以灌木为主,采用灌草结合模式。

4　结语

西露天矿坑在回填压脚工程的基础上,通过场地平整工程、客土覆盖工程、生态修复工程等措施,改善了抚顺西露天矿西端帮生态系统,提高了区域植被覆盖率,增强了生态系统减排固碳能力,矿坑生态修复项目施工前,治理区植被以荒草为主,植被覆盖率小于 20%,生态修复工程完成后,治理区域植被覆盖率可达 77.75%,极大改善了区域的生态环境,对于局部小气候的改善起到了明显作用,同时在吸收有害气体 SO_2,阻滞降尘,生产 O_2 等方面也起到了积极作用。

通过矿坑生态治理修复项目,抚顺西露天矿区西区露天采场边坡总体坡度降低,有效地控制了滑坡、地裂缝等地质灾害;通过自然发火除治工程,最大程度上控制了自然发火等不良地质现象。这使抚顺西露天矿西端帮滑坡、地裂缝、自然发火等地质灾害得到有效控制,为抚顺西露天矿综合治理与整合利用创造基础条件,也为今后其他类似矿山的生态修复工作提供了技术依据。

参考文献

[1] 肖平,陈皓,冯萍,等.抚顺西露天矿区植物群落多样性与土壤理化性质的关系研究[J].露天采矿技术,2021,36(6):5-8.

[2] 冯萍.抚顺西露天矿回填到界区域生态修复方案[J].露天采矿技术,2023,38(1):90-92.

[3] 肖平,王雪峰,冯萍,等.抚顺西露天矿西端帮内排土场生态修复技术[J].露天采矿技术,

2021,36(4):26-30.

[4] 肖平,冯萍,王雪峰,等.抚顺西露天矿综合治理与整合利用阶段性方案[J].露天采矿技术,2021,36(3):66-68.

[5] 张馨予,张译匀.抚顺西露天矿地质灾害调查与研究[J].休闲,2020(31):240.

[6] 陈皓,关萍,曲波,等.抚顺西露天矿区植物群落特征研究[J].环境生态学,2021,3(3):13-18.

[7] 刘艳秀,赵丽莉.知重负重,为矿山"疗伤"复绿:抚顺市西露天矿矿山修复治理工作纪实[J].辽宁自然资源,2021(11):16-21.

[8] 郝喆,陈红丹,许春东,等.抚顺西露天矿及周边水环境调查与评价[J].露天采矿技术,2020,35(3):15-18.

[9] 李惠发,冯萍,张凤.抚顺西露天矿北帮高陡边坡综合防治[J].露天采矿技术,2021,36(4):83-86.

现代露天煤矿数字化绿色开采技术及应用研究

范忠胜

(山西忻州神达梁家碛煤业有限公司,山西 忻州 036500)

摘 要 本文提出了现代露天煤矿数字化绿色开采的概念、内容和实现方式,构建了绿色开采管理信息系统的框架;确定了系统组成的逻辑关系、系统实现的目标、系统开发的实施组织管理体系和成果组织实施措施;论述了系统开发的关键技术、基本思路以及技术路线等,对系统开发和应用具有指导性作用和现实意义。

关键词 露天煤矿;数字化;绿色开采;系统

1 引言

露天煤矿开采是在特定的地形地质条件的井田范围内,建设相对静态的立体采掘空间、不断推进的生产作业系统、辅助生产系统和相关配套设施系统的集成体系。随着露天开采设备大型化,采掘空间扩大化,生产工艺组合多样化,资源综合利用化,作业组织简单自由化和生产管理机制灵活化方向发展,对企业安全、生产、经营管理技术需求不断提高。在赢得规模效益的同时更要获取资源协调开采效益和循环经济效益。随着计算机通信网络技术和新型地理信息系统(GIS)、全球定位系统(GPS)、遥感(RS)以及虚拟现实技术(VR)组成的空间信息科学应用成熟和发展,使露天开采技术发生了质的飞跃。现代露天煤矿数字化绿色开采技术的概念自然形成,露天开采技术从粗放的、单纯的、分散的、模拟的规范管理模式向精细的、综合优化集成的数字化管理模式转变,需要对露天开采集成技术综合优化、集中管理、深刻认识和组织实施。

2 总体框架及系统组成关系

现代露天煤矿数字化绿色开采技术是通过数字化技术降低煤矿在生产过程中对周边环境的影响,实现资源开采高产高效、资源利用充分合理、生态恢复协调同步的开采技术。并借由该技术使露天煤矿达到经济效益与社会效益最大化的目的。

本文提出的绿色采矿管理信息系统在专业技术分类上具有计算机通信网络平台一体化、操作便捷化、实现数据标准化、信息共享化、模型四维化、信息更新动态化,信息处理综合优化、集成化等特点。该系统主要由安全防控子系统、测量验收子系统、地形地质管理子系统、生产计划子系统、生产过程优化设计子系统、成本控制分析子系统、剥采排与土地复垦综合预控系统、虚拟过程演示效果评价子系统以及其他研究子项形成的管理子系统组成,系统总体框架如图1所示。其中,剥采排与土地复垦综合预控系统是该系统主体框架和核心技术,对其他各系统起着桥梁纽带作用,其具体框架如图2所示。

作者简介:范忠胜,男,汉族,高级工程师,2004年7月毕业于辽宁工程技术大学采矿工程专业,现任山西忻州神达梁家碛煤业有限公司矿长,全面负责全矿规划发展、"绿色矿山"、生产技术等工作。

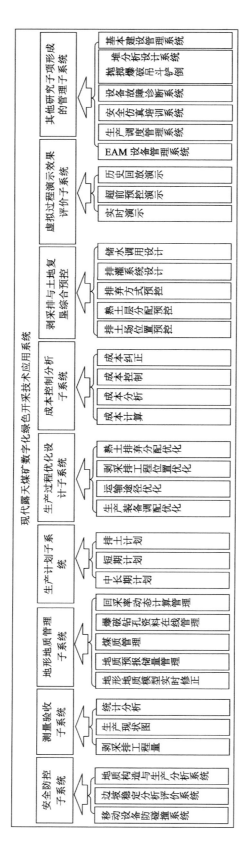

图 1 现代露天煤矿数字化绿色开采技术研究系统组成框架

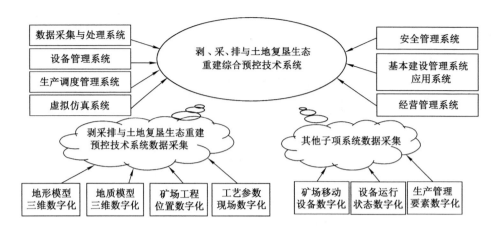

图 2 剥采排与土地复垦综合预控系统框架

3 数字化内容及其实现方式

露天煤矿开采信息数字化内容主要包括:地形地物模型数字化、地质模型数字化、开采工艺参数数字化、设备状态性能参数数字化和生产管理要素标准化数字化,分别通过以下技术手段来实现。

3.1 地形地物模型数字化

通过遥感影像图、地物 GPS 扫描图进行 GIS 模型数字化。

3.2 地质模型数字化

通过地质钻孔资料和地质写实资料进行 GIS 模型数字化,包括矿床地质模型、工程地质模型、水文地质模型、煤质模型和地质构造模型等。

3.3 工程位置数字

通过采掘设备安装 GPS 终端和 GPS 测量手段,实现工程位置数字化。

3.4 采场移动设备位置数字化

通过移动设备安装 GPS 终端,实现移动设备位置数字化。

3.5 采场工艺参数现场数字化

通过 VR 虚拟现实技术和 GIS 测量技术,实现工艺参数现场数字化。

3.6 设备状态性能参数数字化

通过已有的和开发的状态性能参数数据信息采集仪器装备,实现大型设备状态性能参数数字化。

4 生产管理要素标准数字化

对管理要素分类并制定标准实施编码管理,实现生产管理要素标准数字化。对以上数据建立元数据库、属性数据库和四维时空数据库,实现数据共享。

5 绿色概念及其含义

现代露天煤矿数字化绿色开采技术中,绿色概念是指露天开采基本建设、投入生产、闭坑全过程安全、经营、生产、资源综合利用以及人文、生态环境改善可持续发展战略的理念和目标,主要包括:资源综合利用化、资源回采率最大化、煤质管理市场化、采矿作业本质安全化、采矿成本最低化、土地复垦质量效益化、工业广场园林化、闭坑人文景观化、设备故障预知化、采矿过程远程仿真可视化、综合管理分类层次化等内容。各项内容含义如下。

5.1 资源综合利用化

大型露天煤矿开采不仅要考虑煤炭资源合理开采,而且要考虑伴生资源开采利用和生产辅助资源配套的相关产业,如电力生产、炸药生产等产业。通过资源综合利用和产业循环经济才能综合降低资源开采成本获取综合效益。神华准格尔能源有限公司露天煤矿资源综合利用流程如图 3 所示。

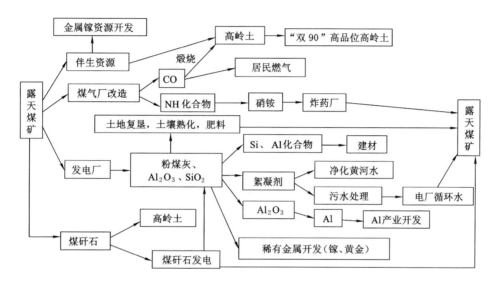

图 3 资源综合利用流程图

因此,现代露天煤矿数字化绿色开采技术需要对伴生资源建立储藏地质模型,进行选采和储量计算。

5.2 资源回采率最大化

通过煤层地质模型数字化和覆盖层地质模型数字化,为编制储量计算模型和采矿计划提供了精确数据,在长期计划、短期计划和作业工序优化下开采,可提高资源回采率,达到资源回采率最大化的目的。

5.3 煤质管理市场化

通过煤质模型数字化对不同的煤质进行区域划分和储量计算,根据煤炭市场销售煤质动态实时需求进行选采和优化洗选加工,达到煤质管理市场化的目的。

5.4 含量管理精确化

通过地质模型数字化、地质构造模型数字化、煤质模型数字化建立分类储量计算模型,使储量管理达到精确化,实现地质储量、煤质、地质构造的可靠预报。

5.5 采矿作业本质安全化

通过开发移动设备蓝牙防碰撞系统、边坡稳定分析评价系统、地质构造与生产分析系统,加上安全虚拟仿真培训系统的配套开发,安全管理体系系统达到采矿作业本质安全化。

5.6 采矿成本最低化

在地质模型数字化的基础上开发模拟开采模型、货流规划模型、运输通道优化模型以及采矿成本管理和移动设备 GPS 高度管理系统,实现剥、采、排、土地复垦生产过程优化预控。

5.7 土地复垦质量效益化

通过剥、采、排与土地工程复垦预控模型、排灌蓄水模型的优化提高工程复垦质量,通过生物复垦优化设计模型实施滚动生物复垦计划,创造生物复垦种植社会效益、经济效益和生态效益。

5.8 工业广场园林化

在虚拟仿真总体展示系统动态优化设计与工业广场园林建设,达到工业广场与外排土场景观区整体园林效果,为职工提供休闲广场。

5.9 闭坑人文景观化

采场闭坑后建设采矿公园,纪念采矿历史。用虚拟仿真系统回放历史,陈列历史采矿设备,内排土场人造网格梯田,外排土场建景观区,组成生态人文景观旅游区。

5.10 设备故障预知化

采矿设备大型化后设备完好率对生产影响度随之增大,甚至一台设备决定全矿产量大小,成为采矿作业产量制约瓶颈,如吊斗铲倒堆抛掷爆破工艺系统。因此开发大型设备故障诊断系统,须要达到设备故障预知、实现计划维修、确定设备完好的目的。

5.11 综合管理分类层次化

现代露天煤矿数字化绿色开采技术的实现要依靠计算机通信网络一体化平台共享信息。必须将管理按照管理决策层、管理决策支持层、战略管理层、现场执行层分层管理。战略管理层必须按管理部门分类对口管理,决策支持层是对各部门处理提交信息结果进行综合处理,向决策管理层提供综合信息方便决策。

5.12 虚拟仿真可视化

虚拟仿真系统可使非专业技术人员远程直观形象认识露天开采技术,总体演示矿区设施装备,超前演示生产计划演变过程和重点作业工序优化比选过程,实时演示采场作业过程和仿真调度,还能历史回放生产作业过程。

6 项目组织与实施

现代露天煤矿数字化绿色开采技术管理在国内外随着相关技术的发展和成熟开发出不少单纯的"信息孤岛"管理系统,还没有开发形成综合的、集中的,实现专家智能化、管理分类层次化、信息共享化、平台一体化、用户简单化的绿色开采管理系统。其主要原因在于该系统多领域多专业技术的集成性和管理业务的溶解性,需要各专业技术人员和业务管理人员集体创造智慧。因此项目的管理和组织实施非常重要,需要制定一套科学、务实、可操作性高的管理组织实施体系。

6.1 统一思想提高认识,形成开发组团队精神文化

统一思想、提高认识,充分理解项目的必要性、重要性、可行性,鼓舞士气调动项目参与人

员的积极性,发挥项目合作单位的集成效应、项目研发人员的团队效力,并培养形成以下精神文化:

(1) 质量第一、进度第二、报酬第三;

(2) 要个人英雄、更要团队效应,专业合成、集体结晶;

(3) 放下架子、抛开面子、虚心学习、严谨认真、互通有无、取长补短、积极主动、努力合作;

(4) 拓展思路、求真务实,敢想、敢说、敢于挑战;

(5) 不要奉承赞扬,只要批评指正;

(6) 为项目负责,为甲方负责,就是为自己负责;

(7) 不满足现状,尊重现实,开拓创新;

(8) 尊重知识、尊重资历,更要崇尚科学、遵守原则;

(9) 对内开放,对外保密;

(10) 不抛弃、不放弃、联合永久,着眼未来,谋合提升发展。

6.2 健全组织机构,实施全方位、全过程和谐互动管理体系

建立由上级督导机构、项目开发管理机构、现场督查机构和具体实施机构组成的项目全方位、全过程管理机构。职责明确,责任到人,在绩效激励机制和淘汰机制约束下,本着对项目负责,更要对社会负责的思想和态度控制项目风险、投资风险、项目进度和项目质量,确保出色完成项目任务。

6.3 编制培训计划,实施互补培训方案

为了统一思想,提高对项目内涵的理解和认识,根据项目的复杂性和特殊性,针对项目研究内容和涉及的专业业务技术,组织由项目开发人员、现场专业技术人员、业务管理人员以及外聘专家参与的项目互动培训。根据相关人员研究方向和专业业务技术特长,按照项目内容,编制培训计划和实施方案,达到项目组人员互通有无、取长补短,共同提升项目效果的目的。项目互动培训计划表和培训方案图,分别见表1与图4。

表 1 互动培训计划表

培训方向	培训内容	主讲人
甲方现场调研培训		
项目概念与认识培训		
专业技术基础培训		
项目需求分析互动培训		
项目组织管理培训		

6.4 确定计划编制方案,创建实施计划体系

根据项目总体目标、分项目标和技术要求,以及项目内容优化分解的子系统、功能模块、数学模型,按照统一组织、综合研发、分项研发、重点攻关、难点突破的思想,编制项目总体研发、

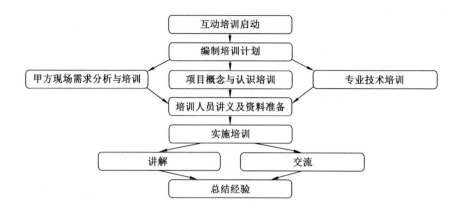

图 4　互动培训实施方案

子系统研发、功能模块研发、数学模型研发的工作内容计划、研发人员组织计划、研发进度计划,使项目从启动到项目研发、项目验收、项目专利申请的全过程在优化设计的计划体系下进行。按照向下分解、向上归纳的思路,编制计划体系。研究内容计划按综合研究内容、分组分项研究内容、个人研究内容划分编制;研究人员计划按综合研究组织计划、分项研究组织计划、个人研究组织计划划分编制;研究进度计划按阶段研究时间、综合研究时间、分项研究时间、个人研究时间划分编制。

6.5　把握研发思路,确定技术路线

现代露天煤矿数字化绿色开采技术管理信息系统开发是多单位、多领域的专业技术人员和业务管理人员参与的复杂系统工程,只有正确把握研发思路,才能理论联系实际,把复杂问题简单化,抓住出发点,瞄准落脚点,按照确定的技术路线进行深入细致的研发工作。

(1) 要尊重企业管理成熟发展过程的客观规律,脚踏实地从基础抓起,从细节做起,精心组织,反复推敲,深入研究。企业管理成熟发展过程如图 5 所示。

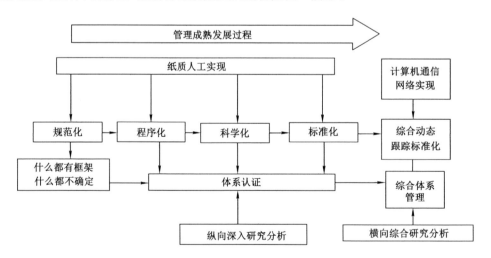

图 5　企业管理成熟发展过程分析

(2) 要按计划体系实施纵向深入研发,在纵向研发的基础上对数模优化、数据流程优化和接口优化进行横向综合研发。如图 6 所示。

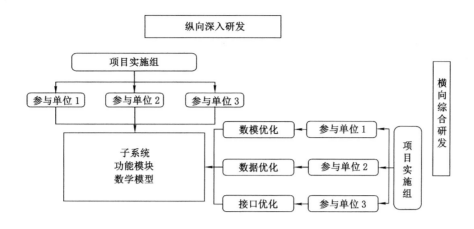

图 6　研发组织方法

（3）要根据项目内容和业务管理流程编制关联功能图。以关联功能图模块为单位，按照标准的需求分析论证和设计。需求分析设计模板如图 7 所示。

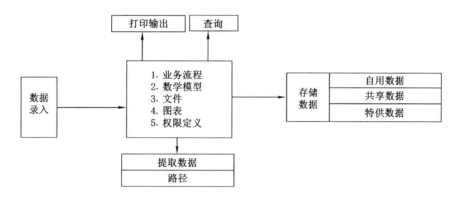

图 7　需求分析设计模板

（4）项目实施的技术路线图，如图 8 所示。

6.6　强化资料过程管理，完善成果组织实施

项目组要制定标准的记录格式和文件格式，所有资料按照项目组技术要求整理。项目过程中形成的资料由专人整理存档管理，在具体的开发过程中规范和完善项目调研报告、互动培训报告、项目组织管理报告、科研报告、项目详细设计、软件开发与调试报告、技术服务与现场评价报告组成的成果报告，明确计划编制方案，创建实施计划体系。

7　结论

现代露天煤矿数字化绿色开采技术是把露天开采管理信息数字化，在计算机通信网络平台为非专业技术管理人员提供虚拟仿真认知管理，为专业技术人员提供专家智能管理终端，在信息共享、业务流程科学标准化的基础上参与管理，实现岗位层次化、专业业务分类化，各司其职、各负其责的现代露天煤矿综合动态跟踪标准化管理，达到露天煤矿绿色开采的目标。

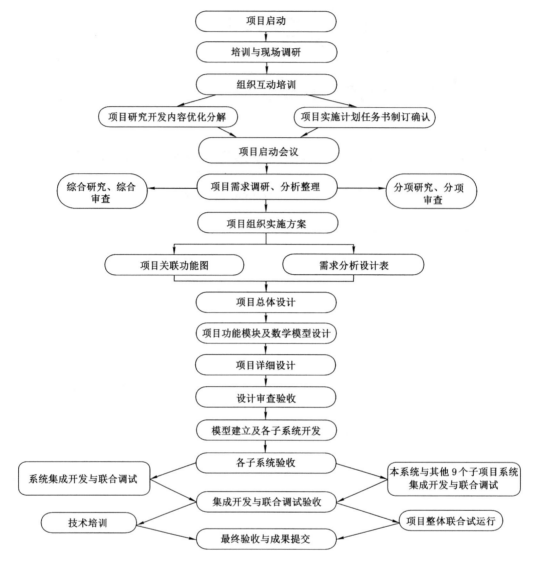

图 8　项目实施技术路线图

蒙东地区褐煤露天矿弃煤典型干选工艺流程特点

夏云凯[1,2]

(1. 唐山市神州机械有限公司 河北,河北 唐山 063001)

(2. 河北省煤炭干法加工装备工程技术研究中心,河北 唐山 063001)

摘 要 虽然我国褐煤储量和产能巨大,但褐煤易泥化,适合采用干选工艺而不适合采用水洗工艺。露天矿煤炭常见干选设备为块煤光电选和末煤风选等设备。典型干选工艺流程有块煤 X 射线分选,混煤分选和 300～0 mm 全粒级分选。本文分析了此三种工艺流程的优缺点和使用场合,并介绍了其在露天煤矿的一些应用案例。干选工艺流程应灵活应用,用最低的投入和较低的运营成本取得最大的经济效益和环保效益。

关键词 褐煤露天煤矿;脏杂煤;光电选;复合式干选;全粒级干选

1 引言

露天采煤剥离过程中由于天然地质条件问题以及机械化采煤过程顶底板和夹矸层的混入,不可避免生产一定比例的脏杂煤或弃煤。这些劣质煤脏杂煤主要由高灰分泥岩和部分可燃褐煤组成,平均发热量不足 2 000 kcal/kg,总产量一般可占露天矿产能的 15％ 左右。褐煤和泥岩均遇水极易泥化,因此脏杂煤不宜采用水洗工艺进行分选。虽然弃煤中含 30％～60％ 的可燃物,但热值过低,电厂不能直接使用,露天煤矿一般运至堆土场掩埋处理,浪费了大量煤炭资源,而且造成脏杂煤自燃等环境污染。内蒙古东部煤炭资源丰富,煤种多以低变质的褐煤为主。褐煤煤田主要分布在蒙东锡林浩特、霍林郭勒、牙克石地区。蒙东褐煤基本为露天开采,储量大,煤层厚,开采简易。2022 年全国露天煤矿产煤量达到 15 亿 t,生产废弃煤约 2 亿～3 亿 t。

唐山神州机械集团多年的干选工程实践表明,干选技术是目前褐煤分选经济可行的工艺。干选不耗水,避免了褐煤水洗过程泥化严重和产品冬季冻结等难题[1-3]。干选厂投资一般只有水洗的 1/3～1/4,运营成本仅为水洗的 1/2,吨煤电耗不超过 3 kW·h,建设期短,见效快。脏杂煤干选既符合露天矿资源节约与综合利用以及节能减排的国家政策,也有利于实现露天煤矿绿色矿山和生态化友好矿山建设[4]。目前一些干选设备已经在霍林河、白音华、胜利、平庄等矿区大规模使用,取得了较好的经济效益和环保效益[5]。

作者简介:夏云凯(1966—),高级工程师,西弗吉尼亚大学采煤工程博士,目前任唐山神州机械集团公司总工程师,兼任河北省煤炭干法分选加工装备工程技术研究中心主任,多年从事湿法和干法选煤工艺研究及选煤厂设计工作,近期研究方向包括动力煤宽粒级干选,炼焦煤深度预排矸和复合式干选机智能化等。

2 干选机介绍

目前市场上主要有块煤光电块煤分选[6-10]和末煤风选两种干选方法[11-12]。以唐山神州机械集团生产的干选机为例,典型光电选设备为 IDS X 射线智能干选机,主要替代人工手选,适合 300～50 mm 块煤分选;ZM 矿物高效分离机为典型代表的新一代复合式干选机,有效分选粒度区间为 80～3 mm,适合分选 50～0 mm 末煤。

IDS-X 射线智能分选机(图 1)主要由筛分给料系统、水平皮带机铺料运输系统、X 射线发生源和接受器、辅助图像识别系统、电磁阀喷吹执行系统、自动控制系统等六个主要系统组成。块煤物料经过布料系统单层均匀平铺到带式输送机皮带上,再通过带式输送机输送到 X 射线识别系统,借助相机识别煤矿表面特征,分析计算出被测物体特征值,判断是煤或矸石,计算其密度及跟踪当前料块的坐标位置。识别系统自动计算一定时间段物料密度分布值,计算入料中矸石含量,按照排矸率和矸石带煤率等指标要求自动调整和设置分选密度值。当物料从识别位置经过一定时间到输送机头部做抛物线下落时,电磁阀根据指令及时启动,快速动作喷射高压气体,对目的矿物煤或矸石施加作用力,使其偏离原来的抛物运动轨迹,被喷吹的物块进入喷吹物溜槽,实现煤与矸石的全自动智能分选。喷吹系统以少喷吹节能为目的,按煤和矸石数量比较,可自由切换选择喷吹煤或喷吹矸石。

图 1   IDS X 射线智能分选机外形图

ZM 矿物高效分离机是在 FGX 干选机基础上发展起来的新一代复合式干法分选机,它由分选床、振动器、风室、机架和吊挂装置、接料槽等部分组成。带激振器的分选床由 4 根电动吊挂通过减振弹簧悬挂在机架上。分选床由布满风孔的直角梯形橡胶复合床面、背板、格条、排料挡板和矸石门组成。在床面下部设置若干布风室与离心风机相通,各风室均有风阀控制(图 2)。复合式干选机核心部件为一梯形或矩形分选床面,床面安装有背板,背板和床面呈一定夹角,背板上安装有激振器,床面铺设钢-橡胶复合布风板和多列导料板。煤炭入料给入后在激振力和风力共同作用下快速松散并形成一定厚度的床层。通过各电动吊挂调整,使床面具有一定纵向、横向倾角。在床面下气流作用下,密度低的精煤颗粒浮于床层上部,而密度较大的矸石颗粒沉至床层底部。矸石贴近床面在激振力作用下,克服重力和橡胶床面摩擦力向上向着背板运动。料层中颗粒之间简单松散堆积,碰撞和挤压,床面激振力不能充分传递到分选床层上部。由于床面排料端位置较低,低密度精煤颗粒主要在重力作用下,克服激振力和颗粒之间滚动摩擦力向下向排料端运动。精煤颗粒和矸石颗粒运动方向出现偏离从而实现低密度精煤和高密度矸石的分离。干选机结构示意见图 3,物料在分选床横断面上的运动示意见图 4。

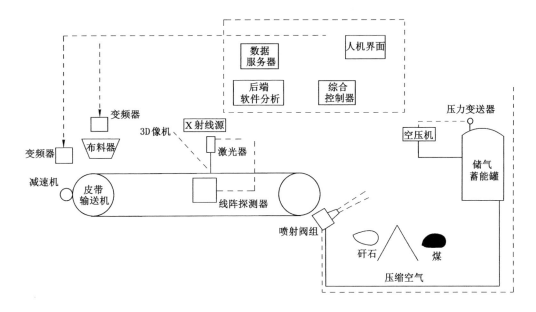

图 2　IDS智能干选机系统结构原理图

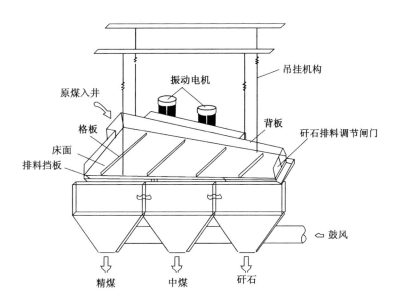

图 3　复合式干法分选机分选床结构示意图

3　典型干选工艺流程

3.1　大块煤干选工艺

　　新设计的动力煤选厂不再设置常规性手选作业，一般采用机械分选或检查性手选作业。光电智能选适合分选 300～50 mm 粒级块煤，+300 mm 的大块煤分选时 X 射线难以穿透，当粒度小于 50 mm 时，其分选精度和单通道处理能力又大幅下降。+50 mm 块煤常用分选工艺流程如下：−300 mm 原煤经过 50 mm 筛分后，300～50 mm 块煤进入 IDS 干选机分选，替代人工手选。干选机可以生产两产品和三产品，可按照用户要求设置密度值分选精煤和矸石

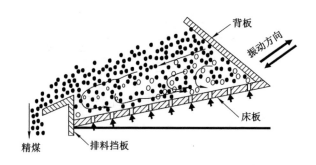

图 4　物料在分选床横断面上运动示意图

两产品(图 5)或精中矸三产品(图 6)。该流程适合使用的场合：① ＋50 mm 块煤量较大且矸石含量高，直接破碎成本高；② 存在＋50 mm 大块煤地销市场，且大块精煤价格远高于同等热值下的电煤产品。

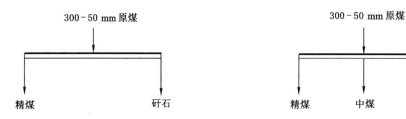

图 5　X 射线智能雨干选机两产品分选工艺流程　　图 6　X 射线智能干选机三产品分选工艺流程

该工艺的优点：

(1) 自动化程度高。系统智能选矸，无人值守，可完全替代人工捡矸，节省人员配置，降低安全风险。

(2) 块煤分选精度高。矸石带煤率达到<1%，密度>1.8 g/cm³，排矸率>95%。

(3) 能耗低。吨煤电耗<1.6 kW·h。

(4) 设备占地面积小，高度低。

该工艺的缺点：

(1) 原煤块煤占比较少时，对原煤提质效果不明显。

(2) 对操作工技术素质要求高。

(3) 部件国产化率偏低，维护成本高。

(4) 仍然需要做 X 射线源辐射防护。

(5) 压缩空气需要除水和防冻。

3.2　混煤干选

－300 mm 原煤经过 80 mm 筛分后，300～80 mm 块煤破碎到－80 mm 后和筛下物混合。对一些煤粉含量较大的井工矿，为减少干选入选量，可对－80 mm 原煤采用 3 mm 脱粉后入选(图 7)。80～3 mm 筛上物进入 ZM 干选机分选，干选机可以生产精煤和矸石两产品。

该工艺的优点：

(1) 分选粒度范围宽。原煤以末煤为主，而复合式干选机有效分选粒度范围达到 80～3 mm，分选粒度下限低，以达到最大程度排矸提质的目的。

（2）流程简单。原煤全部破碎到－80 mm,工艺简单。

（3）原煤脱粉节省干选量,改善除尘效果。入料中过多的－3 mm煤粉没有分选作用,浪费干选机处理能力,同时又增加除尘系统负荷。原煤深度脱粉可减少干选入料量,有利于节省干选投资;除尘系统中粉尘颗粒主要为－1 mm煤粉,原煤 3 mm脱粉脱除了大部分－1 mm颗粒,因此有利于降低干选除尘系统负荷,同时减少粉矸石对精煤产品的影响。

（4）能耗低。

该工艺的缺点:

（1）需增加原煤脱粉系统。脱粉需要 3 mm分级,而 3 mm筛分效率低,使用弛张筛等设备的筛分系统造价高。

（2）不能生产＋80 mm块精煤。

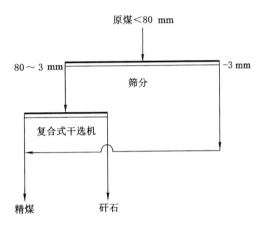

图 7　原煤脱粉风选工艺流程

3.3　300～0 mm 全粒级干选

－300 mm来煤经过 80 mm分级,＋80 mm物料进入 IDS 型块煤分选机分选,－80 mm物料 6 mm脱粉,80～6 mm进入 ZM 高效矿物分离机,－6 mm旁路不选。如原煤中夹矸煤较多,光电选块精煤也可直接作废块煤销售或破碎到－80 mm后进入 ZM干选机分选(图8)。褐煤脏杂煤中矸石多为碳质泥岩,质软易碎,泥岩易粉碎成－6 mm末矸石,会造成－6 mm粒级原煤热值偏低。为保证复合式干选机精煤质量,ZM 干选精煤也采用 6 mm筛进一步脱除－6 mm煤粉。视热值高低,－6 mm低热值煤粉可废弃或掺入精煤销售。

该工艺优点:

（1）原煤分选范围宽。300～3 mm得到分选,可生产块精煤和末精煤。

（2）节省块煤破碎成本。300～80 mm无须破碎,节省了矸石破碎成本。

（3）能耗低。

该工艺缺点:

（1）系统复杂。原煤需要分级入选,系统复杂,投资大。

（2）设备能力选型大。原煤含矸率、块煤和末煤比例波动大,易造成 IDS 给料量的波动,设备选型偏大,也增加了投资。

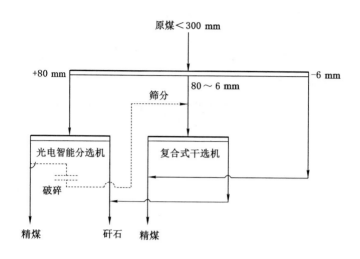

图 8　露天矿原煤全粒级入选工艺流程

4　实用案例

4.1　锡林浩特市某煤矿

2021 年唐山神州集团采集锡林浩特市某矿煤样，进行全粒级干选试验。原煤煤质分析见表 1。

表 1　－300 mm 原煤煤样筛分分析

粒级/mm	产率/%	全水 M_t/%	灰分 A_d/%	硫分 $S_{t.d}$/%	低位发热量 $Q_{net.ar}$/(kcal/kg)	筛上累计				
						产率/%	全水 M_t/%	灰分 A_d/%	硫分 $S_{t.d}$/%	低位发热量 $Q_{net.ar}$/(kcal/kg)
＞80	19.03	31.14	32.33	1.32	2 580	19.03	31.14	32.33	1.32	2 580
80～13	44.96	28.3	55.57	1.53	1 790	63.99	29.14	48.66	1.47	2 025
13～6	10.87	25.8	66.62	1.25	1 128	74.86	28.66	51.27	1.44	1 895
6～3	12.23	26.6	65.37	0.95	1 170	87.09	28.37	53.25	1.37	1 793
3～0	12.91	20.4	65.98	1.13	1 307	100.00	27.34	54.89	1.34	1 730
合计	100.00	27.34	54.89	1.34	1 730					

原煤入料煤样经破碎到－300 mm 后进行 80 mm 分级，原煤给料皮带采样煤筛分分析表明，原煤粒度较粗，原煤中＋80 mm 产率为 19.03%，块煤量不大，而－6 mm 煤粉含量高达 25.14%。矸石多为泥岩颗粒，夹矸煤多，易碎。＋80 mm 块煤质量显著好于－80 mm 末煤。随粒度变细，灰分逐渐下降，但－13 mm 末煤中各粒级灰分差异不大。

4.1.1　＋80 mm 块煤 IDS 分选

＋80 mm 原煤经 IDS 干法分选机分选后得到精煤和矸石产品，产品情况见表 2。精煤产率为 77.24%，精煤灰分为 19.3%，相比原煤灰分降低 13.03 个百分点，热值提高 575 kcal/kg。矸石产率为 22.76%，灰分 76.55%，矸石为纯净矸石。

表 2　＋80 mm 原煤 IDS 分选后产品平衡表

产品名称	产率/%	全水 M_t/%	灰分 A_d/%	硫分 $S_{t,d}$/%	低位发热量 $Q_{net,ar}$/(kcal/kg)
精煤	77.24	36.1	19.3	1.55	3 155
矸石	22.76	14.3	76.55	0.53	630
合计	100.00	31.14	32.33	1.32	2 580

4.1.2 −80 mm 混煤分选

−80 mm 原煤经 ZM 干法分选机分选后得到精、中、矸产品。当中煤回选时，产品平衡表如表 3 所示。

表 3　中煤回选后−80 mm 末煤干选产品平衡表

产品名称	产率/%	全水 M_t/%	灰分 A_d/%	硫分 $S_{t,d}$/%	低位发热量 $Q_{net,ar}$/(kcal/kg)
精煤	79.49	24.20	54.53	1.16	1 854
矸石	20.51	17.85	84.54	0.51	346
合计	100.00	22.90	60.69	1.03	1 545

为考察各粒级的分选效果，对精煤各粒级进行煤质分析。对比表 1 和表 4 可知，＋13 mm 和 13～6 mm 粒级选后热值分别提高 1 276 kcal/kg 和 213 kcal/kg。−6 mm 粒级分选后热值则反而下降，这主要是由于泥岩矸石松软易碎，分选过程中破碎成−6 mm 小颗粒污染了−6 mm 煤粉。

表 4　−80 mm 末精煤筛分分析

粒级 /mm	产率 /%	全水 M_t/%	灰分 A_d/%	硫分 $S_{t,d}$/%	低位发热量 $Q_{net,ar}$ /(kcal/kg)	筛上累计 /mm	产率 /%	全水 M_t/%	灰分 A_d/%	硫分 $S_{t,d}$/%	低位发热量 $Q_{net,ar}$ /(kcal/kg)
80～13	36.25	25.9	31.97	1.53	3 066	＞13	36.25	25.9	31.97	1.53	3 066
13～6	17.23	24.6	63.94	1.03	1 341	＞6	53.48	25.5	42.27	1.37	2 510
6～3	20.68	22.9	67.51	0.76	1 147	＞3	74.16	24.8	49.31	1.2	2 130
3～0	25.84	22.7	69.52	1.06	1 061	＞0	100.00	24.2	54.53	1.16	1 854
合计	100.00	24.2	54.53	1.16	1 854						

精煤中＋13 mm 块精煤热值达到 3 000 kcal/kg 以上，＋6 mm 精煤热值达到 2 500 kcal/kg 以上，对质量较差的−6 mm 煤粉可以筛除，最终产品平衡表计算如表 5 所示。总精煤产率为 79.06%，精煤灰分为 47.98%，相比原煤灰分降低 7.31 个百分点，热值相对原煤提高 354 kcal/kg。如对精煤进行 6 mm 脱粉，则＋6 mm 精煤产率为 49.12%，精煤灰分为 35.4%，相比原煤灰分降低 19.89 个百分点，热值相对原煤提高 961 kcal/kg。−6 mm 煤粉可以废弃。

表5　精煤分级后干选产品汇总表

产品名称	产率/%	全水 M_t/%	灰分 A_d/%	硫分 $S_{t,d}$/%	低位发热量 $Q_{net,ar}$/(kcal/kg)
>6 mm 精煤	49.12	28.66	35.40	1.42	2 703
<6 mm 煤粉	29.94	22.79	68.63	0.93	1 099
精煤合计	79.06	26.44	47.98	1.24	2 096
矸石合计	20.94	17.12	82.89	0.51	405
合计	100.00	24.48	55.29	1.08	1 742

4.2　大唐国际锡林浩特矿业有限公司胜利东二号露天矿

　　内蒙古大唐国际锡林浩特矿业有限公司胜利东二号露天矿计划于今年复工复产。截至当前,各项准备工作已基本就绪,即将进入具体实施阶段,年度内计划完成土方剥离1亿 m³,完成采煤690万 t,其中本次实验煤样 4# 煤计划产出200万 t。按照东二矿产品规划,煤炭要优先配给系统内企业使用,但表层 4# 煤热值较低,电厂及煤化工项目无法直接使用。故组织干选工业性试验,探究干法选煤技术对东二矿 4# 原煤的提质效果。

　　4# 原煤分选结果如表6所示。2100型 ZM 主选机精煤产率为23.67%,灰分为32.19%,发热量为2 785 kcal/kg,IDS 精煤产率为20.53%,灰分为18.27%,发热量为3 300 kcal/kg。4# 原煤干选后综合精煤产率为44.2%,发热量达到3 024 kcal/kg,超出试验目标424 kcal/kg,提升热值1 173 kcal/kg。由于分选效果较好,超出试验目标较高,分选工艺可做适当调整。将2100型13～6 mm 粒级合入精煤产品,根据筛分数据显示13～6 mm 粒级占0～13 mm 粒级末煤比例为41.6%,因此精煤产率可为56.65%,此时精煤低位发热量为2 655 kcal/kg,依然满足矿方精煤热值>2 600 kcal/kg 的需求。蒙东地区一些典型干选项目见表7,视露天矿弃煤矸量和粒度组成的变化,经过300(250)～0 mm 全粒级干选或80～0 mm 混煤风选后,热值提高幅度在400～1 200 kcal/kg 范围内。

表6　4# 原煤分选结果表

产品名称	产率/%	灰分 A_d/%	低位发热量 $Q_{net,ar}$/(kcal/kg)
ZM 主选精煤	23.67	32.19	2 785
ZM 主选矸石	14.66	78.94	434
IDS 精煤	20.53	18.27	3 300
IDS 矸石	11.25	78.94	434
末煤(入矸石)	29.89	67.39	1 345
精煤合计	44.20	25.72	3 024
矸石合计(含末煤)	55.80	72.75	922
总合计	100.00	51.96	1 851

表7　露天矿脏杂煤宽粒级干选案例

名称	处理能力/(Mt/a)	分选工艺流程描述	分选效果
锡林浩特发电有限责任公司(胜利东二号露天煤矿)	3.0	—300 mm 原煤80 mm 和6 mm 分级,300～80 mm IDS 块煤智能分选机分选,80～6 mm ZM 矿物高效分离机分选,—6 mm 厚煤和矸石或80～6 mm 精煤掺混	提升500～700 kcal/kg

表 7(续)

名称	处理能力/(Mt/a)	分选工艺流程描述	分选效果
国家电投霍林河露天煤业股份有限公司南露天煤矿一期	2.0	−300 mm 原煤 80 mm 分级,300～80 mm IDS 块煤智能分选机分选,80～0 mm ZM 矿物高效分离机分选,80～0 mm 精煤 6 mm 脱粉	提升 700～900 kcal/kg
国家电投霍林河露天煤业股份有限公司南露天煤矿二期	3.0	−250 mm 原煤 80 mm 分级,+80 mm 破碎到 −80 mm,80～0 mm 原煤 6 mm 脱粉后进入 CZM 超级干选分选。干选机精煤 6 mm 脱粉,−6 mm 煤粉舍弃	提升 700～900 kcal/kg
国家电投霍林河扎哈诺尔煤矿	2.0	−200 mm 原煤 80 mm 分级,+80 mm 破碎到 −80 mm,80～0 mm 原煤 6 mm 脱粉后进入 ZM 矿物高效分离机分选,−6 mm 和矸石或 80～6 mm 精煤掺混	提升 500～700 kcal/kg
内蒙古白音华蒙东露天煤业有限公司白音华三号矿	6.0	−250 mm 原煤 80 mm 分级,+80 mm 破碎到 −80 mm,80～0 mm 原煤 6 mm 脱粉后进入 ZM 矿物高效分离机分选,ZM 干选机精煤 6 mm 脱粉,−6 mm 煤粉舍弃	提升 500～700 kcal/kg
中国华能集团扎赉诺尔煤业铁北煤矿	3.6	−300 mm 原煤 80 mm 分级,300～80 mm IDS 块煤智能分选机分选,80～0 mm ZM 矿物高效分离机分选	提升 400 kcal/kg 左右
国家能源集团赤峰六家煤矿	1.6	原煤 40 mm 和 10 mm 分级,+40 mm IDS 块煤智能分选机分选,40～10 mm ZM 矿物高效分离机分选,−10 mm 煤粉掺入精煤	提升 1 200 kcal/kg 左右

5 结论

褐煤本身和泥岩杂质较软,−6 mm 粒级热值较低,难以分选。IDS X 射线光电分选可以生产块精煤,节省了块煤破碎成本。−80 mm 混煤复合式分选是干选的主力工艺,IDS＋ZM 干选组合适合处理 300～6 mm 宽粒级脏杂煤。锡林浩特某矿试验的结果表明,干选可以回收近 50％热值大于 2 500 kcal/kg 的电煤。通过工程实践,充分证明干法选煤完全可以实现动力煤露天煤矿把选煤厂建在坑内的设想,实现直接分选排矸,矸石直接内排,只有精煤出坑,让绿色矿山建设的愿望添加更为实在和丰富的内容。这对其他露天煤矿矿区如准能、平朔和吐鲁番-哈密等大型露天矿的原煤提质也具有一定的借鉴意义。干法选煤设施的建设对于回收煤炭资源、降低环境污染,增加企业的经济效益都具有积极的意义。

参考文献

[1] 李鑫,李臣威,张海军,等.浅析我国褐煤应用现状及问题研究[J].应用化工,2020,49(5):1226-1230.

[3] 邓晓阳.我国高灰高水易泥化褐煤的分选工艺[J].煤炭加工与综合利用,2011(3):1-4.

［3］刘炯天.关于我国煤炭能源低碳发展的思考［J］.中国矿业大学学报(社会科学版),2011,13(1):5-12.

［4］林淋.露天煤矿生态化建设及 SWOT 分析［J］.露天采矿技术,2020,35(1):36-39.

［5］董瑞荣,付合英,付强,等.干法选煤技术在霍林河南露天矿的应用［J］.煤炭加工与综合利用,2019(11):61-64.

［6］袁华昕.基于 X 射线图像的煤矸石智能干选控制系统研究［D］.沈阳:东北大学.2014.

［7］韩士华.TDS 智能干选机在曙光煤矿选煤厂的应用［J］.煤炭加工与综合利用,2019(8):34-35,39.

［8］黄邦松,TDS 智能干选机在双柳煤矿的应用［J］.中国煤炭,2020.46(3):47-50.

［9］赵炜.TDS 智能干选机分选宁东矿区低变质煤的研究应用［J］.煤炭加工与综合利用,2019(12):7-11.

［10］王新锋.TDS 智能干选机在王家塔选煤厂的应用［J］.选煤技术,2019(4):98-101.

［11］黄海峰,谌托,王守强.干法分选设备在淮北矿业集团的应用［J］.选煤技术,2020(1):34-38,47.

［12］王学民,许光前,杨硕.原煤预排矸技术与装备发展历程综述［J］.选煤技术,2019（1）:62-66,71.

生态脆弱区露天煤矿生态修复效应研究

王迎春

(岳阳市规划勘测设计院有限公司,湖南 岳阳　414000)

摘　要　矿山开采过程中会造成不同程度的水土流失和环境污染,对其进行生态修复是实现矿区可持续发展目标的重要手段之一。本文主要针对青海省木里矿区聚乎更露天煤矿采区关闭后出现的重大生态环境问题,进行研究和分析。根据矿山实际情况,采用实地调研、遥感影像解译等方法,对该区域进行了详细调查和综合评价。结论认为,该区所面临的主要自然地貌问题有边坡失稳、采坑积水、渣石占地和草甸侵蚀、冻土层揭露破坏等。根据矿山实际情况,在对矿区进行详细调查基础上,针对不同区域采取针对性措施,制定相应对策。

关键字　木里煤矿;露天煤矿;生态环境问题;环境治理

我国作为世界主要的矿产资源开发和消费国家,在矿产开发过程中产生了大量的地质生态问题,比如压占土地、地貌景观破坏、地表沉降、水土流失和环境污染等,导致原有的自然生态体系遭到了损害,对其进行生态修复是实现可持续发展目标的重要手段之一。为了更好地推进国家生态文明建设,走绿色发展之路,政府大力推进废弃和关停矿山的生态恢复。其中,露天采区内边坡生态修复技术已成为研究热点之一。本文以青海省木里勘探线聚乎更露天煤矿四号矿区工作面恢复与整治的案例,介绍露天煤矿采区工作面环境恢复的应用技术。

1　采区治理前生态环境状况及地质环境问题

1.1　采区治理前生态环境状况

木里勘探线聚乎更露天煤矿四号矿区地处青藏高原的最东北部,平均海拔 3 900～4 200 m,处于祁连山的高寒地区自然脆弱带。这里四季不明显,气候寒冷,昼夜温差较大,冻土比较发育,植物生长期短、生长较慢、抗干扰能力较弱,自我修复能力也较差,一旦受到严重损害,就很难自然修复。由于特殊的地理位置及地质构造环境,导致了该地区生态环境极为复杂多样,是我国重要的生物多样性保护区之一,也是全国典型的高原生态系统类型自然保护区之一。区域内的主干水系为大通河,主要发育河流为莫日曲、多索休玛曲和其他河流;次级水系则以季节性河流为主,其河水流量的多少,由气候变化所决定。在长期干旱条件下形成了大面积的荒漠草原景观。在山地气候垂直地带性作用下,区域植被表现为垂直地带性的分布,分高寒沼泽类、高寒草甸类,在高寒地区有较为显著的形态特征。本区地质构造复杂,地貌类型

作者简介:王迎春(1982—),男,汉族,湖南平江人,本科学历,高级工程师,就职于岳阳市规划勘测设计院有限公司,主要从事园林景观设计工作。

多样。土壤类型以高山草甸土、沼泽草甸土为主,因地表积水或仅临时性积水,无明显的泥炭积聚。采坑揭露的岩层主要由上侏罗统木里组和下江仓组底部的碎屑岩所组成,岩性大多为粉砂岩、泥石,夹细砂以及中粒砂岩。

1.2 采区治理前主要生态环境问题

1.2.1 边坡失稳

通过遥感影像、倾斜摄影测量数据的解译和分析,结合野外实地调查,发现采区作业面坡度均较大,且边坡较陡,北坡西部的地质结构已破坏,坍塌山体滑坡情况比较强烈,严重干扰了西北面道路,而西部的丘岗已和边坡形成了滑坡体,且采坑内堆积较严重。

1.2.2 采坑积水

露天采场开采后形成采坑,不同来源的水向采坑聚集,形成了大量积水区。这些积水主要来自采空区积水、井下排水设施积水、地面降水以及矿山生产过程中产生的废水等。积水直接影响采坑和渣山边坡稳定性,间接作用于周围地表及地下水体,甚至产生污染。根据 2020 年 8 月 27 日量测数据,采坑内最低高程约 3 845.10 m,最高水面高程约 3 887.37 m,最大积水深度约 42.27 m,总蓄水量约803.3 万 m³。现场情况见图 1。

图 1 现场情况

1.2.3 渣石占地与草甸破坏

采坑四周渣山 3 座。其中采坑以东渣山面积 177.47 万 m²,容积 4 689 万 m³;南侧渣山占地 175.51 万 m²,容积 6 228 万 m³;天木公路北侧渣山占地 292.85 万 m²,容积为 10 318 万 m³。南渣山很动荡,已形成的滑坡需进行治理,在施工过程中发现边坡存在严重水土流失现象。每座渣山过去虽有部分复绿,但是由于高寒、高海拔气候条件的制约,有的植被出现退化或者演替为自然植被,需进行补植。与此同时,在开采过程中修建的建筑也占据草地,破坏原生态系统,有必要进行系统规划,并在局部拆迁后进行复绿。

1.2.4 冻土层揭露破坏

露天开采让采区的冻土层完全裸露,使冻土层消融速率加快,消融深度加深,直接影响了冻土层的隔水性能,并与周围地下土壤和地下水相通。在冬季极端低温条件下,由于降水入渗补给及地表径流侵蚀导致部分区域形成季节性积水区。渣山覆盖使多年冻土层的底界向前伸展,使原冻土分布的构造状态受到了破坏,原冻结面以下的水层水力平衡也被打破。由于地表植被恢复及人为活动影响,使土壤含水量增大,土壤温度升高。冻土层的损伤以厚度变薄为主,还有冻土上限向下延伸、平面分布面积缩小、局部地区零星冻土呈岛状消失等问题,并随冻融循环及雨水冲刷淋滤、渗透作用,还可能产生水土流失和其他生态环境问题。

2 采区生态修复技术手段

2.1 采区生态修复体系

为了实现资源涵养、冻土保存、自然修复、资源储备和区域控制等目的,自然保护与资源节约优先,实现自然修复与资源保护相结合,为中国高原及高寒区域矿山资源自然保护大样板工程的建设打下基础。对聚乎更四号矿区的采出程度进行了全方位的研究,在结合工程条件和水文地质环境综合研究的基础上,提出江河-高原湖泊水系天然连通+边坡和渣山综合治理+滑坡体动态监测→覆土恢复植被的综合治理方法,为其生态系统的修复与重建,提供了强大的科技保障。见图2。

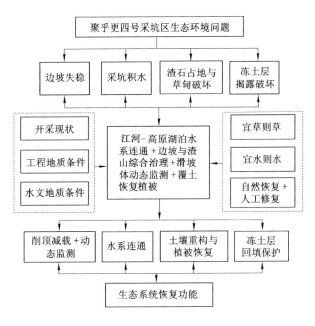

图 2　修复方法

2.2 采区生态修复关键技术

2.2.1 削顶减载+动态监测

在采坑区西北隅边帮的滑坡体上也存在着溜坍问题,故按现状地势削坡成沙坪质土坡,削坡后边坡斜度一般在 25° 以内。南渣山中北段近采坑侧滑坡体仍然沿着采坑的走向蠕滑下滑。根据现场勘察和地质分析结果可知该滑坡处于临空侧不完全倾倒-拉裂型破坏模式下,属中大型地质灾害。为了确保滑坡体结构的稳定性,增加安全系数,削顶减载于南渣山中段;同时由东、西、中三面削坡减载,从南到北形成一个大型缓坡。

经过一期削顶减载处理,滑坡体基本稳定。第二阶段在稳定边坡上设置了抗滑桩并实施预应力锚索支护,使其达到设计安全储备状态,但仍需继续治理。为了进一步把握滑坡的治理效果,利用 RTK 动态监测了滑坡失稳地段的地表空间位移(水平位移与垂直位移)。在滑移方向上,每隔 100 m 设置一个地表移动监控点,在与滑移角度相同的方位上,每隔 200 m 设置一个地表移动监控点,对监测网位的设置频率按照每 10 d 一次,在雨季或冰雪消融季节每调整为每 5 d 一次,并实现了动态控制。

2.2.2　水系连通

随着露天开采的进行,其地形地貌发生了变化,地表形成了大量大小不一的采坑,导致大通河、哆嗦河上游段、莫日曲河等河流的地表径流遭到破坏,同时地表水和地下水等多种水源源源不断地流向采区,形成高位积水,水质恶化,甚至受到污染,对周边的边坡和渣山稳定造成了不利影响,同时也不利于植被的恢复。同时,由于覆盖层较厚,导致河道水位下降速度较大,极易引发泥石流灾害。为了实现采区积水与外界河流的连通,必须采用水系自然连通的技术手段,以促进水资源的不断更新,从而实现水体热量传输、能量交换和物质流动的目的。同时考虑到现场实际地势,可采用宏观尺度的河流—湖泊水系自然连通技术,即通过保留采坑积水并引入上抖河水流来形成高原湖泊,以适应山势的变化。在治理过程中,采用人工河道的方式来引导水流进入积水区,并在途经道路上布设了跨路路涵,以实现河流与湖泊的连通,最终形成了一个水系自然连通体系,其中包括哆嗦河上游段—四号采区高原湖泊—哆嗦河上游段,该段水系能够与外界水体进行物质、能量交换和水源涵养,从而确保水系连通。

2.2.3　土壤重构与植被恢复

木里矿区是生态脆弱区,一旦生态系统受到破坏,将难以恢复。为解决此问题,必须将四号采区内原有河道进行打通并使之成为独立的水系。露天煤矿采出后遗留渣山区和采坑区,在开采过程中修建的建筑占用了土地,对原生生态系统造成损害,需要进行人工修复。中国高寒地带独特的地理条件和天气环境,使其生态修复难度很大。对此,国内专家已经开展了相应的研究,比如研究了覆土厚度对高寒地区排土场渣山植被修复作用的影响;就地表土层来说,则研究了用煤灰碎石、岩土工程剥离物、粉煤灰和秸秆生物炭等替换原来的地表土层,进行土地重建。但高原高寒地带位置偏远,因运距过大,采用运送客土的方式会极大影响建设项目的投入。而且当地畜牧业发展水平低,牧草品种单一且产量不稳定。在因地制宜的原则下,在该矿区土壤重构中,充分利用周围牧区家畜粪便,并配合施用含氮、磷、钾等元素较多的小颗粒有机肥,将其与矿区风化的泥页岩、粉砂岩粉末等物质进行充分混合,从而形成新种草基质层,以重建土壤。

2.2.4　冻土层回填保护

随着我国煤炭事业的发展,矿山建设规模不断扩大,露天采坑数量也不断增多,造成大量水土流失和土地退化现象,已成为制约当地经济社会可持续发展的重要因素。露天开采暴露了多年冻土层及冻融层,原冻融关系被打破。由于坑内的气温和蒸发量高于地表自然地面,坑底将产生融区,使冻土层逐渐被破坏。为使冻土尽快地得到修复,必须采取各种措施加以防止或减缓这种影响。根据多年冻土带暴露的土壤损害情况而进行的土方回填处理,因考虑填筑的环境温度是正温时很难实现在地基下部对冻土分布进行修补的目的,因此将回填季节选定在冬季,先使基础施工体冻结,然后再回填,实现对冻土层的快速修补,全部回填工作完成后推平并夯实。

3　采区生态修复效应评价

3.1　滑坡体基本稳定

位于南渣山中北段位置的采坑滑坡区,在削顶减载的范围构成了中间较低、东西较高的"鞍状"格局。在采取抗滑桩处理后,滑坡安全性获得了一定的提高。新建成的平台连接东、西部已有的平台,中部发育大型缓坡,自南而北,滑坡后缘已经稳定。在分析现状地形地貌特征和工程地质条件基础上,运用数值模拟方法研究了边坡变形破坏机制。另在滑坡前缘欠稳定地段进行了地表位移的动态监测,布设监测点 23 个,定时观察记录资料。根据现场实际情况及变形破坏特征,采用极限平衡法对边坡稳定性进行评价。根据监测数据结果,这个滑坡体虽然发生了位移,但是位移量较小,没有超出预警值,不会引起大的滑塌事故。

3.2 河流-湖泊水系自然连通

通过采用河流-湖泊水系自然连通技术,实现了采区内积水湖泊和原本隔绝的上哆嗦河流的无缝连接,从而建立了采区积水与外界水体物质、能量交换和水源涵养功能,有效改善了坑内积水的健康状态,同时对湿地水文连通和植被恢复与保护起到了积极的推动作用,最终取得预期的效果。

3.3 治理矿区基本复绿

对土石占地,原有土地损毁和建设拆迁的地方,运用土地重建和植物修复方式,矿区基本复绿。在此过程中对草种的选择和种子处理是关键,也是决定后期植物成活率高低的重要环节。根据在野外对草种的出芽观察,从播种结束(无纺布铺盖)到草的出土萌发约 14 d,但出苗率、盖度都在 95% 以上;据对出土发芽后 10 d 内草苗长势的观测,草苗发展势头异常强劲,株高一般达到 10 cm 或更高,甚至有的草苗还穿透无纺布。在此基础上,结合当地实际情况提出一种适用于大面积裸露地表矿区废弃地植物重建技术——秸秆覆盖法。这些科技手段所取得的复绿成效已超出了我们的预期,对高原高寒山区露天煤矿采区的自然修复和管理起到了示范作用。

3.3 冻土层土体覆盖

根据多年冻土带暴露的损伤情况,实施了减热混凝土体回填,回填结束推平、夯实,保持与周边自然环境的平衡,积水随混凝土体回填而逐渐向周边地下水体系渗流,直至混凝土体完全填实积水溢出为止。当冻土层的冻融层被上面的混凝土体掩盖后,便埋藏于混凝土体下方,从而遏制冻土环境恶化趋势。冻结期间,通过向土中灌水使其达到一定含水量,并保持较长时间来阻止水分散失和蒸发,从而维持土壤内部水分平衡。但是因冻土层的破坏,厚度削薄,迫使其上限向下或向一侧移动,冻土环境很难在短期内得到明显改善。同时因地表植被生长受到影响,土壤有机质含量下降,土壤温度降低等原因,使其生态环境也随之改变,从而造成生态系统功能退化,甚至导致整个区域生态环境恶劣化。恢复原冻-融平衡关系,还需要一个较长的过渡性过程。

4 结束语

本文以青海省木里勘探线聚乎更四号矿区为例,从工作实践入手,对露天煤矿采区工作面的生态恢复情况做了简单介绍,主要结论如下:针对采区内边坡失稳、采坑内积水、渣山占地和草甸侵占、冻土层暴露破坏等环境问题,因地制宜地采取"一坑一策"方式开展综合治理,通过滑坡体削顶减载和动态控制的方式、河道与湿地水体自然相通、土地重构和植被修复、冻土层回填保护等技术手段进行恢复整治。通过分步治理,完成了矿区生态修复工程,且治理效果较好。目前聚乎更四号矿区生态系统功能的修复工作已基本结束。

参考文献

[1] 王韶辉,才庆祥,刘福明.中国露天采煤发展现状与建议[J].中国矿业,2014,23(7):83-87.

[2] 李莲华,杨淑娟,班文霞.露天煤矿开采的环境问题及土地复垦研究[J].内蒙古煤炭经济,2014,37(1):54-58.

[3] 郑丽霞,张树礼,王平.我国露天煤矿开采区生态恢复研究存在的问题探讨[J].生态环境,2013,25(11):9-11.

新疆某露天煤矿边坡稳定性评价研究

崔德广^1,王文军^2,周梓欣^1,王俊辉^1

(1.新疆维吾尔自治区煤田地质局,新疆 乌鲁木齐 830001);

(2.新疆维吾尔自治区煤田地质局一五六煤田地质勘探队,新疆 乌鲁木齐 830009)

摘 要 某露天煤矿处于新疆准噶尔盆地东北边缘,煤层赋存于侏罗系中统西山窑组(J_2x)地层中,钻探工程共控制该组地层的煤层三层,自下而上编号为 B1、B2、B3 煤层,B2 煤层为本次主采煤层。本研究在对以往资料分析的基础上,建立边坡工程地质简化模型,采用理论分析与数值模拟相结合的方法分析边坡潜在变形破坏模式,并基于极限平衡方法对矿坑边坡及排土场边坡进行了稳定验算、分析与评价,依据评价结果进行边坡稳定性分析并提出边坡综合防治措施。

关键词 边坡角;整体边坡;局部边坡;设计优化;边坡稳定性;安全系数

1 引言

露天矿边坡角的设计,对露天矿的生产安全与经济效益有着极大的影响。设计的边坡角过小,将增加剥离工程量,增加生产成本,降低矿山的经济效益;而设计的边坡角过大,不能保障边坡的稳定性,最终导致片帮和滑坡事故的发生,会给人们的生命、财产安全带来极大的威胁,严重地影响矿山的安全生产[1]。因此露天矿边坡角应设计达到最优状态,这既能保证边坡的稳定性,又能提升矿山的经济效益[2]。在边坡角优化及边坡稳定性分析方面,众多学者开展了相应的理论与实验方面的研究工作,并取得了大量的研究成果。李巧玲等[3]以白矸滩露天煤矿东帮顺层边坡为研究对象,选取典型剖面进行稳定性分析,根据分析结果对最终边坡角进行优化;高富强等[4]为探究边坡角对哈尔乌素露天煤矿南端帮边坡稳定性的影响程度,采用FLAC3D 软件对不同倾角的端帮边坡进行稳定性分析;冯锦艳等[5]引入数学中的二分法理念用于边坡角度的优化设计,给出了边坡角度的优化设计流程;李云等[6]为保证露天边坡的安全稳定,提出用有限元与极限平衡综合分析法分析其稳定性并优化边坡角。

2 研究区概况

2.1 地形地貌

研究区地形总体趋势北高南低、东高西低,地貌形态为残丘状剥蚀平原,海拔 1 269~

作者简介:崔德广(1984—),男,山东成武人,2008 年毕业于中国矿业大学水文与水资源专业,大学本科学历,水文地质高级工程师,现从事水文地质、工程地质及环境地质技术服务和管理工作,研究方向:水文地质及矿山修复。

1 339 m,东西高差 70 m,一般高差在 5～10 m。地势高差虽不太明显,但对于大气降水少,而蒸发量却较大的地区而言,地形地貌对区域地下水的形成影响不大。区域虽呈盆状构造,但盆地向西开放,地形地貌总体上有利于区域地表水的自然排水。

2.2 水文气象

研究区属大陆干旱荒漠气候,年温差和昼夜温差很大,年平均气温 1.8 ℃,5～8 月为夏季,7 月平均气温在 25 ℃,白天气温常在 40 ℃以上。每年 10 月下旬至次年 3 月为冬季,气候严寒,1 月最冷,平均最低气温 -22 ℃,绝对最低气温 -44.7 ℃(1969 年)。年降水量 100～150 mm,年蒸发量高达 3 500 mm,年最大积雪厚度 0.3 m,年最大冻土深 1.5 m。区内常年多风,尤以 3～6 月和冬季最大,风力一般 4～5 级,经常有 7～8 级大风,最大可达 10 级,多以西北风为主。

2.3 地震

据依据《中国地震动参数区划图》(GB 18306—2015),研究区位于 0.10g 地震动峰值加速度分区内,属于Ⅶ度基本地震烈度设防区。区内相对平静,近 20 年间区内及周边未发生过相对较大的地震。

3 工程地质及水文地质条件

3.1 工程地质条件

研究区非工作帮揭露地层主要有第四系松散岩类、新近系岩类、侏罗系沉积碎屑岩类。第四系松散岩类由第四系全新统冲洪积砂、黏土、砾石层、角砾石堆积组成,结构松散、干燥,孔隙度大,属典型的散体结构,遇水塌陷、地基沉降,边坡坍塌位移,属极不稳固型。新近系岩性主要以泥岩、粉砂岩及砾岩互层组成,厚度 7.68～48.24 m,呈近水平状态产出,地表经剥蚀后形成残丘状地形。该岩组风化深度一般 40 m 左右,岩石完整程度遭受破坏,呈碎块状、薄饼状及短柱状,近散体结构,结构面多为泥膜、碎屑和泥质物充填,风化裂隙较发育,一般岩石结构未发生改变,工程地质条件较差。侏罗系西山窑组赋煤地层,岩性由粗砂岩、中砂岩、细砂岩、泥质粉砂岩、泥岩及煤组成,岩芯较破碎,呈短柱状,结构松散,以泥质胶结为主,层理发育,岩石风化后完整程度遭受破坏,呈碎块状、薄饼状及短柱状,近散体结构,风化裂隙较发育,一般岩石结构未发生改变。岩石遇水易软化并发生膨胀崩解,降低了强度和稳定性,工程地质条件较差。

3.2 水文地质条件

研究区地貌形态为残丘状剥蚀平原,中部基岩裸露,第四系覆盖在区内大面积分布,地势总体四周高、中间低。大气降水和雪融水易在研究区中部汇集,但区内无常年流动的地表水流,气候干燥,蒸发强于降水。矿床充水主要源于中侏罗统西山窑组孔隙裂隙弱富水性承压含水层。研究区属顶底板直接进水、水文地质条件简单的矿床,赋煤地层以裂隙含水层为主,透水性差,富水性弱且易于疏干,水文地质勘探类型为二类一型。

4 边坡破坏主要特征、破坏模式及地质模型

4.1 露天矿边坡破坏的主要特征

(1)滑体前缘隆起剪出特征:由于上部滑体的挤压,使软弱层产生塑性流动,滑体前缘呈

波状隆起,随着隆起高度的增加,裂缝首先出现在隆起脊背处,随着裂缝的加大,而迅速向四周扩展,一旦突破上覆黄土层的阻抗,整个滑面(带)贯通,其"空化"迅速被后续土体充填,整体滑坡形成[7]。

(2)滑体内部位移矢量特征:根据滑体内部位移矢量特征自上而下分成三个不同区段,即上部主动段、中部过渡段和前缘隆起带。

(3)滑坡发育过程:一般情况下,这种滑坡的整个发育过程大致可描述为整体压缩阶段、裂隙生成阶段、挤压阶段、滑移阶段、剧滑阶段和固结阶段六个阶段。

4.2　采场边坡变形破坏模式[8]

(1)剥落是指台阶坡顶面附近的松软、多裂隙土岩碎块,因风化、生产爆破、运输机械等震动作用沿台阶坡面下滚,堆积于坡底。这是露天矿边坡不可避免的现象,特别是岩石强度较低的露天煤矿更是如此。

(2)崩落是指边坡上大量陡立柱状或棱块状的土体、岩块向下倾倒、坍塌、移动,土体或岩块间有相对位移,边坡岩体内往往有倾角较大的岩体结构面存在。崩落的发展有的较慢,如一些倾倒变形。但许多崩落却是突然、迅速发生的。

(3)滑动是指完整的边坡土岩体沿其内部的一定的面(或带),或边坡上部的松散堆积土岩沿其基地面(或带)做整体移动。一个滑体的全部滑动时间较长,由数十分钟至数日数月,甚至数年。滑动初期较慢,表现为整体移动,最后往往解体,表现为突然崩落。按滑面形状有平面滑动、楔体滑面、圆弧形滑面等。由于地质条件的复杂性,露天矿边坡的滑动面常是组合形的,即同一断面上不同倾角平面的组合,平面与圆弧形面的组合等。

(4)沉降是指边坡上原状的松散多孔土岩或排弃土岩,在其自重或上部机械设备重力作用下产生的一种垂直下沉变形。边坡内不产生连续的滑动面,但在台阶表面常能见到沉降裂隙。沉降变形常见于排土场。

(5)流动是指饱水的松软土岩以 4°～6°甚至更缓的坡角沿台阶表面、基岩面或地面沟谷呈流动移动,流动多发生在排土场。

4.3　排土场边坡破坏模式[9]

露天矿排土场边坡最重要的破坏方式是滑动,即滑坡,当排弃超限或排土场基底软弱时均可发生。按滑动面位置的不同,滑动变形可分为基底以上滑动、沿基底滑动和基底滑动三种。

(1)基底以上滑动,即排弃物料内部的滑动,就是滑面全部产生在排弃物料内部的滑动。产生这种滑动的排土场基底的抗剪强度相对排弃物料要高,能承受上部排弃物的压力。

(2)沿基底滑动,其滑动面下部通过基底面或通过基底内浅部的软弱接触面,基底面或软弱接触面常倾斜,倾向与边坡倾向一致;有时也可以水平,其抗剪强度小。这种滑动能否发生,与基底面或软弱接触面的倾角以及抗剪强度大小直接相关。

(3)基底滑动是指基底岩层呈现旋转剪切的滑动。这种排土场的基底软弱,常是沼泽地或浸水的塑性岩层,承载能力低。与以上两种滑动不同,基底滑动有其主要的外部特征,即排土场前基底出现底鼓,形成沿边坡走向的岩堆。

(4)排土场的沉降变形是指排弃物料垂直下沉,在排土场内不形成连续滑动的一种变形,是松散排弃物料在自重及上覆载荷作用下固结压密所致。它出现在所有排土场,沉陷量与岩性有关。邻近边坡处的沉陷变形在一定条件下可能变为滑动、变形,二者之间无明确界限。

(5)流动变形是指含饱水的排弃物料呈流体状态移动,常因渗流水自排土场内部流到边坡表面而引起,也常因暴雨,排弃物料饱水后发生。

4.4　现状边坡工程地质模型[10]

依据以往地质资料、矿区现状平面图现场踏勘成果及以往相关研究成果,研究区域包括采掘场、外排土场边坡。通过地质勘探线、钻孔资料(柱状图及文字资料)及煤层顶底板等高线绘制研究区边坡工程地质简化模型图,数值模拟边坡总位移云图见图1。

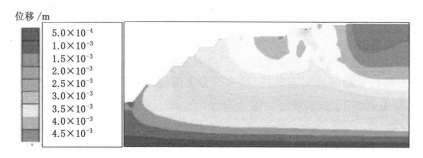

图1　总位移云图

4.4.1　极限平衡法

极限平衡法是当前边坡稳定验算与分析的常规方法,其具有计算模型简单、计算参数量化准确、计算结果直接实用的特点。在极限平衡法理论体系形成过程中,出现过一系列简化计算方法,诸如瑞典法、传递系数法、毕肖普法等。不同的计算方法,其力学机理与适用条件均有所不同。随着计算机的出现和发展,又出现了一些求解步骤更为严格的方法,如 Morgenstern-Price 法、Spencer 法等。

极限平衡法的特点是考虑了全部平衡条件与边界条件,这样做的目的是为了消除计算方法上的误差,并对 Janbu 推导出来的近似解法提供了更加精确的解答。对方程式的求解采用的是数值解法(即微增量法),滑面的形状为任意的,安全系数采用力平衡法。

4.4.2　边坡安全储备系数确定

通过对以往该研究区开展过的工程、地质勘察项目的岩土试验研究成果进行收集、归纳、分析,运用工程地质类比法及岩石-岩体强度折减理论,得出的适用于本次研究区域的岩体力学评价参数见表1。

表1　研究区边坡稳定性分析岩土体物理力学指标推荐值

地层	密度 $\rho/(g/cm^3)$	凝聚力 c/kPa	内摩擦角 $\varphi/(°)$	弹性模量 E/MPa	泊松比 υ
第四系(砂砾土)	1.90	35.0~58.0	18.0~22.0	35.30~43.30	0.30~0.32
新近系(泥砂岩互层)	2.01	20.0~108.0	12.0~23.0	55.07~66.21	0.28~0.30
煤	1.31	31.0~193.0	28.0~31.0	40.88~50.33	0.29~0.31
砂岩	2.57	141.0~587.0	24.0~34.0	159.71~348.21	0.32~0.34
泥岩	2.67	247.0~736.0	24.4~29.0	99.33~173.00	0.31~0.34
弱层	2.12	64.2~247.2	20.0~24.4	60.08~99.30	0.29~0.33

本次边坡稳定性分析与评价稳定系数的选取,主要依据《煤炭工业露天矿设计规范》(GB 50197—2015)(见表1),结合研究区已有边坡资料,确定排土场边坡稳定系数 $F_s=1.20$、工作帮(北帮)边坡稳定系数 $F_s=1.10$;非工作帮(东帮、西帮)边坡稳定系数 $F_s=1.20$;考虑到3年后将实现内排,非工作帮(南帮)边坡排稳定系数 $F_s=1.10$;局部边坡稳定系数 $F_s=1.10$。

表 2 边坡稳定系数 F_s

边坡类型	服务年限/a	稳定系数 F_s
边坡上有特别重要建筑物或边坡滑落会造成生命财产重大损失者	>20	>1.5
采掘场最终边坡	>20	1.3~1.5
非工作帮边坡	<10	1.1~1.2
	10~20	1.2~1.3
	>20	1.3~1.5
工作帮边坡	临时	1.0~1.2
外排土场边坡	>20	1.2~1.5
内排土场边坡	<10	1.2
	≥10	1.3

4.4.3 现状边坡稳定性评价[11]

基于极限平衡法计算各个典型剖面的稳定性,计算结果见表3。

表 3 边坡稳定性评价方法汇总表

剖面	边坡类型	稳定系数	备注
BK21DB-1	局部边坡	1.152	
	整体边坡	1.218	
BK21DB-2	局部边坡	1.201	
	整体边坡	1.261	
BK21FH-1	局部边坡	1.108	
	整体边坡	1.215	
BK21FH-2	局部边坡	1.103	
	沿弱层滑动	1.114	
	整体边坡	1.381	
BK21FH-3	局部边坡	1.172	
	整体边坡	1.357	
BK21NB-1	局部边坡	1.156	
	整体边坡	1.202	
BK21NB-2	局部边坡	1.101	
	整体边坡	1.379	
BK21XB-1	局部边坡	1.363	
	沿弱层滑动	1.115	
	整体边坡	1.407	

4.4.4　稳定性验算[12]

根据研究区边坡稳定性验算成果汇总表,结合其边坡类型,对其边坡稳定性进行分类分析与评价,分析与评价成果如下:

(1) 东帮:选取典型剖面为 BK21DB-1 和 BK21DB-2,局部边坡稳定系数分别为 1.152 和 1.201,稳定系数大于 1.10;整体边坡稳定系数分别为 1.218 和 1.261,稳定系数大于1.20,满足安全储备需求。现状条件下东帮边坡处于稳定状态。

(2) 南帮:选取典型剖面 BK21NB-1 和 BK21NB-2,局部边坡稳定系数分别为 1.156 和 1.101,稳定系数大于 1.10,满足安全储备要求;整体边坡稳定系数分别为1.202和1.379,稳定系数大于 1.20,满足安全储备要求。现状条件下南帮边坡处于稳定状态。

(3) 西帮:选取典型剖面 BK21XB-1,局部边坡稳定系数 1.363,稳定系数大于 1.10;整体边坡稳定系数 1.407,稳定系数大于 1.20;沿底板弱层滑动边坡稳定系数 1.115。现状条件下西帮局部边坡处于稳定状态。

(4) 复合边坡:选取典型剖面 BK21FH-1、BK21FH-2 和 BK21FH-3,局部边坡稳定系数位于 1.103～1.172,稳定系数大于 1.10,满足安全储备系要求;整体边坡稳定系数位于 1.215～1.381,稳定系数大于 1.20,满足安全储备要求;BK21FH-2 剖面沿弱层滑动稳定系数为 1.114,大于 1.10,满足安全储备要求。现状条件下复合边坡处于稳定状态。

4.4.5　未来年度计划边坡[13]

研究区未来年度计划边坡稳定性计算成果见表4。

表 4　未来年度计划边坡稳定性评价方法表

剖面	边坡类型	稳定系数	备注
BK21DB-1	局部边坡	1.325	
	整体边坡	1.331	
BK21DB-2	局部边坡	1.337	
	整体边坡	1.386	

根据未来年度采剥、排土场计划边坡稳定性验算成果汇总表,结合其边坡类型,对其边坡稳定性进行分类分析与评价,见图 2～图 5。

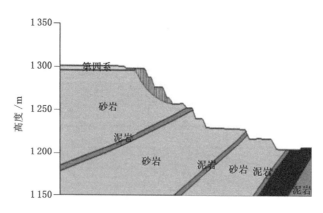

图 2　BK21DB-1 剖面边坡稳定系数为 1.325(局部)

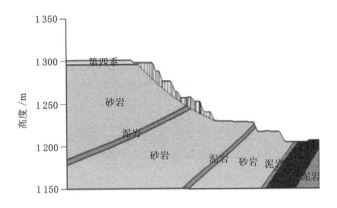

图 3   BK21DB-1 剖面边坡稳定系数为 1.331(整体)

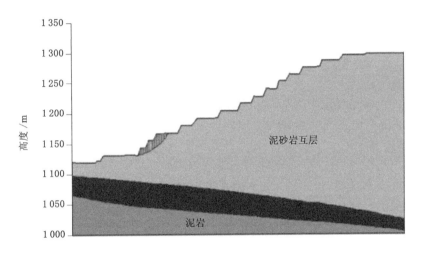

图 4   BK21DB-2 剖面边坡稳定系数为 1.337(局部)

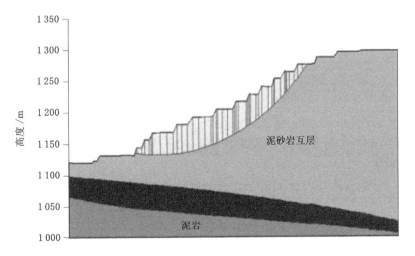

图 5   BK21DB-2 剖面边坡稳定系数为 1.386（整体）

　　未来年度边坡选取典型剖面 BK21DB-1 和 BK21DB-2,其局部边坡稳定系数分别为 1.325 和 1.337,稳定系数大于 1.10;整体边坡稳定系数分别为 1.331 和 1.386,稳定系数大于 1.20,满足安全储备需求,未来年度采剥、排土场计划边坡东帮处于稳定状态。

5 边坡变形破坏综合防治建议

（1）水是影响边坡稳定性的主要因素之一，主要表现在降低边坡岩土力学参数、产生动静水压，严重威胁边坡安全。做好防排水工程，可降低水对岩土体的软化作用，进而提高边坡稳定性。

（2）边坡安全是矿山安全生产中的重要环节，根据露天矿边坡变形具有持续时间长、变形量大，直接危害性大的特点，建立有效的边坡动态监测系统，准确预报滑坡灾害，是指导矿山安全生产和边坡治理工程必不可少的重要手段[14]。

（3）完善日常的边坡巡查制度，特别是冻融、雨季或边坡出现沉陷及裂缝等变形时更要加强巡查，一旦发现异常情况（如边坡有明显失稳先兆）及时预警避让或采取防治工程措施。

（4）露天矿的生产是一个动态的过程，随着工作面的不断推进及排弃工作的不断进行，其内部工程地质条件、水文地质条件、岩层赋存状态等不断地被揭露出来，一些新的边坡问题必然会随之产生，进而需要对新的边坡进行不同阶段的边坡验算，调整采矿计划和方案，使之不断趋于完善[15]。

6 结语

（1）根据对研究区以往岩土物理力学试验成果的分析，相邻矿区岩土力学性质研究成果以及以往滑坡反分析结果，最终确定研究区岩土物理力学指标。

（2）以边坡工程地质简化模型为基础，通过理论分析与数值模拟相结合的方法对边坡变形破坏模式分析，研究结果表明：矿坑采场边坡潜在变形破坏模式为"圆弧"式变形破坏、沿底板弱层顺层-滑移破坏[16]。

（3）通过稳定性分析计算，得出研究区域未来开采年度边坡处于稳定状态。

（4）针对边坡稳定情况及安全生产需要提出了四项边坡综合防治措施：完善防排水系统、完善边坡监测系统、完善边坡巡查制度、定期进行边坡稳定验算[17]。

参考文献

[1] 王天雄,陈平.毕机沟矿区露天开采的边坡稳定性及最终边坡角研究[J].金属矿山,2016(8):142-147.

[2] 范军富,胡铁男.绿色开采条件下露天煤矿土地动态演化规律研究[J].安全与环境学报,2018,18(2):814- 819.

[3] 李巧玲,夏冬.白硇滩露天煤矿东帮顺层边坡稳定性分析与边坡角优化[J].采矿技术,2020,20(1):83.

[4] 高富强,刘智超,陆翔.哈尔乌素露天煤矿端帮边坡角对边坡稳定性的影响研究[J].露天采矿技术,2020,35(1):26-28.

[5] 冯锦艳,王金安,蔡美峰.露天高陡边坡角优化设计及稳定性分析[J].中国矿业,2005(4):45-48

[6] 李云,杨珊,钟福生.基于有限元与极限平衡分析的露天矿边坡角优化[J].中国安全科学学报,2012,22(2):145-150.

［7］ 杜时贵.大型露天矿山边坡稳定性等精度评价方法［J］.岩石力学与工程学报,2018,37(6)：1301-1331.

［8］ 齐宽,郝逸凡,朱开成,等.基于FLAC3D的煤矿地表沉降及离层发育分析［J］.中国煤炭地质,2020,32(7)：33-39.

［9］ 王志城,刘杰,姜昕健,等.露天矿边坡稳定性影响因素分析［J］.科技创新导报,2012,9(13):110.

［10］ 刘秀军.边坡稳定性分析Spencer法的改进［J］.岩土工程技术,2016,30(4):186-188.

［11］ 范军富,宋子岭,王东.灵泉露天煤矿残煤回采东帮边坡稳定性分析研究［J］.露天采矿技术,2010,25(4):1-3.

［12］ 麻官亮,邵玉刚.基于Spencer法的三维极限平衡边坡稳定性研究［J］.水文地质工程地质,2016,43(3):118-123.

［13］ 李荣伟.白音华三号露天煤矿首采区非工作帮边坡稳定性研究［D］.西安:西安科技大学,2008

［14］ 王功海,白润才,曹兰柱.元宝山露天煤矿排土场边坡稳定性FLAC模拟［J］.露天采矿技术,2007,22(6):27.

［15］ 王卫卫.西湾露天矿地下水控制与采掘场排水研究［J］.露天采矿技术,2018,33(6):76-79.

［16］ 杨丽萍,宋子岭,吴野.拉格朗日元法及其应用软件FLAC在边坡稳定分析中的应用［J］.露天采矿技术,2007,22(2):21-23.

［17］ 崔德广,王国华.新疆巴里坤县三塘湖矿区某露天采区工程地质条件分析研究［J］.中国煤炭地质,2021,33(3):28-31.

信息时代背景下智慧露天矿安全管理体系创新

仲召林

（中联润世新疆煤业有限公司，新疆 昌吉　831100）

摘　要　传统的露天煤矿安全管理模式已经无法适应时代发展要求,可利用信息技术建立智能预警和预测系统,基于历史数据、模型算法等手段,对可能发生的安全事故进行预警和预测,从而及时采取措施,降低事故的风险;同时,通过智能化的设备和系统,矿山可以实现自动化的生产和管理,减少人为操作的错误和随意性,提高生产效率和安全性。本文先对露天煤矿安全生产现状和安全管理技术面临的瓶颈进行了分析,然后对智能矿山安全管理体系创新进行探讨,最后对应用研究及实践进行论述。

关键词　5G 信息技术;AI 技术;露天煤矿;安全管理;创新

0　引言

煤炭在将来很长时期内仍作为国内的主要能源,煤炭市场竞争激烈且承受到更大的安全环保压力,露天煤矿企业需要探索和应用信息化、智能化手段来提升安全管理水平,推动企业的高质量发展,提升企业的综合竞争力,但存在着对安全认识存在误区、安全技术装备薄弱等诸多问题。信息技术的发展为露天矿山安全生产智能化带来了许多机遇,特别是5G技术与工业互联网平台,可以提高生产效率、降低事故风险、改善矿工工作条件和提高矿工的安全意识,为露天矿山安全生产的可持续发展提供有力的支持。信息技术可以帮助矿山实现实时监控和数据分析,以发现任何潜在的安全风险和隐患,通过传感器和监控设备收集的数据可以被分析和可视化,为矿山提供更准确和全面的信息,帮助管理者及时采取措施,预防事故的发生。

1　信息时代背景下露天矿安全管理体系架构研究

1.1　露天煤矿安全生产现状

露天煤矿安全隐患主要有人的不安全行为、物的不安全状态、管理缺陷等多种类型:人的不安全行为是作业人员没有严格按照作业规程和劳动纪律开展作业,违章指挥和没有规范佩戴防护用具等;物的不安全状态,是指作业现场中的生产设备、电气仪表、消防设施等存在安全隐患;生产环境的不安全因素,是指作业环境照度不够,生产作业场所空间狭小,坑洞没有进行

作者简介:仲召林(1988—),男,汉族,河南鹤壁人,毕业于河南理工大学,在职期间就读于新疆工程学院,本科学历,工程师,目前就职于中联润世新疆煤业有限公司生产技术科。

有效防护等。再进行具体分类还可以划分为基础管理、违章行为、设备工艺、现场环境和危险化学品类隐患等:基础管理是指是否设置科学合理的安全生产机构和配置足够的安全管理人员,管理制度和规程、应急救援等制度是否建立起来;违章行为,是指作业人员没有按照规程和纪律进行作业等;设备工艺类隐患,是指生产设备和工艺流程等的缺陷;现场环境类隐患,是指作业环境、5S管理等方面的问题;危险化学品类隐患,是指在危险化学品生产、运输和储存等环节中存在的安全隐患。

1.2 矿山安全管理技术面临的瓶颈

1.2.1 安全技术装备网络化

露天煤矿具有特殊的生产模式,煤炭资源工艺环节复杂,不同生产工艺间存在着相互衔接,对工艺匹配有着严格的要求,矿山装备类型复杂,设备网络接入和信息采集难度大,装备网络化对系统化、实时性有着更高的要求。很多生产场景需要采用无线组网方式,要求装备网络可对生产区域相关信息进行动态采集,具备敏捷的动态响应特性,不同工艺流程间要做好协同和交互,传统的信息传输方式不能达到露天煤矿生产的要求,比如,煤炭生产系统要求网络具备低时延、大带宽等的要求,制约着矿山安全技术升级和工艺装备的智能化。露天煤矿在进行智能化升级时,为确保生产工艺间的匹配与安全,要求通信调度、控制数据交互等方面具有较高的实时交互性,时延区间在 $10\sim100$ ms,而超高清视频监视、物体识别等要求无线网络具备更高的承载能力,传统的 4G 通信、Wi-Fi 通信等技术,不能达到矿山装备智能化的要求,需要新型的信息技术进行支持。

1.2.2 信息共享平台缺失

露天煤炭开采行业经历了机械化、规模化的演变,每个煤炭企业都寻求信息化、智能化的技术变革,虽然取得一定的技术成效,但还没有建立起基于工业互联网的公共平台,对露天煤炭开采和知识共享起到抑制作用。露天煤矿企业采用招投标方式来确定服务企业,没有对投标企业的技术和管理水平进行全面评价,没有创建对露天矿山开采进行数据支撑和评价的数据模型,无法全面准确地了解竞标企业综合实力,选取服务企业时存在较大的风险,没有借助行业互联网平台为确定候选企业提供参考依据,也没有根据标段价位创建生产成本数学模型。

1.3 信息技术给矿山安全生产智能化带来的机遇

5G 信息技术对露天矿山智能安全技术提供关键支撑,它的高速数据传输能力,可以更快速地传输数据和信息,提高信息的实时性和准确性,这对于矿山的安全管理来说是非常重要的,该信息技术的低延迟和高速度,使得矿山工作人员可以通过远程监控和控制系统来对矿山进行实时监控和管理,这些系统可以实现矿山自动化、智能化和网络化的目标,从而提高矿山生产的效率和安全性。通过 5G 信息技术的支持,矿山工人可以使用增强现实(AR)和虚拟现实(VR)技术进行培训、故障排除和操作指导等,这些技术可以大大提高工作人员的安全性和生产效率,同时减少事故和损失,信息技术支持机器人和其他自主系统的远程控制和操作,从而减少人员的危险操作和风险,提高生产效率和安全性。

1.4 基于工业互联网平台的露天矿安全管理体系研究

露天煤矿企业具有高危属性,企业生产经营管理面临着更大的安全、环保等方面的压力,通过对露天煤炭进行安全、环保和节能的智慧化改造,需要借助 5G 信息技术来提升网格支撑,将生产现场高清视频数据与工业数据信息进行统一承载,达到实时回传和在线处理控制的技术要求。将作业人员与生产工艺设备接入 5G 网络中,满足不同业务类型的 QoS 要求。创建"5G＋工业互联网"的网络平台,将露天煤炭生产的要素、环节、系统、平台实现互联互通,将业务、管理、运营和生产的数据信息进行交互,借助 5G 技术来改造网络基础设施,打造智能化管理运维系统,实现对典型应用场景的创新应用,建立起"1＋2＋N＋1"的安全管理体系架构,以 1 个 5G 技术作为核心来搭建信息网络,建立起 2 个全要素数据交互与运信管理平台和HSE 云平台,形成 N 个典型工业场景模板,1 套安全、环保、节能的服务体系,具体见图 1、图 2。

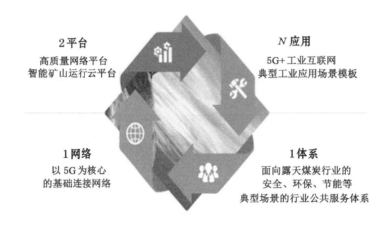

2平台
高质量网络平台
智能矿山运行云平台

N 应用
5G+工业互联网
典型工业应用场景模板

1网络
以 5G 为核心
的基础连接网络

1体系
面向露天煤炭行业的
安全、环保、节能等
典型场景的行业公共服务体系

图 1　露天煤矿"1＋2＋N＋1"安全体系架构

	装备企业	生产企业	消费者用户	服务资源	开发者
	用户中心	企业中心	资源中心		开发者中心
行业云服务	运营中心	产品&服务	应用商店		典型案例

	优化设计	生产调度	安全监控	自动控制	应急管理	环保监测	决策管理	网络建设
Saas层	钻孔数据管理 地质模型建立 工程测量验收 三维采矿设计 开采计划优化 运输系统优化 数字三维模型 智能数据分析 无人机监测 智能设计模拟	智能生产调度 爆破监控预警 煤质在线取样 煤质精益化验 车矿精确匹配 生产规划制定 智能生产排产 运输系统优化 矿山无人驾驶 X射线灰分检测	边坡 GNSS 监测 边坡地质雷达 智能防撞预警 智慧园区管理 双爆控云平台 安全培训 APP 视频 AI 预警 人机协同预警 MR工业应用 人员定位监管	机器人智能巡检 加油站主动加水 变电站综合监控 火车站自动专车 4G 移动对讲 掘取机无人化 智能过程管控 智能停送电	全景视频监控 智能消防监控 火灾自动喷淋 IP 广播系统 视频会议系统 5G 调度中心 8K 超高清监控 无人机应急指挥	智能温度监测 污水站无人化 粉尘浓度监测 智能除尘系统 有害气体监测 可燃气体监测 智能精准巡测 智能气象监测	综合预警平台 产运销平台 主数据 ERP SCM EHR PM OA、TBE+ 财务共享 节能降耗系统	数据中心 主干网络、专线 4G、5G WIFI TSN SDN NB-IOT 边缘计算 网络安全 态势感知

			基于行业云的露天开采云平台			
Paas层	开发工具	GIS 引擎	可视化编辑	模型组件	业务能力中心	建模工具
	时序数据	异构存储	数据建模	实时计算	数据服务	可视化展示

			网络（NB-IOT、5G、TSN、SDN、边缘计算）			
Iaas层	服务器管理	网络管理	存储管理	虚拟化管理	集群管理	资源调度
边缘层	设备接入	协议解析	边缘计算	网络通讯	人员	网络安全

图 2　HSE 智慧云平台架构图

　　根据主流工业互联网体系架构,结合露天矿山业务功能需要,智能矿山建设要按照 5G 网络技术标准对露天矿山特殊环境下的应用、多系统数据融合平台、行业智能化创新和公共服务体系建设这 4 个方向进行分析与研究。

2 智能矿山创新应用研究及实践

2.1 作业人员的不安全行为管控

对露天煤矿安全进行管理过程中，人是最为活跃的安全因素，建立起5G信息技术平台和HSE智慧平台，将煤炭生产中的每个要素、每个环节、每个平台和每个子系统实现互联，按照安全、环保和节能等多个场景实现创新应用，打造安全可靠的多个应用场景模块。

（1）智能停送电

变电站为露天煤矿提供电力保障，也是易出现安全事故的区域，为避免和减少变电站人员的不安全行为，可采用智能停送电。智能停送电是机器人进行操作，借助5G信息技术的低时延特性，进行远程集中控制，避免人员的误操作出现拉弧伤人等事故。智能停送电可进行身份识别、指令下发、远程监控、停送电控制等功能，提高了停送电的准确性，降低了停送电等待时间。智能停送电控制操作流程见图3。

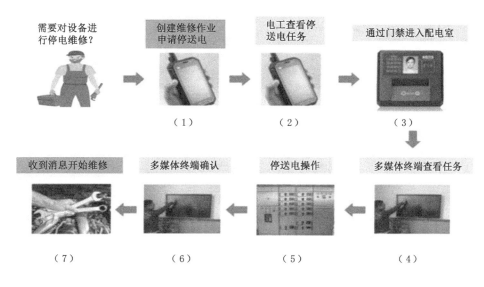

图3　智能停送电流程示意图

（2）AI异常行为预警

露天煤矿工作人员数量多、生产设备繁多，安全风险监控难度大，无法对各类违规违纪现象进行有效管理，多采用人工巡检和抽检的方式进行监管，存在覆盖面小和监管不及时等问题，采用5G信息技术和AI视频分析技术，可实现对矿生产现场的全覆盖，建立起人员异常行为预警，提高生产现场安全管理能力。智能摄像头可以实时抓取工作人员是否佩戴安全帽等防护用品，也可以对人员接近危险区域、违规动火和违章操作等进行监测，并将监测到的违规和异常行为等数据进行存储，向管理人员发出报警信息，充分利用5G通信的大带宽、低时延的技术特性，再通过人工智能技术对视频图像进行分析，可以确保生产现场高清画面的实时传输，减少和消除人员的不安全行为，最大限度地预防生产安全事故的发生。抓拍的人员违规照片示例可见图4。

（3）人员定位与人机协同

给现场生产作业人员的安全帽和反光提示背心等安装UWB装置，作业车辆安装GPS定位装置，对生产作业人员与车辆距离进行实时监控，在危险生产区域设置定位基站，建立起人

图 4　人工智能抓拍违规图像

员预警与人机协同的安全预警管理系统,可对危险源进行智能识别。如果系统检测到作业人员进入设备生产作业区域,人员或车辆移动速度超过设定值,定位装置会发出报警来提醒相关人员,并将人员和设备的活动区域热图分布上传到管理系统。人员定位与人机协同集成了多种算法,可实现车辆防碰撞和超速报警等功能,降低了大型生产设备作业盲区对附近作业人员带来的安全隐患。人机定位与危险源在线监测架构设计见图 5,车辆距离接近预警见图 6。

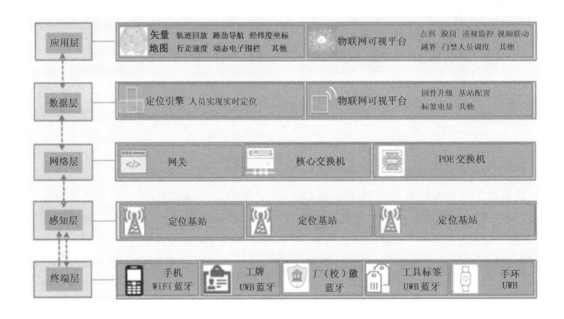

图 5　人机定位及危险源监测构架示意图

2.2　机械设备的不安全状态管控

为防止生产设备状态失控导致的安全事故,采用带式输送机状态监测、智能巡检机器人等智能预警安全系统,保障了现场生产作业人员的生命安全,有效降低了财产损失。

图 6 车辆防撞预警应用场景

2.2.1 带式输送机安全监测

带式输送机状态监测可对机械运行状态进行显示,帮助作业人员对故障进行识别,发出报警和停车命令,将监测结果与设定值进行对比,分析输送机运行状态信息,在发生故障前进行预防性维护。设置传感器对分带异物状态进行检测,检测异物后提示人员进行处理,避免异物存在导致的胶带撕坏风险。对胶带煤块大小进行监测,若检测到煤块过大则发出报警信息,再通过智能算法对皮带位置进行监测,若检测到皮带跑偏则发出报警信息。胶带输送异物和大块识别见图 7。

图 7 胶带异物和大块物体识别图

2.2.2 智能巡检机器人

露天煤矿输煤廊道设置智能巡检机器人,可对一氧化碳浓度、三相电机运行电流等进行监测,并通过红外热成像技术进行状态预警,避免出现皮带撕裂等事故;采用 5G 通信技术对采集到的数据进行回传,实现对输煤廊道的无人化巡检,避免人工巡检时的安全隐患,推动了智能化矿山建设进程。巡检机器人见图 8。

2.3 作业现场的不安全因素管控

露天煤矿的安全情况会受到自然环境因素的影响,煤炭是易燃物质,煤层长时期暴露于空气中,如果出现自燃则会带来较大的经济损失,严重情况下还会出现人员伤亡。再就是煤炭粉尘和有害气体对安全生产的影响,煤炭开采后要通过运输、转载和存储等多个环节,煤尘和有害气体易集聚于设备表面,有害气体或粉尘浓度超标易导致作业人员窒息或中毒。边坡也是

图 8　输煤廊道巡检机器人

露天煤矿生产的不安全因素,如果出现边坡坍塌或岩体滑落,易导致重大的安全事故,存在着人员伤亡和经济损失的风险,可采用 5G 技术和 AI 技术来进行安全管理。

2.3.1　AI 火情预警

露天煤矿开采时存在着煤层自燃的风险,建立起 AI 火情预警系统,对煤层燃烧特征进行实时监测,采用基于视频的烟雾火灾算法,发现烟雾、火焰等燃烧特征后发出报警信号并及时处理,可以避免处理不及时带来的经济损失。借助作业人员行为识别技术,对工作人员吸烟、点火等异常行为进行监测,对火情进行监测与定位,确定火情发生区域,向管理人员发出报警信号并实现数据上传。5G 技术的信息传输可以满足火情预警的技术要求,再采用边缘计算能力来对图像进行分析,对火情进行早发现和早处理(图 9)。

图 9　煤层燃烧识别图

2.3.2　边坡 GNSS 监测预警

采用"北斗＋GPS"双重定位技术建立起互联网信息平台,对边坡形变进行实时监测,实现对露天煤矿边坡的安全管理,将采集到的边坡信息持续传送给指挥调度系统。GNSS 预警系统具有软件解片与预警管理功能,对采集到的数据按算法模型进行处理,确保监测到的水平与高程精度均控制在±3 mm,再结合露天边坡地质构造和地层覆盖具体情况,对边坡形变状态进行高精度数据采集,创建滑坡数学模型和数据库系统,借助大数据技术对边坡形变进行分析,可实现对边坡事故的全天候预警。边坡 GNSS 监测预警系统见图10。

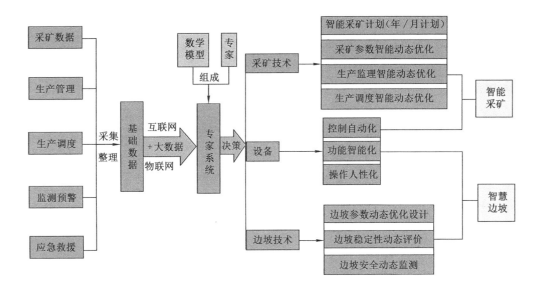

图10 边坡 GNSS 监测预警系统

2.4 管理缺陷的管控

2.4.1 双预控管理

对露天煤矿进行安全风险分级管理,对安全隐患进行排查,实现对安全生产的标准化管理,对安全隐患、不安全行为进行实时跟踪与管理,掌握安全隐患的整改情况,将安全隐患案例纳入知识库,对风险源进行 PDCA 闭环管理。露天煤矿风险预控云平台结构见图11。

2.4.2 地面生产集中控制

为集控室、破碎站、分流站提供地面生产信息系统,采用"5G+以太网+光纤"的信息传输方案,将地面生产集控系统进行集中管理(见图12),原来的多点操作转变为单点远程集控,对生产数据进行显示与预警,确保地面生产系统的运行可靠性和稳定性,进一步提升生产系统运行效率。集控室可于每班中设置2名人员对现场生产设备进行远程操作和安全巡检,避免集控人员与职业病危害因素进行接触。

3 结语

综上所述,创建信息共享平台并采集到运行历史数据,优化露天矿山标准化生产模式,规范煤炭生产作业流程,将相关数据信息固化到知识库和流程库,创建标准化生产服务体系,可以减小选择供应商的风险和降低时间成本,确保供应商提供可靠的服务;形成统一的数据结构和通信协议,实现不同平台间互联互通,为平台不同子系统间的业务交互扫除障碍,探索开采工艺设备使用、运维、诊断和检修的闭环管理平台;将工业互联网与人工智能进行融合,实现上下游企业的业务联合,采用统一的技术标准和管理标准,打造全新的业务信息生态。

图 11　露天煤矿风险预控云平台

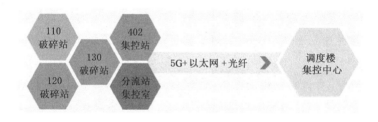

图 12　地面生产系统集中控制图

参考文献

[1] 王洋,刘广新,王嵩,等.抚顺东露天矿清单式安全管理新模式[J].露天采矿技术,2022,37(5):122-125.

[2] 林木.探讨露天矿开采技术创新及其安全防范对策[J].内蒙古煤炭经济,2021(15):104-105.

[3] 张学强.露天矿开采技术创新及安全防范措施探析[J].中国金属通报,2021(2):38-39.

[4] 乔海瑞.露天矿开采技术创新及其安全防范措施探析[J].内蒙古科技与经济,2020(23):104-105.

[5] 齐玉俊.安家岭露天矿贯彻落实安全生产标准化的原则与方法[J].露天采矿技术,2019,34(3):117-119.

露天矿钻机无人值守技术

张　利,王承远,刘荣威

(丹东东方测控技术股份有限公司,辽宁 丹东　118000)

摘　要　近些年,我国露天矿发展迅速,工艺技术水平显著提高,产能规模增加。露天矿山对生产作业能力、效率和安全性提出了越来越高的要求,结合目前我国的技术发展,开发钻机无人值守系统在技术和时机上已经成熟。本文分析了钻机无人值守技术的技术背景,同时简述了国内外的发展现状,介绍了一种以阿特拉斯 CDM75E 钻机为基础,通过软硬件结合的方式实现钻机无人值守的技术。通过该技术可实现钻机打孔的无人化、智能化、安全化和高效化。经过了长期的生产实践,证明钻机无人值守技术可满足生产所需,对智能矿山的建设起到重要的促进作用。

关键词　钻机;露天矿,无人值守;远程遥控

1　引言

1.1　技术背景

目前,露天矿牙轮钻机因其高效的钻孔能力而被广泛使用。国外公司也已经推出具有自动化功能的新型牙轮钻机。我国钻机技术发展有 50 多年,但由于缺乏关键技术,发展一直缓慢。近 10 年来,我国单体钻机自动钻孔技术有了一定发展,并正在研究连续自动运行的锚杆钻机。现在,随着开采装备水平提高和主体观念转变,我国露天矿的工艺技术水平显著提高,产量增加[1]。为了满足要求,我们研究并开发了钻机自动驾驶系统,实现了钻机生产作业过程的监控、自动运行和安全管理。这样可以减少物资投入,提高生产效率和降低生产能耗,为矿山打造先进的生产平台。

1.2　技术依据

我国露天矿产量居世界第二,发展迅速,对生产作业能力、效率和安全性的要求越来越高。目前,钻机自动驾驶系统已成熟,能为矿山钻机作业提供可靠、安全和有效的解决方案,降低人员与物资投入、提高生产效率和降低生产能耗,打造安全可靠的生产平台[2]。

为响应国家煤矿安监局关于煤矿机器人重点研发策略和推动工业机器人在危险工序广泛应用的决策部署,矿山企业正在加快智慧矿山的战略转型。大型露天矿钻机无人值守系统是智慧矿山的重要标志,受到越来越多的矿山企业认可。

作者简介:张利,男,1982 年生,黑龙江省哈尔滨市人,本科学历,现任丹东东方测控技术股份有限公司智能采矿部副部长。

1.3 国内外发展现状

美国、芬兰、法国和澳大利亚的煤矿行业已开始使用自动钻孔钻机并开发全自动无人值守钻机。这些国家拥有多家大型钻机生产厂家,以单体气动支腿式钻机居多,并有许多公司能生产与其配套的自动化钻孔辅助设备[3]。我国钻机技术经历了 50 多年的发展历程,目前正在加紧研究可连续自动运行、钻孔的一体化钻机。

2 研究内容

2.1 主要研究内容

2.1.1 钻机无人值守系统

选择使用阿特拉斯 CDM75E 电钻进行研究,并设计了钻机无人值守系统,包括遥控状态和自动驾驶状态的功能。车载智能控制系统通过环境感知获取当前位置与环境信息,并结合爆区自动布孔系统的布孔信息,在高精度定位辅助下控制钻机完成无人值守钻孔的功能。在遥控状态下,操作钻机完成无人值守下的钻孔工作;在自动驾驶状态下,通过智能运动控制系统、多传感器数据信息和智能控制算法,自动生成可靠的运行指令,独自完成钻孔作业[4]。系统示意图见图 1。

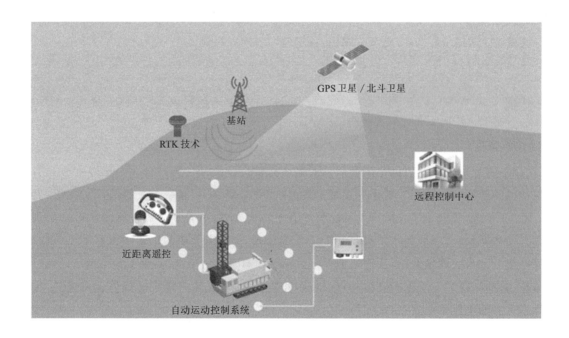

图 1　钻机无人值守系统示意图

2.1.2 钻机智能控制技术

钻机智能控制技术包括电控系统、车载智能控制系统和远程遥控技术。车载智能控制系统结合环境感知系统、多传感器数据和智能算法,在精确导航定位的条件下,自动生成运行指令;在遥控状态下,可以接收遥控端的控制指令完成钻孔作业。远程控制中心可通过高性能无线通信系统远距离控制钻机,即使在无人值守情况下也能完成钻机作业。环境感知技术、高精度定位技术、高性能无线通信技术、视频监控技术和车载信息采集技术,均用于提供有利的参考,实现钻机无人值守自动导航运行和安全监测。系统框架示意图见图 2。

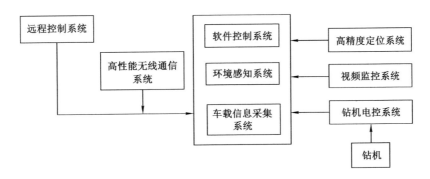

图 2　钻机控制系统框架示意图

2.2　技术难点

技术难点包括以下方面:

(1) 钻机作业平盘安全性检测,避免遇到断层、障碍物等危险。

(2) 钻孔阻力、深度检测,在无人值守情况下如何判断阻力大小和准确获取钻孔深度信息。

(3) 电缆线管理,需要实时控制电缆线长度,避免影响工作进度。

(4) 钻机故障监测与处理,需要解决无法判断和及时停机的问题。

(5) 针对生产过程中的各种突发状况,需要制定应急预案。

3　重点技术研究

3.1　车载智能控制系统设计

3.1.1　电控系统设计

钻机电控系统包括单片机、通信模块和继电器模块。它的功能是接收车载智能控制系统发出的指令,然后通过继电器或模拟量输出信号来控制钻机液压系统,从而使钻机动起来[5]。

(1) 主要组成部分

① 单片机控制芯片:STM32F103ZE 系统单片机。

② 通信模块:具体通信内容主要包括控制反馈信息及运行指令。

③ 电路控制模块。如图 3 所示。

(2) 主要控制过程

电控系统完成的控制过程包括:钻机在无人值守状态下位移到目标钻孔—钻机水平位置找正—钻孔。具体如下:

① 钻机位移。控制过程如图 4 所示。

② 水平位置找正。控制流程如图 5 所示。

③ 钻机钻孔。控制流程如图 6 所示。

④ 钻机换杆。控制流程如图 7 所示。

3.1.2　车载智能控制系统主要组成部分

① 嵌入式控制芯片:DSP C66x ＋ ARM CORTEX A9。

② 通信模块。

③ 辅助系统:包括不间断电源 UPS 等。

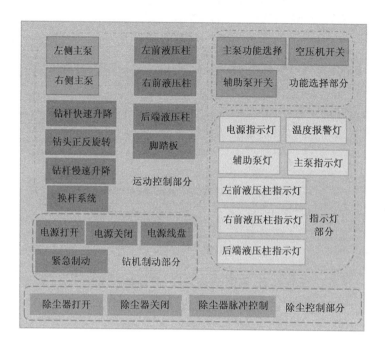

图 3　电路控制组成部分

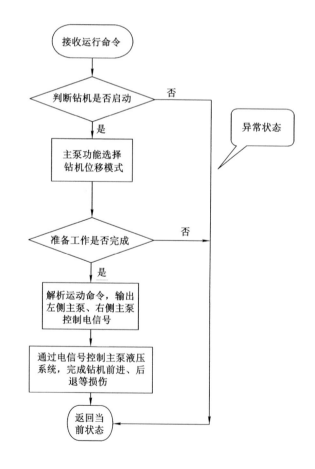

图 4　电控系统控制位移过程

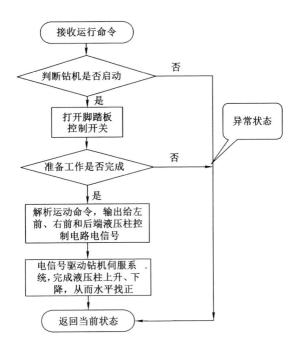

图 5　电控系统控制水平找正流程

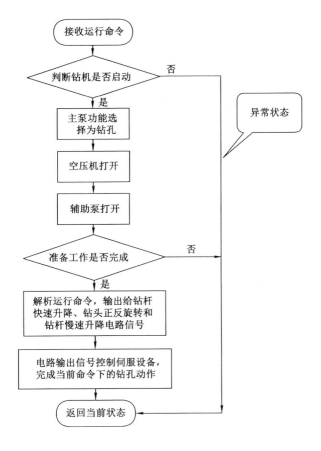

图 6　电控系统控制钻孔流程

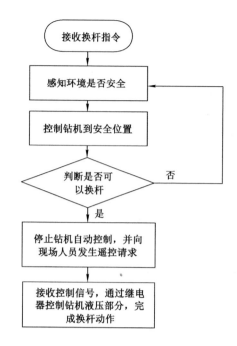

图 7　电控系统控制换杆流程

④ 功能模块。如图 8 所示。

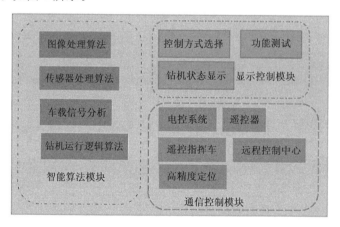

图 8　车载智能控制系统功能模块

3.2　远程控制中心设计

3.2.1　整体设计成果

钻机远程遥控操作台如图 9 所示。

操作台分为两个部分:显示器部分和操作面板部分(见图 10)。左侧的显示器主要显示钻机当前的环境工作信息,包括周边信息、作业信息和钻机驾驶室信息。右侧的显示器分为左右两部分:左侧主要是钻机高精度定位导航地图,显示钻机状态情况,包括行走、钻孔和水平找正,其中左下角显示当前钻机水平状态情况;右侧主要显示现在钻机当前状态参数情况,包括钻机 24 V 电源、支腿、风门、喇叭等的状态,定位维度、精度等参数,以及进给压力、旋转压力等仪表盘参数信息,供远程控制人员操作使用。详见图 11,图中的数值显示主要为钻机的经纬度,钻机水平位置,孔深编码器,线盘编码器,目标孔深打孔传感器等;黄色模块表示钻机实时

图 9   主控制台

位置,左上角显示经度、维度和速度;白色点表示布孔地图的钻孔目标位置和编号,按顺序排列;红色连线指距离第一号钻孔的直线距离[6]。

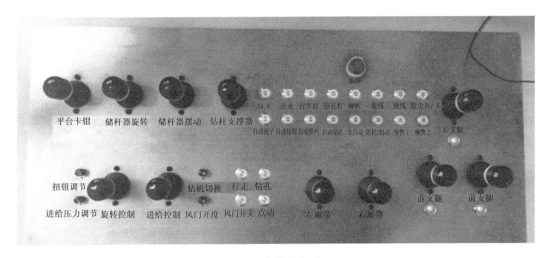

图 10   操作台部分

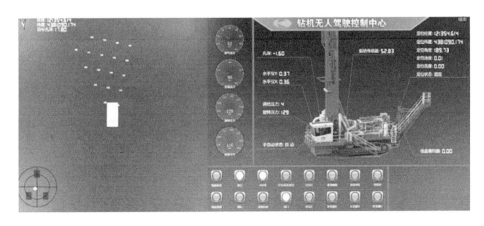

图 11   远程操作系统软件界面

3.3 环境感知系统设计

在一定范围内,钻机无人值守状态下完成对钻机的控制,需要自动控制系统具备环境感知的功能,即自动分析周边环境信息,生成运行命令和钻孔命令。

3.3.1 主要组成部分

(1) AI 边缘智能控制系统。

(2) 视频图像处理系统。

(3) 毫米波雷达。

3.3.2 功能说明

使用高清摄像头和毫米波雷达构建环境感知系统,获取钻机三维地图并识别障碍物和断层,以确保作业安全[7]。将环境信息输出到智能控制系统中的算法,得到准确的钻机运行指令。

3.3.3 设计成果

钻机车载智能控制系统主要由 AI 边缘智能控制盒组成。AI 边缘智能控制盒主要放置在车载智能控制系统终端,如图 12 所示。

图 12 AI 人工智能控制盒

3.4 高精度定位技术

高精度定位系统由差分基准站、车载 GPS 定位系统等组成。钻机无人值守状态下,输出准确的定位信息和布孔信息到车载智能控制系统,完成当前任务下的布孔作业[8]。

3.4.1 主要组成部分

(1) 三角定位算法。

(2) 定位差分系统。

(3) 爆区自动布孔。

3.4.2 功能说明

结合高精度定位技术、三角定位算法、三维导航算法和差分数据处理技术,实现高精度定位系统的功能,并能通过指令精确控制钻机自动运行的导航姿态,实现钻机无人值守自动导航运行和对孔,满足高效、精确要求。

系统使用高精度 GPS(定位精度达<2 cm)和三维导航算法,使导航精准度大幅提升(精度达±5 cm)。导航定位过程如图 13 所示。

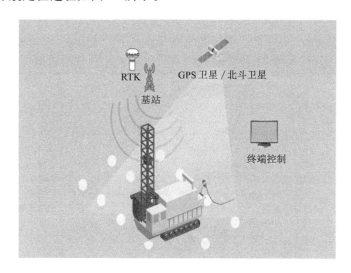

图 13 高精度定位系统

3.4.3 定位系统安装搭建

高精度定位系统主要采取以北斗通信为主,GPS 等其他通信方式相辅助的多数据通信方式,极大地满足了现场通信稳定性的要求。

钻机端定位系统分为两部分,接收器主要安装在钻机驾驶室内部,而外部定位天线安装在驾驶室棚顶,如图 14 中所示。高精度定位天线采用双定位天线方式,提高了系统定位的精度和稳定性[9]。

图 14 高精度定位天线

3.5 高性能无线通信设计

为保证遥控器、远程控制中心与无人值守钻机之间数据通信的稳定,采用 4G＋数字电台双冗余无线网络的方式(可选择 5G＋电台),使用多网并行的手段,保证通信准确可靠。

3.5.1 主要组成部分

（1）宽带电台。

（2）4G LTE 通信。

（3）5G 通信。

3.5.2 功能说明

保证了远程控制中心、遥控指挥车和遥控器与车载智能控制系统之间数据传输的稳定性和实时性，支持网络对讲、视频、图片等多种数据的传输。系统结构如图 15 所示。

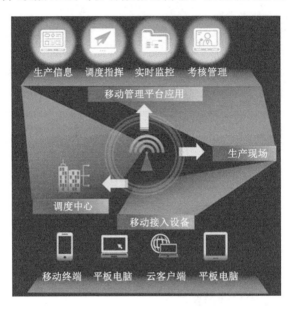

图 15　高性能无线通信系统通信传输

3.5.3 设备安装

在钻机驾驶室外，以及在东露天矿集装箱处安装宽带电台、5G 通信设置，具体安装情况如图 16 所示。

图 16　高性能宽带电台设备

将基于宽带无线电台的通信系统，最大通信带宽可以达到 100 M，完全满足当前单台钻机的视频传输要求[10]。

3.6　视频监控技术

3.6.1　主要组成部分

（1）防尘工业摄像头。

（2）车载硬盘录像机。

3.6.2　功能说明

将车载摄像头安装在钻机周围和驾驶室内部,用于监控钻机的作业环境,并将视频信息通过高性能无线通信系统发送到远程控制中心、遥控指挥车上,满足视频采集功能要求,如图 17 所示。

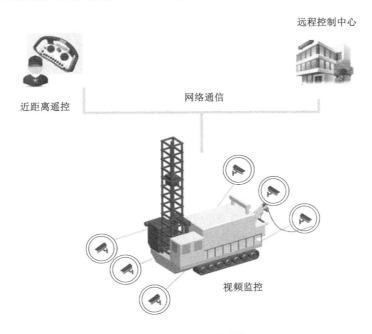

图 17　视频监控系统

3.7　车载信息采集系统

3.7.1　主要组成部分

（1）振动传感器。

（2）编码器。

（3）压力变送器。

3.7.2　功能说明

通过传感器获取钻机状态信息,包括钻机电源电压状态信号、空压机温度值、液压泵温度、空压机压力、钻杆进给压力、钻头回旋压力、钻杆振动信号、钻杆深度信号以及驾驶室内的指示灯信息。将这些信息反馈到钻机控制系统,通过运行逻辑算法得到运行指令[11]。

4　项目创新点

4.1　钻机作业平盘安全性检测技术

利用雷达和视频图像系统建立三维地图并获取环境信息,通过车载控制系统计算出安全的行进路线以避免撞上障碍和越界风险。同时,利用视频监视系统对前方路况进行识别,对路障进行分类识别。基于倾角仪传感器,对钻机的水平倾角进行监测,当倾角大于标准值时,停止钻机运行,以保证钻机的安全。见图 18。

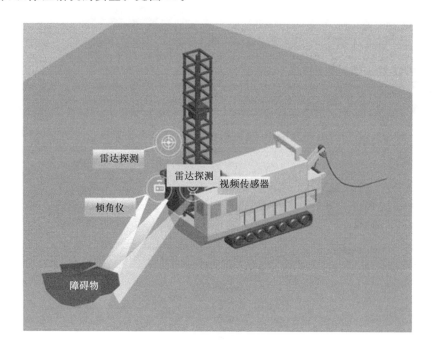

图 18　避开障碍问题解决示意图

4.2　钻机作业的钻孔阻力、深度检测

在钻杆上安装位移和速度传感器,通过多源信息融合技术将辅助信息与振动检测结合,及时准确地反馈当前钻头的阻力情况。利用增量式位移传感器和测距传感器实现自动监测钻孔深度,精度高(<10 cm),满足控制系统的运行要求,为后期爆破提供基础,并避免因不合格的钻孔深度导致炸药的浪费,节省成本[12]。

4.3　钻机作业行进中的电缆管理

在钻机后部盘线轴上方设置电缆支架,将电缆托高,增加安全距离,减少履带碾压电缆的可能性。利用视频监测技术对电缆进行监测,控制电缆线收放,避免电缆线过长引起安全问题。合理安排行车路线,避免钻机对电缆产生影响和碾压等问题。见图 19。

4.4　应急预案技术

为保障正常生产和安全,制定了应急预案,在发生各种突发情况时,从发生原因、系统自动处理和如何恢复运行三个方面来实施。主要情况包括:服务器和网络故障、关键设备通信中断、钻机运行故障以及障碍物处理。若发生故障,系统会进行自动处理或停机,并由相关人员检查故障,排除后重新运行无人驾驶系统进行恢复。

4.5　钻机故障监测与处理

在钻机的驾驶室安装了监测摄像头用于监测钻杆状态,并配合振动传感器共同判断异常情况并停机报警。空压机温度异常、液压油温度及压力等指示灯信号读取异常时,也会停机报警。同时,安装烟雾和温度测量传感器,将信息输出到车载智能控制系统,根据异常情况及时停机和报警。

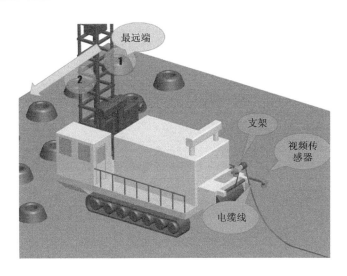

图 19　电缆管理问题解决示意图

5　结论与展望

钻机无人值守系统是用来代替人工操作大型露天矿钻机的系统。它由两部分组成:改进过的主体钻机部分和无人值守控制技术部分。改进后的钻机不需要特殊定制,通过多种技术应用可以自动运行和安全管理。这个系统的开发促进了无人驾驶技术的发展,并解决了布孔环境恶劣对施工人员身心健康的影响问题。同时也减少了工作强度和企业人工成本,实现了布孔作业的自动化和高效。这个系统每天可以完成 1 200 m 左右的进尺量,极大地提高作业效率,并且在之后可以一人操作三台或者多台钻机,节省人员成本,提高使用效率。

参考文献

[1] 张启君.对开发旋挖钻机的几点看法(2)[J]工程机械,2005,36(9):51-53.

[2] 梁喜佳,张洪伟.浅析机械设计制造及其自动化的特点与优势及发展趋势[J].科技创新与应用,2016(6):126.

[3] 郭守山.具有负载敏感特性的旋挖钻机回转定位系统的研究[D].长春:吉林大学,2009.

[4] 柳波.旋挖钻机钻孔作业系统节能控制的研究[D].长沙:中南大学,2007.

[5] 何立民.单片机高级教程:应用与设计[M].北京:航空航天大学出版社,2000.

[6] 刘海瑞,邹上元,刘艳梨.电力系统运行中电气自动化技术的应用策略分析[J].大众标准化,2019(15):42,45.

[7] 李彦.数据采集技术[M].长沙:国防科技大学出版社,1988.

[8] 李雪琴.信息化时代机械设计制造中人工智能技术浅析[J].信息与电脑(理论版),2019(16):130-131.

[9] 胡汉才.单片机原理及其接口技术[M]北京:清华大学出版社1996.

[10] 李涛.电力系统中的电气自动化的应用[J].电子技术,2020,49(2):84-85.

[11] 张毅坤,陈善久,裘雪红.单片微型计算机原理及应用[M].西安:西安电子科学出版社,2002.

[12] 孙震.电力系统中电气自动化技术的应用[J].数字技术与应用,2021,39(8):51-53.

附　录

2012—2023 年现场会主旨报告

(2012 年全国煤矿复杂难采煤层开采技术交流大会主旨报告)

践行科学发展观 大力推动煤炭工业科技进步 促进煤炭工业可持续健康发展

中国煤炭工业协会

一、煤炭工业面临的形势和任务

(一) 改革开放使煤炭工业取得了辉煌成就

改革开放 30 多年来,我国煤炭工业取得了举世瞩目的辉煌成就。近几年来,在煤炭市场的强劲拉动和国家政策支持下,煤炭开发建设步伐加快,产量稳步增长;全国煤炭产量由 1978 年的 6.18 亿 t,提高到 2012 年的 35.2 亿 t,翻了两番多,我国成为世界第一产煤大国,为国民经济的高速发展提供了有力支撑。在产量提高的同时,煤炭产业集中度得到了大幅度提升。全国 63 家大型煤炭企业集团产量达到 14.76 亿 t,占全国总煤炭产量的 52.85%。

2011 年,我国煤矿生产力水平有了较大提高,建成了安全高效矿井(露天)420 处,这些矿井的煤炭产量达到 12.66 亿 t,占全国煤炭产量的 35.96%;安全高效矿井的综采机械化程度平均达到 99.84%,综掘机械化程度达到 71.58%;平均综合单产 14.55 万 t/(个·月),平均原煤工效 14.4 t/工,百万吨死亡率仅为 0.02。

2011 年,我国已建成年产千万吨的煤矿 30 座,其中涌现了一批年产达到千万吨水平的综采工作面:神华神东煤炭集团补连塔煤矿综采一队创造了新的世界生产纪录,达到 1 312.397 万 t,该矿综采二队完成 1 035.7 万 t;产量超过 900 万 t 的 5 个综采队分别是神宁集团羊场湾煤矿综采一队(983 万 t)、中煤平朔井工二矿综采队(956.26 万 t)、神东集团上湾煤矿综采队(939.8 万 t)、神东集团万利一矿综采一队(939.7 万 t)、中煤平朔井工一矿综采队(931.6 万 t)。这些综采队均具有年产达到千万吨的生产管理水平和技术装备实力。

科技进步是支撑煤炭工业快速发展的主要动力。目前,我国以煤炭企业为主体的技术创新体系初步建立,攻克了一批行业共性的关键技术难题。我国机械化采煤技术已经达到国际先进水平,能够生产具有世界先进水平的年产 600 万 t 以上的综采工作面成套设备,成功研制了 2 500 kW 大功率电牵引采煤机、世界最大的竖井钻机和年处理 400 万 t 原煤的煤炭洗选装备,具备设计、施工及管理千万吨级煤矿和大中型矿区的能力。我国综合机械化采煤等现代化成套设备得到广泛使用,特殊凿井技术、综采采顶煤技术、高产高效综合配套技术、锚杆支护技术、"三下"采煤技术、瓦斯抽采技术、民用型煤和水煤浆技术等均达到和接近世界先进水平。

随着国家安全生产监督管理体制的不断完善,安全投入的不断增加,煤矿生产技术装备水平的明显提高,全国煤矿安全生产形势稳步好转,事故死亡人数由 2002 年 6 597 人下降到 2011 年的 1 950 人,百万吨死亡率由 4.94 下降到 0.564。

随着煤炭资源有偿使用制度的改革和以市场为导向的多元投融资机制的逐步建立,新发现的煤炭资源不断增加,煤矿产能建设速度加快。我国煤炭订货制度的改革,不断完善的煤炭价格机制和企业科学管理的不断进步,为煤炭工业健康发展注入了活力。

（二）煤炭工业发展面临的挑战与机遇

国际金融危机不仅对世界经济产生了重大影响,也给我国煤炭工业带来严峻的挑战:

一是煤炭需求下降。全球经济下滑,需求萎缩,使我国外贸出口下降,工业生产下行压力加大,主要用煤行业耗煤减少或增幅减缓,加之国际煤炭市场持续低迷,煤炭市场需求增长动力不足。

二是产能过剩凸显。全国新增1.74万亿元的固定资产投资,新建了一大批煤矿,并将在今后两三年内集中释放产能,煤炭市场供大于求趋势明显。

三是资源环境约束越来越大。煤炭资源与区域经济发展和水资源呈逆向分布,形成了"西煤东运、北煤南调"供应格局,大量煤炭长距离输送和转运,给运输方面带来越来越大的压力。

我国煤田地质构造相对复杂,煤层埋藏较深,井工开采比重大,矿井自然灾害多,对煤矿开采技术装备的要求越来越高,安全生产难度越来越大。随着煤炭资源的开发向生态环境脆弱的西部地区集中,以及煤化工产业的大规模发展,矿区生态环境的约束也越来越大,煤炭工业节约发展、清洁发展面临挑战。

四是煤炭产业结构调整任务艰巨。我国煤矿从业人员570万人,人均生产煤炭600多吨;在目前的1.25万处煤矿中,80%以上是小型煤矿,平均单井生产规模不足30万t/a。煤炭经营企业超过8万家,市场经营主体多,竞争无序,有效监管难度大。煤炭工业加快结构调整,淘汰落后生产能力,发展大型煤炭企业集团,建设大型现代化煤矿的任务依然艰巨。

（三）今年煤炭经济的运行情况

关于当前的煤炭市场形势,自去年第四季度以来,受全球性金融危机、欧债等多重因素影响,我国经济增速下行明显,煤炭市场需求增速回落,价格下滑,库存增加,企业应收账款增加。煤炭市场在供求平衡、相对宽松中结构性过剩表现明显。

今年受我国出口增速下降、投资增速放缓、内需拉动不足的影响,加之今年我国江河普遍来水情况较好,水电出力大幅增加,火电发电量增速出现了较大幅度回落;钢铁、水泥等主要耗煤行业产量增幅下降。

今年上半年,全国煤炭消费19.7亿t,同比增长2.8%,增速同比回落6.6个百分点。其中:电力行业耗煤9.9亿t,同比增长2.7%,增幅回落9.4个百分点;钢铁行业耗煤3亿t,同比增长2%,增幅回落2.4个百分点;建材行业耗煤约2.5亿t,同比增长4.2%,增幅回落5.3个百分点。这导致煤炭需求增幅回落,煤炭市场供大于求的趋势明显,引起价格下降、库存增加。

煤炭是我国的主体能源,在一次能源生产和消费结构中长期占2/3以上。2011年,全国煤炭消费总量超过了35亿t,占世界煤炭消费总量的50%左右。煤炭市场供需关系受宏观经济周期性变化、下游行业发展形势等影响,出现周期性或短期的供需宽松、偏紧都属于正常现象。在我国如此巨大的煤炭消费规模情况下,时段性、区域性、品种性的市场过剩与长期的总量不足问题将同时存在。

造成今年本轮煤炭市场供需宽松态势的主要原因有:一是宏观经济下行影响;二是近年来全国煤炭需求持续旺盛,拉动全国社会煤矿建设投资大幅增加,形成了较大的煤炭产能。根据国家统计局数据,1949—2010年,全国煤炭采选业固定资产投资共完成1.72万亿元,其中,"十五"期间完成2 253亿元,"十一五"期间完成1.25万亿元。2006—2011年,全社会煤炭固定资产投资总额完成1.74万亿元。三是煤炭进口量大幅增加。自2009年我国成为煤炭净进口国以来,进口量逐年大幅增加。2011年,我国煤炭净进口量达到了1.68亿t;今年1至9月,煤炭净进口量约为2亿t,同比增加了6 000万t,增长44%。

当前,在国际金融危机继续蔓延的形势下,我国煤炭工业正处于挑战与机遇并存的关键时期,煤炭经济运行进入下行周期,需求减缓,也为煤炭行业结构调整、转变经济发展方式创造了条件。

(四)煤炭工业的发展思路

中国能源资源条件决定了在较长时期内,以煤为主的能源结构很难改变,目前新能源和可再生能源的替代作用还不明显,有关研究机构预测,到2020年,中国煤炭需求量将达到40亿t以上。我们在应对金融危机挑战的同时,要科学谋划煤炭工业的长远发展,做到未雨绸缪。

一是在产业发展思路上,要综合考虑煤炭资源条件、矿区环境容量、煤矿科技水平和灾害防治能力、煤炭运输条件等,确定科学经济的煤炭产能。要加快大型煤炭基地建设,配套建设铁路运输、基础设施,以及大型坑口电厂和循环经济项目建设,带动产业集群发展。要加快推进大型煤炭企业集团发展。支持优势企业兼并重组中小企业,鼓励相关行业企业间强强联合,组建战略联盟,推进产业结构调整,努力打造具有国际竞争力的大型煤炭企业集团。要推进安全高效矿井建设,加快淘汰落后生产能力。有条件的地区,要积极推进千万吨矿井(露天)和千万吨采煤工作面的建设。

二是在推进行业科技进步上,要加快高精度煤炭地质勘查技术的攻关和先进技术的推广应用,提高煤炭资源勘探精度;加快我国深部煤田建井技术攻关,提高东部地区煤炭持续生产供应能力;加快大型煤矿技术装备研发,努力提高大型、重型煤矿技术装备的制造能力,促进煤矿生产的信息化和现代化。积极推进煤炭资源综合开发,清洁生产,有效控制煤矿瓦斯排放,提高煤层气开发利用水平;加大煤炭转化技术攻关,实现煤炭清洁利用;鼓励与煤伴生资源和二次资源的综合利用,提高资源利用率。

三是在构建煤炭安全稳定供应体系上,要树立大市场、大流通观念,加快推进全国煤炭交易中心和区域性储备中心建设,适时推出煤炭期货市场,鼓励发展电子商务,培育现代煤炭市场体系。加强规划指导,推进资源整合,积极调整煤炭与相关产业布局。控制资源投放节奏、完善资源一级市场管理。建立资源储备制度,加强市场监管。加快垄断行业改革,推进煤与相关产业协调发展。坚持推进煤炭价格市场化。鼓励煤炭供需双方自主协商、自主定价,建立真正反映市场供需关系和资源稀缺程度的价格形成机制,理顺煤炭与相关能源产品的价格关系。

四是在保障煤矿安全发展上,要进一步强化企业安全生产责任,落实企业法人负责制。加大安全投入,深化隐患排查治理。加强安全培训,提高矿工安全素质。积极推广应用安全可靠技术,大力推进安全质量标准化矿井建设,有效遏制重特大事故,实现安全生产状况的稳定好转。

二、我国难采煤层开采技术的现状和发展

在20世纪90年代初期,我国原煤产量就超越了美国,成为世界第一产煤大国,2011年全国原煤产量为35.2亿t,同比增长8.7%,约占全球煤炭产量的50%。在近年来煤炭产量持续大幅度增长的情况下,2011年全国煤矿共发生事故1 200起、死亡1 950人,同比分别下降14.5%和19.9%。

我国多数矿区自然灾害严重,地质构造复杂,开采条件与世界主要采煤国家相比,属于中等偏下水平。在全国原煤产量中,井工矿产量占90%,露天矿产量仅占10%。高瓦斯和煤与瓦斯突出矿井数量达到3 000多处,煤矿开采深度平均达400 m以上,开采深度超过千米的生产(在建)矿井达到 47 处。随着矿井开采深度的增加,冲击地压、地温对煤矿安全生产和职工劳动强度的影响逐年加大,煤矿复杂难采煤层不断增多,制约着企业的安全生产和经济效益的提高。

今年 9 月 20 日,国土资源部颁发了《煤炭资源合理开发利用"三率"指标要求(试行)》,将煤矿采区回采率、原煤入选率、煤矸石与共伴生矿产资源综合利用率确定为评价煤炭企业开发利用煤炭资源效果的主要指标。为贯彻落实这项煤炭产业政策和《煤炭工业发展"十二五"规划》,提高资源回收率和采掘机械化水平,实现煤矿安全高效开采和清洁利用,中国煤炭工业协会决定召开全国煤矿复杂难采煤层开采技术交流大会,会前征集了一批复杂难采煤层开采技术的优秀论文。我们已汇编成册,印发给大家作为参考。

这次大会共安排了 15 个专题发言,作者大多数是在煤矿一线从事生产和技术管理工作多年的总工程师和生产部长、科长,还有科研院校的专家学者,他们都具有丰富的理论与实践经验。其中有:短壁工作面的开采技术;薄煤层开采技术;海下采煤技术;放顶煤开采技术;煤矿支护技术;煤与瓦斯突出防治技术;大倾角综放开采技术;"三软"大采高开采技术;顶板水害防治技术;急倾斜煤层开采技术;复杂厚煤层瓦斯防治技术;薄煤层采煤机关键技术;巷道支护技术等。这批优秀论文和专题发言内容丰富,数据翔实,资料可靠,结论比较客观,具有重要的参考价值和现实指导意义。

我国在薄煤层开采方面,近年来开采技术和装备水平有了很大提高。例如:2011 年山东能源枣庄矿业集团滨湖矿综采队在煤层平均厚度 1.25 米条件下,采用 ZY400-0.9/2.0 型液压支架和 MG200/456-WD 型采煤机,全年生产原煤 99.25 万 t,创造了全国薄煤层工作面厚煤产量最高生产纪录;兖矿集团北宿矿采煤二队在煤层平均厚度为 0.93 m 条件下,采用高档普采工艺,全年生产原煤 60.05 万 t;广西百色矿务局东怀煤矿综采二队在煤层平均厚度为 1.5 m 条件下,全年生产原煤 55 万 t。

在倾斜和急倾斜煤层开采方面,采煤工艺有了新的突破。例如:甘肃华亭砚北煤矿综采一队在煤层平均倾角 41°、最大倾角 52°、煤层平均厚度 48 m、最大厚度 60 m 条件下,采用倾斜水平分段综放开采工艺,全年生产原煤 192.5 万 t,创造了 2011 年全国倾斜难采煤层工作面最高生产纪录。

在快速掘进方面,近年来很多矿井的单进水平都有了较大幅度的提高。2011 年全国共有神东集团锦界煤矿、大柳塔矿、内蒙古伊泰集团大地精煤矿、伊泰同达丁家渠矿、陕煤神南红柳林矿、山西焦煤汾西中兴矿、潞安王庄矿等 14 处矿井的 27 支综掘队(连采队)平均单进超过了 1 000 m/(个·月);最高月进尺 1 986 m/(个·月)是由内蒙古伊泰集团大地精煤矿创造的;最高日进尺 90 m/(个·日)是由神华神东煤炭集团锦界煤矿连采三队所创造的。

2012 年 10 月 23 日,国家安全监管总局办公厅印发了《2012 年安全生产重大事故防治关键技术科技项目的通知》(安监总厅科技〔2012〕148 号),其中包括:山西省高瓦斯易自燃煤层开采瓦斯与火协同防治技术;低透气近距离煤层群瓦斯综合治理技术;煤与瓦斯突出防治技术;安徽省千米深井高应力软岩巷道支护技术;福建煤矿水害防治关键技术;山东省千米深井巷道安全高效支护体系;河南省地面钻孔抽采瓦斯技术;深部开采冲击地压防治方案;等等。这批关键技术科技立项与攻关是煤矿安全生产重大事故防治的重要举措,请各地区、各企业一定要认真组织实施。

我们一定要坚定信心,积极应对挑战,努力践行科学发展观,加快结构调整步伐,推进经济发展方式转变,大力推动科技进步,促进煤炭工业可持续健康发展。

（2013 年全国煤矿千米深井开采技术座谈会主旨报告）

践行科学发展 加快技术创新
为推动深部煤炭资源安全高效开采而不懈努力

中国煤炭工业协会

一、煤矿千米深井建设与开采取得积极进展

"十五"以来，随着煤矿开采深度的不断增加，开采条件日趋复杂，我国几代煤炭人励精图治，克服重重困难，在深井开采与灾害治理方面取得积极进展。

（一）资源勘探技术取得突破，深部资源地质保障能力大幅提高

地面与井下探测相结合，利用物探、钻探、巷探综合技术，基本能够探明 1 000 m 深度以内落差 3~5 m 以上的断层和直径为 20 m 以内的陷落柱；研制出了防爆大透视距离无线电波透视系统和矿井多波地震仪，实现了对工作面前方 120 m 范围的地质构造探测；推进"以地震为主导，多手段配合，井上下联合"立体式综合资源勘探模式，煤矿地质保障技术体系初步形成，为深井建设与开采提供了基础保障。

（二）深井建设技术逐步成熟，我国特殊凿井技术达到国际领先水平

"十一五"期间，新汶矿业集团联合煤科总院等科研单位，在国内外首次解决了近 600 m 深厚冲积层中钻井法凿井井壁结构及钻井工艺的关键技术难题，使我国钻井法凿井技术水平实现一次大的跨越，是钻井法凿井技术研究的重大突破，对全面开发巨野矿区等深厚冲积层的矿井有重要意义。淄博矿业集团唐口煤矿，为期 6 年的设计建设，其工业广场内 3 个井筒均超过千米，取得了"一破世界纪录、五创全国纪录"的好成绩。淮南矿业集团深井安全高效建设产业创新团队，积极开展技术创新，加大建井关键技术攻关，井筒施工工期由过去的 9~14 年缩短到 2.5~4 年。华亭煤业集团核桃峪煤矿副立井井筒冻结深度达 955 m，创造了国内外同类冻结施工最深纪录，填补了我国在千米深井封水冻结方面的技术空白。深厚冲击层千米深井快速建井关键技术研究、快速施工成套装备研制、井筒装备一次成井安装工艺技术取得新进展，立井施工已取得多部工法，为推进我国千米深井煤矿建设提供了有力支撑。

（三）深部开采科研平台建设进展顺利，深部开采研究成效明显

国家针对深部开采中的重大工程灾害与安全保障技术相继建立了一批深部开采科研平台。在我国建立的 20 个从事煤炭科学研究的科研中心中，有 5 个国家重点实验室、1 个国家工程实验室和 4 个省部级实验室进行深部煤炭资源开采相关研究，所占比例为 50%。

山东能源集团依托国家级企业技术中心、博士后科研工作站、省级冲击地压控制工程研究中心等平台，积极筹建冲击地压、充填开采两个国家级工程研究中心。在深井快速建设，冲击地压、煤与瓦斯突出等动力灾害，软岩支护，煤与瓦斯共采，深井高温热害、水害防治等方面，新汶、淮南、淮北、淄博等地的企业，中国矿业大学、煤炭科学研究总院、中国科学院武汉岩土力学

研究所、北京科技大学、山东科技大学、安徽理工大学等各科研院所和高等院校,进行了大量的基础研究和技术创新实践,获得国家技术发明奖 1 项、国家科学技术进步奖 12 项、教育部科技进步奖 5 项、中国煤炭工业协会科学技术奖特等奖和一等奖计 18 项,参与单位 70 余家,成果显著。

(四)深部开采技术不断创新,灾害治理工作取得积极进展

一是在冲击地压、煤与瓦斯突出等动力灾害方面。中国矿业大学针对煤矿冲击矿压频发、预测准确率低、防治有效性差的问题,首次从理论上建立了煤岩电磁辐射的力电耦合理论模型和冲击矿压统一预测准则,发明了冲击矿压的电磁辐射实时监测预警技术和装备,实现了对冲击矿压的非接触、定向区域、在线式监测及分级预警。淮北矿业集团等单位结合我国煤矿瓦斯赋存特点,选择淮北、郑州和阳泉矿区为试验矿区,采用理论分析、物理模拟、数值模拟及现场工业试验相结合的方法,开展"深井突出煤层区域性瓦斯灾害防治关键技术及应用"技术攻关,构建深井突出煤层区域性瓦斯灾害综合治理技术体系,系统地解决了深井突出煤层安全开采的重大技术难题。北京科技大学以抚顺老虎台等矿为依托,对矿震和岩爆进行定量预测,首次建立了开采扰动模型,揭示了矿震发生规模与开采深度、开采量、断层构造和应力环境的关系,为定量预测矿震发生时间、空间和强度开辟了有效途径。

二是在软岩支护方面。淮南市人民政府、淮北市人民政府、中国矿业大学、山东科技大学携手合作,通过对高应力极软岩工程锚注支护机理及技术研究,在国内外首次研制成功的外锚内注式注浆锚杆和可控压内注浆锚杆,并获得了国家专利。该项技术成果历时 10 年,先后在全国 15 个矿区大规模推广应用,锚注支护巷道累计长度为 17.5 万 m,节约资金达 4.9 亿元。中国科学院武汉岩土力学研究所等揭示了深部岩巷底鼓破坏机理,创新发展和系统集成了千米深部岩巷稳定性分步联合控制成套技术。研究成果在淮南、平顶山、徐州、淮北、新集等矿区约 50 万 m 深部岩巷中得到推广应用,取得了显著的社会和经济效益。

三是煤与瓦斯共采方面。"十一五"期间,煤矿瓦斯治理国家工程研究中心联合安徽建筑工业学院、中国矿业大学等多家企业和科研院所,在卸压开采抽采瓦斯技术的基础上,将瓦斯治理、巷道支护、煤炭开采、工作面降温等安全技术难题统筹考虑,开展低透气性煤层群无煤柱煤与瓦斯共采理论、方法和技术研究,创新发展了深井强动压沿空留巷围岩结构稳定性控制等 3 项留巷钻孔煤与瓦斯共采技术,把瓦斯当成一种资源,实现了煤与瓦斯共采,控制了瓦斯超限,提高了资源的回收率。

四是高温热害防治方面。深部高温热害问题向下每增加 100 m,温度就会提高 2.5～3 ℃。在引进德国气冷和南非冰冷技术的同时,中国矿业大学(北京)创新性地提出利用矿井涌水中的冷能和全风模式,为深井高温热害治理开辟了新的技术途径。山东能源集团积极参加"矿井降温技术规范"行业标准起草,并建立了矿井降温技术研发基地,并把自主研发的冰冷低温辐射降温技术进行推广,承担了国内 31 个矿井的降温工程。

五是在水灾防治方面。新汶矿业集团结合矿井实际,建立了独具特色的深井高承压水开采防治水安全保障体系,确定了采区水文补勘—开采预评价—采区设计—采区开拓—采前工作面物探—钻探验证—疏水降压—防水安全评价的工作程序,通过物探、钻探、评价三个手段,构建水文观测网、疏排水、应急救援三个保障系统,做好采前预评价、采中动态评价、采后总结评价三个阶段评价工作,保证了深井高承压水的安全开采。焦作煤业集团等针对赵固矿区 2^{-1} 煤层复杂水文地质条件,通过实验室试验、理论分析、数值模拟和现场测试,系统研究了工作面突水可能性、高水压工作面底板注浆加固技术,成功总结了在采动影响下活化导水的机理

及高水压工作面防治水保障技术措施。

六是在煤矿灾害预警预测方面。通过行业共同努力,煤与瓦斯突出机理研究取得了新进展,提出了"煤与瓦斯突出的力学作用机理"学说;初步掌握了煤矿采动影响区应力场、裂隙场和水及瓦斯流动场的形成特征和分布规律,提出了矿井突水的水文地质结构模式及形成条件;开发出了基于工业以太网和现场总线为一体的新一代煤矿安全监控系统,实现了煤矿井下多系统融合和瓦斯灾害预警;创立了煤炭自燃新理论体系,建立了煤自燃倾向性鉴定方法。

(四)开采技术与成套装备研发取得进展,为深井安全高效开采提供了装备保障

自主研制的年产 600 万 t 综采成套设备工作面单产达到 1 025 万 t/a;煤巷掘进月成巷速度突破千米大关,平均 300～500 m/月,煤矿开采技术经济指标不断提高。通过研发资源高效采选关键技术与装备,为深井安全高效开采提供了装备保障。针对深部大倾角煤层综采和综放开采,新汶华丰煤矿、肥城陈蛮庄煤矿千米深井大倾角综采和葛亭煤矿大倾角综放工作面液压支架进行了创新研制,创新构建了大倾角煤层综采综放工作面支护系统,创新设计了"自撑—邻拉—底推—顶挤"刚柔并行的液压支架防倒防滑装置,解决了大倾角煤层综采综放开采工作面支护的关键技术难题,实现了大倾角煤层综采综放工作面的安全高效开采。针对深井薄煤层开采,天地科技股份有限公司与峰峰集团、淮南矿业集团、兖矿集团等企业合作,自主研发了适应性好的基于滚筒式采煤机的薄煤层自动化综采成套技术和装备,实现了薄煤层工作面全自动化综采。

总的来看,经过煤炭企业、科研院所及制造厂家和广大工程技术人员的共同努力,我们煤矿千米深井开采取得了长足发展。煤矿深井开采深度不断延伸,目前平均采深已达 500多米,深井数量不断增多。据统计,国有重点煤矿中,东北、华北、华东 43 家煤炭企业 300余座煤矿采深超过 600 米,采深超过千米的矿井 47 处,生产能力为 9 456 万 t/a,平均深度为 1 086 m,平均产能为 207 万 t/a。这些矿井大多位于经济较发达的东部地区,为促进当地经济发展和能源供应,保障矿区和谐稳定发挥了重要作用。

二、我国煤矿深井开采面临的形势

在肯定我国煤矿千米深井开采取得成绩的同时,我们必须清醒地看到深井开采面临的突出问题和严峻挑战。

(一)多数矿区深部难采煤层随开采年限增长而日趋增多

在 20 世纪 90 年代初期,我国原煤产量就超越了美国,成为世界第一产煤大国,2012 年全国原煤产量为 36.5 亿 t,约占全球煤炭产量的 50%。由于开采强度加大,一些开采年限较长的煤矿,矿区浅部资源基本开采完毕,剩余资源多集中在深部,其中以大于 1 000 m 深度居多。目前统计的全国 47 个超千米的深井中,江苏 7 处、山东 21 处、河北 4 处、河南4 处、安徽 6 处、黑龙江 2 处、吉林 2 处、辽宁 1 处。井深在 1 000～1 200 m 之间的矿井有40 处,井深超过 1 200 m 的矿井有 7 处,其中最深的矿井位于山东新矿集团孙村煤矿,井深为 1 501 m。随着我国煤矿的高强度开采,深井数量由 2004 年的 8 处增加到 2012 年的47 处,未来将有更多煤矿采深超过 1 000 m。

(二)深井开采灾害严重

与浅部煤层相比,随着埋深的增加,煤层赋存条件急剧恶化,地压大、瓦斯高、地温高等地质危害,导致深部开采过程安全隐患增加,开采成本升高。

1. 冲击矿压频率和强度增加

冲击矿压与采深有密切关系,随着开采深度的增加,冲击矿压发生的频率、强度和规模会随之上升。同时,冲击矿压有可能与煤及瓦斯突出、承压水问题等灾害相互叠加、相互作用,互为诱因,使灾害的预测及防治更为复杂困难。

2. 煤与瓦斯突出危险性增加

随着采深的增加,地应力增大,高瓦斯矿井瓦斯压力迅速增加,致使煤与瓦斯突出危险增加。在深部高应力作用下,煤岩体中积聚了大量的瓦斯气体能量,受采掘扰动,压缩气体急剧释放,导致围岩结构瞬时破坏而产生煤与瓦斯突出,突出强度和频度随采深增加而明显增大。

3. 采场矿压显现强烈

深部煤岩体的应力环境、变形与破坏特性较浅部煤岩体发生了显著变化。深层煤岩体所处环境地应力高,构造应力场复杂。岩体的变形特性发生了根本变化:由浅部的脆性向深部的塑性转化;岩体变形具有较强的时间效应;岩体的扩容现象突出;岩体变形具有不连续性,巷道围岩变形量大。随着采深的增加,采场矿压显现强烈,表现为围岩剧烈变形、巷道和采场失稳,并发生破坏性的冲击地压,加大了顶板管理难度,增加了支护成本。据部分统计,深部巷道实际返修比例高达 90% 以上。不仅使巷道维护费用大大增加,而且造成矿井生产系统不畅,运输能力不足,风、水、电系统脆弱等一系列问题,成为矿井安全生产的重大隐患。

4. 突水危险性增加

随着矿井开采深度增加,由于高应力和高地温的作用,水在裂隙中的流动特征发生明显变化,奥灰水压持续升高,承压水问题突出,突水概率也随之增大。

5. 煤层自燃倾向强烈

随采深增加,地温增高。在深部较高的温度环境下,更容易造成煤层自然发火,导致矿井火灾、瓦斯爆炸等事故的发生。

6. 地温升高,作业环境恶化

《煤矿安全规程》明确规定,采掘工作面空气温度不得超过 26 ℃,硐室的空气温度不得超过 30 ℃。随着矿井开采深度增加,高温热害突出。有些千米矿井的岩石温度已超过 40 ℃,甚至达到 50 ℃。地温高并伴有热水涌出。很多采掘工作面气温达到 30 ℃,部分矿井温度高达 35 ℃以上,空气相对湿度为 90 %～100 %。地温升高严重影响矿井的正常生产和工人的身体健康。

（三）开采成本升高,企业负担重

深井开采矿井在处置上述灾害造成成本增加的同时,还要在勘探、巷道支护与维修、提运、通风、压风、排水等增大投入,造成吨煤生产成本大大提高。根据初步统计矿井深度每增加 100 m,吨煤生产成本增加 10%～25%,使得深部开采技术经济指标和经济效益下降严重,企业负担沉重。

三、加强研究,深入推动深部资源安全高效开采

煤炭是我国的主要能源,分别占一次能源生产和消费总量的 76% 和 70.7%。国家《能源中长期发展规划纲要(2004—2020 年)》中已经确定,中国将"坚持以煤炭为主体、电力为中心、油气和新能源全面发展的能源战略"。显然,在相当长的时期内,煤炭作为我国的主导能源不可替代。可是,我国煤炭资源埋藏深度较大,1 000 m 以浅资源量为 2.86 万亿 t,仅占总资源量的51.3％。随着煤矿浅部资源的不断枯竭,往深部延伸是必然趋势。因此,提高我国煤矿千米深井安全高效开采水平,是煤矿安全生产的一个重点和难点,也是煤炭行业可持续发展面临的一个重要课题。

（一）不断完善深部资源安全高效开采技术体系

要深入贯彻煤炭科技"十二五"规划提出的"31898"工作思路,把科技创新摆在煤炭工业发展全局的核心位置,把促进深部资源安全高效开采、保障从业人身安全和职业健康作为主要目标,加快煤炭科技创新体系和协同创新平台建设,坚持把科研的重点放在产业发展前沿,加大科技投入,以企业为主导深化产学研结合,加强基础理论和先导技术研究,努力攻克核心技术和关键技术。要更好地利用国内外在该领域已经形成的技术与装备研发工作基础,做好具有市场前景的重大科技成果转化,开展使用不同地质条件的深部煤炭资源开发技术、工艺体系和关键装备研发,突破新型采煤成套关键技术与装备,建设深部煤炭资源开采示范工程,修订完善开采技术行业标准体系,提升煤矿深井安全开采技术水平,为我国深部煤炭资源开采提供技术支撑,确保国家能源安全稳定供应。

（二）进一步促进深部资源安全高效开采技术体系建设

研究建立高水平的深部开采创新产业化基地,组建由国内煤矿开采知名专家学者和工程技术人员组成的专业化研发团队,构建长效的产学研合作机制,促进深井开采科研成果转化为具有自主知识产权的成套技术和工艺。我会支持山东能源集团建立煤炭工业深井开采工程研究中心,希望山东能源集团联合中国矿业大学、煤炭科学研究总院、开滦集团、淮南矿业集团、龙煤集团等单位,共同把工程中心建成国内外煤矿深部开采领域高新技术和成套装备研究实验基地、产业技术自主创新平台、成果转化中心和高层次人员培训基地,推动煤矿深部资源安全高效开采。

（三）积极开展深部资源安全高效开采智能装备研究

深部开采工作面,对采掘装备的任务适应性、装备可靠性及测控协同性提出了严格要求。要开展深部煤层无人采掘装备关键技术基础研究,创新千米深井安全高效开采技术与装备,研发煤炭深部开采少人值守工作面无人操作综采成套技术与装备。重点研发千米深部煤层无人化综采成套技术与装备、大型矿井工作面高效少人化智能综采技术及装备、薄煤层和复杂难采煤层无人化开采技术及装备,探讨深部大采高充填开采工作面及深部开采矿井清洁生产及环境监控技术与装备研发工作。

（四）积极探讨深井开采政策措施支持力度

针对深部开采中的技术难题,为保证煤矿安全高效生产,应循序渐进,根据当前技术经济发展水平,合理限定采深。随着技术进步和资源开发要求的提高,应加大千米以下深井煤炭开采过程中的岩层控制、瓦斯抽采、水害与热害防治等方面的技术与综采装备的技术创新和研究开发,不断提高我国深部煤炭资源的科学开采。同时共同研究、积极呼吁和争取相关政策、资金的支持,争取国家科技攻关支持,在减少税收和增加财政资金、提高煤矿安全费用提取使用标准等方面给予支持,切实提高深井煤矿防灾能力,降低生产成本,减轻企业负担。

自去年以来,全国煤炭经济运行形势发生了较大变化,煤炭需求放缓,进口煤大幅增加,库存居高不下,价格大幅下降,企业经济效益下滑,煤矿建设投资回落,部分企业出现亏损。面对当前形势,煤炭行业要从打造中国煤炭工业升级版,提升煤炭工业发展的科学化水平的战略高度,认清形势,进一步明确目标和任务,既要关注当前,又要关注中长期发展;既要看到近期煤炭市场供应宽松、结构性过剩的实际,又要认识到我国煤炭短期供应宽松与长期总量不足的矛盾依然存在;要以高度的责任感,处理好个体与群体的关系,要立足"十二五"、展望"十三五"及中长期发展,抓住我国结构调整和转型发展的机遇,把握国内国际煤炭市场的特点,积极应对市场的严峻挑战,适应能源生产和利用方式变革的新趋势。

　　煤炭工业是国家能源的重要基础产业,在当前经济形势下行的大背景下,我们一定要坚定信心,积极应对挑战,努力践行科学发展观,加快结构调整步伐,推进经济发展方式转变,大力推动科技进步,共同搞好我国深部煤炭资源安全高效开采技术攻关,促进煤炭工业可持续健康发展。

（2014 年全国煤矿防尘降尘技术交流会主旨报告）

持续提升煤矿防尘降尘工作水平
倾心构筑矿工生命健康安全屏障

中国煤炭工业协会

一、煤矿防尘降尘是一个十分重要的安全生产和职业健康问题

煤矿在采掘、打钻、喷浆、爆破、转载、运输等多个环节都会产生大量的粉尘。粉尘是指悬浮在空气中的固体微粒（国际标准：粒径小于 75 μm 的固体悬浮物），是煤尘、岩尘和其他有毒有害粉尘的总称。它是煤矿安全生产和矿工职业健康的大敌，我们必须对其危害有足够深刻的认识。

首先，煤尘对煤矿的直接危害就是爆炸，造成重大人员伤亡。

煤尘爆炸必须同时具备 3 个条件：

（1）煤尘：煤尘爆炸指数在 10％以下，不爆炸；10％～15％，弱爆炸性；大于 15％时，强爆炸性。浓度在 45～2 330 g/m³ 时爆炸，浓度在 300～400 g/m³ 时，爆炸性最强。

（2）火源：610～1 015 ℃，多数为 700～900 ℃。

（3）氧气：大于 18％。

在我国，煤矿历史上发生的煤尘爆炸事故，教训十分惨痛：

1942 年 4 月 26 日（日本侵占时期），辽宁本溪湖煤矿柳塘沟井发生瓦斯煤尘爆炸事故，造成 1 549 人遇难、246 人致残，是世界上最大的矿难。

中华人民共和国成立以来发生的 25 起死亡 100 人以上的煤矿事故中，有 13 起是煤尘爆炸和瓦斯煤尘爆炸事故，共造成 2 274 人死亡，平均每起事故死亡 175 人。一般情况下，瓦斯爆炸后，如果煤尘参与，就会造成威力更大、波及范围更广的事故，就会造成更多的矿工伤亡和财产损失。

其中，直接煤尘爆炸的事故有：

1960 年 5 月 9 日，山西大同老白洞矿发生煤尘爆炸事故，造成 684 人死亡（井底车场翻笼产生大量煤尘，遇电机车火花发生爆炸）；

1968 年 10 月 24 日，山东新汶华丰矿发生煤尘爆炸事故，造成 108 人死亡；

2005 年 11 月 27 日，黑龙江七台河东风矿发生煤尘爆炸事故，造成 171 人死亡。

历史上，造成死亡人数在百人以上的瓦斯煤尘爆炸事故还有：

1954 年 12 月 6 日，内蒙古包头大发煤矿发生瓦斯煤尘爆炸事故，造成 104 人死亡；

1960 年 11 月 28 日，河南平顶山矿务局龙山庙煤矿（五矿）发生瓦斯煤尘爆炸事故，造成 187 人死亡；

1960 年 12 月 15 日，重庆中梁山煤矿南井发生瓦斯煤尘爆炸事故，造成 124 人死亡；

1969 年 4 月 4 日，山东新汶矿务局潘西煤矿二号井发生煤尘爆炸事故，造成 115 人死亡；

1975 年 5 月 11 日，陕西铜川矿务局焦坪煤矿前卫斜井发生瓦斯煤尘爆炸事故，造成 101

人死亡；

1981年12月24日,河南平顶山矿务局五矿发生瓦斯煤尘爆炸事故,造成133人死亡；

1991年4月21日,山西洪洞三交河煤矿发生瓦斯煤尘爆炸事故,造成147人死亡；

1996年11月27日,山西大同新荣区郭家窑乡东村煤矿发生瓦斯煤尘爆炸事故,造成114人死亡；

2000年9月27日,贵州水城矿务局木冲沟煤矿发生瓦斯煤尘爆炸事故,造成162人死亡；

2002年6月20日,黑龙江鸡西矿业集团公司城子河煤矿发生瓦斯爆炸事故(有煤尘参与),造成124人死亡。

历史上,国外煤矿发生的煤尘爆炸事故也是惊心动魄的,例如：

1906年,法国吉利耶尔煤矿发生煤尘爆炸事故,造成1 099人死亡。该煤矿经两年重建才恢复生产。这是一个瓦斯浓度很低的煤矿,也是世界上第一次发生煤尘爆炸的煤矿。从此,世界各主要产煤国家对煤尘爆炸开始进行广泛研究,重视预防煤尘爆炸事故工作。

1907年,美国孟诺加煤矿发生煤尘爆炸事故,造成362人死亡,占入井人数的97%。

1910年,英国黑里顿煤矿发生煤尘爆炸,并引起瓦斯煤尘爆炸,造成346人死亡,其中287人死于CO中毒。

1963年,日本三池煤矿发生煤尘爆炸,造成458人死亡、832人受伤,死者多为CO中毒。这次事故是发生在该煤矿的主提煤斜井,是电绞车提升装满煤的串车,由于矿车脱钩顺斜井翻滚滑下,将沉积的大量煤尘和矿车内的煤冲击飞扬形成煤尘云,加之矿车与轨道摩擦产生火花,引起煤尘大爆炸。

同时,粉尘对煤矿的直接危害就是侵害矿工的身体,导致尘(矽)肺病,最终因尘(矽)肺病不愈而亡,也有人称之为"隐性矿难"。

据国家卫生和计划生育委员会通报,2013年共报告尘肺病新病例23 152例,其中煤矿尘肺病为13 955例,占尘肺病例总数的60%。截至2013年底,我国尘肺病统计报告75.03万例,其中煤炭行业约占51%。全国煤矿接尘人员有255万左右。

煤矿因患尘肺病导致死亡的矿工数量,一般大于当年生产事故的死亡人数。例如,某矿务局(淮南)建矿以来(截至2013年)井下安全生产事故死亡2 118人,尘肺病死亡4 530人,1：2.14。某另一矿务局(淮北)建矿以来(截至2013年),井下安全生产事故死亡1 255人,尘肺病死亡2 025人,1：1.61。1949—2013年,全国煤矿产煤6 262 368万t,井下生产事故死亡260 451人,可想因尘肺病死亡的矿工有多少。

矿工一旦得了尘肺病,咳嗽、咳痰、胸痛、呼吸困难、咯血、肺功能损伤,易并发感染肺结核、气胸、慢性肺源性心脏病等。严重的病人即使脱离了粉尘环境,因大量已进入肺内并处于游离状态的粉尘继续侵蚀正常肺组织,使得病情每隔数年还要加重,丧失劳动力,严重影响生活质量,最终因呼吸衰竭而死亡。一人患病殃及一个家庭,全家陷入困境。因尘肺病致贫、返贫的家庭屡屡可见。

煤矿井下采掘运活动是产生煤尘、岩尘的主要源头,防止煤尘爆炸事故和预防矿工患尘肺病必须从源头抓起,而解决这些尘源问题又有许多现实的技术课题,需要我们产、学、研一体化组织攻关,这也是我们今天组织召开煤矿防尘降尘技术交流会的现实意义和深远意义所在。

二、党和国家高度重视职业病防治工作,煤矿防尘降尘工作不断取得新的进展,但面临形势依然十分严峻,工作任务依然十分艰巨

多年来,煤炭行业围绕降低作业场所粉尘浓度、保护职工健康、防止瓦斯煤尘爆炸事故等方面进行了大量的科研与实践,取得了一定成效,推广了大量防尘、降尘的新技术、新装备。进入21世纪以来,我国煤矿粉尘防治工作从法规标准、技术装备、现场管理等方面都取得了一定的进展。

(一)法规技术标准不断完善

近年来,职业健康作为安全生产的重要组成部分,始终受到党和政府的高度重视,从《职业病诊断与鉴定管理办法》《职业病分类和目录》的颁布施行,到《职业病防治法》《煤矿安全规程》的修订都充分体现了这一点。这些法规的出台和施行,为我国煤矿粉尘防治工作奠定了基础。

标准体系建设方面,煤炭行业煤炭安全标准化技术委员会粉尘防治及设备分技术委员会组织制定了46项标准,其中有8项国家标准,34项行业标准,4项安全行业标准,并在此基础上构建了标准体系,为粉尘防治工作提供了技术标准保障。

(二)煤矿防尘降尘技术不断取得新进展

目前,我国煤矿粉尘防治技术正逐步推进创新驱动发展,将信息化等高新技术应用于煤矿粉尘防治,从治理总粉尘为主向治理呼吸性粉尘过渡,传承了一批传统技术,开发了一批新技术、新装备。

(1)采掘工作面防尘技术方面。研究成功的采煤机高压外喷雾降尘技术、采煤机尘源智能跟踪高压喷雾降尘技术,以及液压支架、放煤口自动高压喷雾降尘技术,使采煤工作面粉尘浓度大幅度下降,有效地降低了工作面风流中的粉尘浓度。在综掘工作面,先后研究出了包括系列控尘装置和除尘器等粉尘高效治理技术及装备。

(2)其他尘源点防尘技术方面。破碎机降尘过程中,使用了声波雾化降尘技术、高压喷雾降尘技术和密闭抽尘净化等技术,使总粉尘的降尘效率达到85%以上。在钻孔粉尘治理方面,目前在发展了湿式钻眼降尘和泡沫除尘降低粉尘浓度的同时,研究出新型孔口除尘技术,能使钻孔时的降尘效率达到近98%。在运输、转载粉尘治理方面,目前使用了胶带自动喷雾降尘技术、转载点密闭抽尘净化技术等,可将运输巷道的粉尘浓度控制在 10 mg/m³ 以下。在进风巷粉尘治理方面,采用光控、定时自动喷雾降尘技术等,将运输巷道的粉尘浓度控制在 10 mg/m³ 以下。在回风巷粉尘治理方面,粉尘浓度超限自动喷雾降尘技术可根据回风巷的粉尘浓度决定降尘装置的开停,可使回风巷的粉尘浓度降低。锚喷作业综合防尘技术,可将操作人员处的总粉尘浓度降低到 6 mg/m³ 以下。

(3)粉尘监测技术方面。粉尘浓度监测方面采取粉尘采样器、直读式测尘仪和粉尘浓度传感器相结合的方法进行。我国近年来进行了粉尘浓度监测技术及仪器的研究,开发出呼吸性粉尘浓度传感器、游离二氧化硅检测关键技术及设备、粉尘粒度分布测定设备、煤尘爆炸数字化检测设备、个体粉尘浓度测定设备、矿井粉尘排放总量监测设备、采煤工作面防尘设备远程监测与控制技术、掘进工作面防尘设备远程监测与控制技术、运输和转载防尘设备远程监测与控制技术等。目前已有部分煤矿企业推广应用了这些技术,取得了明显的效果。

(三)尘肺病防治取得较好成绩

我国尘肺病治疗技术逐渐成熟,1986年开始引进肺灌洗技术,1991年在学习的基础上创立了"双肺同期灌洗"治疗技术,2004年肺灌洗操作规程问世,肺灌洗技术全面推广应用。定点医院建设逐渐扩展到全国主要产煤省区和矿区医院,定点医院达到了42家,每年肺灌洗治疗人数超过3 000例。截至2014年3月,北戴河职业病防治院完成了10 000例。

在看到我国煤矿粉尘防治取得成效的同时,也必须清醒地认识到防尘降尘工作依然十分艰巨,问题依然十分突出。

(1)从思想认识上,一些部门、企业还没有对防尘降尘工作引起足够的重视,把防尘降尘工作当作"软任务"去对待。

（2）煤矿的现代化建设进程与提高防尘降尘工作水平不同步,没有把防尘降尘效果作为现代化矿井的前置条件。

（3）一些技术难题还没有完全解决。比如:如何处理好瓦斯抽采和煤层注水的关系;防尘口罩是矿工不愿戴还是无法戴;等等。

（4）现场管理薄弱。比如:煤层注水只注重形式不注重效果,有的甚至做表面文章,搞形式主义;喷洒降尘不注重水质管理,不但起不到喷雾效果,还损害了设备;等等。

（5）从标准看,一是低于国际先进水平,二是国内标准不一。

国别	执行标准	粉尘类别	最大允许粉尘浓度/(mg/m³)	
			总粉尘	呼吸性粉尘
中国	煤矿安全规程	粉尘中游离 SiO_2 含量:<10%	10.0	3.5
		粉尘中游离 SiO_2 含量:10%~<50%	2.0	1.0
		粉尘中游离 SiO_2 含量:50%~<80%	2.0	0.5
		粉尘中游离 SiO_2 含量:≥80%	2.0	0.3
	GBZ 3.1—2007	粉尘中游离 SiO_2 含量:<10%	4.0	2.5
		粉尘中游离 SiO_2 含量:10%~50%	1.0	0.7
		粉尘中游离 SiO_2 含量:50%<~80%	0.7	0.3
		粉尘中游离 SiO_2 含量:>80%	0.5	0.2
	AQ 4202—2008 AQ 4203—2008	粉尘中游离 SiO_2 含量:<5%		5.0
		粉尘中游离 SiO_2 含量:5%~10%		2.5
		粉尘中游离 SiO_2 含量:10%<~30%		1.0
		粉尘中游离 SiO_2 含量:30%<~50%		0.5
		粉尘中游离 SiO_2 含量:>50%		0.2
俄罗斯		粉尘中游离 SiO2 含量:10%~70%	2.0	
		粉尘中游离 SiO2 含量:2%~10%	4.0	
		粉尘中游离 SiO2 含量:<2%	10.0	
美国		石英	30.0/(游离 SiO_2%+2)	10.0/(石英%+2)
		粉尘中游离 SiO_2 含量:≤5%的煤尘	30.0/(游离 SiO_2%+2)	2.0
		粉尘中游离 SiO_2 含量:>5%的煤尘	30.0/(游离 SiO_2%+2)	10.0/(游离 SiO_2%)
		方石英、鳞石英	30.0/(游离 SiO_2%+2)	石英限值/2
英国		长壁工作面		7.0
		掘进工作面		3.0
		进风巷		3.0
		矿柱、矿房及其他作业点		4.0
德国		石英		0.15
		粉尘中游离 SiO_2 含量:>5%的粉尘		0.15
		粉尘中游离 SiO_2 含量:<5%的粉尘		4.0
波兰		粉尘中游离 SiO_2 含量:<10%	4.0	2.0
		粉尘中游离 SiO_2 含量:10%~70%	2.0	1.0
		粉尘中游离 SiO_2 含量:>70%	1.0	0.3

续表

国别	执行标准	粉尘类别	最大允许粉尘浓度/(mg/m³)	
			总粉尘	呼吸性粉尘
日本		粉尘中游离 SiO_2 含量:>10％的粉尘	12.0/(0.23×SiO_2％+2)	2.9/(0.23×SiO_2％+1)
		粉尘中游离 SiO_2 含量:<10％的煤尘等	4.0	1.0
		粉尘中游离 SiO_2 含量:<10％的滑石等	2.0	0.5
法国		粉尘中游离 SiO_2 含量:>5％的粉尘		25.0/(SiO_2％)
		粉尘中游离 SiO_2 含量:<5％的粉尘		5.0
印度		粉尘中游离 SiO_2 含量:<5％的粉尘		3.0
		粉尘中游离 SiO_2 含量:>5％的粉尘		15.0/(呼吸性 SiO_2％)
比利时		硅尘	30.0/(SiO_2％+3)	10.0/(SiO_2％+2)
		粉尘中游离 SiO_2 含量:<5％的烟煤尘	30.0/(SiO_2％+3)	2.0
		粉尘中游离 SiO_2 含量:>5％的烟煤尘	30.0/(SiO_2％+3)	10.0/(SiO_2％+2)

三、对防尘降尘、职业健康工作,我们应形成以下共识

(1)高度重视是前提。煤矿防尘降尘工作为什么效果不十分明显,重视与不重视是前提。为什么有的单位效果很好,有的单位效果很差,关键是重视程度不一样。只有领导重视,才能把这项工作摆在重要位置,才能舍得投入。加大技术推广力度,加强现场管理。不能说起来重要,做起来次要。比如,应把现场粉尘管理、职业病发病率等列入对企业的考核体系。像监测瓦斯一样监测粉尘浓度,像处罚生产事故一样处罚尘肺病发病率,像健康体检一样检查职业病情况。

(2)落实责任是核心。防尘降尘、职业健康工作必须责任到位。首先要明确责任,层层落实谁去抓? 必须落实责任,每一个环节要抓到什么程度? 必须追究责任,达不到工作要求怎么办? 处理谁?

(3)尽快转变是方向。国务院《关于进一步加强安全生产工作的决定》(国发〔2004〕2 号)指出:到 2020 年,我国安全生产实现根本好转,达到或接近世界中等发达国家水平。

总体看,我国煤矿安全生产状况在不断好转。2002—2013 年,全国煤炭产量由 14 亿 t 上升到 36.8 亿 t,提高了 162.8％,事故死亡人数由 6 995 人下降到 1 067 人,下降了 85％,百万吨死亡率由 4.94 下降到 0.288,全国煤矿安全生产形势实现了明显好转,正在向根本好转的目标奋进。

我们认为,煤矿安全生产实现根本好转的标志,不单是死亡人数的大幅度下降,同时也应该是职业病发病率的大幅度下降,甚至是力争杜绝。

煤炭工业协会在提出"十三五"及今后一个时期煤炭工业改革发展"一个深化、五个推进、六个转变"的总体思路中,特别强调:推进安全生产长效机制建设,促进行业发展由大幅降低安全生产事故为重点向提高职业健康的保障程度转变。

所以,我们要实现安全生产死亡人数和职业病发病率的双双大幅度下降,这才是煤矿安全生产水平的本质体现。

(4)深厚感情是基础。职业健康工作是个感情问题,要带着感情抓。树立以人为本的理念,不但要以矿工的生命为本,同时也要以矿工的健康为本。我们一定要带着感情抓防尘降尘工作。

（5）解决防尘降尘问题，必须在技术创新、技术攻关上下功夫。应该看到，尽管我们做了大量工作，但与国际先进水平相比，差距还很大。按照《煤矿安全规程》的要求，真正能达到标准的企业也是微乎其微。有人提出再放宽标准，这种观点绝对是对矿工不负责任的态度。我们只能痛下决心，攻克难关，实现目标。希望通过这次会议，进一步推动防尘降尘技术创新，以优异成果，回报煤矿，回报矿工。

（6）现场管理是保障。管理是科学，管理也是生产力。防尘降尘工作效果不明显，很大原因是轻视了现场管理，放松了现场管理。再好的设备，再先进的技术，也需要精细的现场管理去实现。

现场管理必须抓住每一个环节，不放过每一个细节，层层负责，层层把关，决不能应付。矿工本人也要珍惜生命，对自己负责，对家庭负责，做好个体防护工作。通过这次防尘降尘技术交流会，一定会进一步提升煤矿防尘降尘工作水平，进一步降低尘肺病发病率，实现煤矿安全生产本质意义上的根本好转。

让我们共同祝愿每一位矿工，天天高高兴兴下井，平平安安回家，远离尘肺疾病，工作时或退休后，享受幸福每一天！

（2015 年全国煤矿顶板管理技术交流会主旨报告）

强化煤矿顶板管理 提升煤矿安全水平

中国煤炭工业协会

一、顶板管理在煤矿安全生产中的地位越来越突出

安全生产是煤炭工业健康发展永恒的主题,而顶板管理又是煤矿安全生产的永恒主题。顶板管理说到底,就是对煤矿采、掘活动造成的人为空间实施可靠的支撑或有效的垮落。换句话说,就是支要支得住,放要放得下。

强调煤矿顶板管理的重要地位,主要理由是:

（1）顶板事故逐年下降,对煤矿安全生产形势从稳定好转发展到明显好转起到了重要作用。

全国煤矿 2000—2014 年,15 年来安全生产状况不断好转(见表1、图1、表2、图2、表3、图3)。

表 1 2000 年以来全国煤炭产量

年份	2000	2001	2002	2003	2004	2005	2006	2007
煤炭产量/万 t	99 917	110 559	141 531	172 787	199 735	211 260	232 526	252 312
年份	2008	2009	2010	2011	2012	2013	2014	
煤炭产量/万 t	280 217	304 988	324 000	352 000	365 000	396 900	387 000	

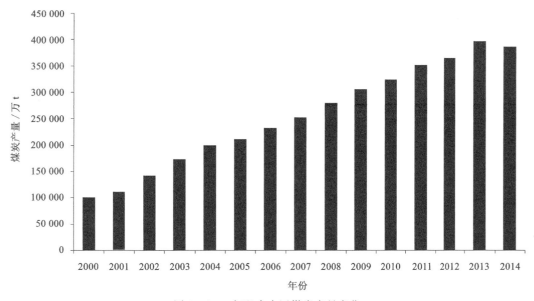

图 1 2000 年以来全国煤炭产量变化

表 2 2000 年以来煤矿事故死亡人数

年份	2000	2001	2002	2003	2004	2005	2006	2007
死亡人数	5 796	5 670	6 995	6 434	6 027	5 938	4 746	3 786
年份	2008	2009	2010	2011	2012	2013	2014	
死亡人数	3 215	2 631	2 433	1 973	1 384	1 067	931	

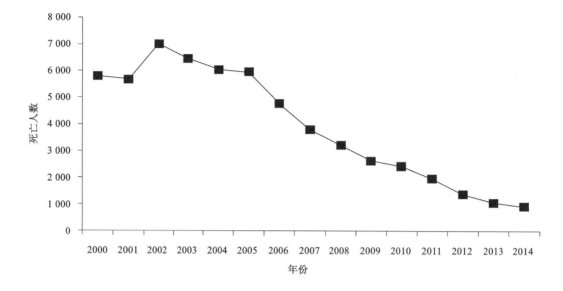

图 2　2000 年以来煤矿事故死亡人数变化

表 3 2000 年以来全国煤矿百万吨死亡率

年份	2000	2001	2002	2003	2004	2005	2006	2007
百万吨死亡率	5.71	5.03	4.94	3.71	3.08	2.811	2.041	1.485
年份	2008	2009	2010	2011	2012	2013	2014	
百万吨死亡率	1.182	0.892	0.749	0.564	0.374	0.293 (0.268)	0.255 (0.241)	

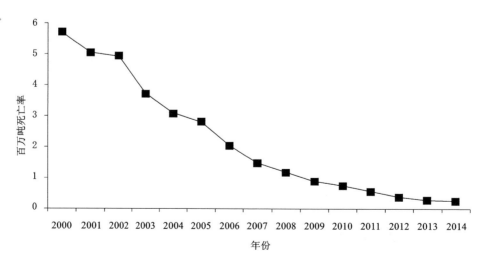

图 3　2000 年以来全国煤矿百万吨死亡率变化

（2）顶板事故历来是煤矿事故的"大头"，随着瓦斯治理不断取得明显成效，顶板事故的比例越来越突出。

表 4   2000 年以来煤矿顶板事故统计

年份	顶板事故			瓦斯事故		
	事故起数	死亡人数	占比/%	事故起数	死亡人数	占比/%
2000	1 228	1 521	26.2	724	3 132	54.0
2001	1 531	1 879	33.1	662	2 436	43.0
2002	2 364	2 766	39.5	743	2 407	34.4
2003	2 140	2 455	38.2	584	2 061	32.0
2004	1 985	2 309	38.3	492	1 900	31.5
2005	1 805	2 058	34.7	414	2 171	36.6
2006	1 633	1 902	40.1	327	1 319	27.8
2007	1 299	1 518	40.1	272	1 084	28.6
2008	1 032	1 222	38.0	182	778	24.2
2009	805	939	35.7	157	755	28.7
2010	702	829	34.1	145	623	25.6
2011	567	665	33.7	119	533	27.0
2012	366	459	33.2	72	350	25.3
2013	274	325	30.5	59	348	32.6
2014	196	292	31.36	47	266	28.57
合计	17 927	21 139	35.81	4 999	20 163	34.16

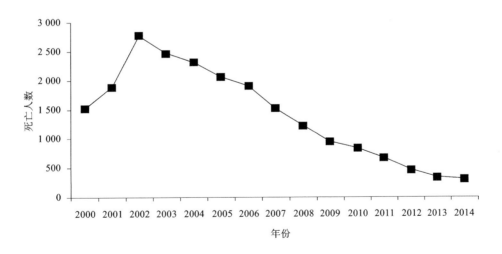

图 4   2000 年以来顶板事故死亡人数变化曲线图

2002 年，顶板事故造成 2 766 人死亡，从表 4、图 4 和图 5 可以看出，顶板事故死亡绝对人数明显下降，相对比例没有明显变化。结论：要想实现煤矿事故死亡人数大幅度减少，必须狠抓支护改革、顶板管理这个重点环节。

由图 6 可知：顶板事故死亡人数所占比例基本高于瓦斯事故死亡人数所占比例。

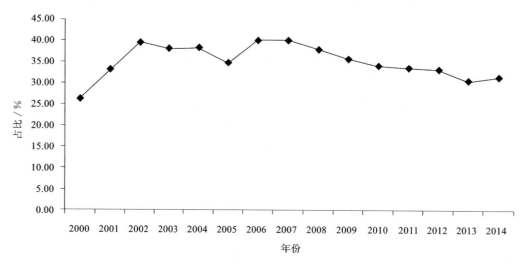

图 5　2000 年以来顶板事故死亡人数占总死亡人数比例曲线图

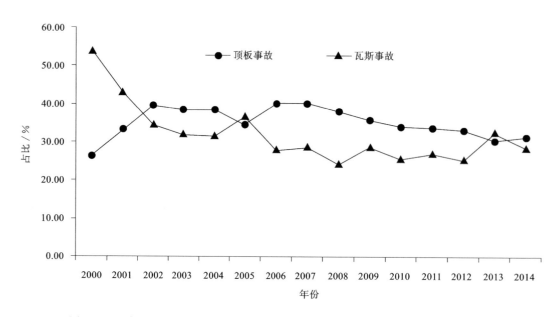

图 6　2000 年以来顶板事故死亡人数与瓦斯事故死亡人数占总死亡人数比例对比图

　　分析 2000—2014 年发生的各类煤矿事故中,顶板事故总起数和死亡人数均为最高(见图 7 和图 8)。事故起数前几位的是:顶板事故共发生 17 927 起,占 51.71%;运输事故共发生 5 211 起,占15.03%;瓦斯事故共发生 4 999 起,占 14.42%;透水事故共发生 1 154 起,占3.33%。事故死亡人数前几位的是:顶板事故死亡 21 139 人,占 35.81%;瓦斯事故死亡 20 163 人,占 34.16%;运输事故死亡 5 789 人,占 9.8%;透水事故死亡 4 619 人,占 7.83%。以上四类事故死亡人数合计占总数的 79.48%。顶板事故虽然不像瓦斯、水灾、火灾事故那样一次死亡多人,但是发生次数频繁,是我国煤矿事故防治的工作重点,因此强化顶板管理工作势在必行。

　　(3) 从巷道断面变化趋势看顶板管理的重要性。

　　已从 6 m² 发展到 26 m² 左右。(神华大柳塔矿 4.3 m×6 m)

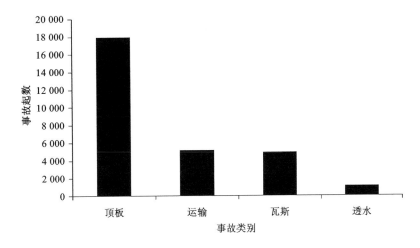

图 7　2000—2014 年煤矿各类事故起数统计

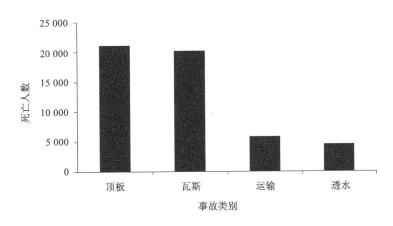

图 8　2000—2014 年煤矿各类事故死亡人数统计

（4）从采面长度看顶板管理的重要性。

最长的工作面已达 453 m。（神华大柳塔矿）

（5）从采高变化看顶板管理的重要性。

已经达到 7.2 m,有的还在研制 8.5 m 支架。

（6）从矿井开采深度来看,近年来煤矿越采越深,矿井压力显现越来越明显。

据统计,我国煤矿目前平均采深已达 500 多米,深井数量逐年增多。国有重点煤矿中,东北、华北、华东 43 家煤炭企业 300 余座煤矿采深超过 600 m,采深超过千米的矿井 47 处,最深的达到 1 500 m。生产能力 9 456 万 t/a,平均深度 1 086 m,平均产能 207 万 t/a。

与浅部煤层相比,随着埋深的增加,煤层赋存条件急剧恶化,地压大、瓦斯高、地温高等地质危害,导致深部开采过程安全隐患增加,开采成本升高。

① 冲击矿压频率和强度增加。冲击矿压与采深有密切关系,随着开采深度增加,冲击矿压发生的频率、强度和规模会随之上升。同时,冲击矿压有可能与煤及瓦斯突出、承压水问题等灾害相互叠加、相互作用,互为诱因,使灾害的预测及防治更加复杂困难。

② 煤与瓦斯突出危险性增加。随着采深的增加,地应力增大,高瓦斯矿井瓦斯压力迅速增加,致使煤与瓦斯突出危险增加。在深部高应力作用下,煤岩体中积聚了大量的瓦斯气体,

受采掘扰动,压缩气体急剧释放,导致围岩结构瞬时破坏而产生煤与瓦斯突出,突出强度和频度随采深增加而明显增大。

③ 围岩剧烈变形,巷道和采巷失稳现象频发。据部分统计,深部巷道实际返修比例高达90 %以上。不仅使巷道维护费用大大增加,而且造成矿井生产系统不畅,运输能力不足,风、水、电系统脆弱等一系列问题,成为矿井安全生产的重大隐患。

④ 突水危险性增加。随着矿井开采深度增加,由于高应力和高地温的作用,水在裂隙中的流动特征发生明显变化,奥灰水压持续升高,承压水问题突出,突水概率也随之增加。

⑤ 煤层自燃倾向强烈。随采深增加,地温升高。在深部较高的温度环境下,更容易造成煤层自然发火,触发矿井火灾、瓦斯爆炸等事故发生。

⑥ 地温升高,作业环境恶化。《煤矿安全规程》明确规定,采掘工作面空气温度不得超过26 ℃,硐室的空气温度不得超过30 ℃。随着矿井开采深度增加,高温热害突出。有些千米矿井的岩石温度已超过40 ℃,甚至达到50 ℃。地温高并伴有热水涌出。很多采掘工作面气温达到30 ℃,部分矿井高达35 ℃以上,空气相对湿度在90 %以上。地温升高严重影响矿井的正常生产和工人的身体健康。

2013 年在山东新汶召开的全国煤矿千米深井开采技术座谈会上,我们对千米深井开采形成了几点共识:

一是深井开采,安全是第一位的,矿工生命高于一切。这是深井开采的底线。

二是煤矿深井开采是由煤矿开采发展历史和煤炭资源赋存客观条件决定的,是个不能回避、必须认真面对的问题,煤矿开采并不是越深越好,而是越深越难。我们的原则应该是:能露天不井工,能浅部不深部,能连续泄压无煤柱开采不留煤柱开采,能充填不留采空区,能大采高不分层开采,能综采不普采,能综掘不炮掘。

三是尽管我们探索了不少深井开采的成功经验,但是实事求是地讲,在防止冲击地压、解决地温热害、解决瓦斯、水、火等灾害问题上,我们还不能说安全保障问题得到了彻底解决。特别是深井煤矿在紧急情况下的人员安全撤离问题,仍然是一个不可避免的难题。

四是在千米深井开采发展上,不能急功近利,必须从设计入手,详细论证把关,综合考虑深度、系统、安全保障措施、应急救援等重要因素,进一步制定严格的准入条件。这次修订《煤矿安全规程》,初步考虑要提出限制深井开采的要求。

五是今后在老矿井向深部延伸问题上,必须采用新技术、新装备、新工艺,简化、优化系统,推进煤矿一级提升、一级排水(800 m 扬程,1 000 m³/h),不能再走系统复杂、环节多、层层暗斜井、下井人员多的老路(有的老矿一个小班下井 1 700 多人)。

二、中外历史上顶板事故的惨痛教训永远不能忘记

1. 2000 年以前中外煤矿重大顶板事故有关记载(不完全统计)

(1) 1941 年 10 月,日本占领时期,山西灵石富家滩煤矿三井发生冒顶事故,一次死亡 100 多人。

(2) 1952 年 7 月 12 日,印度 Dhemomain 矿发生冒顶事故,造成 12 人遇难。

(3) 1958 年 10 月 23 日,加拿大新斯科舍省北部"多米宁"公司 2 号矿发生冒顶事故,造成 74 人遇难,100 人被困获救。

(4) 1961 年 4 月 18 日,四川省南充高顶山矿发生冒顶事故,造成 83 人遇难。

(5) 1968 年 4 月 11 日,印度 Westchirmiri 矿发生工作面塌陷,造成 14 人遇难。

(6) 1975 年 8 月 8 日,印度 Kessurgarh 矿发生顶板冒落,造成 11 人遇难。

(7) 1982 年 7 月 16 日，印度 Topa 矿发生顶板冒落，造成 16 人遇难。

(8) 2005 年 6 月 15 日，印度中央萨达矿发生冒顶事故，造成 14 人遇难。

(9) 2009 年 6 月 8 日，乌克兰斯克钦斯基矿发生冒顶事故，造成 13 人遇难。

2. 2000 年以来煤矿 11 起重大顶板事故简要分析

(1) 2001 年 2 月 22 日，新疆阜康大平滩立井煤矿发生顶板冒落事故，造成 11 人死亡。

事故主要原因：由于采空区顶板大面积冒落，将上水平未冒落或未冒实的采空区中因煤层自然发火而形成的高温有毒有害气体（以 CO 为主）压入工作区域，造成矿工在逃生过程中缺氧窒息死亡。这是一起由顶板、自然发火、有毒有害气体 3 个因素综合作用而导致的事故，其中起主导作用的因素是顶板，故确定为顶板事故。

(2) 2001 年 7 月 1 日，吉林白山市道清小煤矿发生冒顶及溃水事故，造成井下 21 人死亡。

事故主要原因：该井处理副斜井井筒冒顶时，上部旧巷溃水溃泥，将正在作业的 5 名人员当场埋住。在矿主自行组织的事故抢救中，再次将抢救的 16 人埋在副井井筒内。

(3) 2002 年 5 月 15 日，湖南邵阳市红旗煤矿发生冒顶突水事故，造成 12 人死亡。

(4) 2004 年 9 月 9 日，云南曲靖市团结煤矿采煤工作面发生顶板事故，造成 10 人死亡。

(5) 2005 年 3 月 28 日，同煤塔山煤矿发生重大顶板事故，造成 11 人死亡。事故主要原因：支护方式不能完全满足特殊复杂条件载荷变化的需求。

(6) 2006 年 8 月 4 日，山西忻州市大辉窑沟煤矿发生因采空区大面积垮塌引发的重大事故，造成 18 人死亡。

事故主要原因：采空区突然大面积塌陷，使地表水和老空积水瞬间涌入火区，产生高温高压水煤气，摧毁火区密闭，伴随着有毒有害气体冲入工人作业巷道，造成灼烫合并中毒窒息事故的发生。

(7) 2006 年 8 月 13 日，新疆昌吉州阜康市广源煤矿发生重大顶板事故，造成 13 人死亡。

事故原因：煤矿采煤工作面大面积悬顶，冒落后致使上水平采空区中因自然发火形成的有毒有害、高温气体突然压出，导致事故发生。

(8) 2008 年 4 月 24 日，山西沁水尉迟煤矿发生顶板事故，造成 10 人死亡。

事故原因：运输平巷掘进工作面与 20 世纪 90 年代开掘的裸露旧巷贯通，贯通处巷道形成五巷交叉口，违章空顶作业，导致本顶板冒落。

(9) 2010 年 3 月 30 日，新疆塔城沙吉海煤矿发生重大顶板事故，造成 10 人死亡。

事故原因：副井所处岩层为极易软化的含水泥质中砂岩层，裂隙较发育，围岩自承能力低。事故发生段 U 型钢拱形支架西帮棚腿悬空，支撑力不足，致顶板岩石离层，形成漏顶，在拱顶离层大块岩石作用下支架失去平衡倾倒，形成推倒型连续倒架和大范围冒顶。

(10) 2011 年 11 月 3 日，河南义马千秋煤矿发生重大冲击地压事故，造成 10 人死亡。

该矿对采深已达 800 m、特厚坚硬顶板条件下地应力和采动应力影响增大、诱发冲击地压灾害的不确定性因素认识不足，上覆砾岩层诱发下伏 F16 逆断层活化，瞬间诱发了井下能量巨大的冲击地压事故。

(11) 2014 年 10 月 24 日，新疆米泉沙沟煤矿发生重大顶板事故，造成 16 人死亡。

事故原因：煤层综放面上部存在小窑采空区大面积悬顶，违规放顶煤开采，导致采空区顶板大面积冒落，压出大量有毒有害气体，造成作业人员窒息死亡。

以上 11 起事故给我们几点启示：

(1) 通过分析事故发生的原因可以看出，这些事故是可以预防和控制的。

（2）这些事故的发生,最重要的原因是我们对顶板管理重视不够和对顶板事故规律认识不足。

（3）顶板事故经常会引发突出、瓦斯涌出、起火、爆炸、窒息等相关事故。

（4）顶板事故和生产力水平低下、技术装备落后是"孪生兄弟"。

三、清醒认识煤矿顶板管理面临的问题

（1）思想上重视不够。比例尺、地质资料不清,盲目决策采掘工艺。

（2）顶板活动规律理论研究不够。

（3）机械化程度低,支护强度不够。

（4）顶板工作不扎实、不到位。

（5）深井开采问题不断显现。

（6）软岩支护。

（7）特殊煤层（薄、厚、大倾角）。

（8）冲击地压。

（9）从技术管理上,没有针对性强的技术措施,煤矿支护方式的选择必须因地制宜,不能一个模式。

（10）从管理上讲,没有实现内在的质量标准化,存在隐蔽工程伪劣的工作质量和工程质量问题（比如锚杆角度、砌碹充填等）。

四、管理技术双轮驱动,顶板管理再创水平

（1）高度重视顶板管理工作,树立顶板事故可防可控理念。没有顶板管理事故的大幅度下降,就没有煤矿安全生产形势的根本好转。顶板事故已由 2002 年死亡 2 766 人,下降到 2014 年死亡 292 人,但总量仍然过大,较大、重大事故时有发生,还必须下大力气加强顶板管理,具体到每一个煤矿,都应当向"零"顶板事故目标奋进。

（2）技术创新。

① 强力支护。

② 有效放顶。

③ 充填开采。

④ 沿空留巷无煤柱开采（一是传统的人为支护形成巷道;二是爆破切顶卸压,沿空留巷新工艺。好处:减少了掘进工程量;释放了集中矿压;提高了资源回收率;减少了采空区安全隐患;节约了材料费用）。

⑤ 攻坚 N00。

⑥ 大断面让压支护。

⑦ 大倾角综采、大采高、放顶煤成功开采。

（3）加强技术管理。比如:地质预报（目前利用物探、钻探、巷探综合技术,基本能够探明埋深 1 000 m 以内、落差 5 m 以上的断层和直径在 20 m 以内的陷落柱）;合理优化设计（2012 年 7 月 25 日 18 时 26 分,由湖北宜化集团公司控股的贵州省黔西南布依族苗族自治州普安县安利来煤矿发生冒顶,第一次被困 5 人,第二次被困 53 人。经过紧急抢险,26 日 20 时 34 分,事故中第二次被困人员的生命通道被打开,被困的 53 人安全升井,又经过 10 多个小时抢救,第一次被困的 5 人也获救。造成这次事故的主要原因是技术管理问题,将巷道平行布置在上层采空区的煤柱上）;矿压在线监测;切合实际的有效支护方式等。

（4）加强现场管理,严格质量要求(特别是隐蔽工程),严格工程质量检查验收,发生事故责任倒查等。

（5）组织专家攻关。比如:① 冲击地压预测预报;

② 制约掘进速度的支护环节(神东盾构煤巷大断面快速掘进系统,月进尺 3 800 m);

③ 新疆难采煤层(薄、厚、大倾角)等。

（6）总结经验,典型引路。冀中能源集团在顶板管理方面做了大量扎实有效的工作,创造了许多好的经验和做法,全国煤矿顶板管理技术交流会在邢台召开并现场参观,一定会给与会煤炭企业带来很有意义的启示。煤矿是一个科技含量高的行业,煤矿条件越困难技术含量越高。

（2018 年全国煤矿辅助运输现场会主旨报告）

煤矿辅助运输发展现状及前景思考

中国煤炭工业协会

一、什么是"煤矿辅助运输"

运输是煤矿采、掘、机、运、通五大系统之一，一般分为主运输和辅助运输。所谓辅助运输，是指除煤炭运输以外的人员、材料、设备和矸石等各种运输的统称，主要由地面运输、副井提升及井下运输等部分组成。

我们这次会议主要是探讨井工煤矿辅助运输相关问题。

二、我国煤矿辅助运输的主要方式及发展现状

我国煤矿开采条件千差万别。从开采深度看，当前最深的是新汶孙村矿 1 501 m；从开采水平看，复杂的矿，开采水平 4 个以上；从煤层厚度看，最薄的开采厚度为 0.28 m（四川），最厚的开采厚度为 20 m 左右（神华、同煤）；从工作面布置看，有的采鸡窝煤，有的煤矿可布置走向长 6 000 多米、倾向长 400 多米的工作面；从煤层倾角看，有近水平，也有煤层平均倾角达 84°的急倾斜（新疆碱沟矿）；从井田面积看，有的只有零点几平方千米，而有的高达 100 多平方千米（如神东锦界矿 137 m²、神东补连塔矿 106.43 m²、大同塔山矿 104 m²），可以说，我国煤矿开采的各种条件，就是世界煤矿活的博物馆。开采条件的多样性、复杂性，决定了辅助运输形式的多样性。

当前，我国煤矿辅助运输总的特点是：传统有轨运输应用广泛，落后方式淘汰加快，无轨运输发展迅速，大吨位、长距离、高运速、自动化、安全可靠性高的新型辅助运输方式受到重视和推广。

（1）电机车运输。电机车主要分为架线式和蓄电池式，是目前我国煤矿井下使用最多的一种辅助运输方式，仅生产电机车的企业就有 220 家左右。目前，30 t 架线式电机车最大牵引力为 78 kN（露天矿在用最大电机车有 152 t），12 t 蓄电池式电机车最大牵引力 29.43 kN。近年来，湘潭电机厂研发了无人驾驶电机车，有的企业在电机车的基础上，又发展了防爆柴油机车和胶套轮机车，适用巷道坡度大、运输距离长、作业频繁、载荷较大的运输。

（2）斜井及平巷人车运输。目前，应用斜井人车的有 1 300 处煤矿，使用总量在 6 000 列以上。石家庄煤机厂研发的异形轨斜井人车相比插爪式和抱轨式，安全性能明显提高，可实现断绳不跑车。

（3）绞车。绞车主要用于人员和物料的运输与提升、矿车调度、设备安装搬运及各种重物的牵引等，在井下应用最为广泛；可分为提升绞车、调度绞车和回柱绞车。我国在用的提升绞车卷筒直径目前最大达到 3 m，三层缠绕的最大提升高度可达 600 m。

（4）单轨吊运输。单轨吊包括柴油机、蓄电池、绳牵引、气动和托缆单轨吊车等类型，特点是体积小、机动灵活、连续运输距离长，主要用于煤矿井下大巷、工作面平巷、采区上下山及集中轨道巷的物料、设备和人员的运输，安全可靠，经济性好，可以实现从井底车场甚至从地面（斜井或平巷开拓时）至采区工作面的直达运输。目前沙尔夫公司生产的单轨吊最多一次可运120 人，最大爬坡角度为 30°，最大载重为 50 t。

（5）卡轨车运输。卡轨车是在普通窄轨运输基础上发展起来的新型运输，主要有柴油机、蓄电池和绳牵引三种。特点是高负载、大坡度、快运速、高安全性，用于坡度较大，弯道较少的运输，在失控等危险情况下也能自动紧急制动停车，特别适合采区运输。

（6）齿轨车运输。齿轨车可实现从井底车场到采区工作面端头的直达运输，及在多分支、多起伏线路进行连续运输，可整体运输综采综掘设备。在用齿轨车最大爬坡角度为 30°，最大牵引载重为 40 余吨，最大牵引动力为 130 kW。

（7）无轨胶轮车运输。无轨胶轮车主要用途是运人、运料、搬家等。按动力可分为防爆柴油机、防爆蓄电池、防爆混合动力、电动、双动力。无轨胶轮车运行机动灵活，装卸方便，运行速度快，爬坡能力最大可达 16°，可以整体运输液压支架，可实现从地面直至采区工作面不经转载的直达运输。目前，无轨胶轮运人车最多核载 24 人，运货车最大载重 20 t（20 s 内可自卸完毕），支架搬运车最大载重 100 t。以铅酸蓄电池为动力的胶轮车多为铲运车和支架搬运车，最大载重 45 t，最大速度为 8 km/h，纯电动无轨胶轮车续航里程达到 80 km。

据统计，目前全国使用无轨胶轮车的矿井有 700 处左右，总量达到 10 000 辆以上，其中在用进口车辆约 500 台，主要集中在内蒙古、陕西、山西、宁夏、山东 5 省区，其他省区也有使用。据统计，内蒙古约 3 000 辆，陕西约 2 000 辆，山西约 2 800 辆，宁夏约 800 辆，山东约 150 辆，其余省份约 1 000 辆。从使用矿井统计，无轨胶轮车的使用主要集中在神东、宁煤、同煤、中煤平朔、山焦、阳煤、晋煤等，其中神东使用最多，约 2 200 辆。无轨胶轮车运输今后将大力发展，逐步以国产的性能先进、安全可靠、成本较低替代进口。

随着煤矿向大型化、现代化、集约化方向发展，近年来，支架搬运车发展很快，极大地提升了搬家倒面效率。目前，由神东煤炭集团和航天重型工程装备有限公司合作开发制造的 WC100Y 型支架搬运车，是神东为完成上湾煤矿 8.8 m 超高工作面综采液压支架的搬家倒面而量身定制的，该车车长为 8.8 m，车宽为 4.5 m，车高为 2.73 m，车辆自重为 42 t，额定载荷可达到 100 t，可以说是无轨胶轮车中的"巨无霸"。

（8）无极绳连续牵引车运输。这是我国首创的一种高效的辅助运输装备。它适用于3 000 m 以下运距、18° 以下坡道的工作面平巷、采区上下山等设备、材料和人员不经转载连续运输，安全可靠，操作维修方便，经济实惠，可取代调度绞车的接力运输，在中小型煤矿有推广价值。它属于分段运输，而且运输区间内只能运行一套列车编组，不能运送人员，不适用于弯道多、需要进入多个分支巷道的运输系统。目前最大牵引力为 240 kN。

（9）架空乘人装置运输。架空乘人装置也叫"猴车"，属于专门运送人员的无极绳运输系统。它具有调频定时、限速限位等功能；产品系列多种多样，既有液压驱动，又有变频调速电机驱动；抱索器型式既有固定式（≤28°），也有可摘挂的活动式抱索器（≤25°）。

据统计，目前全国约有 30% 的矿井使用架空乘人装置，总量为 4 000～5 000 套，每天井下约有 80 万人次乘坐。井下架空乘人装置在我国所有产煤省（区、市）均有使用，以山西、河南、贵州等地使用较多，潞安常村矿 7 部猴车运送距离达 13 000 m 左右，为目前国内最长接续运送距离。湘潭恒欣生产的绳牵引轨道式架空乘人装置已可实现 1 500 人/h 的大运量运输，活动抱索器技术可实现 3 m/s 的高速水平转弯。

（10）可乘人的带式输送机。有上带载人、下带载人及上下带均载人3种不同载人方式。具有承载力大、安全性高、乘坐舒适、能耗低的特点。但不适用于巷道起伏大、水平转弯及倾角超过16°的巷道。1998年我到日本池岛煤矿下井，乘坐了水平胶带乘人装置，2007年到英国煤矿下井也是乘坐胶带。

（11）助行器运输。它是一种最简易的运人方式，解决了部分矿井不易安装大型运人设备的问题。我在云南某矿下井时，用过这种助行器。该设备主要由牵引绞车、拉紧装置、助行棒、钢丝绳等组成，投资少、易操作维护、简便实用。目前，煤矿井下倾角大于35°的井巷在不能适用人车和安装猴车时，可采用助行器。

（12）副井提升系统运输。通常副立井提升系统使用罐笼，副斜井提升系统使用胶带或人车、串车。

罐笼：由山能重装泰安煤机生产的在用罐笼最大载荷目前可达60 t（红庆河煤矿），一次可乘300人，运行速度为10 m/s，断面尺寸为长9 m、宽4 m，可实现液压支架、无轨胶轮车等大型装备整装整运。

提升机：可分为缠绕式和摩擦式。目前世界范围内运行的提升机，最大速度可达25 m/s，电机容量超过1 000 kW，井深超过2 000 m（在南非的金属矿，分段提升超过3 600 m）。我国已掌握了800 m以浅矿井提升技术，但井深超过1 200 m的大型提升装备的研发还是空白。目前一次提升高度最大的是1 029 m（淄博唐口矿），提升机是上海冶金矿山机械厂的（电机部分是ABB的）。

此外，还有矿车、履带运输车、排矸系统等运输形式。

三、为什么说辅助运输非常重要

（一）它是煤矿安全生产的重要环节

1. 对2000—2015年煤矿事故分析

（1）2000—2015年顶板、瓦斯、运输、透水事故死亡人数占事故总量分析（见表1、图1）

表1　2000—2015年顶板、瓦斯、运输、透水事故死亡人数占事故总死亡人数的比例

年份	2000	2001	2002	2003	2004	2005	2006	2007
总体情况/%	92.03	92.45	88.96	87.61	85.80	91.14	87.55	87.43
年份	2008	2009	2010	2011	2012	2013	2014	2015
总体情况/%	82.23	82.82	80.44	84.59	81.79	83.04	79.48	79.26

（2）2000—2015年顶板事故死亡人数占事故总量分析（见表2、图2）

表2　2000—2015年顶板事故死亡人数占事故总死亡人数的比例

年份	2000	2001	2002	2003	2004	2005	2006	2007
顶板事故/%	21.58	33.14	39.54	38.16	38.32	34.66	40.08	40.09
年份	2008	2009	2010	2011	2012	2013	2014	2015
顶板事故/%	38.01	35.69	34.07	33.71	33.16	30.46	31.36	28.59

（3）2000—2015年瓦斯事故死亡人数占事故总量分析（见表3、图3）

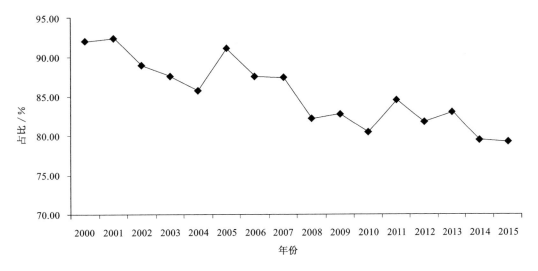

图 1   2000—2015 年顶板、瓦斯、运输、透水事故死亡人数占事故总死亡人数的比例变化

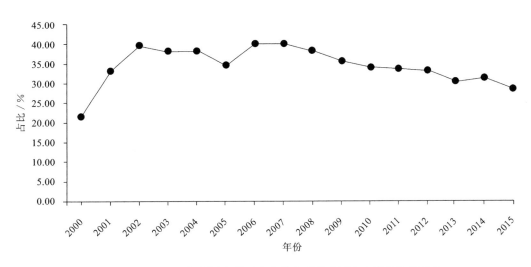

图 2   2000—2015 年顶板事故死亡人数占事故总死亡人数的比例变化

表 3   2000—2015 年瓦斯事故死亡人数占事故总死亡人数的比例

年份	2000	2001	2002	2003	2004	2005	2006	2007
瓦斯事故/%	54.03	42.96	34.41	32.03	31.52	36.56	27.79	28.63
年份	2008	2009	2010	2011	2012	2013	2014	2015
瓦斯事故/%	24.19	28.69	25.60	27.00	25.28	32.61	28.57	28.59

（4）2000—2015 年运输事故死亡人数占事故总量分析（见表 4、图 4）

表 4   2000—2015 年运输事故死亡人数占事故总死亡人数的比例

年份	2000	2001	2002	2003	2004	2005	2006	2007
运输事故/%	5.69	8.73	7.63	8.86	10.04	9.73	10.89	11.96
年份	2008	2009	2010	2011	2012	2013	2014	2015
运输事故/%	12.44	12.12	11.55	14.14	14.52	11.62	11.06	11.37

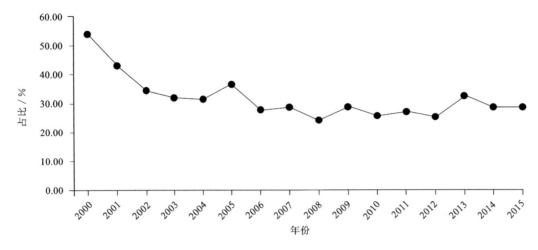

图 3 2000—2015 年瓦斯事故死亡人数占事故总死亡人数的比例变化

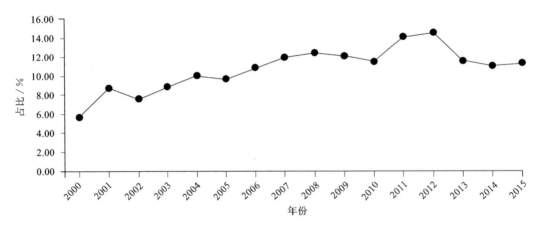

图 4 2000—2015 年运输事故死亡人数占事故总死亡人数的比例变化

（5）2000—2015 年透水事故死亡人数占总事故总量分析（见表 5、图 5）

表 5 2000—2015 年透水事故死亡人数占事故总死亡人数的比例

年份	2000	2001	2002	2003	2004	2005	2006	2007
透水事故/%	6.05	7.62	7.38	8.56	5.92	10.19	8.78	6.74
年份	2008	2009	2010	2011	2012	2013	2014	2015
透水事故/%	8.18	6.31	9.21	9.73	8.82	8.34	8.48	10.70

从统计情况分析看出：

一是顶板、瓦斯、运输、透水四类事故平均占总事故死亡人数的 85.41%，煤矿安全要实现根本好转，必须在遏制以上类型事故上下功夫。

二是顶板事故平均占 34.41%，居第一；瓦斯事故平均占 31.78%，居第二；运输事故平均占 10.77%，居第三；透水事故平均占 8.19%，居第四。顶板事故总量大；瓦斯事故是重中之重，容易造成群死群伤；运输安全也是煤矿安全的重要环节。

三是瓦斯事故占比明显下降，顶板事故占比也呈下降趋势，透水事故占比基本持平，运输事故占比呈上升趋势。对运输环节的安全一定要引起高度重视，这也是我们今天召开这个专

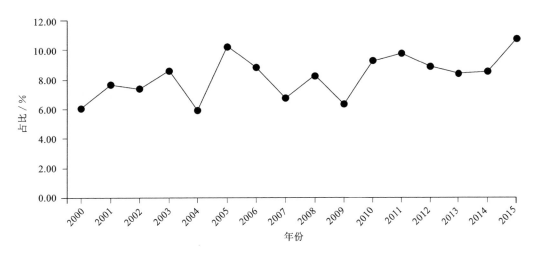

图 5 2000—2015 年透水事故死亡人数占事故总死亡人数的比例变化

题会议的目的之一。

2. 自 2000 年至今,煤矿发生一次死亡 10 人以上的重大运输事故情况

2000 年至今,重大运输事故一共有 6 起,教训十分深刻,如表 6 所列。

时　间	事　故	死亡人数
2003 年 2 月 22 日	山西吕梁交城县林底乡后火山五七煤矿二坑斜井发生断绳跑车事故	14
2003 年 6 月 14 日	广东韶关市乐昌市秀水镇江湖煤矿暗斜井发生人车跑车事故	15
2012 年 2 月 16 日	湖南衡阳市耒阳宏发煤矿发生一起连接矿车的钢丝绳卡断裂跑车事故	15
2012 年 9 月 6 日	甘肃张掖花草滩煤矿进行副立井井筒套壁作业时,吊筐提升模板过程中挂到工作盘边缘发生工作盘坠落事故	10
2012 年 9 月 25 日	甘肃白银市屈盛煤矿副井筒人车提升过程中,发生钢丝绳断裂跑车事故	20
2017 年 3 月 9 日	龙煤集团双鸭山矿业公司东荣二矿副立井发生电缆着火、罐笼坠落事故	17

2012 年 2 月 16 日发生的湖南耒阳运输事故是我和元明局长到现场处理的,该矿斜长 420 m,坡度为 28°,事故造成 15 人死亡、3 人重伤。事故的直接原因:矿方违规使用矿车在斜井送人员,且运料车与乘人矿车混挂,运行中第 2 节与第 3 节料车连接绳套(用钢丝绳和绳卡子自制的绳套)拉脱,导致 2 节料车和 4 节矿车跑车。事故暴露出的问题:一是严重违规使用矿车运送人员且与料车混挂;二是违规挂车 8 节;三是违规使用自制钢丝绳绳套替代连接装置,且井筒中未设置防跑车的挡车装置;四是串车未挂保险绳。

3.《煤矿安全规程》中关于辅助运输方面主要修改内容

(1) 第十三条:"入井(场)人员必须戴安全帽等个体防护用品,穿带有反光标识的工作服。"

(2) 第三百七十五条:"新建矿井不得使用钢丝绳牵引带式输送机。"

(3) 第三百七十六条:"采用轨道机车运输时,轨道机车的选用应当遵守下列规定:

（一）突出矿井必须使用符合防爆要求的机车。（二）新建高瓦斯矿井不得使用架线电机车运输。"

（4）第三百七十九条："使用的蓄电池动力装置，必须符合下列要求：（一）充电必须在充电硐室内进行。"

（5）第三百八十条："井下其他线路应当使用不小于 18 kg/m 的钢轨。"

（6）第三百八十三条：采用架空乘人装置运送人员时，对设计、吊椅位置、固定抱锁器、巷道坡度、运行速度、乘人平台、保护装置、照明等有了明确要求。

（7）第三百八十四条："新建、扩建矿井严禁采用普通轨斜井人车运输。"

（8）第三百八十五条："采用平巷人车运送人员时，必须遵守下列规定：（七）两车在车场会车时，驶入车辆应当停止运行，让驶出车辆先行。"

（9）第三百九十一条："采用单轨吊车运输时，应当遵守下列规定：（一）柴油机单轨吊车运行巷道坡度不大于 25°，蓄电池单轨吊车不大于 15°，钢丝绳单轨吊车不大于 25°。"

（10）第三百九十二条："采用无轨胶轮车运输时，应当遵守下列规定：（一）严禁非防爆、不完好无轨胶轮车下井运行；（二）驾驶员持有'中华人民共和国机动车驾驶证'。……运行速度，运人时不超过 25 km/h，运送物料时不超过 40 km/h。"

（11）第三百九十四条："升降无轨胶轮车时，仅限司机一人留在车内，且按提升人员要求运行。"

（12）第四百二十八条："（一）自动化运行的专用于提升物料的箕斗提升机，可不配备司机值守，但应设图像监视并定时巡检。（二）升降人员的主要提升装置在交接班升降人员的时间内，必须正司机操作，副司机监护。"

（13）第一百三十八条规定：使用煤矿用防爆型柴油动力装置机车运输的矿井，行驶车辆巷道的供风量除符合本规程的有关规定外，还应当按同时运行的最多车辆数增加巷道配风量，配风量应不小于 4 m³/(min·kW)。

（二）它是煤矿减人提效的重要环节

当前，我国煤矿井下运输人员平均占井下职工总数的 1/3 左右，有的高达 50%。煤矿能否实现减人提效，关键看辅助运输。在辅助运输系统的提升改造上，许多企业都尝到了甜头。据统计，新汶矿业集团近年来对 25 对矿井 42 个采区装备了 123 台单轨吊机车，吊轨长度达到 330 km；架线电机车由 126 台减少为 31 台，减少了 75.4%；1 t 矿车数量由 5 571 辆减少为 1 554 辆，减少了 4 017 辆，减少 72.1%；运输岗位人员由 4 459 人减少为 1 739 人，减少了 2 720 人，减少 61.0%；连续 14 年实现了运输安全年。神东生产服务中心提出单通道双翼回撤搬家技术，利用支架搬运车、单轨吊等新型辅助运输装备，一次搬家定员仅需 10 人左右，是传统方式的 1/50～1/30，克服了传统辅助运输用工多、效率低、安全性差的缺点，有力保障了安全高效生产。2006 年，该中心在补连塔煤矿进行搬家倒面，仅用 5 天零 8 小时，完成了 7 000 t 重的 143 架液压支架、采煤机和工作面三机的安全快速回撤，创当时国内煤炭行业综采工作面搬家倒面用时最短纪录。2016 年，该中心在运距达 14 000 m 的情况下，仅用时两天就完成了 143 架液压支架、总重 7 300 t 装备的下井任务。

（三）它是改善工人劳动环境的重要环节

一般煤矿井下工人从入井到出井经历时间为 10 h 左右，而其中井下路途时间就占用 30%～40%，工人很大一部分体力都消耗在路上。2000 年 10 月时，任国务院副总理吴邦国同志在同煤集团马脊梁矿视察时，下了车还要步行走 3 000 多米。总理当即要求：要改善煤矿辅助运输的条件,让工人下井尽量少走路。这是对煤矿工人的亲切关怀。习近平新时代中国特色社会主义思想始终强调的一个核心理念,就是始终坚持人民主体地位,坚持以人民为中心。对煤矿来讲,就是以矿工为中心。如何以最安全、最高效、最舒适的方式将人员输送至工作场所,如何以最安全、最可靠、最智能的技术装备解放工人双手劳动,增加有效工作时间,减少矿工体能消耗,改善工人工作环境,确保矿工体面工作,是我们必须要深入思考和亟待解决的问题。《煤矿安全规程》规定,长度超过1.5 km的主要运输平巷或采深超过50 m的人员上下的主要倾斜井巷,应采用机械方式运送人员。这就是减轻工人体力消耗、改善工人工作环境的具体要求。

（四）它是建设现代化智能矿井的重要环节

随着新一轮工业革命的深入推进,煤炭工业正在发生深刻变革。谢和平院士等描绘了煤炭工业从2.0到5.0发展战略路线图,提出煤炭工业自动化、智能化、无人化的发展方向。辅助运输是其中一个重要环节,也是薄弱环节,这已成为制约煤矿安全高效生产和智慧矿山建设的瓶颈,对此要引起高度重视,有必要进行一次辅助运输系统的排查、整改、提升和改造,切实为煤炭工业高质量发展提供支撑和保障。

四、当前辅助运输发展存在的主要问题

我国煤矿辅助运输工作取得了很大的进步和成绩,同时也存在不少短板和问题,主要表现在:

（1）认识还不到位。一些企业还没有对辅助运输工作足够的重视,在人才、技术、资金等方面投入还不够,把辅助运输工作当作"软任务"去对待。

（2）发展还不平衡。我国辅助运输先进和落后的煤矿差距很大,甚至一些矿仍在使用斜巷串车、小人车、小绞车、小轨道、小矿车等安全可靠性低的落后或限制性设备,这些设备都是国家明令禁止或淘汰目录中的运输设备。

（3）装备还不先进。辅助运输装备的技术规范、设计标准、制造水平、核心技术和国外产品相比还有一定差距,还无法满足煤矿的需求。

（4）现场管理仍较薄弱。辅助运输现场管理制度仍不健全,仍缺乏一套科学有效的辅助运输管理模式。

五、我国煤矿辅助运输的发展方向

煤炭开发离不开运输。运输好比一个大的物流系统,必须在一定的时间和空间内把人员、设备、材料和矸石运至指定地点。新时期煤炭工业要实现高质量发展,离不开运输的坚强保障。

（1）系统简单。辅助运输系统要做好顶层设计,全盘规划,系统越简单越好,尽量减少转载环节和平行交叉作业,避免多级、多段、分散运输,因地制宜地选用适合矿井实际的系统方式。如同煤同忻矿就创造了一套适合自己的辅助运输系统。

（2）装备先进。一是无轨运输电动化。要广泛运用永磁同步电动机、石墨烯、隔爆型磷酸铁锂蓄电池等技术,研发以天然气、混合动力、新能源牵引的装备。二是深部提升自动化。研发适用超深矿井、超大运量、高可靠性的提升成套装备。三是搬家运料高效化。研发适用于综采快速搬家、综掘高效运料的安全技术和装备。四要控制系统智能化。通过广泛应用新一代人工智能、大数据、数字化、网络化等技术,实现运输精确定位、集中监控、调度通信、远程管理、智能物流。

（3）管理科学。一是建章立制，完善制度。二是现场管理。要抓好现场，抓好责任落实、隐患排查、安全质量标准化等工作。三是技术管理，要做好技术推广、作业规程、技术档案等管理工作。四是设备管理。要加强运人设备、无轨设备、提升设备、斜巷设备和搬家设备的管理水平，做好维护、检测和保养。

（4）安全可靠。安全可靠就要求系统设计要安全可靠，装备使用要安全可靠。

（2019 年全国煤矿薄煤层智能开采现场推进会主旨报告）

科技创新驱动 智能开采引领
大力推进煤炭工业高质量发展

中国煤炭工业协会

当前，煤炭工业正处在全面深化改革、加速转型升级、实现高质量发展的关键时期，也处于提高自主创新能力、进入世界先进采煤国家行列的重要机遇期。2016 年，煤炭行业作为试点行业启动了供给侧结构性改革。在各主要产煤省区政府的积极推动下，在各煤炭企业和广大职工的不断努力下，煤炭行业供给侧结构性改革取得重要进展，"十三五"去产能主要目标任务基本完成，过剩产能得到有效化解，市场供需基本平衡，产业结构不断优化，经济运行质量和效益明显提升，为煤炭工业高质量发展奠定了良好基础。在此背景下，如何更好地把握新形势，研判新情况，挖掘新机遇，提出新思路，大力推进煤矿智能化开采，提升我国煤炭工业发展的科学化水平，谈四点意见。

一、坚持创新引领，变革生产方式，煤炭智能开采成为高质量发展的核心技术支撑

党的十九大指出，我国经济已由高速增长阶段转向高质量发展阶段，正处在转变发展方式、优化经济结构、转换增长动力的攻关期。我国煤炭资源丰富、品种齐全、分布广泛，但与先进产煤国家相比，煤田地质构造复杂，自然灾害多，资源开发基础理论研究滞后，安全高效绿色化开采和清洁高效低碳化利用关键技术亟待突破，煤炭高质量发展面临着诸多挑战，煤矿智能化成为破解行业发展难题的战略选择。

第一，煤炭智能开采是煤炭工业高质量发展的本质要求。

习近平总书记强调："发展是第一要务，人才是第一资源，创新是第一动力。"新时代发展的核心要义是高质量发展。煤炭工业作为我国国民经济基础产业，高质量发展必须以新发展理念为引领，坚持质量效益导向，推动开发布局、产业结构、生产格局、供给质量、发展动力的变革；必须坚持实施创新驱动发展战略，将发展动能从依靠要素投入、投资驱动的传统动能转向创新驱动的新动能；必须坚持深化供给侧结构性改革，不断激发行业发展的内生活力、动力和潜力，有效解决低端供给过剩和高端供给不足的结构性矛盾。

王显政会长指出：现代化煤炭经济体系建设首要是以科技进步为支撑的创新发展体系。煤炭智能开采是煤炭行业创新发展的关键，是新一代采矿业技术竞争的核心，代表着行业先进生产力的发展方向。煤炭智能开采是指煤矿地测、采掘、运通、安全保障、生产管理等主要系统具有自感知、自学习、自决策与自执行的基本能力。煤炭智能开采可以充分发挥煤矿全要素生产作用，实现效率变革，促进煤炭行业由要素驱动型向创新驱动型转变；可以带动建立新技术、新产品、新模式等突出优势，实现路径变革，增强煤炭企业的核心竞争力；可以推动煤炭开采向清洁生产方向转变，解决煤炭开发利用与生态文明建设之间的突出矛盾，实现产业升级和可持续发展。

第二,煤炭智能开采是煤炭生产方式变革的必由之路。

煤炭是我国最丰富、最经济、最可靠的能源资源,长期为我国经济和社会发展提供了强大的、无法取代的能源保障。2018年,我国煤炭消费量占能源消费总量的59%,首次降至60%以下。但在未来相当长一段时期内,煤炭作为我国主体能源的地位不会改变,这是由我国的能源资源禀赋特点决定的。我们在看到煤炭工业取得巨大发展成就的同时,更应清醒认识到,依靠资金、人力、物力等生产要素投入的传统煤炭生产方式并不可持续,这种以高投入、高消耗、高排放、低效率为特征的粗放式生产方式不仅造成人力资源的极大浪费,而且对生态环境也造成了严重破坏。

我国煤炭资源开采条件差异较大,既有赋存稳定的特厚煤层,也有地质条件差的薄煤层。尤其一些老矿区,地质条件复杂,五大灾害俱全,巷道系统复杂,自动化水平低,开采难度大。加快推进煤炭生产方式变革,集约、高效、经济地开采煤炭资源,以最合理的资源扰动和劳动消耗,保障国民经济和社会发展的能源需求,已成为煤炭革命的最紧迫要求。煤炭智能开采正是采用先进的技术与装备实现生产过程的少人化和无人化,从而达到生产过程的低消耗、低排放和低扰动,有力推动我国能源供给革命。

第三,煤炭智能开采是促进煤矿安全生产的有效途径。

近年来,我国煤矿安全生产形势持续好转,百万吨死亡率不断下降。1978年我国煤炭百万吨死亡率为9.436,2018年降至0.093,达到世界产煤中等发达国家水平。但与美国、澳大利亚等世界先进产煤国家相比,仍有着一定的差距。2017年美国生产原煤7亿t左右,死亡15人,百万吨死亡率仅为0.021。与此同时,我国煤炭工业生产效率也与先进采煤国家存在着明显差距。我国煤矿人均生产效率约为1 000 t/a,约为美国、澳大利亚产煤发达国家的1/10。

我国煤炭行业安全生产水平和生产效率,之所以与先进产煤国家存在差距,重要原因之一就是我国煤炭企业尚处于劳动密集型向人才技术密集型转变的阶段,企业用工人数较多,机械化、自动化、信息化水平低。煤炭智能开采正是以信息化、数字化、自动化为基础,以无人或少人化开采为目标,能够极大提高劳动生产率,减少井下现场作业人员。以智能化综采工作面为例,减少工作面作业人数一半以上。目前,我国已建成安全高效矿井(露天)901处,产量占全国的56.42%,百万吨死亡率仅为0.0015,在实现高产高效的同时,充分体现了少人则安、无人则安的安全理念。因此,煤炭智能开采对于实现煤矿安全高效生产具有重大意义。

二、认识不断加强,内涵持续深化,实现煤炭智能开采已成为行业基本共识

历史经验表明,全球经济版图变化和大国的兴衰,科技革命往往是关键节点和分水岭。实践也告诉我们,核心关键技术是等不来、要不来的,自主创新才是强国之路。近期的中美贸易摩擦启示我们,只有将核心技术掌握在自己手里,才能不受制于人,在竞争中立于不败之地。改革开放以来,我国煤炭工业的跨越式发展正是依靠煤炭科技的持续创新,全体煤炭从业人员的不懈奋斗而实现的。

第一,新一轮科技革命和产业变革孕育兴起,为煤炭科技创新开辟了广阔空间。

科技革命和产业变革加速了人类文明的演化进程,改变了人类的生产方式、生活方式甚至思维方式。当前,人类社会正从物质经济时代向知识经济时代转变,知识需求成为人类的主要需求。当今世界,新一轮科技革命蓄势待发,学科交叉融合加速,新兴学科不断涌现,前沿领域不断延伸。信息技术、生物技术、新材料技术、新能源技术广泛渗透,带动几乎所有领域发生了以绿色、智能、泛在为特征的群体性技术革命。大数据、云计算、移动互联等新一代信息技术同机器人和智能制造技术快速融合,社会生产和消费从工业化向自动化、智能化转变。区别于以往基于对客观世界物理规律的认识获得知识来改造世界,新科技革命主要通过数据分析来理解万物之间的联系进而得出结论,数据成为最宝贵的战略资源。

党的十八大以来,以习近平同志为核心的党中央对科技创新工作高度重视,开启了建设科技强国的新征程。目前,我国研发人员总量居世界第一,发明专利申请量和授权量居世界首位,国家综合创新能力列世界第 17 位,科技创新正从外源性向内生性转变。我国煤炭科技已实现了从跟踪、模仿到部分领域并跑、领跑的转变。大型矿井建设、特厚煤层综放开采、燃煤超低排放发电、高效煤粉型工业锅炉、新型煤化工技术达到国际领先水平,煤机装备实现了国产化,装备制造水平位于世界先列。未来煤炭科技创新将呈现出新的发展态势和特征:煤炭基础研究、应用研究和技术开发的边界愈加模糊,技术创新链条更加灵巧,技术更新和成果转化不断加快,煤炭企业之间的竞争将体现为包含资本、技术、人才等的创新体系之间的竞争。

第二,人工智能影响深远,正成为煤炭革命甚至能源革命的牵引技术。

人工智能的发展包括弱人工智能、强人工智能和超人工智能三个阶段,目前发展处于弱人工智能阶段。1956 年,美国科学家在探讨机器模拟智能问题时,提出了"人工智能"概念,标志着人工智能学科的诞生。进入 21 世纪以来,以深度学习为代表的算法、海量数据处理以及超级计算等技术不断突破,推动了人工智能的快速发展。新一代人工智能呈现出深度学习、跨界融合、人机协同、群智开放、自主操控等新特征,与工业领域的深度融合正在引发深远的产业变革,成为新一轮科技革命和产业变革的核心驱动力。

人工智能具有溢出带动性很强的"头雁"效应,不仅能够推动行业智能化升级与改造,实现"有中生新",还能催生出新的应用从而派生新产业形态,实现了"无中生有"。人工智能与能源技术的融合将极大地推动能源结构转型,未来必将深刻影响煤炭生产、加工、利用和转化的发展模式与形态,加速煤炭革命。煤炭智能开采正在引领煤炭生产方式的变革和升级,未来深入发展不仅能够创造出新的需求,而且通过先进技术的交叉融合和集成创新应用,将不断催生新技术、新产品、新装备和新模式,实现煤炭生产从机械化向自动化、智能化发展,推动行业技术水平整体跃升。

第三,概念内涵逐步明晰,煤炭智能开采得到政府、行业与企业的高度认可。

2017 年 7 月,国务院发布《新一代人工智能发展规划》,顶层设计了我国新一代人工智能发展的目标、路径和任务。2017 年底,国家工业和信息化部发布了《促进新一代人工智能产业发展三年行动计划(2018—2020 年)》。2019 年初,国家煤矿安监局发布了《煤矿机器人重点研发目录》,大力推动煤矿现场作业的少人化和无人化。国家对煤炭智能开采基础研究和关键技术研发给予了大力支持。"十一五"期间,国家科技部实施了 863 计划"数字化采矿关键技术与软件开发"重点项目。"十二五"期间,国家科技部启动了 863 计划"数字矿山关键技术研究与示范"重点项目,国家发改委启动了智能制造装备发展专项"煤炭综采成套装备智能系统"。"十三五"以来,国家科技部启动了"煤矿千米深井围岩控制及智能开采技术""煤矿智能开采安全技术与装备研发""千万吨级特厚煤层智能化综放开采关键技术及示范"等 7 个国家重点研发计划项目。

煤炭智能开采是一个不断发展的过程,智能化程度也在不断加深,其概念和定义也在不断完善中。近年来,全行业已就煤炭智能开采的发展方向取得共识,并充分认识到煤炭智能开采的阶段性发展特征。广大煤炭企业也深刻认识到以智能开采为核心的煤矿智能化将成为未来企业竞争的重要阵地,是提升企业核心竞争力的主要手段,从而实现了从被动建设向主动建设的转变。

三、突破智能开采,破解技术难题,煤矿智能化发展已具备较好的基础

我国煤矿信息化的发展经历了不同阶段。第一阶段以实现矿山各业务的信息化管理和机械化采煤为标志;第二阶段把真实矿山的整体以及和它相关的现象整合起来,以数字的形式呈现,实现矿山虚拟现实和自动化采煤;第三阶段实现对矿山的智能感知、自动分析和智能决策,以远程控制的无人或少人智能化开采为标志。

第一,开采技术持续进步,煤炭智能开采首先取得重大突破。

我国煤炭开采从中华人民共和国成立初期的人力落煤,发展到20世纪60年代的炮采,到80年代推行综合机械化采煤,现在向智能化采煤的方向发展。目前我国煤炭开采技术水平处于世界领先地位,已形成较为完善的采场岩层控制理论,建立了以液压支架与围岩"三耦合"原理为基础的综采技术体系,以及包含保水开采、充填开采、煤与瓦斯共采、无煤柱开采等的绿色开采技术体系,并发展出切顶卸压无煤柱自成巷开采技术。

以改革开放初期引进100套综采设备为起点,自主研发了3.5~8.8 m的一次采全高系列成套装备。采煤机滚筒直径达4.3 m,截割功率为2×1 100 kW,液压支架最大高度达8.8 m,工作阻力为26 000 kN,刮板输送机装机功率为3×1 600 kW,满足年产1 500万t工作面配套需求。成功研发最大采高为5.1 m、工作面倾角为52°、仰采和俯采达到12°的大倾角煤层综采技术与装备,工作面日产量达10 000 t。放顶煤技术成为我国煤炭开采领域具有世界影响力的标志性技术。2001年成功研发出世界首套两柱掩护式放顶煤液压支架及电液控制自动化综放成套技术,2004年向澳大利亚技术输出。14~20 m特厚煤层大采高综放成套技术与装备在大同矿区成功推广应用,2014年荣获国家科技进步一等奖。

2012年,陕煤化集团红柳林矿建成了国内首个智能化采煤工作面,初步实现了"工作面有人巡视、无人操作"的工作模式。近年来,智能化采煤技术不断完善,逐步解决了液压支架跟机自动化、采煤机记忆截割、工作面视频监控、远程集中控制和工作面直线度控制等技术难题。目前,各大矿区已开始推进智能化采煤工作面建设。山东能源枣庄矿业集团的11个采煤工作面、陕煤化集团黄陵矿业公司所属四对矿井全部实施了智能化开采,形成了薄煤层、中厚煤层到厚煤层智能化开采的全覆盖。

第二,技术条件臻于成熟,煤矿智能采掘重大技术难题有望破解。

近年来,煤炭生产企业陆续实施了矿井信息基础设施的升级改造,包括传感器、摄像仪等信息感知设备,井上下传输网络和数据中心等信息服务设施。多数煤炭企业集团已建成大容量光纤以太网和百兆同步数据网,形成完善的网管系统、网络安全系统、数据库系统和存储系统。地理信息系统已在煤矿大规模应用,安全生产"一张图"有序推广,煤炭地质云平台正式上线,4G通信在部分矿井应用,井下视频识别验证启动。国家能源集团、山西焦煤集团等建设了数据中心,利用大数据、云计算等新技术推动煤炭产业与互联网经济不断融合。

据统计,我国1.3 m以下的薄煤层约占保有储量的20%左右,尤其是四川、重庆、湖南、湖北、福建、广西等地区薄煤层占保有储量的50%以上。相比于中厚煤层,由于受到环境和空间的制约,薄煤层开采难度大,工作面生产效率和产量低,智能化开采需求更为急迫。近年来,国家能源集团、中煤能源集团、山东能源集团、同煤集团、阳煤集团、重庆能源投资集团、盘江煤电集团、淮北矿业集团等煤炭生产企业实施了薄煤层智能化开采,取得了良好的效果。针对井下复杂多变的地质条件,国家能源集团、阳煤集团、陕西煤业化工集团、山东能源集团、重庆能源投资集团等还进行了矿井智能全断面掘进技术攻关,有力推动了我国煤矿智能化发展。

第三,产学研联合攻关,矿井智能化建设从局部向全系统延伸。

近年来,全行业积极开展了煤矿地理信息系统(GIS)、井下物联网系统、煤矿现场总线、矿井移动设备无线接入、综采成套装备智能系统、大型固定设备无人值守、薄煤层自动开采等创新研究工作,实现了开采、运输、提升、通风、供电、排水等生产环节的自动化,胶带主运输系统、井下变电所、井下排供水泵房、地面主通风机房等主要生产系统实现了远程监控和无人值守,运煤胶带机器人巡检、地面煤场无人机盘煤等技术成功应用。国家能源集团、山西焦煤集团、兖矿集团、中国平煤神马集团等多年来持续推进数字矿山的整体建设,实现了异构网络的逐步融合和大数据关联。

煤炭行业正在或将从五个方面提升智能化水平:在横向覆盖范围方面,从单个工作面向单个煤矿,再向煤炭企业集团,甚至整个矿区延伸;在产业链延伸方面,从煤炭生产的数字化向煤矿生产经营的数字化,再向煤化工、煤电、物流等整个产业链的数字化延伸;在应用系统集成程度方面,从专业系统集成向部分业务局部集成,再向相关系统全面集成应用拓展;在操作手段方面,从人工近距离操作向无人远程遥控,再向系统自适应调控延伸;在发展层次方面,从技术应用向更高层次的商业模式创新提升。

四、聚合各方力量,强化协同创新,推动煤矿智能化走向新的辉煌

煤矿智能化事关全行业能否抓住新一轮科技革命和产业变革的机遇。我国煤矿智能化处于起步阶段,目前存在着如下制约和不利因素:一是缺乏先进的矿用高精度高可靠性传感器;二是井下无线传输距离相对较短;三是煤矿智能化专业软件缺乏;四是精通智能技术和煤炭业务的混合型人才严重匮乏;五是适应煤矿智能化的基础设施、标准体系、创新机制等亟待完善。我们既要看到目前已取得的成绩和智能化发展强劲态势,增强信心,又要清醒认识到我们的短板和不足,增加紧迫感。

第一,坚持开放合作创新精神,确立煤矿智能化发展新理念和新目标。

习近平总书记指出:"自主创新是开放环境下的创新,绝不能关起门来搞,而是要聚四海之气、借八方之力。"改革开放四十年实践表明,开放合作是煤炭创新发展的必由之路。开放带来进步,合作走向共赢。智能开采是一个典型的多学科多技术交叉领域,涉及采矿、信息、管理、人工智能、软件工程、自动控制等多种学科和技术。煤炭生产企业、设备制造企业、信息技术企业、专业研究机构和高等院校等相关各方应不断推进产学研用深度融合,建立平等互利、合作共赢的科技创新共同体,共同解决煤矿智能化面临的重大科学问题与技术难题,从而带动煤炭生产及相关领域技术水平的整体进步。

全行业要深刻理解"发展是第一要务,人才是第一资源,创新是第一动力"的科学内涵和"把科技发展主动权牢牢掌握在自己手里"的重大意义,确立煤炭智能化发展的新理念,深刻认识到新科技革命以"数据密集型科学发现"为主要基础特征,数据分析将发挥越来越重要的作用。未来煤矿智能化将会进入爆发式增长的时期,要围绕现代化煤炭经济体系建设,以煤炭供给侧结构性改革为主线,把握煤炭开采与智能技术融合发展契机,发挥智能技术在产业升级、产品开发、服务创新等方面的巨大引领作用,实现 2020 年建成 100 个初级智能化示范煤矿,2025 年全部大型煤矿基本实现智能化的发展目标。

第二,加强煤炭智能基础理论研究,促进煤矿智能技术融合应用。

19 世纪科学开始引领技术,20 世纪以来科学和技术相互依存、相互促进。人工智能的发展不断引发不确定的新研究方向,正在从脑认知和神经科学中寻找灵感。可以预见,煤矿智能化必将引发煤炭开采、利用与转化新的研究方向,甚至有可能突破已有或成熟的理论框架。然而,广大的煤炭科技工作者要有清醒的认识,技术进步不是直线式,往往是螺旋式的。就像人工智能从成为一门独立学科至今的 63 年发展历程中经历过高潮和低谷一样,我们应该保持定力,瞄准煤矿智能化发展方向,持续推动人工智能与采矿技术的融合。

煤矿智能化是对煤炭行业发展影响最大的技术革命,未来研究将会不断进入没有道路的"无人区"。因此,我们必须加强研判,统筹谋划,协同创新,稳步推进,夯实煤矿智能化基础。煤矿智能技术创新研究与攻关,既包含"从 0 到 1"的基础研究和原始创新,也包含"从 1 到 n"的应用开发。基础理论研究是技术应用的发动机,煤炭科研院所和高等学校应在智能基础研究和原始创新上提前布局。相信基础研究工作者只要耐得住寂寞,勇于追求探索,就一定能够取得突破。

第三,聚焦"卡脖子"技术难题,建立煤矿智能化技术体系。

人类智能与机器智能的协同在人工智能发展中贯穿始终,任何智能程度的机器都无法完全取代人类。人工智能具有标准化、重复性和逻辑性的特点,擅长处理离散任务;人类智能则具有创造性、复杂性和动态性的特点,两者优势高度互补。多数煤矿作业位于"不可见"的地下,具有大量的未知因素和不确定性,因此煤矿智能化应从人机协作到人机融合的混合增强智能方向发展。人工智能高度依赖于应用过程中形成的海量数据,数据越多才越智能。我国目前有煤矿 5 800 处左右,拥有海量数据产生能力和巨大应用需求,具有发展智能化得天独厚的优势。

习近平总书记强调要"在关键领域、卡脖子的地方下大功夫"。近期,煤矿智能化应聚焦突破如下关键核心技术:精准探测与地理信息精细建模技术、新一代矿井感知传感技术与装备、复杂地质条件智能掘进技术、露天煤矿连续化作业关键技术、不同运输场景的智能主/辅运输技术、重大危险源与危险行为的智能预报预警技术、大型设备故障诊断与综合健康管理技术等。全行业广大科技工作者要不断提升科技供给能力,加快构建煤矿智能化技术体系,补齐高精度传感器、快速通信、基础软件等短板,勇闯煤矿智能化前沿的"无人区",努力在智能理论、方法、工具、系统等方面取得变革性突破。

第四,加大智能化人才培养力度,为煤矿智能化发展提供智力支持。

我国人工智能发展水平同西方发达国家尤其是美国的差距仍然较大,高端芯片严重依赖进口,基础算法仍然落后,人工智能产业人才总量仅为美国的一半,高端数据科学家严重匮乏。煤炭高等院校人工智能教育起步较晚,基础薄弱。未来煤矿智能化发展将会颠覆传统的就业格局,复合型人才越来越抢手,技术精英和普通工人之间的收入差距将不断拉大,而且在提高生产效率的同时,所提供的工作岗位远比目前要少。

"功以才成,业由才广。"近几年,煤炭企业人才流失严重,煤炭院校部分专业招生困难,煤矿采掘一线招工接替问题凸显。我们要把人才作为创新发展的第一要素,妥善解决对技术人员评价不合理、用人机制不科学和收入分配机制不健全等问题,用好用活各类人才;要建立鼓励探索、宽容失败的文化,让不同的思想能够在相对宽松的环境中碰撞和交流;要注重培养一线和青年科技人才,加快形成一支不唯书、不唯上、只唯实、富有创新精神、敢于承担风险的知识型、技能型人才队伍;要打造多种形式的煤矿智能化人才培养平台,发挥企业聚集人才的作用,加大对高端科学家和高层次人才的吸引力度,为煤矿智能化发展提供充足的人才保障。

第五,发挥政产学研用协同优势,持续提升煤矿智能化发展水平。

我国目前还没有出台专门推动煤矿智能化的发展规划和指导性政策。煤矿智能化有着很大的发展空间和漫长的发展路程,不仅要有全局规划蓝图,更要结合矿区实际进行布局,建立宏观、中观、微观上下贯通的煤炭智能化创新发展体系。特别是在顶层设计方面,要围绕智能基础领域、技术开发应用的关键环节,加强体系化布局,建立行业智能化研发体系,推动建立煤矿智能化相关实验室和工程研究中心。同时,还应研究煤矿智能技术与装备的准入政策,降低技术成果转化成本。

政府相关部门应针对我国煤矿生产条件差异较大,开采地质条件复杂,煤矿智能化难度大的情况,研究出台鼓励加快煤矿智能化的相关政策,加大公共财政的支持力度。中国煤炭工业协会将建立引领煤矿智能化发展的工作机制,组织筹建煤矿智能化技术创新联盟,及时调研、发现、反映智能化发展存在的问题,在前沿技术研发、专利布局、人才培育、生态构建等方面全方位持续推进。煤炭企业应加强组织领导,在资金、人员、技术等方面加大投入力度,破除组织、人员、装备、系统、工作制度等方面的制约,确保煤矿智能化工作持续推进,为企业转型升级和科学发展提供强力支撑。

第六,准确定位企业自身特色,科学制定并有序实施煤矿智能化发展规划。

煤矿智能化是一项长期的、复杂的系统工程,需要明确发展方向,制定科学规划,凝聚发展合力,不断提高原始创新、集成创新、引进消化吸收再创新和协同创新能力。我国煤炭企业在以往信息化建设过程中,出现了前期建设和后期发展相冲突的问题,"信息孤岛"现象严重,生产全过程的数字化链条未能打通,数据流未贯通勘探规划、采矿设计、生产管理、安全监控、风险分析、应急响应等全过程,尤其是一些老矿区实现煤矿智能化的难度更大。

煤矿智能化要在新发展理念的指引下,站在安全、集约、高效和可持续发展的战略高度,从资源开发和区域经济协调发展的需要出发,现有矿区和矿井采用先进技术进行智能化改造和升级,推进固定岗位的无人值守和危险岗位的机器人作业;新矿区和新建矿井应从矿区规划、矿井建设阶段就进行智能化设计,建设关键生产要素好、全员生产工效高、全系统要素效率优的高质量煤矿。煤炭生产企业要结合自身条件,做好煤矿智能化顶层设计,有步骤、分阶段开展工作,实现分散建设向集成化方向跨越,高效有序地推动煤矿智能化发展。

当前,我国煤炭工业正处在实现高质量发展的关键时期,机遇与挑战并存,希望与困难同在。煤炭智能开采是推进煤炭生产方式和发展模式深层次变革的重要方式,是实现煤炭工业高质量发展的必由之路,是行业应对资源约束和安全挑战的战略选择。

改革开放以来,我国煤炭科技基础不断夯实,关键技术难题获得突破,科技供给能力持续增强,煤炭科技进步有力推动了煤炭工业的跨越式发展。中国煤炭工业协会将继续推动煤炭科技发展,大力弘扬创新精神,不断夯实科技基础,强化煤矿智能化战略导向,加强高质量科技供给。机遇难得,稍纵即逝。必须紧紧抓住新一轮科技革命和产业变革的难得机遇,乘势而上,实现煤矿智能化从点的突破到系统能力的提升,推动我国煤矿生产向更安全、更高效、更集约的方向不断进步。

煤矿智能化对于实现煤炭安全高效绿色开采,推进煤炭工业高质量发展有着非常重大的意义。今年是中华人民共和国成立 70 周年,是全面建成小康社会关键之年,是决胜进入创新型国家行列之年。站在新一轮改革开放的历史起点上,让我们发动科技创新的巨大引擎,不断提升我国煤炭工业发展的科学化水平,推动煤炭工业高质量发展,为实现中华民族伟大复兴的中国梦提供充足的能源保障!

（2020 年全国煤矿快速掘进现场会主旨报告）

解放思想 开放创新 全面构建安全高效绿色智能的现代化煤矿掘进新体系

中国煤炭工业协会

一、掘进工作有成绩、有经验、有贡献

（一）煤炭行业历来十分重视掘进工作

早在中华人民共和国成立初期，大同矿务局创造的"马连掘进法""双孔道循环作业法"就在全国大力推广。煤炭部时期，非常重视掘进技术进步和工艺革新，几乎每年都要组织召开全国性的掘进工作会议。国家煤矿安全监察局成立后，十分重视采掘接续，通过《煤矿安全规程》《防范煤矿采掘接续紧张暂行办法》等规程或文件加强掘进的安全生产工作。经过全行业多年的积淀与发展，掘进工作注重理念引领，提出的"采掘并举，掘进先行""一手抓采煤，一手抓掘进"成为煤炭生产的重要方针；注重成果总结，推广的大同和京西矿务局的岩石掘进经验、徐州矿务局的综掘经验、新汶和淮北矿务局的光爆锚喷支护经验等发挥了重要作用；注重评先树优，开展的先进采掘队组和特别能战斗的队伍（掘进队）等达标活动，树立了行业的"十面红旗"；注重创新驱动，组织的第一台煤巷掘进机喜获 1978 年全国科学大会颁发的科技进步奖，掘锚一体机、快掘机器人、掘进机远程控制技术与监控系统、全断面高效掘进机、矿用 TBM 等重大项目研制成功。

（二）不断探索并实践了符合我国煤矿条件的掘进模式

我国煤矿赋存条件千差万别，决定了掘进的复杂性与多样性。煤矿掘进从人工发展到半机械化、机械化，目前已迈向自动化、智能化，形成了以钻爆法、综掘法（包括连采机工法、掘锚一体机工法）和 TBM 工法（也称盾构法）为主的发展模式。钻爆法发展早、成本低、技术相对成熟，但掘进效率低、工艺烦琐、安全性不高，平均月进尺在 60～80 m。综掘法目前应用最为广泛，主要有综掘机掘进、连续采煤机掘进和掘锚一体化掘进三种方式。矿用 TBM 工法根据开采条件，已在个别煤矿得以应用。当前，落后的掘进方式加快淘汰，而传统综掘应用依旧广泛，掘锚一体化发展迅速，智能化快速掘进模式逐渐得到重视。

（三）保障了煤炭安全高效开采

中华人民共和国成立以来，煤矿掘进机械化从零起步，不断摸索，不断进步，1978 年达到 14.5%，2018 年提高到 60.4%，为保障煤炭生产供应由严重短缺向产能总体宽松和供需基本平衡转变发挥了重要作用。全国煤炭产量由 1949 年的 3 243 万 t 增加到 1978 年的 6.18 亿 t，2013 年创历史最高峰值 39.74 亿 t，2019 年为 38.5 亿 t。与此同时，实现了安全事故多发频发向安全生产形势总体稳定的历史性跨越。1949 年，全国煤矿事故死亡 731 人，百万吨死亡率为历史最高 22.54。在 2000 年前后为事故高发时期，年死亡人数为 7 000 人左右。2019 年，全

国煤矿事故死亡 316 人,百万吨死亡率 0.083,为历史最好水平。

(四)装备生产经营规模持续扩大

古人云:工欲善其事,必先利其器。1953 年,阳泉矿务局掘进队配备 C-153 型装煤机,打破了几百年来煤矿工人人工装载的作业方式。1976 年我国第一台煤巷掘进机成功下线。多年来,我国煤矿掘进装备制造水平不断提升,不仅满足了国内煤炭市场需求,也基本结束了依靠进口的局面。据统计,到 2019 年底,我国已累计生产各类掘进机 2.16 万台,完成产量 110.66 万 t。特别是 2000 年以来,随着煤炭工业的深度开发,掘进机需求量剧增,大功率、重型化掘进机发展迅速,共生产 1.3 万台,完成产量 108.87 万 t,分别占新中国 70 年来总产量的 60% 和 98%。目前,我国煤矿掘进机已形成年产 2 500 余台制造能力,稳居世界制造和使用第一大国位置。

(五)重大技术装备研制成果显著

目前,我国可以生产出截割功率达 450 kW、行走速度最高 10 m/min、爬坡能力在 $-25°\sim +21°$ 之间、最大截割硬度为 $f13$,适应各类煤矿开采条件的悬臂式掘进机;掘锚一体机作为目前最先进的掘进装备,国内约有 10 家企业可生产适用于硬度 $f \leqslant 8$、坡度 $\leqslant 8°$ 的煤巷掘进,并配套 4~8 臂的掘锚一体机;自 2009 年国产首台 EML340 型连采机问世以来,掘锚连续采煤机、可调高式滚筒露天连续采煤机等大型采掘装备得到应用;"十三五"期间,全断面高效掘进机、复合式盾构机、全断面矩形快速掘进机、全断面硬岩掘进机、大倾角盾构机等重大装备研制成功,在开采条件简单的大断面、长距离的煤(岩)巷初步实现了智能快速掘进;与此同时,产学研用单位加快协同创新,在掘锚一体化、智能综掘、硬岩快速截割、掘进机器人、掘进远程控制、"5G+"掘进应用等方面取得重大突破。

(六)智能掘进取得明显进展。据初步统计,截至今年 8 月底,全国煤矿建成智能化采掘工作面 401 个,其中智能化掘进工作面约占 1/4,主要有两种模式:一是基于悬臂式掘进机的智能综掘工作面;二是基于掘锚一体机的智能快速掘进系统。第一种模式以自动截割为主,远程干预为辅的模式进行截割。自动锚杆钻车远程遥控进行临时防护,以人机协作的模式进行自动钻孔、自动铺网、自动打锚杆锚索等作业。集控中心可进行远程可视监测和集中协调控制;第二种模式由掘锚一体机、锚杆钻车和自移式连续胶带机组成,实现探、掘、支、运全工序智能化施工,具有超前钻探、精确定位、自主导航、自动截割、自动支护、连续转载、泡沫除尘、远程集控等功能。此外,已研制成功智能快掘机器人系统、智能硬岩掘进机等首台套产品。鲁豫部分千米深井、高瓦斯矿、冲击地压等灾害严重矿井建设了远程遥控、记忆截割的掘进工作面,成效明显。榆北煤业在建设初期就坚持"智慧+绿色"的先进理念,做到了采、掘、运等系统的智慧化、绿色化运行。

二、为什么说掘进工作非常重要

主要体现在以下几个方面:

(一)它是提升煤矿生产效率的重要环节

"采掘并举,掘进先行"。在煤炭开采中,掘进巷道服务年限少的 1~2 年,多的超过 20 年甚至更长时间。2019 年,我国 83% 的煤炭产量来自井工开采,若平均按 50 m 的万吨掘进率计算,掘进工程量超过 1.5 万 km,其中,煤巷、半煤岩巷约占总掘进工程量的 70%。这么大的掘进工程量,在煤矿生产中的作用举足轻重。随着我国煤矿规模化、集约化的发展,为满足年产百万吨级甚至千万吨级超大超长工作面的生产,巷道掘进年消耗将大幅增加,掘进效率已成为煤矿安全高效集约化生产的共性关键技术。

（二）它是保障煤矿安全生产的重要方面

我们知道，掘进是独头施工，没有构成独立通风系统，迎头断层多，顶板破碎，且面临瓦斯、透水、塌方、冒顶、片帮等众多事故风险，属于煤矿生产作业中非常关键且危险的工序。根据对2000—2019 年全国煤矿事故统计，可以看出：一是瓦斯、水害和顶板事故死亡人数占到事故总量的 2/3 以上，且易发生在掘进工作面，特别是煤与瓦斯突出事故，更易发生在煤巷掘进，如2017 年 5 起较大及以上煤与瓦斯突出事故全部发生在掘进工作面。二是 2012—2019 年，共发生瓦斯较大及以上事故 176 起、死亡 1 435 人，掘进工作面分别占 48.9％和 34.3％（表1）；共发生水害较大及以上事故 58 起，死亡 364 人，掘进工作面分别占 58.6％和 54.1％（表1）；共发生顶板较大及以上事故 65 起，死亡 314 人，掘进工作面分别占 27.7％和 30.9％（表1）。冲击地压事故发生在掘进工作面的也占到了 1/4。三是掘进工作面事故率高的原因主要有：局部通风管理混乱，通风系统不合理，瓦斯涌出异常，停电停风，地质资料不清，探放水措施不落实，在透水征兆明显的情况下仍盲目违规组织生产，采掘部署不合理，支护技术和质量跟不上，违规平行或空顶作业，掘进落煤诱发突出，爆破和钻孔施工不当等。所以，抓煤矿安全生产，掘进安全是重中之重。还有一个问题要认识到，就是一旦掘进工作面发生事故，救援难度相对较大。

表1　2012—2019 年瓦斯、水害、顶板较大及以上事故发生在掘进工作面情况

年份	瓦斯较大及以上事故			水害较大及以上事故			顶板较大及以上事故		
	事故起数	掘进工作面	占比/%	事故起数	掘进工作面	占比/%	事故起数	掘进工作面	占比/%
2012	36	20	55.6	13	9	69.2	16	5	31.3
2013	30	12	40.0	13	7	53.8	8	2	25.0
2014	28	16	57.1	9	4	44.4	15	2	13.3
2015	23	12	52.2	9	3	33.3	5	2	40.0
2016	20	7	35.0	5	4	80.0	5	3	60.0
2017	16	7	43.8	4	3	75.0	5	0	0.0
2018	9	7	77.8	3	3	100.0	4	2	50.0
2019	14	5	35.7	2	1	50.0	7	2	28.6
合计	176	86	48.9	58	34	58.6	65	18	27.7

（三）它是坚持以矿工为中心思想的具体体现

新时代中国特色社会主义思想，必须坚持以人民为中心的发展思想。目前，我国煤矿从业人员中，从事采煤、掘进、运输等危险繁重岗位人员占比在 60％以上，其中，直接从事掘进作业的人员约 30 万人。掘进作业普遍具有人员多、强度大、风险高、粉尘大、环境差、噪声大的特点，这就要求我们必须用最安全、最高效、最智能的技术装备和管理手段解放工人双手劳动，改善工人劳动环境，降低安全风险和职业危害。这是坚持以矿工为中心思想的具体体现。

（四）它是智能化煤矿建设的重要组成部分

掘进作为井下安全生产的重要环节，对实现煤矿少人化、无人化，提高煤矿安全保障能力，促进煤矿智能化发展具有重要意义。如果掘进系统实现不了智能化，整个矿井就谈不上智能化。近年来，国家有关部门发布了很多指导性文件。《煤矿机器人研发重点目录》提出了 9 种掘进类机器人的研发应用要求。《能源技术创新"十三五"规划》把"掘支运一体化快速掘进系统"作为集中攻关类项目。《关于加快煤矿智能化发展的指导意见》指出要进一步减少掘进作

业人数,降低安全风险,基本实现掘进工作面减人提效。

三、掘进工作的短板在哪里

我们煤矿掘进工作取得了一点成绩,但更应该如履薄冰、居安思危,充分认识存在的短板。掘进工作的短板主要表现在以下 10 个方面。

(一)认识还不到位

重视不重视,关键看认识。部分企业对掘进工作认识还不到位,"重采煤、轻掘进"现象存在。比如,掘进相对采煤工作面,平均用工是采煤的 3 倍,讲求"人海战术",劳动强度大、环境恶劣、危险性高,但工人收入待遇赶不上采煤工人;一些单位对掘进投入相对不足,许多掘进设备都是超期服役。如果按采掘工作面 1∶2 正常接替来估算,采煤机和掘进机的产量也大致是 1∶2。从 2010—2019 年全国掘进机与采煤机产量相比可以看出,在 2015 年行业不景气的时候,这一数据下降到 1∶0.78,2019 年这一比例上升到 1∶2.07,基本趋于正常。这几年上升得快,侧面说明我们在补掘进的历史欠账。

表 2　2010—2019 年掘进机与采煤机产量相比情况

年份	2010	2011	2012	2013	2014	2015	2016	2017	2018	2019
掘进机/台	1 905	2 328	2 513	1 741	1 314	412	483	1 146	1 615	1 794
采煤机/台	772	1 003	1 611	1 082	851	525	451	544	698	868
掘采比	2.47	2.32	1.56	1.61	1.54	0.78	1.07	2.11	2.31	2.07

(二)传统掘进格局尚未打破

目前,我国煤矿主要掘进工艺还是传统综掘,占到全部掘进工作面的 70%左右。炮掘工艺仍普遍存在,工作面个数占到全部掘进工作面的 20%以上。这些工艺在设备上仅实现了截割、运煤的机械化或半机械化作业,其他工艺环节仍大量依靠人工作业,严重影响了掘进效率和作业安全性。连续采煤机掘进、掘锚一体化掘进、盾构法掘进等方式,由于成本投入和煤炭赋存条件等因素限制,尚未得到大量推广应用。

(三)采掘失衡问题普遍存在

采掘失衡是重大安全风险源,是制约安全高效生产的主要因素。采煤技术装备总体较掘进技术装备发展快。据对 1954—2013 年国有重点煤矿的掘采比(图 1)统计发现,2006 年以前,国有重点煤矿的采掘比始终在 1∶3 以下,2006 年以来这一比例上升到 1∶3 以上,说明"十一五"以来,随着煤炭的深度开发和综采发展,采掘矛盾较为突出。采煤机械化程度由 1978 年 32.34%上升到 2018 年的 78.5%,而掘进机械化程度由 1978 年的 14.5%上升到 2018 年的 60.4%。

(四)煤矿间发展差距较大

我们建成了现代化的智能快掘工作面,煤巷平均月单进超过 4 000 m,岩巷达 600 m,而有的矿还靠打眼爆破、人工攉煤,煤巷平均月单进仅百米,岩巷不足 60 m;有的矿万吨掘进率只有 10 米多,仅有两个掘进工作面就能保证正常接替,而有的矿高达近 300 m,30 多个掘进工作面仍然接续紧张;有的矿采掘工作面个数比不足 1∶2,而有的高达 1∶15。这些发展的不平衡与开采条件、技术装备、管理水平、思想认识等因素关系密切。

(五)后配套系统效率较低

后配套系统效率较低表现在:一是掘支运不能平行作业,掘进速度相对较快,截割时间占

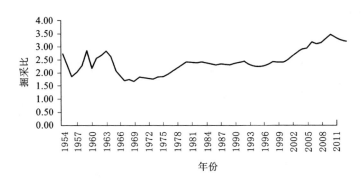

图 1　1954—2013 年国有重点煤矿的掘采比

20％左右,而锚护时间占 50％～70％,占用过多工时,而且在冲击地压、高瓦斯、深部等复杂条件矿井,支护耗时更多;二是后配套系统能力不足,特别是通风、除尘、安全监控、压风、供水、供电等缺乏统一的设计与服务,各系统自身存在很多问题,相互不能高效协同运转。

（六）关键装备制造能力不足

关键装备制造能力不足表现在:一是设备系统间关联性不强,智能化程度不高,缺乏通信、监控、联动、互锁等功能,不能实行集中控制;二是关键装备自给能力不足,如大功率重型掘进机、连续采煤机、掘锚机组等与国际先进水平还存在一定的差距,仍需要整机进口或引进关键元部件。

（七）核心技术和基础研究短板明显

我们知道,20 世纪无线电、计算机和互联网等三个伟大的发现都出现在美国,一个重要原因就是它的基础研究非常强大。而我们的短板,恰恰就在于对核心技术、基础研究、基础学科缺乏系统的认识。就掘进而言,我们的破岩技术、掘锚一体化技术、工艺设计、传动件制造、液压控制、自动化技术、截割头全喷雾功能等与国外先进技术相比,还落后好几年。岩石截割硬度 $f13$,截割头的材料和工艺较国外先进水平差距明显。

表 3　国内外大功率重型掘进机技术比较

项目	国外	国内
截割功率/kW	350	450
截齿焊接工艺	真空热处理,喷涂强化,截割硬度 $f=15$	真空热处理,截割硬度 $f \leqslant 13$
自动控制技术	全功能遥控,截割断面监视	全无线遥控控制,智能成型切割和恒功率切割
除尘方式	外喷雾加机载除尘系统,除尘效率可达 99％	内外喷雾,除尘效果一般
润滑方式	自动集中润滑	进口集中润滑系统
截锚一体	成熟	研制起步阶段
可靠性	强	故障率高

（八）掘进工艺有待优化

当前,我们更多关注的是掘锚一体化技术装备水平,而轻视了整个工艺环节,特别是掘进过程中的支护、接续、推进速度、搬家倒面、通风系统等。比如:如何优化高瓦斯煤矿顶板临时支护措施和施工工艺;针对顶板破碎、底鼓等困难,如何优化断面结构和施工工艺;如何研究和优化药卷上药系统,改变钻锚工艺;还有,我们也要认识到,开采条件会越来越复杂,好采的煤会越来越少,这对掘进各系统间的工艺匹配要求也会越来越高。

（九）掘进工作面的职业危害大

井下掘进煤岩尘大,最大的职业危害就是尘肺病。据中国煤矿尘肺病防治基金会统计,我国尘肺病患者达 80 多万人,其中 60％ 以上在煤矿,且每年约以 3 万例的速度在递增。有的煤矿掘进工作面粉尘浓度在 2 000～3 000 mg/m³,呼吸性粉尘浓度在 50～60 mg/m³,远超过国家职业卫生标准。多年来,企业粉尘危害防治经费投入相对不足,平均费用为吨煤 0.18 元/月,与安全生产费用吨煤 15 元/月相比,仅占 1.2％。此外,控除尘技术单一、现场管理不到位、工人个体防护意识不强等问题较为突出。

（十）职工素质有待进一步提升

据统计,现阶段煤炭职工本科以上学历约占 20％,40 岁及以上人员占比在 45％ 以上,人才队伍建设亟须加强。其中,一线掘进人员平均年龄普遍偏大,平均学历较低,职工教育培训和技能提升不够系统科学。特别是老矿,掘进队伍年龄和素质结构失衡更为突出,缺乏装备操作及机电维修人员,高层次人才严重匮乏,已难以满足掘进技术装备快速升级的要求。

四、建设什么样的现代化煤矿掘进体系

一定时期内,掘进仍将是煤炭开采最重要的环节之一。至少在没有颠覆性的采矿技术革命到来之前,掘进这一步还少不了。对此,我们一定要统一思想,凝聚共识,全力构建一个安全、高效、绿色、智能的现代化煤矿掘进新体系。

（一）坚持安全掘进,增强安全保障能力

安全掘进是根本,是最大的民生。我们 340 多万煤矿职工,长年累月在井下劳作,牺牲了应该享受的阳光和空气,面临着各种灾害危险,开采“光和热”。我们许多煤矿领导和企业家,一年四季以矿为家,兢兢业业。我们一些矿工兄弟即使患上了尘肺病、颈椎病、关节炎等职业病,仍坚持工作,有的到了后期,生活质量一落千丈,苟延残喘、不可治愈、惨不忍睹。这些人,是最应该受到社会尊重的人,也是最应该得到社会各方面关心的人。所以说,抓掘进安全,我们要怀着对煤矿兄弟的深厚感情,牢固树立安全发展理念,坚持“无人则安、少人则安”,实现从“零死亡”到“零伤亡、零伤害”的转变,实现从“保安全、防事故”到“控风险、保健康”的转变,全面提升掘进各系统的安全保障能力。

（二）坚持高效掘进,全面提升掘进效率

“效率”是基础,是解决掘进一系列问题的“牛鼻子”。经对大型国有煤矿调查发现,老矿和灾害严重矿井安全压力相对较大,采掘矛盾相对突出。我们要认识到,只有想方设法把掘进的工效、单进和开机率提上去,把掘进质量搞上去,把人减下来,安全才有保障,采掘才会均衡,也才能实现截割、支护、运输、通风、除尘、探测等主要工序相互适应、相互配合和连续生产。我们也要认识到,高效不仅要效率高,还要质量好,包括施工质量、顶板管理质量等。当然,快是相对的,不是越快越好,要注重掘进整个系统质量和效率的提升。这背后依赖的必然是先进的技术装备和管理水平。

（三）坚持绿色掘进,建设美丽矿山

今年的新冠疫情让我们更加清醒地认识到绿色生活和生命健康的重要性。掘进作为煤炭生产的前关,必须深刻把握绿色开采的根本要求,把“绿色”作为建设美丽矿山的“底色”。现在大部分矿都可以做到掘进矸石不升井,今后要在掘进工作面煤矸的无轨化高效绿色运输上做工作。除尘降噪是绿色掘进的重要方面,要下功夫治理。如神东采取“长压短抽”通风除尘和湿式捕尘网捕尘等综合治理措施,盘江采取泡沫防尘技术,掘进工作面总粉尘浓度下降到 4 mg/m³ 以下,达到行业领先标准。新汶矿业集团探索无尘化喷浆、风动喷浆机、锚喷除尘降回弹技术,试验干式收尘装置,降低了源头产尘量。还有要做好绿色设计、绿色工艺以及绿色技术装备的应用,做好通风、用电、排水等方面的节能降耗工作,努力为黄河流域煤炭资源开发与生态保护协调发展打好基础。

(四)坚持智能掘进,建设智能化煤矿

智能掘进是发展方向。目前,我国基于综掘机和掘锚机初步实现了两种模式的智能掘进,但这些智能快掘工作面普遍没有实现集中控制和远程操作,实质属于机械化、自动化掘进,距离完全的无人化掘进、无人自动锚护等功能还有一定距离。对此,我们要有清醒认识,既要坚持摸着石头过河与加强顶层设计相结合,大胆融合 5G、物联网、工业互联网等现代信息技术,尽快突破智能化少人无人掘进技术,真正让有条件的煤矿"好钢用在刀刃上"。也要深刻认识实现智能掘进的长期性和复杂性,不是所有的煤矿都可以搞智能掘进,也不是直接跨过机械化、自动化,就可以搞成智能掘进。条件不成熟的煤矿一定要因地制宜,一矿一巷一策,分步实施,精准推进,逐步提高掘进的机械化程度,切勿盲从。

五、如何建设现代化煤矿掘进新体系

(一)不断解放思想

解放思想,是为了让思想活泼起来。思想一解放,我们要可以坚持红线思维、底线思维、系统思维和数字思维,转变传统办矿理念,敢闯敢试,打破常规,以思想破冰引领掘进发展;思想一解放,我们就能认识到,掘进工作能少掘则少掘,能掘煤巷不掘岩巷,能快则快,能慢则慢,操作灵活,系统简单,便于实现多机高效智能协同;思想一解放,我们就能认识到,一花独放不是春,百花齐放春满园。通过示范引领,对标先进,因地制宜,加快分类建成多种类型、不同模式的掘进标杆工程,不断带动和促进企业间和矿区间掘进工作的均衡发展,决不让"贫富差距"越拉越大。

(二)坚持矿工至上

习近平总书记说:"人民至上、生命至上,保护人民生命安全和身体健康可以不惜一切代价。"近期,煤炭工业协会开展了一项煤炭职工生活情况调查,其中职工认为目前井下最需要改进的两个方面是"缩短作业时间"和"减轻劳动强度"。对掘进而言,掘进工作干得好不好,有没有成效,要以职工获得感、幸福感和安全感为衡量标准。我们要注重职工的安全健康,从职工反映强烈、普遍关注、反复出现的问题出发,解决好职工工作环境、劳动强度、粉尘、噪声以及班中餐、夜班掘进等问题;我们也要注重职工大健康管理,努力从标准体系、现场管理、个体防护、职工体检、治疗康复等方面构建一个闭环的健康管理体系;我们还要注重职工发展,创新职业教育和培训方式,强化技能提升和高精尖人才引进,加强知识管理,努力培育出一批适应新时代煤矿发展要求的专业化、职业化人才队伍。

(三)推动开放创新

党的十九届五中全会强调:"要把科技自立自强作为国家发展的战略支撑,加快建设科技强国"。创新不能一直搞"模仿秀"和"拿来主义",创新要全方位开放包容、合作共赢、自立自强。当前,我们对已有的技术创新成果要加强标准建设,加快成果转化力度;对核心关键技术要集中力量进行协同攻关,提升原始创新能力。重点突破智能掘进控制、掘支锚运一体化集成、自动化(智能化)综掘、全断面硬岩快掘、复杂地质条件智能快掘、支护装备自动化、自适应截割技术、计算机动态仿真、智能高效通风除尘系统、掘进及其辅助配套系统的安全控制等重大技术;要加强基础研究。比如:元部件、原材料可靠性研究,高标准掘进机整机实验室和截割刀具实验室的创建,适应我国煤矿地质条件的截割、装运及行走部载荷谱的建立等;还要加快现代煤炭掘进技术装备与物联网、云计算、大数据、人工智能等信息技术深度融合,突出数字赋能优势。

（四）加快装备升级

提高掘进装备水平是提升掘进科学化水平的根本途径。一要以国内大循环为主,实现国内国外双循环相互促进。要坚信国内近 40 亿 t 的煤炭市场是我们最大的供给、最大的需求和最快的效率提升途径。二要进一步提升掘进装备制造国产化水平。充分融合现代信息技术,深入推进绿色制造、智能制造和服务型制造。三要破解"低端装备过剩,高端装备不足"的难题。加快高效掘支及修复装备、小断面 TBM 掘进机、智能化综掘机、非圆形全断面掘进机、全液压锚杆锚索钻车、摇臂式掘进机以及各类掘进机器人等高端装备的研发。"高端"目的是要突出核心技术,满足不同煤矿需求,不能简单以大型化、成套化为衡量标准。四要加大支护、运输、通风、除尘、排水、供电等后配套技术装备的攻关;五要加强产学研用单位开放合作与共赢,真正让开放创造机遇,让合作破解难题。

（五）促进管理提升

管理提升效率,管理创造效益。一要完善制度建设。完善掘进作业各项安全生产制度、岗位规程,做到以制度保障安全、指导生产。二要加强全生命周期管理。将全生命周期管理理念贯穿掘进工作全流程、各环节。三要加强现场管理。重点要抓好顶板管理、设备管理、通风管理、安全管理、掘进煤质量以及工程质量管理。四要加强对标管理。要对标,就要对标最高标准和最高水平;五要注重发挥大型企业的头部效应和总部经济。加强品牌和诚信建设,提升现代化企业的管理科学化水平。

（六）优化系统设计

一要加强顶层设计。通过简化掘进系统,做到系统越安全越好、越简单越好、越高效越好。二要探索新设计模式。要分采区、分系统规划好头面个数,进一步提高掘进的工效。三要推广新工艺。具有技术密集、成套化、系统化、自动化、智能化特征的新工艺新成果要积极推广。四要突出设计工作的前瞻性、系统性、战略性和科学性。在满足安全生产需要的前提下,尽可能以最小的投入获得最大的效益。

党的十九届五中全会谋划了"十四五"时期和 2035 年经济社会发展主要目标,为我们指明了发展方向。今年是"十三五"收官之年,也是"十四五"开局之年,煤矿掘进工作有成绩、有经验,具备科学发展的基础,但仍面临很多困难和挑战,任重道远。我们要以此次快速掘进现场会为契机,统一思想,凝聚共识,坚持自主创新的核心地位,加快形成以国内煤炭市场大循环为主,国际国内双循环相互促进的发展新格局,积极构建安全、高效、绿色、智能的现代化煤矿掘进新体系,全力打造安全可靠、系统优化、装备先进、管理科学、绿色低碳、智能快速的掘进新局面,进一步提升煤矿掘进科学化水平,努力为支撑"十四五"煤炭工业高质量发展提供新动能。

（2021 年全国煤炭行业老矿区转型发展现场会主旨报告）

贯彻新发展理念 构建新发展格局
奋力谱写新时代老矿区转型发展新篇章

中国煤炭工业协会

一、充分认识推进煤炭行业老矿区转型发展的重要意义

煤炭行业老矿区曾是中华人民共和国煤炭工业的摇篮和重要的能源基地，是社会主义现代化建设的引领者和见证者，在中国煤炭工业发展史上写下了光辉灿烂的篇章。推动煤炭老矿区转型发展是世界各国煤炭资源进入枯竭阶段后面临的共同问题，也是我国煤炭行业实现高质量发展的必由之路。从洋务运动起步，我国煤炭工业秉承"内堪自立、外堪应变"信念，以筚路蓝缕、以启山林的精神，开启了矿业兴国的艰难征程，创建了一批近代煤矿企业，培养了一批煤矿经营管理和工程技术人员，为中国民族工业的崛起奠定了良好基础。中华人民共和国成立以来，党和政府始终把发展煤炭工业摆在国家能源战略的重要位置，推动煤炭工业不断实现新的历史性跨越。70 多年来，全国煤矿累计生产煤炭 924 亿 t，占我国一次能源生产总量的 70％以上，全国煤炭产量由 1949 年的 3 243 万 t，增长到 2020 年的 39 亿 t，支撑了 10.7 亿 kW 煤电装机发电量、10.6 亿 t 粗钢、24 亿 t 水泥和 5 500 万 t 化肥的生产用煤需求，为建立我国独立完整的工业体系、促进国民经济和社会持续较快发展做出了突出贡献。

但是也要看到，随着长期超强度、粗放式的开发利用，部分老矿区煤炭资源逐步枯竭，各种矛盾和问题开始集中显现，传统型产业结构难以适应市场变化，接续替代产业发展乏力，新旧动能转换缓慢，人才队伍建设滞后，产业竞争优势下降，面临着"资源枯竭、发展失速、产业衰退、动力弱化、环境约束"等风险和挑战，有些老矿区甚至陷入了经济徘徊、发展停滞的困难局面。

当前，我国进入了新发展阶段，开启了全面建设社会主义现代化国家的新征程。推进煤炭行业老矿区转型发展，建设现代化煤炭经济体系，构建人与自然和谐共生的新发展格局，实现老矿区更高质量、更有效率、更加公平、更可持续发展，意义十分重大。

（一）推进老矿区转型发展是贯彻落实习近平新时代中国特色社会主义思想的必然要求

党的十八大以来，习近平总书记就煤炭老矿区转型发展做出系列重要论述，提出系列重要观点和指示。2017 年 12 月，总书记在江苏省徐州市视察时，夸赞贾汪转型实践做得好，现在是"真旺"了。他特别强调塌陷区要坚持走符合国情的转型发展之路，打造绿水青山，并把绿水青山变成金山银山。2018 年 9 月，总书记考察抚顺市采煤沉陷区避险搬迁安置情况，他充满深情地说："我一直牵挂着资源枯竭型城市，这些城市发展怎样、人民生活怎样，我早就想来看看。资源枯竭型城市如何发展转型是一个大课题，要认真研究，不能急，要一步一步来。在找出路的过程中，首先要把民生保障好，特别是要保障最困难群体的生活。我们发展经济的最终目的,就是为了让老百姓的生活过得越来越好。大家的生活都要过好,全面建成小康社会,一个也不能落下,一个也不能少。"总书记的重要讲话饱含着对煤炭行业的深情厚谊,饱含着对煤炭工业转型发展的殷殷重托。推进老矿区转型发展是践行习近平新时代中国特色社会主义思想的必然要求。

(二)推进老矿区转型发展是深化煤炭供给侧结构性改革的客观要求

习近平总书记强调,推进供给侧结构性改革,要从生产端入手,重点是促进产能过剩有效化解,促进产业优化重组,降低企业成本,发展战略性新兴产业和现代服务业,增加公共产品和服务供给,提高供给结构对需求变化的适应性和灵活性。《国民经济和社会发展第十四个五年规划纲要》对深化供给侧结构性改革做出了全面部署。这些新理念新思想新战略,为当前和今后一个时期老矿区转型发展指明了方向。贯彻落实中央的决策部署,必须深入推进煤炭供给侧结构性改革,充分发挥好老矿区独特优势,加快煤炭生产模式和产业组织方式创新,积极发展煤炭先进产能,关闭退出落后产能,发展生产性服务业,培育新兴产业和未来产业,推进煤炭由燃料向燃料与原料并重转变、由传统能源向清洁能源战略转型,激发内生动力,推动老矿区振兴发展。

(三)推动老矿区转型发展是推进煤炭行业高质量发展的重要举措

"十三五"时期,在国家有关部门和主要产煤省区地方政府的领导和推动下,全行业持续推动化解过剩产能工作,全国累计退出煤矿 5 500 处左右、退出落后煤炭产能 10 亿 t/a 以上,安置职工 100 万人左右,超额完成《国务院关于煤炭行业化解过剩产能实现脱困发展的意见》(国发〔2016〕7 号)提出的化解过剩产能奋斗目标。但必须看到,老矿区短期问题和长期问题交织,结构性问题和体制性问题并存,困难和挑战依然严峻。一方面,随着煤炭资源的逐步枯竭和煤矿的加快退出,老矿区发展面临煤矿产能退出比重大、接续替代产业发展乏力、生态修复和环境治理欠账、基础设施建设落后,矿区综合服务能力和品质欠缺,对高素质人才吸引力降低等诸多新的困难和问题。另一方面,发展的不平衡不协调不可持续的老问题更加突出,人民对获得感、幸福感、安全感的预期更高。传统发展方式已难以为继,只有真正走上创新驱动、内生增长的发展轨道,才能为老矿区高质量发展开辟新的空间。未来十五年是中国发展极为关键的阶段,要在 2035 年基本实现社会主义现代化,新时代新阶段的发展必须是高质量发展。老矿区作为中国煤炭工业体系的重要组成部分,其发展水平和质量将影响着中国煤炭工业高质量发展的进程,决定着中国煤炭工业在全球产业链、供应链、价值链中的地位,决定着中国煤炭工业未来转型发展的方向。老矿区应自觉承担起转型升级发展、建设煤炭强国的历史使命。

(四)推动老矿区转型发展是建设生态文明矿山的迫切需要

长期以来,传统的煤炭高碳、粗放的开发利用模式对矿区生态环境造成较大影响。据统计测算,2020 年全国煤矿产生的煤矸石、洗矸、煤泥约 9.3 亿 t,风排瓦斯和抽采瓦斯排空折纯量合计超过 200 亿 m³,煤炭开采引起的土地沉陷 110 万亩(1 亩≈666.67 m²)左右,煤炭采选业、现代煤化工、低热值电厂年 CO_2 排放量约 6 亿 t,煤炭粗放式开发利用带来的生态环境问题已严重影响矿区人民的生活质量,并引起了社会的广泛关注。老矿区要全面贯彻习近平生态文明思想,落实党中央国务院关于碳达峰、碳中和重大决策部署,高效利用煤炭资源、严格保护矿区生态环境,有效控制温室气体排放,加快建设绿色低碳循环经济体系,促进矿区经济社会发展全面绿色转型,建设人与自然和谐共生的现代化美丽矿区。

二、经过多年的探索与实践,煤炭老矿区形成了各具特色的转型发展模式

近年来,一批老矿区全面贯彻落实新发展理念,遵循市场经济规律和能源发展规律,抢抓新一轮科技革命和产业变革带来的新机遇,坚持统筹谋划、因地制宜、发挥长处,优化煤炭资源开发布局,加快产业结构调整,积极培育新兴产业集群,提升自主创新能力,促进人与自然和谐共生,着力推动老矿区发展模式向内涵集约、绿色低碳、质量效益型转变,探索出了各具特色的转型发展新路。主要特点有:

(一)优化资源开发布局,筑牢产业发展之基

一些老矿区面对资源逐步枯竭的严峻挑战,抢抓国家深入实施西部大开发、煤炭开发重心西移等重大战略机遇,积极获取优势煤炭资源,加快形成本地生产与域外开发相互促进的新开发格局。山东能源集团在高效利用省内煤炭资源的同时,成功布局内蒙古、陕西、山西、新疆、贵州和澳大利亚煤炭资源开发,截至目前,集团拥有省外(国外)煤矿 44 处、产能 2 亿 t/a 左右;淮河能源集团在鄂尔多斯建成现代化煤矿 3 处、核定产能 7 610 万 t/a;徐州矿务集团在西部地区新增煤炭可采储量 20 亿 t、煤炭产能 1 110 万 t/a。盘江煤电集团推进国企战略重组,加速全省煤炭资源整合,新增 48 亿 t 优质煤炭资源。优质煤炭资源的获取,有效破解了煤炭产业接续难题,夯实了老矿区高质量发展的根基。

(二)推进重大项目建设,强化优势产业引领

一些老矿区坚持"高端、数字、集群、品牌"的产业发展方针,加快建设大型现代化煤矿,延伸煤炭上下游产业链条,打造数字强企、智能矿山,着力抢占产业链、价值链制高点。国家能源集团、陕西煤业化工集团等一批大型煤炭企业通过高起点设计、高标准建设,建成了以大柳塔、红柳林煤矿为代表的一批千万吨级矿井群和以锦界、黄陵二号井为代表的一批数字矿山和智能化采煤工作面,引领了煤炭安全高效智能化开采发展方向;平煤神马集团累计投入资金 300 多亿元,打造豫西南煤基先进材料工业长廊,工业总产值将超过 2 000 亿元。陕西煤业化工集团总投资 1 262 亿元的煤炭分质利用制化工新材料示范项目稳步推进。一系列重大项目的顺利实施,打造了老矿区产业发展新优势,推动了质量变革、效率变革、动力变革。

(三)做优做强战略性新兴产业,打造市场竞争新优势

一些老矿区坚持"腾笼换鸟、换道超车",抢抓大数据战略、新材料产业机遇,积极培育战略性新兴产业,加快形成新的经济增长点。华阳新材料科技集团坚持走碳基材料和数字资产两条路径,加快培育功能性纤维、新能源蓄能和石墨烯新材料、5G 智能矿山等七大产业协同发展的战略性新兴产业集群;平煤神马集团发挥高纯硅烷技术优势,形成"硅烷—单晶硅—多晶硅—太阳能电池切片—光伏电站"战略性新兴产业链;国家能源集团、郑州煤矿机械集团、徐州矿务集团、淮河能源集团、中国煤矿机械装备有限责任公司、天地科技股份有限公司等老煤炭企业大力培育新一代信息技术、新材料、高端装备、新能源、绿色环保等产业,加快形成一批战略性新兴产业集群,走出了一条老矿区与新科技深度融合、新动能牵引老矿区整体跃升的转型新路。

(四)大力发展现代服务业,拓宽企业发展新空间

一些老矿区面对"矿关了、人怎么办"的重大难题,解放思想,主动作为,发挥人才、技术、管理、数据、装备等优势,发展现代服务业,推动生产性服务业向专业化和价值链高端延伸,推动生活性服务业向高品质和多样化升级。徐矿集团开展专业化的煤矿地质勘探、开拓开采、电力运营维护等生产性服务,服务外包产业涉足 6 个国家、9 个省区,承包矿井生产原煤近 4 亿 t,分流安置职工近万人;其中,徐州矿务集团自行设计、建设并承包运营的孟加拉国巴拉普库利亚煤矿,多次得到孟加拉国政府、中国驻孟加拉国大使馆的高度赞誉,不仅提升了徐州矿务集团海外品牌影响力,也为我国煤炭行业赢得了荣誉。山东能源集团依托自有医疗资源丰富集成独特优势,注资 30 亿元成立山东颐养健康产业发展集团,形成医疗服务、医养结合、医疗器械、医地协同、医药产销、医保融合"六医"全产业链发展格局。

(五)深入推进供给侧结构性改革,实现瘦身健体增效益

一些老矿区审时度势、超前布局、精心筹划、争取主动。陕西煤业化工集团实施"去杂归核"战略,在全国率先推进"去产能"工作,主动淘汰落后产能 1 815 万 t/a,核增 6 个优势煤矿项目,增加优质产能 6 000 万 t/a,通过老矿区减量和增量置换,优质煤炭产能占比提高到 95% 以上。中煤能源集团 5 年累计关闭 11 座煤矿,退出产能 2 450 万 t,核减 6 座生产煤矿、产能 2 306 万 t,退出产能总计 4 756 万 t;全面完成 77 户"僵尸"特困企业清理处置工作,累计分流安置人员 5.9 万人,完成资产清理处置 10 亿元;全面完成 7 万户"三供一业"分离移交;完成 8 户厂办大集体企业改革任务,2020 年资产负债率降至 62.86%。通过压减工作,切实减轻了企业负担,提升了企业资源配置效率,化解了潜在债务风险,降低了企业成本费用,提升了运营效率。

(六)完善企业技术创新体系,强化科技创新引领

一些老矿区立足自身优势,完善科研管理体制机制,整合集聚创新资源,凝聚科技创新人才,着力打通科技强支撑企业强、产业强的通道。国家能源集团健全完善科技创新体系,目前拥有 4 家直属研究院、12 个国家级研发平台、3 个协同创新中心,形成了"智库+前沿技术研究院+专业研究院+研发平台"的自主研发体系,攻克了 8.8 m 大采高、二次再热、低风速高效风机、百万吨级煤直接液化、400 万 t 级煤间接液化、重载铁路运输等关键核心技术,建成了一批国际领先的示范工程。中煤科工集团实施"创新驱动、聚焦主业"战略,构建了涵盖煤炭行业全专业领域的科技创新体系,深入开展应用基础研究、关键核心技术、前沿引领技术、战略新兴技术、重大产业技术攻关,在智能煤矿建设、矿区生态环境整治、煤矿灾害防控等领域取得了一大批具有开创性的科研成果。科技创新充分发挥了服务生产、促进发展、提升管理、培养人才和引领未来的作用,为老矿区转型发展提供了重要支撑。

(七)深入推进矿地深度融合,推动企业地方共同繁荣

一些老矿区坚持把关闭矿井闲置资源作为宝贵的稀缺资源、未来发展的战略空间、区域核心功能的重要承载地,加强与区域发展规划的衔接,取得了显著的效果。安徽两淮老矿区利用昔日的采煤沉陷区水面建设水面漂浮光伏电站,实现了储水灌溉、光伏发电和渔业养殖的综合利用。晋能控股集团利用采煤沉陷区建设 100 MW 光伏电站,与大同市共同建设云冈矿北大巷废弃巷道压缩空气储能电站项目,利用废弃煤矿巷道作为储气库压缩空气储能系统,有效实现资源枯竭矿井的可持续发展。徐州矿务集团与徐州市贾汪区合作,利用原权台矿、旗山矿工业广场建设了生态文化特色小镇,盘活徐州地区 120 km 铁路专用线资源,发展现代物流产业。矿地融合盘活了老矿区闲置资源,释放了企业发展潜力,实现了企业与地方互利共赢。

(八)推动老矿区绿色低碳发展,建设幸福美好新家园

一些老矿区牢记总书记"打造绿水青山,并把绿水青山变成金山银山"的殷殷嘱托,推进老矿区绿色低碳转型,建设人与自然和谐共生的幸福美好新家园。开滦集团深挖百年开滦文化资源,建成了以开滦国家矿山公园为主体,开滦博物馆主馆、井下探秘游、中国铁路源头博物馆、蒸汽机车观光园合理布局的生态文化景观,被评为国家 4A 级景区。神东煤炭集团创建了采前防治、采中控制、采后营造和外围防护圈、周边常绿圈、中心美化圈的"三期三圈"生态环境防治技术模式,将矿区周边沙漠变成绿洲。徐州矿务集团在采煤塌陷地基础上建成的潘安湖、安国湖、九里湖等国家生态湿地公园,自然风光与人文景观交相辉映,现代都市与田园乡村相

互交融,成为全国领先的绿色生态高地、国内知名的健康养生福地、区域最佳旅游目的地,实现了老矿区生态文明建设、转型发展、乡村振兴协同推进。

在此进程中,东部、中部、西南、东北等一批老矿区煤炭企业贯彻落实新发展理念,以高端产业为引领,以改革创新为动力,以科技创新为支撑,探索形成了"以煤为基、理念创新、产业引领、矿地融合、山水共生"发展模式,为全国老矿区转型发展提供了示范和借鉴,为推动煤炭行业老矿区高质量发展奠定了基础。

三、贯彻新发展理念,抢抓新时代机遇,构建新发展格局,大力推进老矿区高质量发展

党中央、国务院高度重视煤炭工业健康发展,对推进煤炭老矿区转型发展做出了一系列重要部署。《中华人民共和国国民经济和社会发展第十四个五年规划和2035年远景目标纲要》强调指出,要推动资源型地区可持续发展示范区和转型创新试验区建设,实施采煤沉陷区综合治理和独立工矿区改造提升工程。推进老工业基地制造业竞争优势重构,建设产业转型升级示范区。面对新阶段、新使命、新要求,全行业要坚定信心,抢抓机遇,主动作为,加快煤炭老矿区转型发展,努力走出一条质量更高、效益更好、结构更优、优势充分释放的发展新路,推动煤炭产业向形态更高级、分工更优化、结构更合理的阶段演进。

一是要坚持以矿工为中心。坚守为矿工谋幸福的初心使命,把矿工的幸福感、获得感、安全感放在首位,提高收入水平,优化收入分配结构,开发更多就业岗位,提高就业创业质量,改善工作场所环境和条件,提高职业安全健康水平,健全多层次社会保障体系,让转型发展成果更多惠及广大矿工。

二是要坚持改革创新。坚定不移深化改革,坚决破除体制机制障碍,加快形成同市场完全对接、充满内在活力的新体制机制,提高矿区资源配置效率。把创新摆在转型发展的核心位置,加快推动技术创新、管理创新、产品创新、商业模式创新,推动大众创业、万众创新,实现发展动力由要素驱动、投资驱动向创新驱动转变。

三是坚持统筹谋划。立足矿区实际,着眼长远发展,遵循经济社会发展规律和企业发展规律,以需求为导向,尽力而为、量力而行,有所为有所不为,稳步推进老矿区现代化产业体系建设,使老矿区发展与经济发展阶段相适应、与区域发展进程相协调,不断推动老矿区高质量发展取得阶段性成果。

四是要坚持绿色低碳发展。树立尊重自然、顺应自然、保护自然的发展理念,大力推进煤炭经济低碳化,持续压减淘汰落后产能、发展先进产能,推进清洁生产,发展循环经济,推广应用先进节能减排技术,加强煤炭资源节约和综合利用,建设绿色低碳循环经济体系,促进矿区与自然和谐共生、与生态协调发展。

五是要坚持两化深度融合。突出数字技术、智能技术牵引、支撑作用,深化数字技术、智能技术在矿区的集成应用,利用互联网、物联网、大数据、云计算、人工智能等先进技术培育发展新业态新模式,推动煤炭经济向绿色化、网络化、智能化、服务化转变,提高老矿区经济发展质量和效益。

推动老矿区转型发展是一项关系煤炭工业发展全局的重大战略任务。推动老矿区质量变革、效率变革、动力变革,增强老矿区内生动力和发展活力,没有先例可循,注定是一条艰难的路,注定要走一条属于自己的道路。我们要将新发展理念贯穿转型发展的全过程,推动体制机制、手段方法等全面创新,以新思想新方法主动求变、科学应变,锻长板、补短板,加快建设现代化产业体系,开辟老矿区高质量发展新局面。

(1)主动融入国家重大区域发展战略新格局。抢抓西部大开发、东北全面振兴、中部地区

崛起、东部率先发展、京津冀协同发展、乡村振兴、革命老区振兴发展等战略机遇,充分利用老矿区资源、产业、科教、人才、基础设施优势,加强与区域重点乡村、城镇、城市群合作,研究建立能源保障、科技研发、生态环境保护、交通运输、产业升级、园区建设等多层次、多领域合作机制,搭建产业合作与创新成果转化平台,促进矿区与区域间要素平等交换、双向流动、协同互动,推动矿地深度融合、共同繁荣。

(2)加快建设现代化产业体系。化解煤炭过剩产能,淘汰落后产能,发展先进产能。深入推进煤电一体化、煤焦一体化、煤化一体化、煤建材、现代智慧物流、电子商务等产业发展,提升煤炭产业基础能力和产业链水平。培育发展新材料、新能源、大数据、人工智能等战略性新兴产业,构建产业发展新机制,形成产业发展新动能。全面推进老矿区经济结构优化升级,加快构建以煤炭主业为牵引,战略性新兴产业与现代生产性服务业相互促进,信息化和工业化深度融合的产业发展新格局。

(3)着力提升创新驱动发展能力。把创新作为培育老矿区发展新动力的主要生成点,持续推动技术创新、管理创新、产业创新、市场创新、产品创新、业态创新、模式创新。健全完善老矿区科技创新体系,加快构建龙头企业牵头、高校院所支撑、各创新主体相互协同的创新联合体,突破关键核心技术,强化技术创新示范引领,打通科技成果转化通道,培养科技创新人才队伍,构建开放合作创新生态,加快形成以创新为引领和支撑的产业体系和发展模式,支撑老矿区转型发展。

(4)着力推动老矿区绿色低碳发展。贯彻落实碳达峰、碳中和战略,积极推动实施煤炭行业碳减排行动。大力推进清洁生产,提升煤层气开发利用效率,推动煤矸石、粉煤灰、矿井水等二次资源的综合利用。加强商品煤质量管理,严格限制劣质煤销售和使用。积极发展绿色循环产业,大力推进节能降耗,推进碳排放技术研发和示范推广。加大矿区生态环境恢复与治理力度,构建科技含量高、资源消耗低、环境污染少的产业结构和生产方式,促进老矿区发展绿色低碳转型。

(5)深度参与"一带一路"建设。实施更加主动的开放战略,用全球视野谋划未来。深入研究"一带一路"沿线国家法律法规、煤炭产业政策及国际贸易政策,系统梳理对我国煤炭企业"走出去"的影响。深入研究参与国际交流与合作的方式方法,把握时间和节奏,提高决策的科学性。研究如何增强统筹国际国内"两个市场、两种资源"的能力,推动煤机装备制造走出去和国际煤炭产能合作,提升设计、咨询、技术、生产和服务水平,培育有国际影响力的品牌产品,更好地融入全球产业分工体系,培育形成国际合作和竞争的新优势。

奇迹不会从天而降,美好未来要靠自己奋斗。推进老矿区转型发展时不我待。让我们更加紧密地团结在以习近平同志为核心的党中央周围,同心同德、顽强拼搏,以钉钉子精神,扎实奋斗,为加快煤炭行业老矿区转型发展,为建设现代化煤炭经济体系、促进煤炭工业高质量发展做出新的更大贡献。

（2023 年全国煤炭行业班组建设现场全主旨报告）

夯实基础管理 构建卓越班组
全力保障煤炭工业高质量发展

中国煤炭工业协会

煤炭行业历来有重视区队班组建设的优良传统。无论是中华人民共和国成立初期学习马六孩采煤掘进组先进典型，还是 20 世纪 80 年代开展以"六好区队""五好班组"和争当"四有职工"为内容的"六五四"活动，都在行业产生了深远影响。2000 年以来，行业广泛开展了班组建设活动，以"白国周班组管理法""人人都是班组长"为代表的班组管理模式得到大力推广。近年来，行业班组管理形势日趋复杂，班组队伍瓶颈日益凸显，今天我们召开行业班组建设现场会，目的是：深入学习领会习近平新时代中国特色社会主义思想，深入学习贯彻习近平总书记关于煤炭行业和能源安全的重要指示精神，深入学习贯彻习近平总书记关于产业工人队伍建设改革的重要指示精神，进一步总结班组成绩，交流经验，提高认识，推动发展。下面，我讲四个方面意见。

一、现阶段煤炭行业班组建设的特点和成效

党的十八大以来，行业班组建设在继承中发展，在发展中创新，工人队伍思想政治建设不断加强，班组文化加快培育，"党建＋班建""互联网＋班组"加快融合，队伍素质明显提高，管理水平快速提升，行业班组建设向规范化、标准化、信息化、民主化、科学化发展迈出了坚实步伐。

一是煤炭工人思想政治引领力进一步强化。煤炭工人听党话、感党恩、跟党走的信念历来自觉坚定。过去十年，煤炭企业积极响应供给侧结构性改革，心贴心做好了 100 多万职工的安置工作；坚定不移增产保供，用加班加点、随叫随到的工作态度深入践行矿山"最美奋斗者"的社会责任；加快推动基层区队班组党组织阵地建设，推动党员先锋队、党员示范岗、党员责任区发挥作用，如：国家能源集团宁夏煤业有限责任公司实施的党小组与班组"双细胞"融合工程，中煤集团大屯煤电（集团）有限责任公司确立的"以党建为统领、以安全为核心、以文化为主线、以班建为抓手"的班组建设理念，晋能控股集团提出的"井下班组群防群治、党政工团齐抓共管筑牢安全防线"理念，河南能源义煤集团新义矿业有限公司推行机关党员干部挂职基层班组"政治班长"机制等，这些先进理念和做法有效促进了"党建＋班组"加快融合，真正让党旗在矿区班组一线高高飘扬。

二是煤炭工人的经济地位和社会地位不断提高。过去十年，煤炭工人队伍结构发生了深刻变化，从业人员由 526 万多人减少到约 260 万人，班组数量由约 25 万个减少到 15 万个左右，区队班组队伍更加年轻化、知识化、专业化。在从业人员数量总体减半的情况下，人均生产效率由 750 t/a 提高到 1 800 t/a，大型企业在岗职工人均工资达到 9.1 万元，较供给侧结构性改革前人均工资低点增长了 54％。十年间，煤炭行业涌现出 276 余名劳动模范，其中 122 名来自采掘一线的区队和班组。多年来，一批矿工代表扎根基层，为工友"代言"，第十二、十三届全国人大代表、全国劳动模范、山西焦煤集团杜儿坪矿掘进一队的董林曾多次向全国人大提交取消煤矿夜班、提高井下艰苦岗位津贴、对煤矿井下职工个人所得税实行差异化征收等提案建议,得到积极回应和试点落实。过去十年,工人工作环境在一点点变好,劳动强度在一点点下降,安全健康水平在一点点提升,"穿着西装,打着领带,坐在地面采煤"成为现实,当代矿工的社会形象和美誉度显著增强。

三是煤炭行业班组制度建设不断加强。过去十年,煤炭行业坚决贯彻《新时期产业工人队伍建设改革方案》《关于加强班组建设的指导意见》《关于加强中央企业班组建设的指导意见》《关于加强新时代高技能人才队伍建设的意见》《关于进一步推进全国煤炭行业区队班组建设工作的意见》等一系列政策和文件精神,以标准规范和制度建设提升班组建设水平。国家能源集团等企业以"五型"班组创建为目标健全班组组织保障和制度保障,陕西煤业化工集团加强了"双一流"班组顶层设计,山西焦煤集团建立班组长职业生涯全过程激励机制,徐州矿务集团制定了《新时代产业工人队伍建设改革十条》推动队伍建设,这些依靠战略引领和制度落实推动班组管理的典型做法取得了明显成效。

四是煤炭行业班组管理模式推陈出新。过去十年,行业班组大力推行精益管理、对标管理、质量管理、民主管理、流程管理等先进方法,积极融入数字化手段,丰富了新时代行业班组管理模式。以陕西煤业化工集团神南矿业公司的"神南一张图"班组管理模式、神华集团煤矿的岗位标准作业流程与班组管理融合模式、国能准能集团的"五八二一"班组标准化建设体系、华电煤业集团的"六化六型"班组管理法、开滦集团的"六型五星"班组建设模式、冀中能源集团的"夯基础、育人才、塑文化、建模式、创标准、出实效"的班组评价体系、兖矿能源集团的班组全过程精益管理、枣庄矿业集团付村煤业有限公司的"三位一体"班组自主管理模式等为代表的一批体现时代价值、具有行业特色的先进模式不断涌现,创造了很好的经济效益和社会效益。

五是煤炭行业班组技术创新深入推进。过去十年,行业坚持把班组作为创新的"试验田",持续推进技术革新、技术协作和发明创造。国家能源集团以"融和通""智慧屏"等为载体,实现了"班组—企业—集团"的纵向一体化管理。山西焦煤集团通过形式多样的"班组长节"把班组长推向了创新创业的"舞台"。陕煤集团神木柠条塔矿通过"互联网+班组"管理平台将职工创客联盟打造成了人才的孵化器。潞安化工集团高河能源有限公司组建大学生智能化采煤班,塑造大学生站起来能说、坐下来能写、现场中能干的"三能"队伍。据初步统计,像高河能源有限公司这样的大学生班组行业已组建了 200 余个。一批具有劳动热情和创造潜能的技术人才扎根矿区一线班组。去年中国矿业大学采矿工程专业硕士研究生赵彬宇在毕业典礼发言中说道:"我的梦想是回到家乡,回到矿上,像我的曾祖父、祖父、父亲一样,当一名矿工,为祖国能源事业出一份力"。

六是煤炭行业班组队伍技能水平显著提升。过去十年,行业深度践行"匠心筑梦,技能报国"的初心使命。职业技能竞赛体系不断完善,据初步统计,行业本科以上学历占比由 2015 年的 7.57% 提升到 13% 左右,形成了 1 043 名煤炭行业技能大师和 334 个煤炭行业技能大师工作室,涌现了一大批获得"中华技能大奖"及获得"全国技术能手""全国青年岗位能手"等称号的能工巧匠;行业脱产培训、网络教育、讲师送教等形式的班组队伍素质提升活动广泛开展,产教联盟融合和校企合作加快推动。中国平煤神马集团成立工匠学院,实施"百名技师上课堂、千名学子下车间、万名矿工大转岗"的"百千万工程",成效显著。中国煤炭工业协会与国家开放大学携手成立国家开放大学煤炭学院,助力 1.6 万人圆了大学梦。

七是煤炭行业班组文化建设不断培育。过去十年,行业班组文化建设坚持汇聚几百万煤矿职工的智慧和力量,自发形成了许许多多行业特色班组文化风格。陕西煤业化工集团下属企业在秉承陕煤"奋进者"文化标识的基础上,形成了以"智""清""和""家""勤"等为代表的特色班组文化阵地。华电煤业集团构建了班组文化品牌矩阵,形成了发扬基层民主、构建和谐劳动关系的"和文化""狼文化"等主题班组品牌。淮河能源控股集团通过开展"最美女工""最美家庭""两堂一舍"等活动积极营造了浓厚的"家"味。徐州矿务集团新疆公司创建了特色的班组安全文化节。皖北煤电集团任楼矿通过开展"三亲三微"、家属井下体验等活动拉近了家矿距离。中国煤炭科工集团北京天地华泰矿业管理股份有限公司以"家"文化温情机制促进"人人都是班组长"发挥效能。

煤炭行业班组建设取得了丰硕成果,集中体现了煤炭工人队伍高度的主人翁责任感和无私奉献精神,体现了良好的职业道德和爱岗敬业精神,体现了严谨的工作作风和开拓创新精神,让我们为有这样一支讲政治、顾大局、做奉献、有作为的煤炭工人队伍点赞!

二、深刻认识新时代行业班组建设面临的形势和任务

做好行业班组建设工作,我们要深刻领会党和政府的一系列决策部署,统一思想,提高站位,从战略和全局的高度,深刻认识新形势下行业班组建设面临的形势。

第一,正确认识班组产生的历史背景。班组建设的哲学基础是"劳动对人的意义",说到底是关于"人"的问题。1951 年 1 月,"马恒昌小组"通过《工人日报》向全国班组发出"开展爱国主义劳动竞赛"的倡议,得到全国 1.8 万多个班组 300 多万职工的热烈响应,从此,以马恒昌名字命名的"马恒昌小组"始终走在时代的前列,提出了"工人参与企业管理,做企业主人"的理念,孕育了"喊破嗓子不如干出样子"的先进精神,开创了中国工业企业班组建设的先河。所以从班组产生的历史背景来看,我们要认识到:班组建设的核心是要发挥员工的主人翁作用,不断提高员工的责任感和荣誉感,通过自觉开展、自主管理、自发创新,使班组工作规范运行、高效运作,实现安全、质量、效率及效益的全面提升。

第二,深刻理解新时代班组建设的时代背景。党的十八大以来,习近平总书记围绕产业工人队伍建设改革,多次发表重要讲话、作出重要指示:2013 年 4 月 28 日,亲临中华全国总工会机关同全国劳动模范代表座谈;2015 年 4 月 28 日,在庆祝"五一"国际劳动节暨表彰全国劳动模范和先进工作者大会上发表重要讲话;2017 年 4 月 14 日,亲自谋划、亲自部署、亲自推动的《新时期产业工人队伍建设改革方案》拉开帷幕;2018 年 4 月 30 日,给中国劳动关系学院劳动模范本科班学员回信;2019 年 9 月,对我国技能选手在第 45 届世界技能大赛上取得佳绩作出重要指示;2020 年 12 月 10 日,致信祝贺"首届全国职业技能大赛"顺利召开;2021 年 9 月 27 日,在中央人才工作会议上发表重要讲话;去年"五一"前夕向首届大国工匠创新交流大会致贺信……一个个关心产业工人的场景,一句句激励产业工人的话语,为产业工人队伍建设改革指明了前进方向,提供了根本遵循。所以从时代背景来看,我们要认识到:班组建设的着力点是最大程度发挥职工的积极性和创造性,根本立场是坚持"人民至上",最终目标是让职工在劳动中实现创造价值、追求幸福和造福社会的有机统一。

第三,准确把握新时代加强行业班组建设的紧迫形势。

一是煤炭人迫切需要体面劳动和全面发展。煤炭人几十年如一日辛勤劳动,给亿万人民送去了温暖和光明。他们生活朴实,升井后洗个热水澡、吃顿可口的饭菜、节假日多陪陪家人、每个月领到应得的工资……这都是他们最真切的想法。我们的矿长,一矿之长,以矿为家,一年 365 天几乎无休。他们都是普通人,都向往美好生活,都期盼着有更满意的收入、更好的工作环境、更稳定的社会保障、更舒适的居住条件、更可靠的安全感。尽管满足他们这些诉求还有一定距离,但这就是我们奋斗的目标。当前,全行业职工工资水平总体还不高,去年行业大型企业人均工资仅为 9.1 万元,10 年来年均复合增长率仅有 4.5％。一些企业负担还较重,负债还较高,亏损欠薪时有发生,部分老矿区职工年均工资还不足 5 万元,对这些群体我们应予以多方面的关爱和尊重。新时代行业班组建设,要从提升煤炭工人经济地位和社会地位的角度去看待,从满足煤炭工人对美好生活向往的高度去理解,从巩固党长期执政的阶级基础和群众基础的深度去领会。

二是煤炭行业迫切需要解决人才队伍瓶颈。班组队伍是行业人力资源队伍的重要组成部分。当前,技能人才结构性短缺已成为行业最"头痛"的问题,主要表现为劳动力总量过剩与队伍年龄老化、学历偏低、流动性大、技能不高、人才短缺之间的结构性矛盾。近期协会对行业 1 000 余处安全高效煤矿调研发现,有 86％的企业认为制约本单位安全高效煤矿建设发展最主要的、也是第一位的问题是人才短板问题。随着煤矿数字化和绿色低碳化的深入推进,煤炭区队班组建设面临的任务更复杂,分工更细,对专业知识和工作技能要求更高,对团队间的信任和协作更严,员工对实现自我价值的愿望更强烈。在零工经济、弹性工作、个性化职业、合同工等用工趋势下,新时代行业班组建设,要思考如何破解对知识型、技能型、创新型技能人才的迫切需求? 如何强化新就业形态下职工的权益保障和全面发展?

三是班组是企业抓安全生产的第一道防线。班组是企业安全生产的第一道防线,也是发生事故最多的薄弱环节。据煤炭生产企业事故资料统计分析,90％的事故发生在生产班组,其中 80％以上的事故原因是由于"三违"造成的。大家想想,一个短短几秒的违章行为,失去的可能是一条鲜活的生命,但背后伤害的却是一个健康的家庭——父亲没有了儿子、妻子没有了丈夫、孩子没有了爸爸……这样血淋淋的教训已经无数次让我们泪目和痛心。2009 年,时任国务院副总理张德江同志曾指出:"煤矿安全生产,加强班组建设、发挥班组作用十分重要。"当前,行业安全生产形势持续好转,但班组安全管理基础还不牢固,习惯性违章屡禁不止,现场隐患屡查屡有,职业健康重视还不够。新时代行业班组建设,要思考如何切实解决好班组安全生产隐患和安全管理难题,如何打造安全健康型企业。

四是班组是保障煤炭工业高质量发展的基石。煤炭行业班组工作的显著特点是:用工多、层级多、头绪杂、任务重、现场情况多变、职工思想复杂。这些工作千头万绪,不论是涉及基本建设、地质勘探、维修制造、洗选加工,还是安全生产、设备运维、学习培训及文卫体等工作,都需要班组人员分工协作、紧密配合。煤炭行业高质量发展的根基一定在基层、在一线、在班组,班组活则企业活,班组稳则行业稳,强基固本方能行稳致远。只有深入开展班组建设,不断推动企业战略向班组下移、管理向班组下潜、文化向班组下沉,使每一个细胞单元都健康充满活力,才能形成健康有机体。行业正处于高质量发展的关键阶段,新时代行业班组建设,要思考如何以班组建设促进一流企业创建,如何以班组建设保障行业绿色低碳转型,如何以班组建设助推行业高质量发展。

三、认清煤炭行业班组建设存在的主要问题和根源

重点表现为以下五个方面的问题:

一是认识还不够深刻。大部分企业都知道班组重要,但办法还不多,行动还较少。一些企业班组建设还停留在喊口号、搞运动上,班组文化建设还流于形式。一些集团实行"集团级—公司级—车间级(厂矿级)"的管理模式,对基层区队班组的管理还缺乏系统性和科学性的认识。

至上"位列第一。就我们煤炭企业而言,就是坚持职工至上,职工的幸福生活就是"国之大者"。我们要以此为动力,以"班组建设永远在路上"的责任为担当,坚定"做好煤炭这篇大文章"的政治自信与行动自觉,居安思危,守正创新,进一步夯实基础管理,构建卓越班组,不断打造"安全文明、实干高效、创新争先、健康和谐"的行业基层组织,努力锤炼一支"爱党报国、敬业奉献、技艺精湛、素质优良、规模宏大、结构合理"的煤炭产业工人队伍,为加快推动煤炭行业高质量发展做出新的更大贡献!